Nibelungen, Musketiere und Tagelöhner

Lieber Herr Zeising,

alles Liebe zu Ihrem 80. Geburtstag,
und wir wünschen Ihnen
weiterhin viel Spaß und Freude
bei Ihrer Arbeit.
Ich höre Ihnen gerne zu.

Ihre Ursula Schneider

26.10.2016

Gesamtherstellung: Volkhardt Caruna Medien, Amorbach

Bibliographische Information der Deutschen Nationalbibliothek:
Die Deutsche Nationalbibliothek verzeichnet diese Publikation in der deutschen Nationalbibliographie; detaillierte bibliografische Daten sind im Internet über http://dnb.de abrufbar.

ISBN 978-3-937996-33-2
Verfasst von Werner Trost
Herausgegeben vom Landkreis Miltenberg

www.plexus-verlag.de
Printed in Germany

Werner Trost

Nibelungen, Musketiere und Tagelöhner

Der Landkreis Miltenberg in Sage und Geschichte

Herausgegeben vom
Landkreis Miltenberg

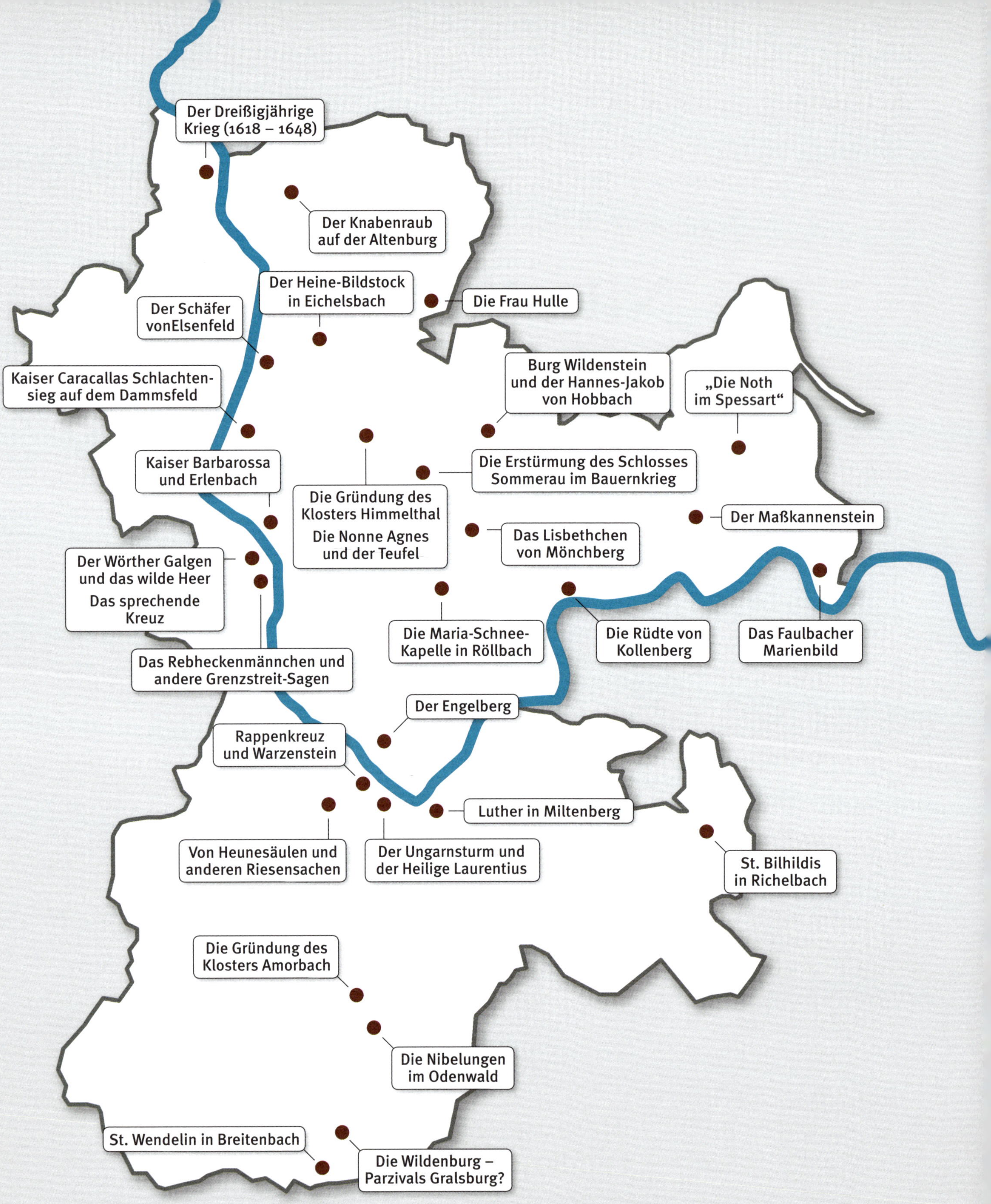

Der Dreißigjährige Krieg (1618 – 1648)
Der Knabenraub auf der Altenburg
Der Heine-Bildstock in Eichelsbach
Die Frau Hulle
Der Schäfer vonElsenfeld
Kaiser Caracallas Schlachten-sieg auf dem Dammsfeld
Burg Wildenstein und der Hannes-Jakob von Hobbach
„Die Noth im Spessart“
Kaiser Barbarossa und Erlenbach
Die Erstürmung des Schlosses Sommerau im Bauernkrieg
Die Gründung des Klosters Himmelthal
Die Nonne Agnes und der Teufel
Der Maßkannenstein
Das Lisbethchen von Mönchberg
Der Wörther Galgen und das wilde Heer
Das sprechende Kreuz
Die Maria-Schnee-Kapelle in Röllbach
Die Rüdte von Kollenberg
Das Faulbacher Marienbild
Das Rebheckenmännchen und andere Grenzstreit-Sagen
Der Engelberg
Rappenkreuz und Warzenstein
Luther in Miltenberg
Von Heunesäulen und anderen Riesensachen
Der Ungarnsturm und der Heilige Laurentius
St. Bilhildis in Richelbach
Die Gründung des Klosters Amorbach
Die Nibelungen im Odenwald
St. Wendelin in Breitenbach
Die Wildenburg – Parzivals Gralsburg?

Inhalt

Vorwort des Herausgebers

Am 1. Juli 2012 hat der Landkreis Miltenberg seinen 40. Geburtstag gefeiert. Es war eine tiefgreifende Reform, die 1972 aus dem Fleckerlteppich der bayerischen Landkreise größere und effizientere Einheiten schuf. Für die Verwaltung wurde vieles einfacher, doch niemand wusste, ob sich die Städte und Gemeinden im neuen Landkreis Miltenberg zusammenfinden. Es galt, gewachsene Strukturen, historische Verbindungen und sentimentale Befindlichkeiten zu überwinden.

Mehrere Befragungen haben ergeben: Die Menschen im Landkreis Miltenberg fühlen sich sehr wohl. Das Zusammengehörigkeitsgefühl der Bevölkerung zwischen Sulzbach und Stadtprozelten, Hobbach und Preunschen ist bemerkenswert. Denn der Landkreis hat keine natürlichen Grenzen – etwa zwischen Bürgstadt und Freudenberg oder zwischen Niedernberg und Großostheim. Auch verläuft eine Sprachgrenze bei Großheubach quer über den Main. Nördlich dieser Linie geht „das Mädsche ins Häusche und holt den Äppelwoi“, südlich davon wird „Öpfelwei vom Mädle ins Häusle“ gebracht.

Identitätsstiftend sind weniger politische Strukturen, die – wie die Neugliederung der Landkreise im Jahre 1972 – das Ergebnis politischer Entscheidungen sind, sondern vielmehr die Landschaft zwischen Odenwald und Spessart mit ihrem Dreiklang Wasser, Wald und Wein und die reiche kulturgeschichtliche Vergangenheit, welche dem südwestlichen Mainviereck Konturen verleiht und ein Gesicht gibt.

Aus Anlass des 40-jährigen Geburtstages des Landkreises Miltenberg wurde die Idee von Kreisheimatpfleger Dr. Werner Trost aufgegriffen und umgesetzt, ein Sagenbuch herauszugeben. Sagen erzählen Geschichte, geben also nicht automatisch historische Tatsachen wieder. Um die Ausmalung und Erfindung von historischer Tatsächlichkeit zu unterscheiden, bedarf es einer umfangreichen Kenntnis der Quellen und Überlieferungen sowie eines behutsamen, abwägenden Urteilsvermögens, das nur über eine jahrelange Beschäftigung mit Stoff und Sekundärliteratur zu erreichen ist. Diese Voraussetzungen erfüllt der Autor Dr. Werner Trost. Als Geschichtslehrer an den Gymnasien in Miltenberg und Erlenbach ging es ihm schon immer um dieses Thema: Die große Linie der Geschichte an konkreten Beispielen vor Ort festzumachen. Neben Burgen, Kirchen, Denkmälern, aber auch Orts- und Flurnamen, zählen dazu die Sagen unserer Heimat, die bildhaft-anschaulich historische Vorgänge auf den Punkt bringen und fest im Bewusstsein der Bevölkerung verankert sind.

In dem Buch werden 30 Sagenerzählungen vorgestellt und auf ihre geschichtliche Aussagekraft hin in gut verständlicher Weise analysiert, ohne den wissenschaftlichen Anspruch außer Acht zu lassen. Der Autor hat stets den Leser vor Augen, der Bekanntes wiederfinden, Neues erfahren und bislang unbekannte Zusammenhänge kennenlernen will. Es geht also um die Bürgerin und den Bürger, der seine Heimat, die so reich an kulturellen Schätzen ist, auf sagenhafte Weise vertieft erfahren will.

Ich wünsche allen Leserinnen und Lesern viel Spaß bei diesen spannenden Sagen und danke Kreisheimatpfleger Dr. Werner Trost für sein gelungenes Werk und seine große Arbeit. Mein Dank gilt dem Kreistag des Landkreises Miltenberg sowie dem Bezirk Unterfranken, welche dieses Projekt von Beginn an unterstützt und gefördert haben.

Roland Schwing
Landrat

Miltenberg, Oktober 2012

Der Landkreis Miltenberg in Sage und Geschichte

Sagen sind eine Geschichtsquelle von ganz besonderer Art – von besonderem Reiz, aber auch mit besonderen Schwierigkeiten. Sie sind meist anschaulich und farbig erzählt, stellen uns Figuren der Vergangenheit als Personen von Fleisch und Blut in einer entscheidenden Situation vor Augen und reichen oft in Zeiten zurück, aus denen kein schriftliches Zeugnis Kundschaft gibt.

Aber man muss Sagentexte behutsam interpretieren, ihr Alter und ihre Entstehungsbedingungen verstehen lernen, sie auf ihre historische Aussagekraft hin überprüfen und sich vor vorschnellen Schlüssen hüten.
Mit dieser Absicht wird in diesem Buch die Landkreisgeschichte in 30 Sagen-Bildern vorgestellt.

Geschichtlicher Überblick

Mit Kunstwörtern behelfen wir uns, wenn wir Spuren **vorgeschichtlicher Menschen** beschreiben:

- Den „Frühmenschen" (homo erectus heidelbergensis), der vor ca. 500 000 Jahren wohl auch in der Maingegend auf Jagd ging;

- die „Bandkeramiker", die ersten Ackerbauern, die in der Jungsteinzeit vor etwa 7000 Jahren die Lössböden bebauten, stabile Holzhäuser errichteten und Keramik herstellten;

- die „Urnenfelderleute", die erstmals Metall benutzten, um 1200 v. Chr. auf dem Bürgstadter Berg eine Befestigungsanlage bauten, ihre Toten auf dem Scheiterhaufen verbrannten und die Asche in Urnen bestatteten.

Der Knabenraub auf der Altenburg
(Seite 19)

Die **Kelten** sind die erste namentlich bekannte Volksgruppe, die im Landkreisgebiet wohnte, wie Caesar und Tacitus überliefern. Die Ringwälle oberhalb Miltenbergs, Bürgstadts oder Sodens (und Klingenbergs?) sind beeindruckende, aber stumme Zeugen aus dem letzten vorchristlichen Jahrtausend. Sie werfen mehr Fragen auf als sie Antworten geben. Greinberg und Wannenberg sind nur 4 km voneinander entfernt: War es ein (friedliches) Nebeneinander oder ein Gegeneinander – oder ein Nacheinander?

Auf dem Bürgstadter Berg wurde eine Toranlage aus der Urnenfelderzeit rekonstruiert.

Römermuseum Obernburg: Die Sandsteinfigur des reitenden Gottes Jupiter hält ein Rad in seiner Linken. Damit erweist er sich zugleich als der keltische Gott Taranucnus.

Vor-Geschichte endet und Geschichte fängt an mit dem Einsetzen schriftlicher Überlieferungen. So beginnt die eigentliche Geschichte unseres Raumes mit den **Römern**, die

- bereits in Augusteischer Zeit das rechtsrheinische Germanien als Vorfeld ihrer Interessen betrachteten,
- am Ende des ersten Jahrhunderts die Wetterau und die Mainlinie bis Obernburg/Wörth militärisch besetzten und
- etwa 60 Jahre später den Nassen Limes bis Miltenberg ausbauten und sicherten.

Als das Römische Reich von allen Seiten bedrängt und von inneren Kämpfen geschwächt wurde, ging die militärische Präsenz der Römer am Untermain in der Mitte des 3. Jahrhunderts zu Ende.

Kaiser Caracallas Schlachtensieg auf dem Dammsfeld
(Seite 23)

Germanische Siedler – Alemannen, Chatten, Burgunden – sickerten ein, wurden vertrieben, zogen weiter oder wurden hier sesshaft. Am Ende der **Völkerwanderungsstürme** war das Land zwischen Aschaffenburg und Miltenberg alemannisch geprägt. Auch burgundische Siedler lebten hier.

Von Heunesäulen und anderen Riesensachen
(Seite 31)

Die Nibelungen im Odenwald
(Seite 37)

Die **Franken** brachten ab dem 6. Jahrhundert neue Herrschaftsstrukturen und das Christentum (Siehe auch die Sage vom Engelberg). Vorchristliche Glaubensinhalte sind freilich noch lange erhalten geblieben.

Der Wörther Galgen und das Wilde Heer
(Seite 45)

Die Frau Hulle
(Seite 53)

Der „Frankenberg“ (heute Gotthardsberg) und das Kloster Amorbach waren wohl ein politisches und geistiges Ausstrahlungszentrum.

Die Gründung des Klosters Amorbach
(Seite 59)

Das Patrozinium des Hl. Martin, des Patrons des Frankenreiches und des Erzbistums Mainz, und des Hl. Michael – als Schutzheiliger der Reisenden und als Totengeleiter der christliche Nachfolger des Merkur – sind oftmals Hinweise auf das hohe Alter von Kirchen: Großostheim, Mömlingen, Wörth und Bürgstadt (Martin), bzw. Grubingen (bei Röllfeld) und Kirschfurt (Michael).
Erobertes Land war grundsätzlich Königsland. Der König aber verlieh Land und Rechte an kirchliche und weltliche Fürsten, deren Dienste er in Anspruch nahm.

St. Bilhildis in Richelbach
(Seite 67)

In den unruhigen Zeiten des frühen Mittelalters, als die Ungarn auch unsre Heimat heimsuchten und Adelsfehden tobten – damals wurden die Ringwälle bei Soden und oberhalb Klingenbergs gebaut (oder wiederbenutzt) – betrachteten sich adelige Machthaber als Eigentümer und nicht mehr als Lehensträger des Königs.

Der Ungarnsturm und der Heilige Laurentius
(Seite 73)

Kaiser Friedrich **Barbarossa** (1152–1190) reaktivierte machtvoll und konsequent ehemals königliche Rechte, zerstörte die Burg auf dem Frankenberg, setzte Leute seines Vertrauens (Ministerialen) auf der Mainlinie ein, die eine wichtige Brückenfunktion zwischen den Pfalzen Wimpfen und Gelnhausen hatte.

Kaiser Barbarossa und Erlenbach
(Seite 79)

Die Burgen in Stadtprozelten, Collenberg und Klingenberg entstanden in dieser **Blütezeit des deutschen Mittelalters**, ebenso wie Burg Wildenstein im Spessart und die Wildenburg im Odenwald, die Wolfram von Eschenbach als Vorlage für die Gralsburg in seinem „Parzival“ diente.

Burg und Stadt Prozelten

Die Wildenburg – Parzivals Gralsburg?
(Seite 85)

Das Ende der Stauferzeit und Kaiserherrlichkeit hatte einen Kampf aller gegen alle zu Folge. Burgenbau und Städtegründung – und die Gründung von Klöstern – waren dabei wichtige Mittel des Ausbaus und der Sicherung von Besitz und Macht.

Das eiserne Pferd – Die Gründung des Klosters Himmelthal
(Seite 95)

Die Rüdte von Kollenberg
(Seite 105)

Eindeutiger Gewinner in diesen – oft blutigen – Auseinandersetzungen war das Erzbistums Mainz, das die Pfalzgrafen und die Rienecker in die Knie zwang und zum dominierenden Machtfaktor bis zum Ende des Alten Reiches (1803) wurde.

Burg Wildenstein und der Hannes-Jakob von Hobbach
(Seite 113)

Die Kritik an Staat und Kirche wurde am Abend des Mittelalters immer lauter. Frömmigkeitshysterie einerseits und Niedergang der klösterlichen Kultur und Ordnung gingen Hand in Hand.

Der Engelberg
(Seite 119)

Die Nonne Agnes und der Teufel
(Seite 129)

Politische Rivalität wurde im Zeitalter der **Reformation** mit konfessionellen Gegensätzen verstärkt: Die Rieneckischen Orte Eschau und Kleinheubach sind bis heute überwiegend evangelisch!

Luther in Miltenberg
(Seite 135)

Ansätze evangelischer Predigt und Proteste der Bauern wurden mit Waffengewalt niedergeschlagen. Pfarrer Drach, ein Freund

Die Kapelle auf dem Engelberg, dargestellt in der untersten Wegkapelle an den Engelsstaffeln, die hinauf zum Kloster führen.

Luthers, der 1522 Pfarrer in Miltenberg wurde, musste aus der Stadt fliehen, die Bauern wurden wie unartige Kinder bestraft.

Die Erstürmung des Schlosses Sommerau im Bauernkrieg
(Seite 149)

Das Rebheckenmännchen und andere Grenzstreitsagen
(Seite 159)

Es siegte das Mainzer Kurfürstentum, das sich nun zu einem modernen Staatswesen entwickeln konnte, und es dominierte die Gegenreformation. Über dem Portal der Wallfahrtskirche auf dem Engelberg steht – wie an der Münchner Michaelskirche oder an der Echterbastion auf der Würzburger Residenz – die überlebensgroße Figur des Drachentöters und Erzengels Michael als Sieger über Teufel und Abtrünnige.

Die Maria-Schnee-Kapelle in Röllbach
(Seite 167)

Das Faulbacher Marienbild
(Seite 179)

Die **„Religionskriege“** – der schreckliche Markgräflerkrieg von 1552 und der nicht enden wollende Dreißigjährige Krieg (1618-48) – brachten unermessliches Leid. Krieg und Pest rafften mehr als die Hälfte der Bevölkerung am Untermain dahin.

Der Dreißigjährige Krieg (1618–1648)
(Seite 183)

Nur mit Hilfe von Zuzüglern aus weniger betroffenen Gebieten konnte ein Neuanfang gelingen. Die Familiennamen Duttine, Stappel oder Dauphin gehören Einwanderern aus der Lütticher Gegend; Vill, Kneisel und andere Familien kamen aus Süddeutschland oder Tirol.

Das Lisbethchen von Mönchberg
(Seite 191)

Der Schäfer von Elsenfeld
(Seite 201)

Wappen des Mainzer Erzbischofs Schweikhard von Kronberg (1604-26) in Großwallstadt

Im 18. Jahrhundert erlebt auch das Untermaingebiet die Blütezeit der Kunst des Barock und dessen verspielter Spätstufe, des Rokoko. Neben „Klein-Versailles“ in Kleinheubach und der Prunkfassade der Amorbacher Abtei zeugen unzählige Kirchen, Kapellen und Bildstöcke vom „Bauwurm“, der nicht nur Könige und Fürsten, sondern auch Pfarrer und Bürger erfasst hat. Die Schlösser in Kleinheubach. Laudenbach und Fechenbach machen deutlich, dass auch die kleineren und größeren Herrschaften dem Vorbild des Sonnenkönigs in Frankreich nacheifern wollten, der in Politik, Wirtschaft, Gerichtswesen, aber auch in Religion und Kultur das Sagen hatte.

Das Löwenstein-Schloss in Kleinheubach (1723–32)

St. Wendelin in Breitenbach
(Seite 207)

Das sprechende Kreuz
(Seite 211)

Sage 27: Rappenkreuz und Warzenstein
(Seite 215)

Die Französische Revolution (1789) und die Eroberungskriege Napoleons bewirkten – wie im ganzen Reich – auch am Untermain eine „politische Flurbereinigung“:

- Das Kurfürstentum Mainz wurde (schrittweise) aufgelöst,
- das Kloster Amorbach wurde säkularisiert;
- im „Dreiländereck“ zwischen Spessart und Odenwald kam es zu einem Gerangel um Einfluss und einem Hin-und Hergeschiebe von Land und Leuten. Miltenberg und Amorbach kamen beispielsweise 1803 an das Fürstenhaus Leiningen (das für seine an Frankreich abgetretenen linksrheinischen Besitztümer entschädigt wurde), 1806 an Baden,1810 an Hessen und schließlich 1816 an Bayern.

Der Heine-Bildstock in Eichelsbach
(Seite 223)

Die **Industrielle Revolution** erfasste Obernburg/Miltenberg mit einer zeitlichen Verzögerung und geringerer Intensität. Die Eisenbahn – Symbol und wesentlicher Motor des Fortschritts – wurde

nicht auf der Trasse der ehemaligen Heer- und Handelsstraße gebaut. Warum?
Die Eisenbahnlinie sollte nicht an der Landesgrenze vorbeiführen: die Investition käme ja dann auch den anderen Anrainern am Dreiländereck zugute!
Die Trassenführung von Lohr über den Spessart nach Aschaffenburg sollte eine Entwicklungshilfe für den verarmten Spessart darstellen.

Der Maßkannenstein

(Seite 227)

Die „Noth im Spessart"

(Seite 239)

So wurde die Maintalbahn (1876) eine Nebenlinie der Ludwigs-Westbahn. 1880 wurde der bayerische Odenwald (Amorbach) an das Eisenbahnnetz angeschlossen; 1906 Stadtprozelten; 1810 fuhr zum ersten Mal die Spessartbahn (Obernburg – Heimbuchenthal), die Arbeiter in die „Glanzstoffwerke" (ab 1918) brachte.

Bahnhof Eschau/Mönchberg um 1910

In den beiden **Weltkriegen** wurde das Kreisgebiet weitgehend von Zerstörungen verschont – von der Bombennacht über Röllbach (24./25. 4. 1944) abgesehen.

Infolge direkter oder indirekter Kriegseinwirkungen hatte sich jedoch die Bevölkerungsstruktur erheblich geändert. Die Gemeinden nahmen in den Jahren vor und nach dem Kriegsende 1945 Tausende von Evakuierten (aus dem Rheinland um Düsseldorf) und Vertriebenen auf, die – trotz anfänglicher Schwierigkeiten vor dem Hintergrund des Wiederaufbaus – integriert wurden. Das „Wirtschaftswunder" benötigte bald weitere Arbeitskräfte; „Gastarbeiter" kamen aus Italien und Griechenland, dann aus der Türkei und wurden unsere Nachbarn.

Der **Landkreis Miltenberg** wurde am 1. Juli 1972 aus den Altlandkreisen Miltenberg und Obernburg gebildet.

Die Entstehung unseres Landkreises

1862	Die Bezirksämter Obernburg und Miltenberg werden gebildet.
1880	Großheubach wechselt vom BA Obernburg zum BA Miltenberg.
1931	Fechenbach und Reistenhausen wechseln vom BA Marktheidenfeld zum BA Miltenberg.
1972	Die vom Bayerischen Landtag beschlossene Neugliederung, die 71 (bisher 143) Landkreise und 25 kreisfreie Städte vorsieht, tritt am 1. Juli in Kraft. Pflaumheim und Wenigumstadt wechseln zum Landkreis Aschaffenburg, Dorfprozelten, Stadtprozelten, Faulbach und Altenbuch wechseln vom Landkreis Marktheidenfeld zum Landkreis Miltenberg. Damit ist der neue Landkreis Miltenberg entstanden.

Das Landratsamt in Miltenberg

Das Wappen unseres Landkreises

Das Wappen erzählt in Grundzügen die Geschichte unseres Landkreises.

Die Lage am südwestlichen Mainviereck zwischen Odenwald und Spessart bildet die räumliche Grundlage unseres Landkreises, ist Grenze und Brücke zugleich. Der Main selbst ist Hauptachse und Schwerpunkt von Siedlung und Verkehr. Der „Wellenpfahl" soll das zum Ausdruck bringen.

Das Mainzer Rad steht für die jahrhundertlange Orientierung nach Mainz. Klimatisch, sprachlich, historisch, wirtschaftlich und sogar postalisch (und „telefonisch") tendiert unser Raum dorthin, wohin der Main fließt: In das Rhein-Main-Gebiet.

Der fränkische „Rechen" und die bayerischen Rauten stehen für die Zugehörigkeit zu (Unter-)Franken und zu Bayern. Nach Auflösung des Mainzer Kurstaates (1803) kam das Landkreisgebiet – teilweise nach mehreren Zwischenstationen – zum Bezirk Unterfranken im Königreich Bayern, seit 1919 gehört es zum Freistaat.

Der Knabenraub auf der Altenburg

Auf dem Berg zwischen Ebersbach und Soden lag eine Burg, die Altenburg genannt. Einer der Ritter, die darin wohnten, hatte zwei hoffnungsvolle Knaben. Diese wurden eines Tages von Räubern entführt. Die zwei Räuber hatten den Schlosspförtner bestochen, der ließ sie in Abwesenheit des Ritters auch ein, so dass sie die Kleinen ohne Mühe in ihre Gewalt bekamen. Hernach ergriffen sie auf den Rossen, welche sie dem Ritter aus dem Stalle holten, die Flucht. Zuvor hatten sie beschlossen, ein jeder solle nach einer anderen Gegend hin fliehen. Und sie versprachen sich gegenseitig: Wenn ja einer von ihnen ergriffen würde, so solle der nur dann den Aufenthalt des anderen angeben, wenn ihm vorher neben der eigenen dessen Begnadigung zugesagt würde.

Der eine nun war nach langem Ritt durch den Wald ermüdet, band sein Pferd an einen Baum und legte sich zur Ruhe nieder, nachdem er dem geraubten Knaben aufs strengste verboten hatte, sich zu entfernen.

Aber der Kleine benützte doch die Gelegenheit zur Flucht und entlief und lief, solange er konnte. Endlich kam er zu einem Köhler, der im Walde arbeitete. Der Köhler vermutete in dem Knaben sogleich ein Kind hoher Leute, fragte ihn aus, und der Knabe erzählte ihm den ganzen Hergang der Sache. Alsbald kehrte der Köhler mit dem Knaben an den Ort zurück, wo der Räuber noch in tiefem Schlafe lag! Da versetzte ihm der Köhler einen Schlag mit der Hacke, so dass er betäubt ward. Dann eilte der Köhler auf dem Pferde des Ritters gegen das naheliegende Dorf Ebersbach.

Von dort hörte er die Glocken, mit denen man wegen des Knabenraubes Sturm läutete. Etliche Ebersbacher Einwohner nahmen den Räuber gefangen und brachten ihn nebst dem Knaben auf die Altenburg.

Nach dem Versprechen, er werde begnadigt, wenn er seinen Kameraden angeben würde, verriet er ihn auch. Und so wurde der andere Räuber mit dem zweiten Knaben eingeholt und sofort hingerichtet. Dem ersten ward Wort gehalten, und er blieb ungestraft, hatte aber keine frohe Stunde mehr. Der Geist des verratenen Spießgesellen verfolgte ihn Tag und Nacht, bis er sich selbst das Leben nahm.

Ein Köhler rettet einen der beiden gefangenen Prinzen

Seitdem sollen auf dem Berge, wo einst die Altenburg stand, und überhaupt auf dem Berge von Soden nach Ebersbach an gewissen Tagen und Nächten Dinge geschehen sein, die harmlose Wanderer in Angst und Schrecken versetzten. Zur Winterszeit erzählen sich die Bauern der Umgegend mancherlei darüber. So hörte ich in Leidersbach, dass zuweilen der Hufschlag eines galoppierenden Pferdes vernehmbar wäre, ohne dass weit und breit ein Pferd sichtbar sei. Und eine Frau habe bei Soden einen Mann am Baum hängen sehen. Sie rief in ihrer Furcht einige Männer herbei, aber als diese ganz nahe hinkamen, war nichts mehr zu erblicken.[1]

Die Sagenerzählung ist eindeutig lokalisiert mit der Nennung der Altenburg zwischen Ebersbach und Soden. Der Wald und der Köhler stehen für die Spessartlandschaft.

In den von Valentin Pfeifer herausgegebenen Spessartsagen steht zwei Seiten vorher „Das Kind“. Darin wird erzählt, wie am gleichen Schauplatz, auf dem Schlossberg in der „Nähe der alten Burg“ ein Kind plötzlich verschwunden ist und ein Jahr später unversehrt wieder auftaucht. *„Die Leute meinten, eine Schlossfrau, die zauberhafterweise im Berg wohne, habe das Kind in ihr unterirdisches Reich gelockt und erst nach Jahresfrist wieder freigegeben“.* Handelt es sich um eine Variante der Sage vom Knabenraub?

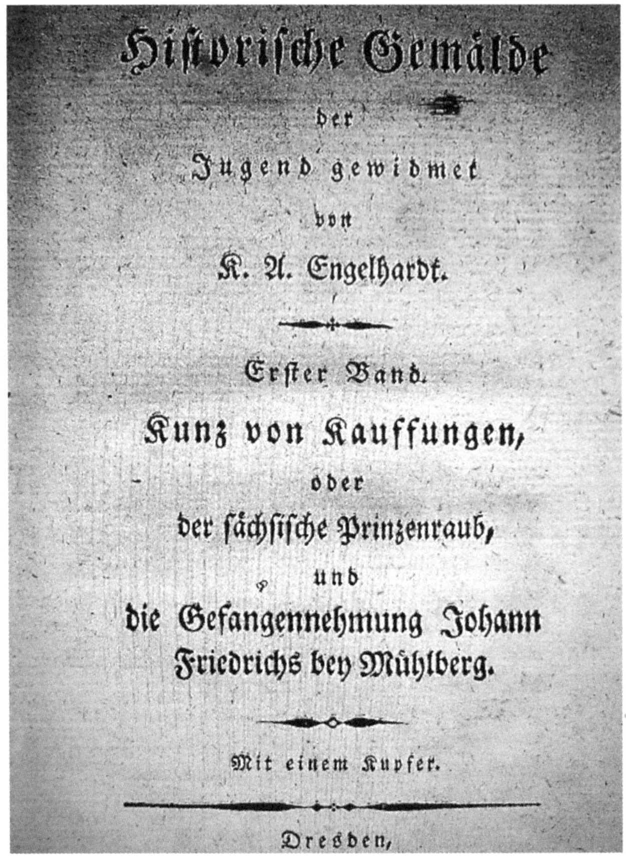
Historische Gemälde

der

Jugend gewidmet

von

K. A. Engelhardt.

Erster Band.

Kunz von Kauffungen,

oder

der sächsische Prinzenraub,

und

die Gefangennehmung Johann Friedrichs bey Mühlberg.

Mit einem Kupfer.

Dresden,

Titelblatt der Abhandlung über den sächsischen Prinzenraub aus dem Jahre 1797

Der historische Hintergrund

Wer waren die Räuber? Wer die Entführungsopfer und deren adeliger Vater? In welcher Zeit spielte dieser Kriminalfall?
Die Antwort auf diese Fragen ist schnell gegeben: Ja, wir kennen die Zeit des Geschehens, den Namen des Ritters auf der Altenburg und seiner beiden Söhne und wir kennen auch die Namen der Räuber.

Nur: Die in der Sage genannte Altenburg steht nicht im Spessart, sondern in Sachsen. „Der Knabenraub im Spessart“ ist – genau so wie „Das Kind“ – ein Sagen-Import! Einzige Verbindungslinie ist der Name „Altenburg“, hier zwischen Ebersbach und Soden und dort im Dreieck Chemnitz, Gera und Leipzig. Im sächsischen Altenburg wird alljährlich das Festspiel vom „Prinzenraub“ aufgeführt.

Ritter Kunz von Kaufungen diente während des sächsischen Bruderkrieges (1446-49) dem Kurfürsten Friedrich dem Sanftmütigen (1428-64). Weil er dabei in Gefangenschaft geriet und Lösegeld bezahlen musste, forderte er von seinem Kriegsherrn eine Entschädigung. Da ihm diese verweigert wurde, suchte er durch die Entführung der Prinzen Ernst und Albrecht sein vermeintliches Recht selbst durchzusetzen.

In der Nacht vom 7. auf den 8. Juli 1455 gelang es ihm, zusammen mit zwei anderen Rittern, die beiden Söhne des Kurfürsten, der sich gerade auf Reisen befand, in seine Gewalt zu bringen. Kunz flüchtete mit Prinz Albrecht Richtung Böhmen, wurde aber im Erzgebirge gefangen, angeklagt und am 13. 7. 1455 hingerichtet.

Die beiden anderen Entführer, die sich in Richtung Franken abgesetzt hatten, gaben, als sie vom Tod Kunzens erfuhren, Prinz Ernst unversehrt zurück, als ihnen Straffreiheit zugesichert worden war.

Dieses Ereignis, das großes Aufsehen erregt hatte, wurde mehrfach bearbeitet. Eine ausführliche Dokumentation aus dem Jahre 1796 urteilt über den Kidnapper Kunz von Kaufungen: *„Stolz, Unzufriedenheit und Rachsucht waren die Leidenschaften, die ihn um Ehre und Leben brachten"*. Eine Ballade resümiert: *„So geht's, wer wider die Obrigkeit sich unbesonnen empört"*.

„Es lebe die Sagenpoesie"[2]

Die Spessart-Version übernimmt das Grundgerüst der Handlung und mehrere Details der Vorlage, ändert aber den Schluss ab. Der erste Entführer verrät – entgegen der getroffenen Absprache – den Mittäter, um selbst sein Leben zu retten. Als sein Kumpan hingerichtet wird, plagt ihn sein Gewissen und treibt ihn schließlich in den Selbstmord.

Alle Räuber erhalten also in der Spessartsage ihre verdiente Strafe. Die Hinrichtung des einen und der Selbstmord des anderen Täters stellen die gestörte Ordnung wieder her. Aus dem historischen „Fall" wird – stärker noch als in der Vorlage – ein pädagogisch-moralisches Exempel.

Die Analyse der Altenburg-Sage macht deutlich: Will man Sagentexte auf ihre historische Stimmigkeit und

Die eindrucksvollen Reste des Ringwalles der Altenburg

Aussagekraft hin beurteilen, ist es notwendig, kritisch und mit Distanz vorzugehen und es ist zweckmäßig, folgende Fragen zu stellen:

- Findet sich das Motiv der Sagenerzählung auch anderswo? Sagen können nämlich „wandern". „Der Knabenraub im Spessart" ist ein anschauliches Beispiel. Der überwiegende Teil der Spessartsagen enthält importierte Sagenmotive.

- Wie alt ist die Überlieferung und wer hat sie niedergeschrieben? Sagen liegen nicht seit grauer Vorzeit auf der Straße und müssen nur aufgehoben werden.[3] Vielmehr wurden sie meist – besonders im 19. Jahrhundert – von Gebildeten und Gelehrten gesammelt und ausformuliert oder auch neu erfunden: Von den Professoren-Brüdern Grimm (Märchen, Sagen 1816/18), von dem Juristen Alexander Kaufmann („Mainsagen" 1853), dem herzoglichen Archivar und Bibliothekar in Meiningen Ludwig Bechstein („Deutsche Sagen" 1853), vom königlichen Advokaten und Aschaffenburger Bürgermeister Adalbert von Herrlein („Sagen aus dem Spessart" 1851) oder vom Eschauer Pastor Karl Heinrich Caspari („Dorfsagen" 1854). Literarische Querverbindungen und gegenseitige Absprachen und Anregungen waren oft wichtiger als Quellenstudium und Recherchen vor Ort.

  „Unser heutiges Verständnis prägte vor allem das 19. Jahrhundert und seine Romantik", schreibt Jutta Krauß im Vorwort eines Bildbandes über die Wartburg. *„Verfolgen wir die Geschichte ... von ihren Anfängen bis zur Gegenwart mit der Kenntnis des modernen Historikers, dann stellen sich viele Ereignisse nüchterner dar, wird manche der liebenswerten Sagen, Legenden, Mythen entzaubert"*. Diese Aussage gilt auch für unsere Heimat zwischen Odenwald und Spessart.

- Mit welcher Absicht wurden die Sagen neu- oder umformuliert? In aller Regel ging es nicht um historische Genauigkeit, sondern darum, Leser der Biedermeier- und Restaurationszeit zu unterhalten, die Welt und Gegenwart, die durch Fabriken und Eisenbahnen verändert wurden, zu romantisieren und Fluchtmöglichkeiten in die gute alte Zeit zu ermöglichen. Sagenerzählungen sind deshalb mehr Dichtung als Wahrheit, mehr Poesie als verwertbare historische Quelle.

- Sagen wollten oft auch „Erklärungen" liefern für Ortsnamen (zB. Grubingen) oder Kulturdenkmäler (zB. Heunesäulen). Aber auch diese Deutungen waren primär phantasievolle Erzählungen – teilweise bis an die Grenze des Kitsches (z. B. „Die Stromfei von Klingenberg").

- Schließlich konnten über das Medium Sagen pädagogische, moralische oder politische „Botschaften" unters Volk gebracht werden. (z. B. „Der Bauernkönig" von Caspari).

So konnte es nicht selten geschehen, *„dass die Sage eines strenggeschichtlichen Ereignisses sich wiederholend bemächtigt, wenn dasselbe nur romantische Färbung hat"*, schrieb Ludwig Bechstein. *"So ist es auch in der Nähe von Aschaffenburg im Spessartwalde geschehen. Da klingt die Geschichte des sächsischen Prinzenraubes in eigentümlich treu wiederholter Weise wieder"*.[4]

Bei aller „Entzauberung" und Richtigstellung behalten aber die vielen Sehens- und Denkwürdigkeiten ihren Reiz, die unseren Heimatraum mit seinem Reichtum an Kulturgütern so liebenswert machen.

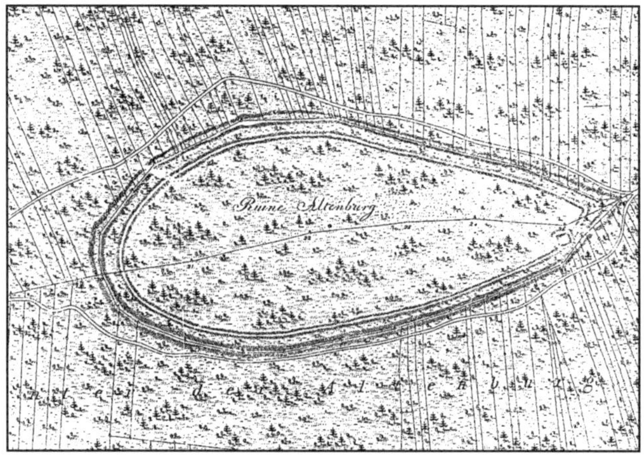

Die „Ruine Altenburg" im Katasterplan von 1845.
Die Altenburg mit dem doppelten Ringwall und den Resten eines Turmes hat ihr Geheimnis noch nicht preis gegeben. Vermutlich wurde sie in mehreren Epochen und mit verschiedenen Funktionen benutzt[5]:

- *In der Jungsteinzeit vor 6000 Jahren (Michelsberger Kultur). Der Ringwall diente wohl dem Schutz und der Kontrolle eines Fernweges durch den Spessart; fruchtbare Lössböden befinden sich in der Nähe;*
- *In der Hallstatt-Zeit (ca 700-450), an deren Ende die Befestigung offenbar gewaltsam zerstört worden war, wurde damals vermutlich Salz gewonnen;*
- *in der Früh-Latene-Zeit (um 400) errichteten Kelten einen mächtigen Mauerring;*
- *in frühmittelalterlicher Zeit diente die Altenburg vermutlich als Fliehburg.*

Anmerkungen

1. Pfeifer, Valentin, Spessartsagen, Aschaffenburg 1961, 3. Auflage, S. 104 (Titel: Der „Knabenraub im Spessart")
2. Bechstein, Ludwig, Eine Nacht im Spessartwalde, Obernburg 2005
3. Dazu: Erfurth, Eric, Die Kunst der Unterhaltung. Ludwig Bechsteins Sagenerzählung „Eine Nacht im Spessartwalde", in: Bechstein (Anm.2), S. 97ff
4. Bechstein, Ludwig, Deutsche Sagen 1853, Nr. 790
5. Kapolnasi, Gergely, Rosmanitz, Harald, Die Wallanlage Altenburg im Spessart, in: Archäologisches Jahrbuch Bayern 2009, München 2010, S. 50ff

Kaiser Caracallas Schlachtensieg auf dem Dammsfeld

Eine Sage erzählt von den kriegerischen Auseinandersetzungen zwischen Römern und Germanen am Untermain[1]:

Auf dem Dammsfelde

Auf der weiten Ebene zwischen Elsenfeld und Erlenbach, dem sogenannten Dammsfeld, bekämpften sich im Jahre 213 n. Chr. die Römer und Germanen. Der römische Kaiser Caracalla war mit einem großen Heere das linke Mainufer heraufgezogen und bis zum Pfahlgraben vorgedrungen, der sich bis ins Dammsfeld erstreckte – etwa da, wo sich jetzt die Glanzstoffwerke befinden – und auf der anderen Mainseite durch das Kastell Obernburg geschützt war. In den Spessarttälern wohnten noch die freien germanischen Volksstämme der Alemannen und Chatten. Diese schlossen ein Bündnis zum Schutze gegen die Römer und vertrieben ihre Besatzung aus dem Pfahlgraben. Nun rückte Kaiser Caracalla mit vielen Streitern heran, den Pfahlgraben wieder zu erobern. Dann wollte er weiter in die Täler des Spessarts vordringen und die Germanen unter seine Macht beugen. Bei Obernburg setzte das römische Heer über den Fluss. Die Germanen zogen sich vor dem überlegenen Feinde zurück. Dazumal war der Spessart noch ein großer, fast undurchdringlicher Wald. In diesem hielten sich die Chatten versteckt, die nur in Kämpfen zu Fuß geübt waren. Wo die Berge ansteigen, erwarteten die Reiterscharen der Alemannen den Feind. Der kam nur langsam vorwärts; denn die ohnehin schlechten Wege waren durch ein heftiges Wetter nahezu grundlos geworden. Endlich, endlich ist das kaiserliche Heer so weit vorgerückt, dass es die sich versteckt haltenden Chatten im Rücken angreifen kann. Ein Teil der Chatten wirft sich mit aller Wucht auf den Feind, die anderen vereinigen sich mit den alemannischen Reitern. Es beginnt ein furchtbares Gemetzel. Die Deutschen kämpfen mit heißem Grimme, die Römer mit dem Mute der Verzweiflung. Schrecklich ist das Blutbad, das die Deutschen unter den Römern anrichten. Nach hartnäckigem Ringen muss sich die römische Streitmacht in das Tal zwischen dem Gebirge und dem Main zurückziehen. Ein zweiter mörderischer Kampf hebt an. Kein Bogen, kein Pfeil; mit Keule und Axt wird gekämpft. Endlich siegt germanische Kraft über römische Gewandtheit. Viele Römer stürzen sich in den hochflutenden Main, die anderen werden gefangen. Auch Kaiser Caracalla muss sich ergeben und erhält nur gegen hohes Lösegeld die Freiheit.

Die Römer nannten das Schlachtfeld, wo sie eine schwere Niederlage erlitten hatten, „campus damnatus", dh. verdammtes Feld. Dort befindet sich ein Graben, der in den Main mündet und beim Volk noch jetzt „Blutgraben" heißt. In diesen Graben soll bei der Römerschlacht das Blut geflossen sein und das Mainwasser rot gefärbt haben. Die Dammswiese und der angrenzende Forst sind bis zum heutigen Tage den Umwohnern verrufen. Irrlichter und feurige Männer huschen zur Mitternacht über die Ebene, und aus dem Walde klingt Waffenlärm und Kriegsgeschrei wie ehemals, als die chattischen Krieger aus dem Dickicht hervorbrachen.

Offizier und Legionär der römischen Armee

Caracalla war 213 in der Maingegend ...

Die Sagenerzählung beschreibt anschaulich einen Vorgang, der sich tatsächlich ereignet hat. Der römische Schriftsteller Sextus Aurelius Victor ist der Gewährsmann dafür. In seinem „Liber de Caesaribus" (21c) schreibt er klipp und klar, Caracalla habe die Alemannen, einen Volksstamm, groß an Zahl, dessen Krieger hervorragend zu Pferd zu kämpfen vermögen, in der Maingegend besiegt. *(„Alamannos gentem populosam ex equo mirifice pugnantem prope Moenum amnem devicit").*

Marmorbüste des Kaisers Caracalla (211-217)

Diese Tatsache ist also unumstößlich: Caracalla war – das ist in allen Geschichtswerken zur römischen Geschichte nachzulesen – im Jahr 213 in Germanien. Der Kaiser, der von 211 bis 217 das Imperium regierte, war ein typischer Soldaten-Kaiser. „Caracalla" war ein Spitzname und zugleich die Bezeichnung für den römischen Militärmantel mit Kapuze. Dieser Caesar ging immer in Uniform, er lebte als Soldat, der von der einen Grenze des an allen Ecken und Enden bedrohten Reiches zur anderen eilte, um Feuerwehr zu spielen: 213 Germanien, 214 schon wieder in Syrien und Ägypten. 216 wurde er von einem Offizier erdolcht; er war gerade vom Pferd gestiegen, um ein menschliches Bedürfnis zu verrichten.

... und die Alemannen auch

In dem oben erwähnten Zitat tauchen die Alemannen zum ersten Mal im Lichte der Geschichte auf. Es handelt sich um einem typischen Sammelnamen. Offenbar haben sich verschiedene Völkerschaften – Sueben, Hermunduren, Chatten – zusammengeschlossen (wie ein paar Jahrhunderte später die „Franken") und sich den abstrakten Namen „Alle-mannen", dh. Stämme-Bund gegeben. *„Diese schlossen ein Bündnis zum Schutze gegen die Römer"*, heißt es im Sagentext. Archäologisch lassen sich – zumal in dieser früher Zeit – die Alemannen am Untermain allerdings so gut wie gar nicht nachweisen. Sie hatten offenbar noch keine festen, dauerhaften Wohnsitze und ihre Grabsitten und der kulturelle Standard dieser Wander- und Kriegszeit waren recht bescheiden.
Allerdings: die römischen Kastelle wurden damals zusätzlich mit doppelten Spitzgräben (2 m tief, 6m breit) versehen, die zusätzlich mit angespitzten Pfählen an der tiefsten Stelle bewehrt waren: das „sicherste" Abwehrhindernis gegen Angreifer, die gut zu Pferd waren!

Diese bronzene Zierscheibe aus einem alemannischen Grab zeigt einen berittenen Krieger[2]

„Die Schlacht auf dem Dammsfeld“

Der Spessartsage geht es gar nicht darum, nachzuweisen, **dass** Caracalla oder die Alemannen in der Maingegend eine Schlacht geschlagen haben – diese Tatsache wird einfach vorausgesetzt. Es geht ihr wesentlich um deren Lokalisierung.

Die Belege für die Behauptung „Die Schlacht fand auf dem Dammsfeld statt“ klingen überzeugend:

- Der Pfahlgraben erstreckt sich bis ins Dammsfeld. „Pfahl“ ist eine auch anderswo häufig verwendete Bezeichnung für „Limes“.
- „Dammsfeld“ ist ein „verdammtes Feld“, lateinisch *„campus damnatus“*, erinnert also an die Schlacht; *„Irrlichter ... huschen zur Mitternacht“* noch heute über die Ebene.
- *„Ein Graben, der in den Main mündet“*, heißt *„beim Volk noch jetzt „Blutgraben“!* Dieser *„einst sehr breite und bis zu 10 Meter tiefe Graben“* mündete im Bereich der heutigen Glanzstoffwerke gegenüber der Mümlingmündung in den Main.[3]

Bedenken gegen die Dammsfeld-These

Die Argumentation scheint schlüssig, die Dreizahl der „Beweise“ geradezu erdrückend – kriminalistisch betrachtet, jedoch allzu „glatt“. Es meldeten sich Bedenken:

- Flurnamen mit dem Bestandteil „Pfahl“ sind tatsächlich oft Indizien für römische Grenzlinien, aber eben nicht immer und nicht überall! Es kann sich genauso gut um andere Grenzpfähle handeln. In Wörth gibt es zum Beispiel einen Pfahlheckenweg, der mit Sicherheit nichts mit „Limes“ zu tun hat, sondern daran erinnert, dass hier zu Tausenden Weinberg-Pfähle geschlagen worden sind.

- „Blutgraben“ hört sich sehr blutrünstig und kriegerisch an, ist aber wohl nur eine leicht abgeänderte Form von „Flutgraben“. Dieser Bezeichnung geht plötzlich jeder Bezug zu Schlacht und Tod ab!

- Besonders überzeugend scheint auf den ersten Blick die Deutung des „Dammsfeldes“ als „verdammtes Feld“, das seit römischer Zeit die Erinnerung an die unselige Schlacht festzuhalten scheint.
  Dass allerdings die lateinische Bezeichnung *„campus damnatus“* über Jahrhunderte weitergegeben wurde, ist äußerst unwahrscheinlich. Dies würde ja eine lückenlos Siedlungskontinuität voraussetzen. Bezeichnung und Deutung wären demnach von Generation zu Generation weitergegeben worden.
  Da ist die Deutung als „Tanzfeld“ schon eher wahrscheinlich. In Klingenberger Hexenprotokollen ist die weite Ebene zwischen Erlenbach und Elsenfeld oftmals als Dans-stat, d. h. als Tanzplatz von Hexen, erwähnt.[4]
  Oder aber „Dammsfeld“ kommt schlicht von „Tannenfeld“ und bezeichnet ein für die landwirtschaftliche Nutzung wenig gut geeignetes Gebiet? [5]
  Die nächstliegende Interpretation dieses Namens ist jedoch meines Erachtens: Das Feld hinter dem Main-„Damm“. Nach dem Wörterbuch der deutschen Sprache der Gebrüder Grimm ist damit *„eine sich in der Länge ziehende Erhöhung von Sand, Erde oder Stein“* gemeint. In Wörth ist beispielsweise ein Maindamm und ein Dammgarten überliefert. Der Begriff ist also durchaus auch bei uns üblich. Die Dammswiese wäre demnach das von Hochwasser freie, deutlich ausgeprägte Hochufer der rechten Mainseite oberhalb Elsenfelds (im Bereich der „Glanzstoff“).

Jedenfalls: um ein wegen der blutigen Schlacht zwischen Römern und Germanen verfluchtes oder verdammtes Feld handelt es sich nicht.
Die Sage geht also offenbar recht souverän – anders ausgedrückt: sehr unhistorisch und unkritisch – mit den Argumenten um. Es ist wohl angebracht, noch genauer hinzuschauen: Die Tatsache, dass eine genaue Jahreszahl (213) im Sagentext vorkommt, legt

den Schluss nahe, den die Nennung der „Glanzstoffwerke" bestätigt: Hier liegt keine alte Sagenüberlieferung vor! (Die „Glanzstoff" könnte freilich auch noch ein späterer Zusatz sein!)

Die Sage: ein Dokument der Forschungsgeschichte

Der vorliegende Sagentext ist in seinen wesentlichen Aussagen gewiss im 19. Jahrhundert geschrieben worden. Jedenfalls gibt die Sage den Stand der Römerforschung aus der 1. Hälfte des 19. Jahrhunderts wieder. Damals war man noch der Meinung, die römische Grenze – durch Gräben und Pfahlwerke gesichert – sei auf der Spessartseite von Miltenberg (Nord) über Großheubach, Elsenfeld, Sulzbach bis nach Aschaffenburg verlaufen, *„woselbst ein Castrum befindlich gewesen ..."*. Die Bergrücken des Spessarts und Odenwalds *„ ... waren mit Pfahlgraben und Castellen gesichert"*.[6]
So steht es in Johann Wilhelm Christian Steiners „Geschichte und Topographie der alten Grafschaft und Cent Ostheim und der Stadt Obernburg am Main" aus dem Jahre 1821.

Noch deutlicher: Sichtbare Spuren des Pfahlgrabens sind *„am rechten Ufer dieses Flusses (des Mains) über das Dammsfeld"* zu erkennen, *„von da er seine Richtung durch den Spessart nach der Kinzig hin nimmt"*.[7]
So erweist sich die vorliegende Sage als Dokument der Forschungsgeschichte. Sie repräsentiert aber nicht nur ein – längst überwundenes – Stadium der Römerforschung, sondern atmet ganz deutlich den Geist seiner Entstehungszeit.

- Der Kampf zwischen Römern und Germanen erinnert bis in Einzelheiten hinein an die Schilderung der Schlacht im Teutoburger Wald (im Jahre 9 n. Chr.), in der Varus mit seinen Soldaten in einem „großen, fast undurchdringlichen Wald" von Germanen besiegt worden ist, die Weg und Steg genau kannten .
- Der Sieg Hermanns des Cheruskers über den römischen Feldherrn Varus wurde im 19. Jahrhundert Grundlage des deutschen Nationalstolzes.
  Die Römer – das sind die Franzosen, die in der Revolutionszeit und unter Napoleon Deutschland besetzten und „Erbfeinde" auf der anderen Seite des Rheins blieben. Sie kämpften *„mit dem Mute der Verzweiflung"*, aber auch mit List und Gewandtheit. Hermann und die Germanen: das sind die freiheitsliebenden Deutschen aus der Napoleonzeit und – später – die unter Bismarck und Kaiser Wilhelm endlich vereinigten Deutschen, die *„mit heißem Grimme"* und germanischer Kraft Frankreich besiegten und ihr Zweites Reich gründeten (1871).
- Bei der anschaulichen Schilderung des Schlachtverlaufs könnte man beinahe das Wichtigste übersehen: Die Sage erzählt vom Sieg der Germanen über die Römer und dreht damit die überlieferte historische Wahrheit um![8]

Spätestens jetzt wird deutlich: Der Sagentext ist ein typisches Produkt nationalistischer Ideologie aus der Zeit vor dem Ersten Weltkrieg.

Wenn die überlieferte Sage also nicht als „Geschichtequelle" tauglich ist:

Wie war es wirklich?

Im Grenzgebiet des Römischen Reiches ist es zu Beginn des dritten Jahrhunderts unsicher geworden. Das Imperium wird an allen Ecken und Enden bedroht. Innere Streitigkeiten schwächen das Reich zusätzlich. Germanische Reiterhorden drangsalieren die Bevölkerung im Vorfeld des Limes und überfallen immer wieder auch römische Militäranlagen, um Beute zu machen.
Die Zerstörung des Obernburger Kastells war offenbar kein Einzelfall. Der Übergang zur stabileren Steinbauweise und verstärkte Verteidigungsanstrengungen sind auch in anderen Kastellorten zu beob-

1875 malte Friedrich Tüshaus die „Schlacht zwischen Germanen und Römern“ am Rhein[9] offenbar mit derselben Intention, die auch hinter der Sage von der Schlacht auf dem Dammsfeld steht: Die welschen Römer sind – trotz ihrer überlegenen Ausrüstung – gegen die kraftvoll anstürmenden germanischen Krieger chancenlos.

Germanentümelei und Nationalstolz gingen im neugegründeten Deutschen Kaiserreich (1871) so weit, dass sogar die historische Wahrheit gekippt wurde: Auf dem Bild in der Schlacht am Rhein und in der Sage im Kampf am Main siegten nicht die Römer, sondern unsere freiheitsliebenden treuen Vorfahren.

achten. Im unsicher gewordenen Vorfeld der Reichsgrenze igelte sich ein Teil der Bevölkerung trotzig ein, ein anderer verließ es und wanderte aus.
In dieses teilweise entleerte Gebiet sickerten Germanen ein, die mit der Absicht kamen, Raubzüge zu unternehmen – hatte man doch davon gehört, dass es bei den Römern Häuser aus Stein, Becher aus Glas und sagenhaften Reichtum geben sollte!

Kaiser **Caracalla** war im Frühjahr 213 über die Alpen geeilt, um in Germanien für Ordnung und – so gut es ging – für Frieden im römischen Sinne zu sorgen. Mit obergermanischen und raetischen Truppen (aus dem Voralpenland), aber auch mit Einheiten aus Ungarn und Ägypten rückte er von der Donaugrenze aus (Kastell Buch?) nach Norden, um die unruhigen und beutegierigen Stammesgruppen zu unterwerfen oder zu verjagen.[10] Wahrscheinlich erfolgte zu gleicher Zeit der Vorstoß einer Heeresgruppe von Mainz aus.[11] „*Prope Moenum*“, d. h. in der Maingegend, muss dann eine militärische Auseinandersetzung stattgefunden haben. Das ist eine großzügige geographische Fixie-

Bereits ein halbes Jahrhundert vor der Caracalla-Schlacht gab es an der Mainlinie erste Anzeichen von Unruhen. Diese Tafel mit der Bauinschrift ist gewissermaßen die Geburtsurkunde des neuen Obernburger Kastells. Sie wurde im Jahre 162 nach Christus angefertigt, als die in Fachwerk errichteten Bauten des bei einem Einfall der Chatten verwüsteten Kastells in Stein wieder aufgebaut worden waren.
Als damals regierenden Imperator („Caesar") erwähnt die Inschrift Marc Aurel (161-186), den „Philosophen auf dem Kaiserthron", der in aufreibenden Kämpfen die Grenzen des Reichs im Osten und an der Donau verteidigen musste.

Übersetzung: Dem Imperator Caesar Marcus Aurelius Antonius Augustus, dem Pontifex maximus, der dreimal Konsul war, und dem Imperator Lucius Aurelius Verus Augustus, der zweimal tribunizische Amtsgewalt inne hatte und der zweimal Konsul war; die 4. Kohorte – Aquitanier römischen Bürgerrechts, ausgestattet mit Reiterei.

rung. Rhein, Donau und auch Main waren in Rom bekannte Namen. Tauber, Jagst und Kocher aber nicht! *„Prope Moenum"* bedeutet also – von der Donau- und Albgrenze aus betrachtet – eher: „Hohenloher Land". Für das Dammsfeld bei Erlenbach gibt es jedenfalls keine vernünftigen Argumente (ebenso wenig wie für andere Schlachtorte am Untermain).[12]

Es ist auch in höchstem Maße fraglich, ob tatsächlich eine große Schlacht stattgefunden hat. Die Alemannen waren damals und bis in die Zeit der Franken hinein, kleinere, von Häuptlingen geführte Reiterscharen aus Böhmen und dem Elbegebiet, in deren Gefolge sich zunehmend auch Frauen, Kinder, Vieh und Karren mit Hab und Gut befanden.

Nicht einmal der „Alemannen-Name" ist für die ersten Jahrzehnte des 3. Jahrhunderts bezeugt. Der Gewährsmann für die Schlacht von 213, der eingangs erwähnte Sextus Aurelius Victor, schrieb erst gut 100 Jahre später über den Feldzug Caracallas und hat den um 300 entstandenen Sammelbegriff „zurückdatiert".

Es hat eher den Anschein, dass Caracalla, der mit seiner gewaltigen Heeresmacht zwar Eindruck erwecken, aber gegen die schnellen, beweglichen Reiterscharen keinen „Endsieg" erringen konnte, mit den germanischen Stammesfürsten eine Art Waffenstillstand ausgehandelt – und dafür bezahlt hat![13]
Caracalla hat dieses diplomatische Ergebnis in Rom

jedenfalls als glänzenden Sieg verkauft. Am 6. Oktober 213 dankte das Priesterkollegium den Göttern für den Triumph des Kaisers, der prompt zum „*Germanicus maximus*“ ernannt wurde.

Das Ende der römischen Besatzung am Untermain

Während in Rom Caracallas „Sieg“ groß gefeiert wurde, wurde an der Maingrenze die Stimmung depri- miert. Das Vertrauen der Bevölkerung in die Schutzmacht Rom war geschwunden. Die Landflucht nahm zu. Die Stadtmauer von Dieburg wurde erweitert, um Bewohner des Umlandes in Notzeiten aufnehmen zu können.

Jedenfalls: zwanzig Jahre nach der Caracallaschlacht wurde der germanische Druck an der Maingrenze stärker. Die römischen Stellungen wurden bedrängt, überrannt oder zerstört.

Das Römische Reich wird 231 n.Chr. nicht nur an der Rhein-Maingrenze bedroht, sondern auch an der Donau und in Kleinasien. Kaiser Alexander Severus (222-235) zieht gegen die Parther. In den an der Rheinlinie stationierten Truppen, die mit in den Osten verlagert werden, befinden sich viele Einwohner der Provinz. Diese Soldaten sind gewiss mit einem unguten Gefühl aufgebrochen, sie mussten befehlsgemäß weit in den Osten des Reiches gegen einen unbekannten, gefährlichen Feind ziehen, während doch „zu Hause“ die Gefahr ebenfalls groß war, dass der eigene Besitz geraubt oder zerstört und die eigene Familie verjagt oder getötet wird!

Diese Befürchtungen haben sich prompt erfüllt! Kaum waren die hier stationierten Elitetruppen abgezogen, ging es drunter und drüber.

- In der Wetterau wurden Kastellplätze und Landgüter überfallen und zerstört.
- Bei Mainz hat man die Brücke über den Rhein absichtlich abgebrochen, um zu verhindern, dass germanische Raubscharen über den Fluss in die Stadt vordringen.
- In Obernburg ist die Benefiziarierstation vollständig abgebrannt (und wurde nicht mehr wieder aufgebaut). Der letzte Weihestein datiert vom 13. Januar 224.
- In Sulzbach wurde 1951 das Grab eines germanischen Kriegers gefunden. Neben einem Messer und einem Kamm (Haare waren ein Zeichen von Stärke und Kraft!) befand sich darin eine römische Terrasigillata-Schüssel, die durch Zweitbrand verändert worden war.
  Leo Hefner „*möchte dieses Gefäß nicht als Handelsware betrachten, sondern als Beutestücke eines alemannischen Kriegers, der an der Eroberung des Kastells Niedernberg beteiligt war*“, also als „eine Art Tapferkeitsauszeichnung“.[14]
- Auch das Altstadt-Kastell in Miltenberg ist um 233 – wenigstens für kurze Zeit – den Germanen in die Hände gefallen.[15]
  Die Eroberer haben dabei die Kellerwand zum aerarium durchbrochen; sie wussten also genau, wo sich die Truppenkasse befand.

Kaiser Alexander Severus, der – nicht zuletzt auf Verlangen der Soldaten, die um die „Heimatfront“ besorgt waren – den Partherkrieg abgebrochen hatte, rüstete in Mainz zum Gegenschlag. Mit einer internationalen Streitmacht, mit Soldaten aus verschiedenen Regionen des Reiches, wollte er die eingedrungenen Germanen wieder vertreiben, doch er wurde ermordet (235).

Seinem Nachfolger, Maximius Thrax (235-238) gelang es zwar, den Limes in der Wetterau wieder zu sichern, aber ein paar Jahre später mussten die militärischen Positionen am Main endgültig aufgegeben werden. Die Kastelle wurden meist kampflos geräumt; die Besatzung war ohnehin bereits zu schwach. In Obernburg deuten Brandrückstände an, dass es um 250 zu gewaltsamen Attacken gekommen sein muss.

Die Zeit der militärischen Besetzung der Mainlinie geht in der Mitte des dritten Jahrhunderts zu Ende. Das Untermaingebiet ist wieder Vorfeld der Reichsgrenze, die nun wieder der Rhein bildet.

Inventar und Befundplan dieses in Kleinwallstadt gefundenen Grabes dokumentieren den Übergang von der spätrömischen Kaiserzeit in das völkerwanderungszeitliche 5. Jahrhundert

Die „Eroberung" des Landes zwischen Rhein und Main durch die Alemannen war sicherlich hier und da mit Schwert und Brandfackel, mit Raub und Mord erfolgt. Es war aber – wie die neuesten Forschungen zeigen – kein gewaltsamer Ansturm eines ganzen Volkes auf breiter Front, der die römische Bevölkerung in Strömen von Blut ertrinken ließ.

Die Alemannen waren kein geeintes „Volk" (im romantischen Sinne des 19. Jahrhunderts), sondern eine Vielzahl von Stämmen und Gefolgschaften, die miteinander rivalisierten oder Zweckbündnisse eingingen. Die „Landnahme" erfolgte auch nicht nur durch Kriegsvolk. Die Funde – auch am Untermain – belegen, dass auch Frauen und Kinder in den weithin entvölkerten Raum kamen. Schon allein deshalb, weil die Provinzialbevölkerung großenteils bereits abgezogen war, konnte es nicht zu einer „Völkerschlacht" gekommen sein. Schließlich war die Neubesiedelung kein überfallartiges Geschehen, sondern ein länger andauernder Vorgang, der eine ganze Generation andauerte (etwa von 230–260).

Anmerkungen

1. Pfeifer, Valentin, Spessartsagen, Aschaffenburg 1961, 3. Auflage, S. 89 ff. Eine erheblich kürzere Fassung bietet Herrlein, Adalbert von, Sagen des Spessarts, Aschaffenburg 1851, S. 251
2. Die Alamannen, Katalog zur Ausstellung, Stuttgart 1997, S. 267
3. Wann, Wolfgang, Erlenbach am Main, 1958, S. 222
4. Wann, Anm. 3, S. 223
5. Schlicht, Eva-Marie, Die Marktgemeinde Elsenfeld, 1990, S. 173
6. Steiner, Johann Wilhelm Christian, Geschichte und Topographie der alten Grafschaft und Cent Ostheim und der Stadt Obernburg am Main, Aschaffenburg 1821, S. 8
7. Steiner, Anm. 6, S. 7
8. Bei Herrlein (Anm. 1) sind die Ausschmückungen, die an die Schlacht im Teutoburger Wald erinnern sollen, nicht enthalten. Die „harte Schlacht" kennt bei ihm auch keinen Sieger.
9. Die Franken, Ausstellungskatalog Mannheim 1966, S. 42
10. In Buch wurde im frühen 3. Jahrhundert eine triumphbogenartige Fassade errichtet: ein Siegesdenkmal für Caracalla?
11. Die Römer in Hessen. hrsg. von D. Baatz, Stuttgart 1982, S. 213
12. Genannt wurden u. a. Miltenberg (Kornemann, Röm. Geschichte), Großwallstadt (Leo Hefner, Spessart 2/83) oder Kahl.
13. Rosenstock, Dirk und Wamser, Ludwig, Von der germanischen Landnahme bis zur Einbeziehung in das fränkische Reich, in: Unterfränkische Geschichte, hrsg. Von Kolb und Krenig Bd. 1, Würzburg 1989, S. 61ff.
14. Chronik Sulzbach (1973), Beitrag von Leo Hefner, S. 33ff.
15. Beckmann, Bernhard, Die Römer in Miltenberg, in: 750 Jahre Stadt Miltenberg, 1987, S. 35ff.

Von Heunesäulen und anderen Riesensachen

Die Heunen in der Miltenberger Gegend

Es gab eine Zeit – freilich ist's schon lange her – da wohnten auf den Höhen bei Miltenberg gewaltige Riesen. Die hatten vor, eine Brücke über den Main zu bauen; sie brachen aus dem Felsgestein der Berge mächtige Blöcke und formten sie zu langen Säulen. Der Brückenbau durch die Riesen kam aber nicht zustande, doch blieben auf dem Heunberge bei Bullau etliche Säulen liegen, die zum Bau der Mainbrücke Verwendung finden sollten, und man nennt sie allgemein die Hünen- oder Heunensäulen. An einigen derselben sind noch die Spuren der Handgriffe zu sehen, die beim Umwenden der Steinkolosse entstanden. Vier davon zeigen Beschriftungen, es vermag sie aber niemand zu deuten.

Auf dem „Heunenberg", der teilweise noch zur Gemarkung Eichenbühl gehört, wohnten gleichfalls Riesen. Manchmal riefen diese ihren Freunden auf den Bergen der anderen Mainseite zu, und das hallte dann schier wie Donner.

Die Riesen schleuderten auch ihre Werkzeuge über den Mainfluss auf die jenseitigen Höhen. Da schwangen sie z. B. die Steinkeule zweimal in der Hand hin und her, und mit dem dritten Schwunge – ho ruck – warfen sie den Schlägel über den Fluß hinweg zu den anderen Riesen. Gelt, das wird ihnen so leicht keiner nachtun! Ein alter Waldschütz, namens Bilbert, der den Forstbezirk, in dem die Riesen wohnten, zu beaufsichtigen hatte, konnte noch mancherlei von ihnen erzählen. Freilich ist der Waldhüter jetzt schon lange tot.[1]

Hunnen, Heunen und Riesen

Es ist tatsächlich so: In der Miltenberger Gegend wimmelt es geradezu von „Heunen". Die mächtigen Heunesäulen am Bullauer Berg und der Heunenberg bei Eichenbühl werden in den Spessartsagen erwähnt. Aber es gibt auch die Heune-fässer am Bürgstädter Wannenberg, die Heune-schüssel oberhalb von Großheubach und eine weitere (und erheblich größere)

Eine der mächtigen Heunesäulen am Bullauer Berg

Heune-schüssel auf der Höhe zwischen Rüdenau und dem Ohrnbachtal. Bei Amorbach sprudelt im Zittenfeldener Tal die Siegfriedsquelle, die bis zum Ende des 19. Jahrhunderts Heune-quelle genannt wurde; an der Odenwaldlinie des früheren römischen Limes steht ein Hain-haus, die alte Schanze bei Klingenberg bezeichnet das Röllbacher Weistum von 1559 als „Heynburg".[2] Hinter manchem Hainberg, Hühnerfeld oder Hunnenstein verstecken sich die Heunen ebenfalls ...

Die Wortverbindungen mit „Heune-" kann man als **Ein-Wort-Sagen** verstehen. Der Zusatz bringt die Säulen, Fässer, Quellen oder Burgen mit den Heunen in Verbindung, also mit Hünen oder Riesen. Unsere

Vorfahren konnten auffällige Objekte wie die überdimensionalen Säulenrohlinge beim Bullauer Berg, Wallanlagen hoch über dem Wasserspiegel des Mains oder Reste des römischen Limes nicht anders erklären.
Auffällige, erstaunliche Dinge wie die Heuneschüssel auf dem höchsten Gipfel hinter Großheubach mit den aufgetürmten Felsen und der geheimnisvollen Vertiefung – die waren nicht von Menschenhand geschaffen, die mussten in grauer Vorzeit entstanden sein, als es noch Riesen bei uns gab! Dies war der aitiologische, d. h. erklärende Zweck dieser Sagen. Der Text Nr. 19 in der Sagensammlung der Gebrüder Grimm, der sich auf eine hessische Chronik von 1697 beruft, bringt die Heunesäulen erstmals in Verbindung mit einer Brücke, die Riesen über den Main bauen wollten.[3] Vermutlich liegt der schriftlichen Fixierung eine mündliche Tradition zugrunde.

Das Mittelhochdeutsche „hiune“ bezeichnete ursprünglich den Volksstamm der Hunnen (Auf der topographischen Karte von Miltenberg heißt die Heuneschüssel „Hunnenstein“!). Obwohl die hunnischen Reiter eher kleinwüchsig waren, hat sich mit diesem Volksnamen die Vorstellung von etwas Fremdartigem, Übermächtigem und schließlich etwas Riesenhaftem verbunden. Jedenfalls sind die „Heunen“ seit dem 13. Jahrhundert Riesen. Die Bezeichnung „Hünen“ kam erst seit dem 18. Jahrhundert aus dem norddeutschen Sprachraum in die deutsche Schriftsprache.[4]

Riesen gehörten zur alltäglichen Vorstellung der Menschen früherer Jahrhunderte – nicht nur im Märchen, wie demjenigen vom tapferen Schneiderlein: *„Der Weg führte ihn auf einen Berg, und da er den höchsten Gipfel erreicht hatte, so saß da ein gewaltiger Riese und schaute sich ganz gemächlich um ...“*

Die Riesen halfen den germanischen Göttern beim Bau ihrer Burg; freilich forderten sie für die Riesen-Arbeit ihren Lohn: die Göttin der ewigen Jugend und dazu Sonne und Mond[5] – so wie in vielen späteren Sagen der Teufel die Seele fordert für seine Hilfe.

Unter der Ortsangabe „Rüdenau“ ist in der Sammlung der „Mainsagen“ von Alexander Kaufmann (1853) das folgende Gedicht von Friedrich Rückert abgedruckt, welches das Motiv vom Riesenspielzeug beschreibt.

Die Riesen und die Zwerge

Es ging die Riesentochter, zu haben einen Spaß,
Herab vom hohen Schlosse, wo Vater Riese saß.
Da fand sie in dem Tale die Ochsen und den Pflug,
Dahinter auch den Bauern,
der schien ihr klein genug.
Die Riesen und die Zwerge.

Pflug, Ochsen und die Bauern,
es war ihr nicht zu groß,
Sie fasst`s in ihre Schürze
und trug`s auf`s Riesenschloss.
Da fragte Vater Riese:
“Was hast du, Kind, gemacht?“
Sie sprach: “Ein schönes Spielzeug
hab’ ich mir hergebracht“.
Die Riesen und die Zwerge.

Der Vater sah`s und sagte:
„Das ist nicht gut, mein Kind!
Tu es zusammen wieder an seinen Ort geschwind.
Wenn nicht das Volk der Zwerge
schafft mit dem Pflug im Tal,
So darben auf dem Berge die Riesen bei dem Mahl“.
Die Riesen und die Zwerge.

Nach dem Hinweis eines Gewährsmannes *„für die Aechtheit der Stoffe ... glaubte ich, ... Rückerts „Riesen und Zwerge“ nach Rüdenau ... verlegen zu dürfen“*, schreibt Kaufmann in seiner Vorrede. Anschaulicher kann man gar nicht beschreiben, wie eine „Wandersage“ an bestimmten Orten oder Denkmälern „festgemacht“ werden kann. Die Sage vom Riesenspielzeug, die Adelbert von Chamisso in einer Ballade behandelt hat, ist im frühen Mittelalter entstanden und in ganz Mittel-, Nord- und Ost-Europa verbreitet.

Christophorus wurde stets als urwüchsiger Riese dargestellt, der einen Baumstamm als Stütze verwendet. (Holzschnitt von Hans Baldung Grien, einem Zeitgenossen Dürers)

Aber war nicht auch **Christophorus** ein wilder, schreckenerregender Riese, der einen Baumstamm als Stütze benutzte, um den reißenden Fluss zu überqueren – mit Menschen oder dem Jesuskind auf der Schulter? An den Außenseiten von Kirchen und Kapellen war sein Bild häufig angebracht: Wer seiner ansichtig wurde, durfte sicher sein, an diesem Tag keines unvorhergesehenen Todes zu sterben. An der Kapelle beim Amorsbrunn ist der Riesenheilige noch zu sehen – an der Kirche in Schneeberg oder der Pfarrkirche in Miltenberg[6] diente er früher der gläubigen Betrachtung

Den „Riesen" in Miltenberg schließlich kennt bei uns jedes Kind. Vorstellungen vom „Wilden Mann", von Christophorus und von den „Heunen in der Miltenberger Gegend" erscheinen in diesem Wirtshausnamen wohl gebündelt.

Die Heunesäulen

Die Säulen in großen Domen oder bei tempelartigen Gebäuden wurden in aller Regel hergestellt, indem steinerne Trommeln scheibenweise aufeinandergetürmt, miteinander verbunden und abschließend geschliffen wurden, um ein einheitliches Aussehen zu erhalten.

Am Bullauer Berg liegen aber mächtige Sandsteinsäulen aus **einem** Stück: über 7 Meter lang, mit einem Durchmesser von ca. 130 cm. Sie sind hier an Ort und Stelle – in einem Blockmeer des harten Felssandsteins – gebrochen und bearbeitet worden, sind nur roh behauen – sie sollten wohl erst am Bau geglättet werden – und weisen Verdickungen am oberen, schmaleren Ende auf – zum besseren Transportieren und Aufstellen.[7]

Im 18. Jahrhundert waren es noch 14 Exemplare; ursprünglich sollen es 42 gewesen sein[8]; mittlerweile wurden viele davon abtransportiert; eine steht in der Miltenberger Uferpromenade, eine in Nürnberg, eine weitere auf dem Domplatz in Mainz. Eine Säu-

Kein Wunder, dass diese Steinkolosse in der Volksmeinung von Heunen hergestellt worden sind!

le – Höhe 749 cm, Gewicht 145 Tonnen – kam 1879 nach München. Sie war ein Geschenk des Magistrats der Stadt Miltenberg und ist vor dem Haupttrakt des Bayerischen Nationalmuseums aufgestellt worden. Sie *"wurde für den Transport nach München von 6 Pferden und 2 Ochsen auf einem 35 Zentner schweren Wagen zum Bahnhof Miltenberg gebracht und dort auf dem einzigen Spezialgüterwagen für Schwerlasten der Königlich Bayerischen Eisenbahn verladen"*.[9]
Heute steht diese Säule vor der prähistorischen Staatssammlung in München.

Gibt es Hinweise darauf, wann und zu welchem Zweck diese Säulen hergestellt worden sind? Meist werden sie als Rest eines Großauftrages gedeutet, der aus irgendeinem Grunde nicht abgerufen worden ist. Buchstaben, Zahlen oder Steinmetzzeichen auf den Säulen sind für eine Antwort auf diese Fragen unbrauchbar; sie stammen wohl alle aus späterer Zeit; kunstgeschichtlich auswertbare Formen fehlen.

Monolithische Säulen (d.h. aus einem Stück) kannte man in römischer, dann in karolingischer und frühromanischer Zeit. Damit lässt sich die Entstehungszeit auf das erste Jahrtausend (bzw. 100–1100) eingrenzen.

Jahreszahlen und Steinmetzzeichen geben keine verwertbaren Auskünfte über die Entstehungszeit und den Verwendungszweck der Heunesäulen.

Sind die Säulen römisch?

Lange Zeit war man der Meinung: *„Ohne Zweifel haben wir hier ächtes Römerwerk vor uns"*[10] und vermutete *„dass die Römer an Ort und Stelle einen Tempel hätten erbauen wollen"*.[11] Die Säulen wären demnach für ein Bauwerk in der Umgebung gedacht oder aber für den Transport auf der Wasserstraße nach Mainz oder ein anderes römisches Zentrum vorgesehen gewesen. Immerhin ist *„beurkundet, dass in der Nähe dieser Säulen von Zeit zu Zeit goldene, silberne und kupferne römische Münzen gefunden werden."*[11] Der Abtransport je einer Säule nach Nürnberg und München im Jahre 1879 geschah in der festen Überzeugung, es handle sich um Bauzeugen eines geplanten großen römischen Tempels oder Palastes.[12]

Wurden die Heunesäulen im Mittelalter gefertigt?

Die derzeit gängige Interpretation: Erzbischof Willigis baute den Dom zu Mainz neu – am Einweihungstag 1009 brannte das Gotteshaus jedoch ab. Sein Nachfolger Bardo schuf einen Neubau, der 1036 eingeweiht wurde, aber erneut den Flammen zum Opfer fiel. Bei beiden Baumaßnahmen war Felssandstein (aus der Miltenberger Gegend) verwendet worden. Waren die Heunesäulen für den nächsten Dombau bestimmt?

Warum aber wurden sie nicht abtransportiert? Hatte man ihre Festigkeit überschätzt, bzw. nach deren Fertigstellung festgestellt, die Kreuzschichtung des Sandsteins könnte sich bei Belastung als problematisch erweisen?
Oder hat man damals – nach dem Vorbild des Kaiserdoms in Speyer, der damals gebaut wurde – auf Säulen verzichtet? Pfeiler mit vorgeblendeten Halbsäulen waren leichter herzustellen und ermöglichten größere Bauhöhen!

Die zeitliche Einordnung der Heunesäulen in das hohe Mittelalter zwischen dem beginnenden 11.

und der Mitte des 13. Jahrhunderts wird neuerdings von Ludwig Wamser unterstrichen.[13] Er sieht im näheren und weiteren Umland von Miltenberg *„das bedeutendste, auf Ferntransport ausgerichtete Produktions- und Handelszentrum der untermainischen Sandsteinindustrie"* und damit die wesentliche wirtschaftliche Grundlage Wallhausens, der städtischen Vorgängersiedlung von Miltenberg.

Der sagenhafte „Domstein" zu Trier war für die Basilika Kaiser Konstantins um 330 n. Chr. aus dem Felsenmeer im Odenwald gebrochen worden. Die Säule – es waren ursprünglich vier – war 18 Meter lang und bestand aus einem einzigen Stück. Waren die Heunesäulen vergleichbarer Ausdruck spätantiker Monumentalität?

Oder sind die Heunesäulen doch älter?

Es ist aber durchaus denkbar, dass die Heunesäulen noch ein paar Jahrhunderte älter sind.

Neben dem Dom zu Trier liegt der sagenumwobene „Domstein". Es handelt sich um eine gewaltige Säule, die zerbrochen ist. Es war eine von vier tragenden Säulen im Dom, die bei einem Brand infolge der Hitzewirkung zerborsten sind. Die Säulen waren ursprünglich 18 Meter hoch und bestanden jeweils aus einem Stück. Das Material: Granit aus dem Felsenmeer im Odenwald.

„Die Säulen für die Trierer Basilika sind in den Jahren 328-337 unter Kaiser Konstantin im Odenwald gebrochen und zu ihrem Aufenthaltsort transportiert worden".[14]

Welch eine gewaltige Leistung muss es gewesen sein, die Steinkolosse aus dem Untergrund zu lösen, sie grob zu bearbeiten, sie dann zum Rhein hinunter zu schaffen, auf dem Wasserweg nach Trier zu transportieren und sie schließlich dort erneut zu bearbeiten, zu glätten und aufzustellen.

Gerade in diesem Jahrhundert, in dem Konstantin Trier zur Hauptstadt des (West)Römischen Reiches machte und das Christentum zur Staatsreligion erhoben wurde (endgültig 391), waren monumentale Bauwerke ein Ausdruck spätrömischer Staatskultur, bevor das Imperium in den Stürmen der Völkerwanderung unterging.

Die Heunesäulen am Bullauer Berg: sind sie nicht ebenfalls ein Ausdruck dieser spätantiken Monumentalität? Die Römerherrschaft war am Untermain zwar seit der Mitte des 3. Jahrhunderts offiziell vorbei, der Rhein wieder Grenze. Der Einfluss der römischen Kultur bestand aber noch lange weiter.

„Voraussetzung für die römische Steinbruchtätigkeit des 4. Jahrhunderts im Odenwald war die militärische Überlegenheit, die das Römerreich mit Konstantin an der Rheingrenze wiedergewonnen hatte"[15] und sich offenbar bis an den Untermain auswirkte. Nach Wamser[15] waren die rechtsrheinischen Grenzlande *„von Rom ... weiterhin als inhärenter Bestandteil des Reiches beansprucht"* worden. Kaiser Julian hielt sich 357 selbst im Untermaingebiet auf.[16]

Eine endgültige und eindeutige Antwort wird sich wohl nie finden lassen. Ihr letztes Geheimnis geben sie nicht preis – die Heunesäulen vom Bullauer Berg.

Anmerkungen:

1. Pfeifer, Valentin, Spessartsagen, Aschaffenburg 1961, S. 140 u. Anm. Nr. 52, vgl. auch die Riesen-Sagen um Aschaffenburg S. 7f.
2. Reinhard, C. F., Geschichte des Dorfes Röllbach, Obernburg 1905, S. 86
3. Eric Erfurth, Die Kunst der Unterhaltung. Ludwig Bechsteins Sagenerzählung „Eine Nacht im Spessartwalde“, in Bechstein, Ludwig, Eine Nacht bim Spessartwalde, Obernburg 2005, S. 97f
4. Gebr. Grimm, Wörterbuch der deutschen Sprache, Stichwort „Hüne“
5. Vgl. Richard Wagner, Rheingold
6. Wirth, Josef, Chronik Miltenbergs, S. 329
7. Röder, J., Die Heunesäulen am Bullauer Berg; (= grundlegender Aufsatz; in: Führer zu vor- u. frühgesch. Denkmälern Miltenberg, Amorbach ..., Mainz 1967, S. 98ff.)
8. Wirth (Anm. 6), S. 421
9. Prähistor. Staatssammlung München; Beschreibungstext zur Heunesäule
10. Braunfels, Ludwig, Die Mainufer und ihre nächsten Umgebungen, Würzburg (1851)
11. Wirth (Anm. 6) S. 422, auch G. Wagner, Chronik Kleinheubach 1933, S.7f
12. Steidl, Bernd, Welterbe Limes, Roms Grenze am Main, mit Beiträgen von L.Wamser und H. Zimmermann, Obernburg 2008, S. 246
13. in: Steidl (Anm. 12), S. 247
14. Die Römer in Hessen, hrsg von D. Baatz, Stuttgart 1982
15. in: Steidl (Anm. 12), S. 238
16. in: Steidl (Anm. 12), S. 216

Die Nibelungen im Odenwald

Zwischen Worms und Würzburg sind die Nibelungen eine feste Größe – als Werbeträger. Die „Nibelungenstraße" und die „Siegfriedstraße" locken Touristen in den Odenwald.
Das Nibelungenlied wurde um 1200 von einem uns namentlich nicht bekannten Dichter am Hofe des Passauer Bischofs geschrieben. Er wollte mit dem Epos seiner eigenen Zeit, die den glanzvollen Höhepunkt wie den beginnenden Niedergang des Hochmittelalters erlebte, einen Spiegel am Beispiel der Geschichte vorhalten: Wenn der Streit um den Königsthron nach dem Tod des jungen Kaisers Heinrich VI., die leidige Auseinandersetzung zwischen Staufern und Welfen kein Ende nehmen wird und der Papst sich primär als Machtpolitiker gebärdet, wird es uns so ergehen wie einst dem Stamm der Burgunden, der an seinen inneren Streitigkeiten, am Gerangel um den Nibelungenschatz und an Rache- und Mordgedanken zugrunde ging.

Eine moderne Metallskulptur in Amorbach (unterhalb der Klosterkirche) erinnert an die Ermordung Siegfrieds

Gerade im ersten Teil des Nibelungenliedes ist der Odenwald häufig Ort der Handlung: Worms am Rhein war Sitz der burgundischen Könige, der Mord an Siegfried soll im Odenwald geschehen sein. Durch dieses Waldgebirge sollen schließlich die Nibelungen ihren Zug begonnen haben, der im Blutbad in der Etzelburg enden sollte.[1]

Wo wurde Siegfried erschlagen?

Die Quelle, an welcher der strahlende Königssohn hinterrücks vom finsteren Hagen ermordet worden ist, kann besichtigt werden – und das sogar mehrfach, weil sich eine ganze Anzahl von Orten darum streitet, wer den originalen Mordort zu bieten hat.

- Grasellenbach zum Beispiel mit seiner Quelle auf dem Spessartkopf; ein Sühnekreuz steht in der Nähe; es gibt eine Sage, nach der ein mächtiger Ritter hier erschlagen worden sei ...;
- oder Hiltersklingen, an dessen uraltem Lindelbrunnen eine Tafel verkündet, hier *„soll der Überlieferung nach Siegfried erschlagen worden sein";*
- oder Odenheim (südlich von Heidelberg); laut Handschrift (des Nibelungenliedes) war ein „Otenheim" der Tatort;
- oder der Brunnen in Heppenheim, das nur 20 km von Worms entfernt liegt und sich schon deshalb als authentischer „Siegfriedsbrunnen" anbietet.

Vor lauter Ortspatriotismus und romantischer Schwärmerei hat man bei der „Lokalisierung" den Originaltext nicht oder nicht richtig gelesen oder diesen einseitig interpretiert. Jedenfalls kennen wir den Mordort nicht.
Können wir ihn überhaupt kennen? Das Nibelungen-Epos wurde von den Erzählern oder Sängern regel-

Die Quelle, an der Hagen den kühnen Recken Siegfried hinterrücks ermordete, liegt wohl im mythischen Niemandsland. Mehrere Orte rund um den Odenwald behaupten, die „wirkliche Siegfriedsquelle“ zu besitzen. Schnorr von Carolsfelds Fresko in der Münchener Residenz ist eine der bekanntesten Darstellungen dieser Mordtat.

mäßig leicht variiert – je nachdem, an welchem Fürstenhof es vorgetragen wurde. Anspielungen, die sich auf Anwesende bezogen und auch auf Örtlichkeiten, die sich in der Nähe der jeweiligen Burg befanden, wurden mit Dankbarkeit und Genugtuung quittiert.

Die Siegfriedsquelle bei Amorbach

Auf der Wanderkarte des Naturparks Bergstraße–Odenwald ist in der Nähe von Amorbach am Osthang des Beuchener Bergs im Zittenfeldener Tal eine Siegfriedquelle eingezeichnet.
Der Wanderer, der sie aufsucht, findet dort in der Tat ein eindrucksvolles Natur-Ensemble vor. Aus einer dunklen Höhe sprudelt Wasser heraus und stürzt einige Meter den Felsen hinab, sammelt sich in einem kleinen Becken, um über ein paar Stufen dann unter dem Weg zu verschwinden.

Die Sage erzählt:

In dieser Höhle hauste ein greulicher Drachen, der das Land ringsum verwüstete und die Kinder der Dorfbewohner raubte. Endlich erlöste ein fremder Ritter das Land von dem Ungeheuer. Das Blut, das aus dem abgeschlagenen Haupte des Drachens floss, vermischte sich mit dem Wasser des Quells und als sich der Ritter nach der Hitze des Kampfes in der kühlen Flut badete, ward er unverwundbar. Viele andere Ritter erprobten danach die Zauberkraft des Brunnens und auch die Bauernsöhne, die in den Krieg ziehen sollten, suchten sich dadurch kugelfest zu machen. Noch heute ist der Glaube daran nicht erloschen.[2]

Die Siegfriedquelle im Amorbacher Wald

Die Amorbacher Siegfriedsquelle unterscheidet sich von den Parallelbeispielen im Odenwald darin, dass sie – der Sage nach – nicht der Mordort, sondern der Schauplatz des Drachenkampfes zu sein beansprucht – und gerade dieser ist noch weit weniger lokalisierbar oder historisch fassbar als der Ort, an dem Siegried erschlagen worden ist.

Der Drachenkampf gehört zu den Teilen des Nibelungenliedes, die in die mythische, märchenhafte Vergangenheit zurückreichen. Ist die Lichtgestalt, die das Böse in Figur des Drachens besiegt, ursprünglich eine apollogleiche Gottheit? Eine andere Deutung sieht in Siegfried den Arminius, der Varus mit seinen Legionen im Teutoburger Wald besiegt hat. In beiden Fällen – im Mythos wie in der Geschichte – ist an die Amorbacher Quelle als „Tatort" nicht zu denken.

Es wurde aber an sie gedacht, als auch in Amorbach viel von Arminius, dessen Denkmal 1876 im Teutoburger Wald eingeweiht worden ist und von den alten Germanen überhaupt geschwärmt und die „Nibelungentreue" beschworen worden ist: Es war die Zeit nach der Gründung des Zweiten Deutschen Reiches (1871).
Jetzt, gegen Ende des 19. Jahrhunderts, wurde die Quelle im Zittenfeldener Tal, die bis dahin Heune- oder Hönebrunnen genannt worden ist, in „Siegfriedsbrunnen" umgetauft! Das nahegelegene Hambrunn war konsequenterweise ein Hagen-brunnen (diese Namensform kam im Mittelalter tatsächlich vor!), so dass eigentlich auch die Ermordung Siegfrieds im Zittenfeldener Tal hätte passiert sein können …

Es gibt also eine Verbindung der Siegfriedsquelle im Amorbacher Wald mit der Geschichte; nicht mit der Völkerwanderungszeit, sondern der Bismarck- und Kaiserzeit vor dem Ersten Weltkrieg.[3]

Zogen die Nibelungen durch das Maintal?

Der Drachenkampf und die Quelle, an der Siegfried ermordet worden ist, lassen sich also schwerlich lokalisieren. Bestehen wenigstens die Siegfriedstraße und Nibelungenstraße zu Recht?

Der Dichter des Nibelungenliedes (der um 1200 lebte) war offenbar ein eifriger Sammler und ein geschickter Redakteur, der aus den ihm vorliegenden Quellen ein eigenes und eigentümliches Neues geschaffen hat. Ein Historiker war er nicht – und wollte es auch

Die Touristenbranche wirbt mit „einer sagenhaften Reise vom Rhein zum Main" und stellt dabei fest: „Von ihrer zeitweiligen Hauptstadt Worms zogen die Nibelungen auf einer der beiden Straßen über Würzburg in das Reich der Hunnen zu König Etzel an die Donau".

nicht sein. So reduziert er die überlieferten, historisch nachweisbaren Ereignisse (wie den Untergang der burgundischen Königssippe oder den Tod des Hunnenkönigs Etzel) auf persönliche, familiäre Beziehungen. Aus Völkerfeindschaft wurde Familienstreit.

Die Burgunden werden in dem mittelalterlichen Epos zu den Nibelungen, weil sie über Siegfried und dessen Ehe mit Kriemhild in den Besitz des sagenhaften Nibelungenschatzes gekommen sind.

Wenn nun aber die Nibelungen ursprünglich aus dem Reich der Zwerge, der Sage und des Märchens kommen – wenn der Streit der Königinnen gar nicht am Portal des Wormser Domes stattgefunden haben kann, weil es den Dom in seiner romanisch-frühgotischen Form noch gar nicht gab, als die Burgunder (um 400) dort residierten – wenn König Gunther und Hunnenkönig Etzel unmöglich zur selben Zeit ihr Leben ließen – der eine starb 436, der andere 453 in der Hochzeitsnacht mit der Garmanin Hildico: wie historisch ist dann der Zug der Nibelungen durch das Gebiet des heutigen Landkreises Miltenberg?

Der ganze Nibelungenzug zwischen Worms und der Etzelburg im heutigen Ungarn ist eine reine Erfindung!

Die „Nibelungen“ wurden 436 vernichtet, allerdings in Worms und nicht in Ungarn; dem burgundischen Volksrest, der das Gemetzel überstand, wurde ein neues Siedlungsland zugewiesen, aber nicht an der Donau, sondern an der oberen Rhone, im heutigen Burgund!
Auffällig ist, dass der Dichter des Nibelungenliedes den Zug erst dann ausführlich beschreibt, als Gunther und seine Mannen an die Donau kommen. Es ist ja auch kein Wunder: Der Autor lebte ja in Passau und kannte die Beziehungen des dortigen Bischofs zu den Anrainern der mittleren Donau (der Stefansdom in Wien ist von St. Stefan in Passau aus gegründet worden).

Geradezu stiefmütterlich ist dagegen die Route zwischen Worms und der Donau beschrieben.

- Als Rüdiger von Bechelaren (= Pöchlarn zwischen Linz und Wien) als Brautwerber zu Kriemhild nach Worms reiste, wird lediglich berichtet, in 12 Tagen habe er die Strecke von seiner Burg bis nach Worms zurückgelegt (Strophe 1175).

- Als Kriemhild zu Etzel fuhr, ist von einer Reise durch den Odenwald ebenfalls nicht die Rede. Das erste (!) Nachtquartier war an der Donau; dort werden viele konkrete Einzelheiten genannt (Strophe 1288).

- Kriemhilds Boten brachten die Einladung nach Worms. *„Ich kann nicht genau sagen, auf welchem Wege sie durch die Länder zum Rhein zogen“*, heißt es im Nibelungenlied (Strophe 1429).

- Schließlich der eigentliche Zug der Nibelungen: *„Da zogen sie auf ihrer Reise hin zum Main und weiter ins östliche Franken:“ („Do schicten si ir reise gen den Meune dan uf durch ostervranken die Guntheres man“* (Strophe 1524).

Offenbar kannte unser unbekannter Dichter diese Wegstrecke gar nicht; es lagen ihm auch keine Wegbeschreibungen mit genauen Ortsangaben vor. Die Nibelungen sind wohl nie durchs Maintal gezogen!

Die Burgunden lebten am Main

Sind also die Nibelungen in Odenwald und Spessart lediglich Werbeträger, ohne einen historisch einigermaßen glaubhaften Ansatzpunkt vor Ort zu haben?

Nein! Die Burgunden haben tatsächlich hier in unserem Raum gelebt. Sie waren, von ihren Stammsitzen im Oder/Weichselgebiet kommend, im 4. Jahrhundert an die Rhein-Grenze des damals in seinen letzten Zügen liegenden Römischen Imperiums gestoßen

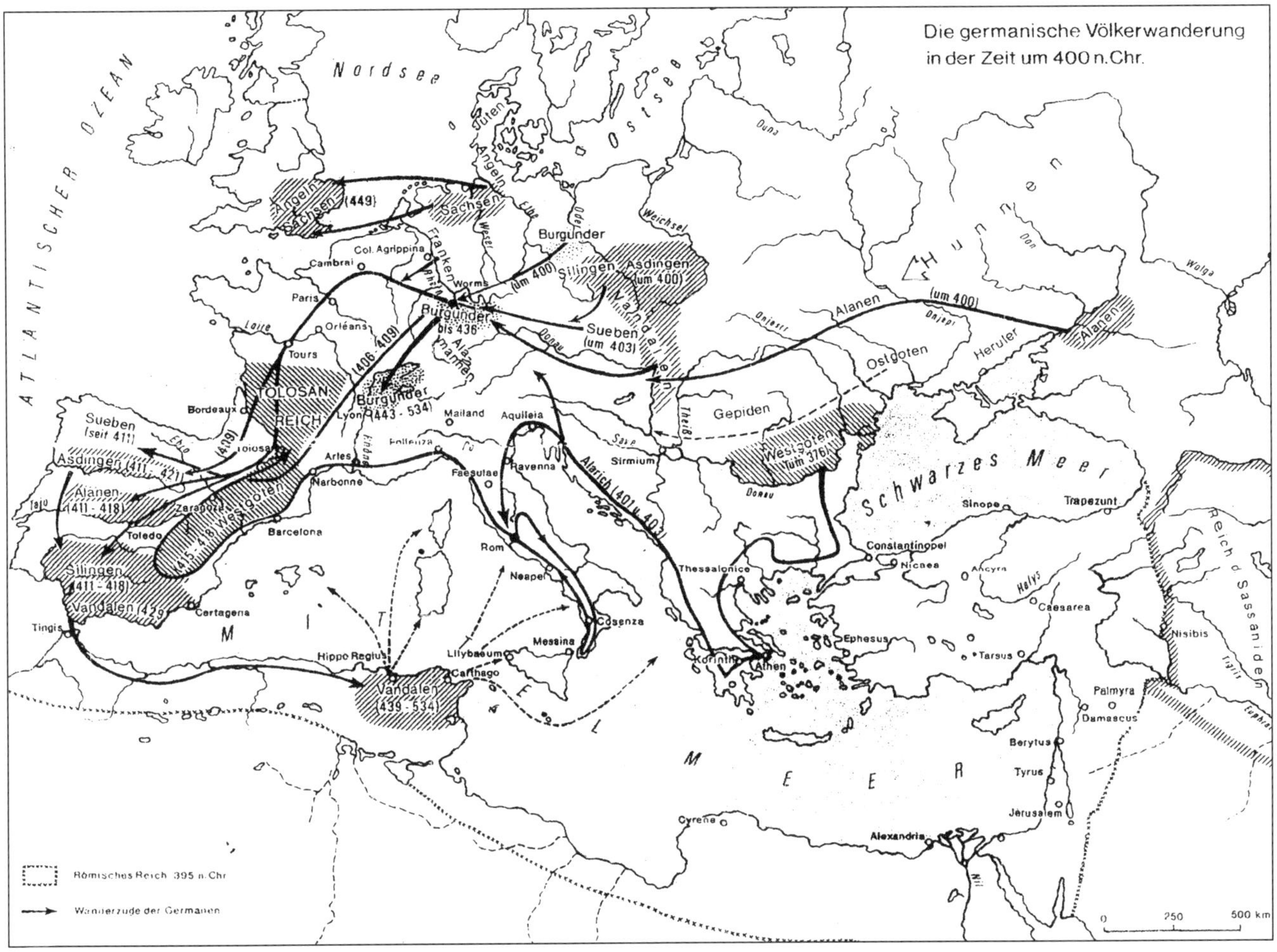

Der mittlerweile eingebürgerte Begriff „Völkerwanderung" ist eigentlich viel zu neutral, klingt viel zu „brav", wenn man bedenkt, welche – und wie viele! – „Völker" damals ihren Wohnsitz aufgegeben haben und mit Ochsenkarren, Kind und Kegel Hunderte von Kilometern durch ganz Europa und Nordafrika gezogen sind, um neuen Lebensraum zu finden. Sie waren – mit einer schwer bewaffneten Vorhut – unterwegs, nicht, weil sie „wandern" wollten, sondern weil sie fliehen mussten, der Not gehorchend.

Hunnische Krieger waren auf ihren schnellen Pferden aus dem Innern Asiens bis nach Europa gekommen und bedrängten die Ost- und Westgoten an der unteren Donau. Dadurch gerieten weitere Völkerschaften in Bewegung; die Goten drangen gewaltsam in das Römische Reich ein, stießen nach Italien vor und zerstörten 410 die Hauptstadt des Imperiums!

Einer der Brennpunkte der Völkerbewegungen war das Gebiet um Mainz im Jahre 406. Über den zugefrorenen Rhein „wanderten" Vandalen (die durch Gallien und Spanien nach Nordafrika zogen und im heutigen Tunesien ein Reich gründeten; 455 plünderten sie Rom und hausten dort „wie die Vandalen"), Sueben, Alanen und Burgunden.

Die Burgunden sind ein ostgermanischer Volksstamm, der im 4. Jahrhundert bei Mainz an die Grenzen des spätrömischen Reiches stieß. Sie wurden in der Folgezeit auf der linken wie auf der rechten Rheinseite angesiedelt. Das Mainland wurde aber nicht „Burgund" genannt, sondern erhielt den Namen der „Franken", die seit dem 5./6. Jahrhundert in unseren Raum vorstießen.

und im mainfränkischen Raum angesiedelt worden. Sogar der Name Gunthers (Gundahar) und anderer „Helden“ ist urkundlich belegbar!

- Kaiser Valentinian hatte 368 ein Bündnis mit ihnen geschlossen, um die Alemannen besser in Schach halten zu können.

- 413 weisen die Römer den Burgunden Siedlungsgebiete um Worms und Mainz zu, wobei ein Teil des Stammes wohl rechtsrheinisch wohnen bleibt.

- 436 werden die Burgunden vom römischen Heeresmeister in Gallien, Aetius, geschlagen, weil sie weiter nach Gallien vorgedrungen waren. Mit Hilfe der Hunnen wird das Burgundenreich von Worms vernichtet und die Reste des Volkes in das heutige Burgund umgesiedelt.

- 451 besiegt Aetius die Hunnen auf den Katalaunischen Feldern (bei Châlons sur Marne); dabei kämpfen auf beiden Seiten burgundische Einheiten. Der Hunnenkönig Attila stirbt 453, mit seinem Tod zerfällt auch das hunnische Reich.

Die Römer behandelten die Burgunden also immer gerade so, wie es ihren Machtinteressen am besten diente. Das Schicksal dieses germanischen Stammes – die inneren Streitigkeiten, das Gerangel um den Nibelungenschatz und sein Untergang – sind Stoff, den das Nibelungenlied (um 1200 entstanden) verarbeitet hat.

Es gibt auch archäologische Beweise dafür, dass die Burgunden, die Nibelungen der Sage, auch in der Maingegend gelebt haben. Die Funde stammen zwar nicht aus dem Bereich des heutigen Landkreises Miltenberg, aber aus der unmittelbaren Nachbarschaft.[4]

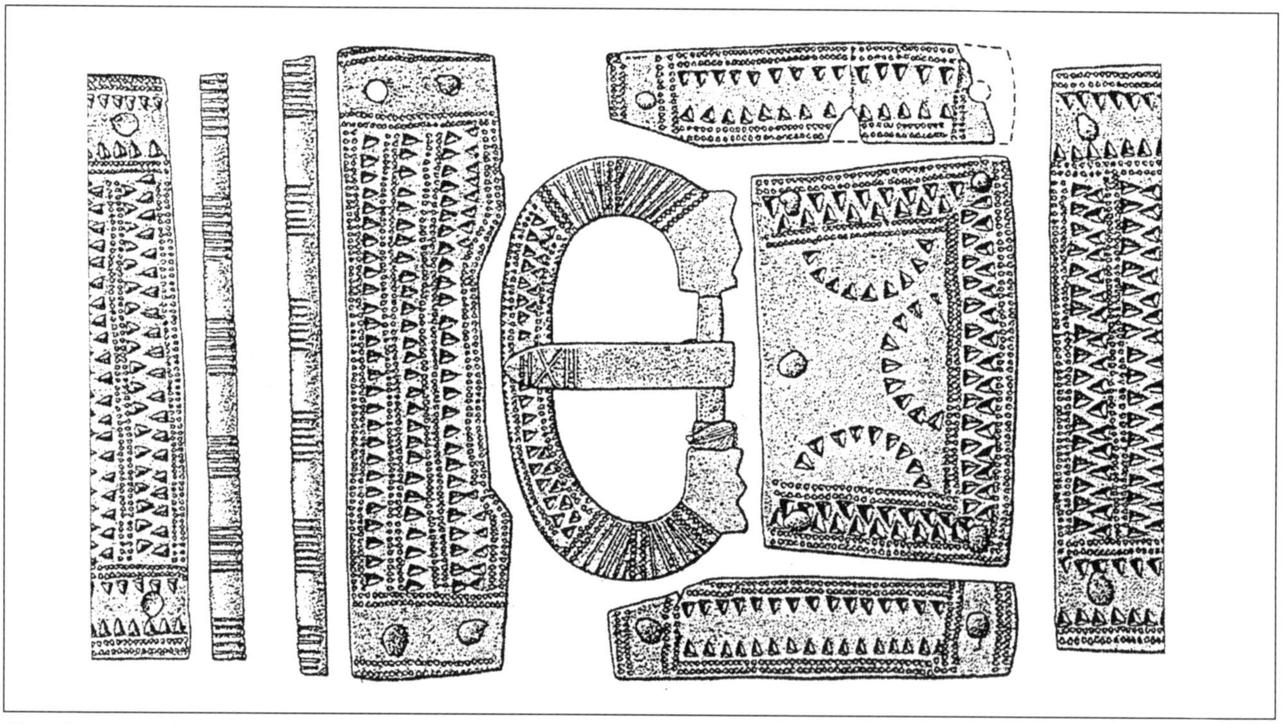

Diese bronzene Gürtelgarnitur wurde in einem Gräberfeld in Kahl gefunden. Nach burgundischer Überzeugung verliehen Gürtel dem Träger Kraft und schützen ihn vor Gefahren. Die Gürtel und Schnallen waren deshalb oft kunstvoll gearbeitet und enthielten magische Steine oder Amulette. Auch der Donnergott Thor besaß einen Gürtel, der ihm übernatürliche Kräfte verlieh.

In **Kahl** wurde 1988/89 eine Siedlung mit zugehörigem Gräberfeld aus der frühen Völkerwanderungszeit entdeckt.[5] Ein Kriegergrab enthielt eine Gürtelgarnitur provinzialrömischen Typs. Vielleicht war der Bestattete einst ein Soldat in römischen Diensten. Möglicherweise war er ein Burgunde. Jedenfalls beweisen dieser und andere Funde enge Kontakte zwischen dem spätrömischen Reichsgebiet (westlich des Rheins) und den germanischen Siedlern im Limes-Vorfeld.

Die „Wettenburg" auf der Mainschleife bei Urphar war seit Beginn der menschlichen Besiedlung Mainfrankens wegen der auffälligen Form und exponierten Lage des vom Main umflossenen Berges bewohnt oder benutzt. Auch während der unruhigen Völkerwanderungszeit muss sich hier eine wehrhafte Gesellschaft niedergelassen haben. Hier entdeckten die Ausgräber (seit 1981) Beschläge spätrömischer Waffenteile und Scherben von Gefäßen, die aus dem römischen Kulturkreis stammen. Daneben – und das ist das Überraschende und für unsere Fragestellung Entscheidende – wurde auch unverkennbar ostgermanisch-donauländischer Einschlag registriert – „besonders bei Teilen des Gürtelzubehörs".

Der Grabungsbericht[6] kommt zu dem Ergebnis: *„So ist die befestigte Bergstation bei Urphar am ehesten als regionaler, dem Gefolgschaftsanführer eines germanischen Teilstammes unterstehender Stützpunkt, Versorgungsmittelpunkt und Zufluchtsort für die Bevölkerung des flachen Lands zu deuten"*. Abschließend wird festgestellt, dass *„der archäologische Befund uns jetzt erstmals die Anwesenheit von Burgundern am Mainviereck glaubhaft vor Augen führt"*.

Die Frage, ob die Nibelungen durch das Maintal bei Miltenberg gezogen sind, kann man also so beantworten:

- Der Zug der Nibelungen von Worms an die Donau und weiter zur Etzelburg ist wohl eine reine Erfindung. Gunther, Giselher und Hagen sind nie durch Amorbach, Miltenberg und Freudenberg gezogen.

Die Wettenburg an der markanten Mainschleife bei Urphar war um 400 n. Chr. eine germanische Höhenburg. Funde belegen erstmals eindeutig die Anwesenheit von Burgunden am Mainviereck.

- Dennoch ist der Zug der Nibelungen durch das Maintal, „wahr" im Sinne der Dichtung.
  Das Nibelungenlied will keine Geschichtsschreibung sein, sondern assimiliert verschiedene Überlieferungen, personifiziert geschichtliche Ereignisse, die zeitlich weit auseinanderliegen und „poetisiert" die stoffliche Vorlage. Die Überlieferung vom Nibelungenzug ist jedoch im Kern richtig, denn es gibt neuerdings archäologische Beweise dafür, dass Burgunden am Main gelebt haben. Die Nibelungen und ihre historischen Vorbilder, die Burgunden, leben also zu Recht fort im Odenwald und im Maintal bei Miltenberg.

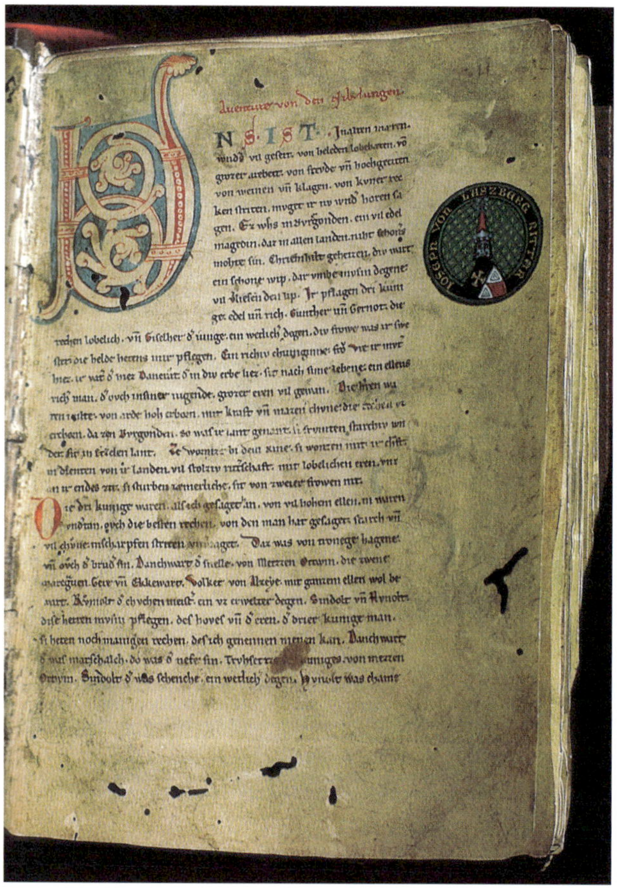

„Uns ist in alten maeren wunders vil geseit ...“
So beginnt der Text des Nibelungenliedes. Das Bild zeigt eine Seite aus der Handschrift C in der Fürstenbergischen Hofbibliothek in Donaueschingen, Ms 63.

Anmerkungen

1. Berndt, Helmut, Das 40. Abenteuer, Auf den Spuren der Nibelungen (dtv); Hansen, Walter, Wo Siegfried starb und Kriemhild liebte, Wien 1997
2. Lorenzen, Theo, Der Odenwald in Wort und Bild, Stuttgart 1905
3. Vgl. Sage vom Dammsfeld bei Erlenbach, in der der überlieferte Sieg Kaiser Caracallas in einen Erfolg der trutzigen Germanen uminterpretiert worden ist.
4. Teichner, Felix, Auf den Spuren der Nibelungen, in: Archäologie in Deutschland, H 4/94, S. 220
5. Das Archäologische Jahr in Bayern, 1988, S. 1298
6. dto. 1981, S. 165ff.(L. Wamser)

Der Wörther Galgen und das wilde Heer

Der Galgen bei Wörth

In der Nähe der Stadt Wörth befindet sich auf einer Anhöhe der Galgen. Von hier aus hat man im Vordergrunde eine prächtige Aussicht auf das liebliche Maintal und die grünen Rebgelände von Klingenberg. Weiter in der Ferne erheben sich die dunklen Forste des Spessarts. Im Hintergrunde winkt der sagenreiche Odenwald. Wer zum Tode verurteilt war, sollte hier, ehe er am Galgen endete, noch einmal sehen, wie schön das Leben sei, das er verwirkt hatte. Der Galgen selbst sind zwei mächtige runde Säulen aus blutrotem Sandstein; den oberen Abschluss bilden zwei gewaltige Steinkugeln. Von diesem Galgen berichtet die Sage, dass zwischen den beiden Säulen alljährlich das wilde Heer durchziehe, wenn es von den dunklen Wäldern des Spessarts über das Maintal zum nahen Odenwald ziehe. In dieser Nacht sei hier ein fürchterlicher Lärm, ein Brausen und Heulen des Sturmes vernehmbar. In den Rauhnächten soll man ein seltsames Klagen und einen Wehruf hören. Lange soll der Boden ringsum nur unfruchtbar und steinig gewesen sein und vergeblich war jeder Anbau. Nur Dornen und Disteln seien gewachsen.

Erst nach Hunderten von Jahren sei der Fluch gewichen und dem Fleiß der Bewohner wäre es gelungen, den Boden lohnend zu bebauen. Heute noch wachsen in der Nähe und auf den benachbarten Wiesen massenhaft das rote Blutströpfchen und die purpurfarbene Blutnelke.[1]

So wie die Sage Übermenschlich-Göttliches im Bilde des wilden Heeres und das Menschlich-Irdische (die beiden Steinsäulen des Galgens) miteinander verbindet, so sind bei ihrer Erklärung diese beiden Schichten auseinander zu halten:

- eine Schicht, die sich auf Unsichtbares, Mythisches bezieht, auf die Welt der Götter, des Geheimnisvollen, Unerklärlichen und
- eine Schicht, die sich auf Sichtbares, Erklärbares bezieht, auf die Welt der Menschen, der Geschichte.

Der Wörther Galgen

Der Mensch und die Anderswelt

In der modernen, aufgeklärten und computer-vernetzten Welt ist die Vorstellung weit verbreitet, dass alles machbar ist. Was der Mensch vorhat, das kann er meist auch in die Tat umsetzen (wobei dies freilich nicht immer zu seinem Vorteil ist).
Im Gegensatz dazu fühlten sich die Menschen früherer Jahrhunderte in existentieller Weise abhängig und in ihrem Tun eingeschränkt: Abhängig vom jahreszeitlichen Wechsel, von Regen und Sonne, hilflos gegenüber Überschwemmungen, Krankheiten und Kriegen. Bevor die Naturwissenschaft erklären konnte, wie Blitz und Donner entstehen – ohne beides als Drohung oder Rache eines Gottes zu deuten – oder wie Krankheiten übertragen werden, sah sich der Mensch umgeben und permanent beeinflusst von

großen und kleinen Mächten. *„Wenn mir was begegnen sollte, so ist`s ein guter Geist oder ein böser“*, heißt es in der Sage von der „Kirchweih in Rossbach“.[2]

Redewendungen, die heute noch gebräuchlich sind, erinnern an eine Zeit, in der die Menschen sich von bösen und hilfreichen Geistern, Mächten und Kräften umgeben und beeinflusst sahen:

„Wes Geistes Kind bist du?
„Wie von Geisterhand“
„Von allen guten Geistern verlassen“
„Unberufen!“
(Antwort auf die Frage: Wie geht es dir? Ich darf nicht laut sagen, dass es mir gut geht, sonst könnte ein böser Geist aufmerksam werden).

So wie ein Baum mit seinen Wurzeln tief in die Erde und mit seinen Ästen weit in den Himmel hinauf ragt, sah sich auch der Mensch mit allen seinen Fasern mit der Welt oben und unten in Verbindung.

Nicht nur für die einfachen Menschen, sondern – beispielsweise – auch für Plato, den großen Philosophen der Antike, wie für Shakespeare war es unbezweifelbar, dass es eine Anderswelt gibt, dass Geister und Dämonen das Leben auf der Erde beeinflussen und bestimmen. Das Hochwasser, die Pest oder die Spätfröste im Mai werden von bösen, neidischen Naturmächten ebenso verursacht wie der Hexenschuss oder die Gicht (dieses Wort bedeutet: Die von Dämonen jemandem eingeredete oder zugesprochene Krankheit).

So wird es verständlich, dass die Menschen versuchten, mit den guten oder bösen Geistern, die im Christentum zu Engeln oder Teufeln und Hexen wurden, in Kontakt zu treten: Sie anzuflehen und zu bitten oder aber abzuwehren. Solche beschwörenden Formeln gehören zu den ältesten Texten der deutschen Sprache, sie sind aber bis ins 20. Jahrhundert hinein überliefert und gebräuchlich. Mit Amuletten, Kreuzen, Weihwasser, Kräuterbüscheln, Exorzismen und Silvesterknallern versuchte man die bösen Geister zu „bannen“ und zu vertreiben.

Aus dem Bericht des für den Landgerichtsbezirk Stadtprozelten zuständigen Arztes Dr. Ludwig Döring 1861[3]:

Der Aberglaube aber übt seine Herrschaft, trotz der so fortgeschrittenen Geisteskultur, noch über einen großen Teil der Bevölkerung, insbesondere des weiblichen Geschlechts, und vorzugsweise in den Spessart- und Bergorten.
Hexen und böse Leute müssen alle Widerwärtigkeiten des Lebens verübt haben, besonders sind die Hexen den Kindbetterinnen und Säuglingen gefährlich.
Die Auszehrung, die Läusesucht, die Milchlosigkeit der Kühe kommt von den Hexen!
Das neuerliche Unwetter zu Altenbuch, welches viel Land von den Äckern wegflößte und überhaupt bedeutenden Schaden verübte, war nichts Anderes als das Werk einer boshaften Hexe zu Altenbuch!
Gegen solche Behexungen werden denn auch entsprechende Zaubermittel, geweihte Kräuter, Amulette, Beschwörungen, Räucherungen etc. häufig angewendet.

Das Wilde Heer

Man glaubte auch, an ganz bestimmten Tagen sei die Anderswelt den Menschen besonders nahe: An Walburgis und an Halloween, also in den Nächten vor dem 1. Mai und 1. November, an denen bereits in keltischer Zeit der Kontakt mit der Anderswelt besonders intensiv gedacht worden ist, und in den „Rauhnächten“. In diesen zwölf heiligen Tagen zur Wintersonnenwende vom 24. Dezember bis Dreikönig galten besondere Arbeitsverbote (keine Wäsche waschen!) und Essensvorschriften (Sauerkraut an Neujahr!).

Nach dem Glauben der vorchristlichen Germanen ist in der Zeit des Jahreswechsels, in der die Nächte be-

sonders lang und dunkel sind, der Gott Wotan an der Spitze des wilden Heeres durch die Lüfte gebraust. Die Erinnerung an diesen höchsten Gott der Germanen ist im Untermaingebiet weit verbreitet und lange lebendig geblieben. Wotan mit seinem weiten Mantel und seinem großen Schlapphut galt als Beschützer der Reisenden. Aber auch auf dem Weg in das Totenreich geleitete der Gott die Menschen. In dieser Funktion als Totenführer hatte Wotan den römischen Merkur abgelöst, der in unserem Raum hohe Verehrung genoss und war seinerseits Vorbild für den Hl. Michael, der im Zuge der Christianisierung an seine Stelle getreten ist. Der Hl. Michael ist beispielsweise in Grubingen (bei Röllfeld), in Kirschfurt und auf dem Engelberg verehrt worden; sein Bild ist in vielen Friedhofskapellen anzutreffen. Als Totenbegleiter und als Schützer des Rechts und schließlich als „Sturmgott", dem die Gehängten als Beute zukommen, hatte Wotan also Bezug zu alten Gerichtsstätten.
Auch Frau Holle, die vorchristliche Muttergottheit, die Leben schenkt und wieder nimmt, die belohnt und straft, geht in dieser Zeit übers Land oder zieht im Geisterzug des Wilden Heeres mit. Wotan und Frau Holle wurden von den christlichen Missionaren „verteufelt", aber sie leben fort in der Vorstellung von der wilden Jagd.

In dichterischer Sprache hat Werner Bergengruen diesen unheimlichen Zug beschrieben: Nachdem zunächst ein schwaches Geräusch das Nahen des Geisterzuges angekündigt hatte – *„Knarren, Stampfen und Klirren"*, war dieser plötzlich da: *„Gestalten wuchsen aus Glut und Rauch, wurden riesenhaft, jagten über den taumelnden Erdball, ein Reiter mit einer Krone, der saß auf einem weißen Pferde, ein Reiter mit einem Schwert, der saß auf einem roten Pferde, ein Reiter mit einer Waage, der saß auf einem schwarzen Pferde. Und es erhab sich ein Heulen von allen Geschlechtern auf Erden, Berge wankten und Städte stürzten, und Türme splitterten wie gläserne Gefäße, und es stieg ein schwerer Brodem auf von Brand und Leichen und Würmerfraß, und alles Schreien wurde verschlungen von einem Posaunendröhnen ..."*.[4]

Albrecht Dürer zeigt auf diesem Bild aus dem Jahre 1498 die Menschen geduckt, beherrscht und bedrängt von unheimlichen Mächten, denen sie vergeblich zu entfliehen suchen. Er personifiziert die „apokalyptischen Reiter" (von links nach rechts) mit der Pest, dem Krieg, dem Hunger und dem Tod (Staatl. Graph. Sammlung München)

Die ungehinderten Kontakte zwischen Menschenwelt und Anderswelt sind nicht nur an besonderen Tagen möglich, sondern auch an bestimmten Örtlichkeiten: An Quellen und Sümpfen (z. B. die „Nunnen" zwischen Eschau und Himmelthal), an Felsformationen (z. B. die „Heuneschüssel" oberhalb des Engelberges) oder an von Menschenhand geschaffenen Objekten.

So soll der unheimliche Zug der göttlichen Mächte und Dämonen durch die Nacht, der – dem Wind gleich – über die Odenwaldberge daherkam, durch die beiden steinernen Säulen des Wörther Galgens hindurchgefahren sein; das Toben und Brausen urwüchsiger Naturgewalten und übermenschlicher Geister soll sich nach einer geheimnisvollen Regel durch dieses schmale Tor, von Menschenhand errichtet, gezwängt haben: „... *die Geräusche, die erst fern aus dem Erdboden geklungen hatten, donnerten nun in der Luft*", und man hörte „*Schreien und Hetzen und Peitschenknallen und Pferdeschnauben und Hufgestampf und Trommeln, Rasseln und Schießen und hilfeflehendes Glockengeläut und Knistern und Einsturz brennender Häuser und Frauen- und Kinderwimmern und Sterbegeschrei und dünnes Klirren und Knirschen von Knochensägen*". Dann war der Spuk zu Ende; der Geisterzug setzte seine Fahrt über den Main hinweg fort.

Die Erzählungen vom Wilden Heer, das in den Rauhnächten durch die Lüfte braust, ist ein „mythischer" Sagenrest, der unter dem Firnis christlicher Umdeutungen die Erinnerung an das Weltbild unserer Vorfahren wach hält, das bis in das 19. Jahrhundert hinein lebendig war.

Hinweis auf Mainübergang?

Das wilde Heer mit seiner ungestümen Wildheit verließ nach Vorstellung unserer Vorfahren seinen freien Weg in der Luft an markanten Stellen und benutzte ganz bestimmte Bahnen über den Fluss hinweg. Wenn Wotan, Hulda und der Totenzug durch die beiden Säulen des Wörther Galgens brausten, könnte dies auf einen uralten Mainübergang bei der Trenn-Furt hindeuten, der zwischen Odenwald und Südwestspessart vermittelte. Vielleicht stellt der geheimnisvolle Zug zudem die alten Bindungen zwischen dem Maintal bei Wörth/Trennfurt zu seinem Odenwaldhinterland um die Breuburg bildlich dar.

Auch bei Groß- und Kleinwallstadt gibt es eine solche Überlieferung. Der Wilde Jäger muss dort die Fähre zum Übersetzen benutzen.[5] Danach soll er alljährlich am 27. Dezember weiter in den Spessart gefahren sein, um noch einmal ein von Menschenhand geschaffenes Hindernis zu passieren, nämlich die Scheune des Schafhofbauern oberhalb Sommeraus.

„*Und der Bauer öffnete jedes Mal die Torflügel, damit das wilde Heer seinen Weg nehmen konnte. Dieses setzte bei Kleinwallstadt über den Main, fuhr gegen Hofstetten, alsdann die Eichelsbacher Höhe hinauf und drüben hinunter mitten durch die Scheune des Schafhöfers*".[6] Als der Bauer einmal vergessen hat, die Tore rechtzeitig zu öffnen, wurde im folgenden Jahr die Ernte verdorben.

Diese Sagenreste thematisieren den geheimnisvollen Zusammenhang zwischen menschlicher und überirdisch-dämonischer Sphäre; sie enthalten möglicherweise auch Hinweise auf alte Wegverbindungen.

Galgen und Geschichte[7]

Seit wann ein Galgen in Wörth steht, lässt sich nicht genau sagen oder urkundlich belegen. Es kann aber als sicher gelten, dass Wörth seit seiner Gründung als Stadt in der zweiten Hälfte des 13.Jahrhunderts eine eigene Hochgerichtsbarkeit erhielt und damit auch das Recht, einen eigenen Galgen aufzustellen, dass also „*dießes Städtlein die Centhgerechtigkeit so zu sagen von seiner geburt hergebracht*" hatte, wie es in einem Brief aus der Mitte des 18. Jahrhunderts heißt. Sicherlich stand dieser damals schon an der exponierten Stelle auf dem Galgenbuckel hinter der Stadt, wo er heute noch zu sehen ist. Die armen Sünder, die in einem der Wörther Turmgefängnisse festgehalten worden waren, wurden am Tag der Hinrichtung noch einmal förmlich und öffentlich auf dem Marktplatz vor dem Rathaus abgeurteilt. Der Centgraf brach laut hörbar einen Stab über dem Verurteilten, der daraufhin gefesselt zum Unteren Tor hinaus und den Galgenbuckel hinauf geführt wurde, wo unter großer Beteiligung der Bevölkerung die Hinrichtung vollzogen worden ist.

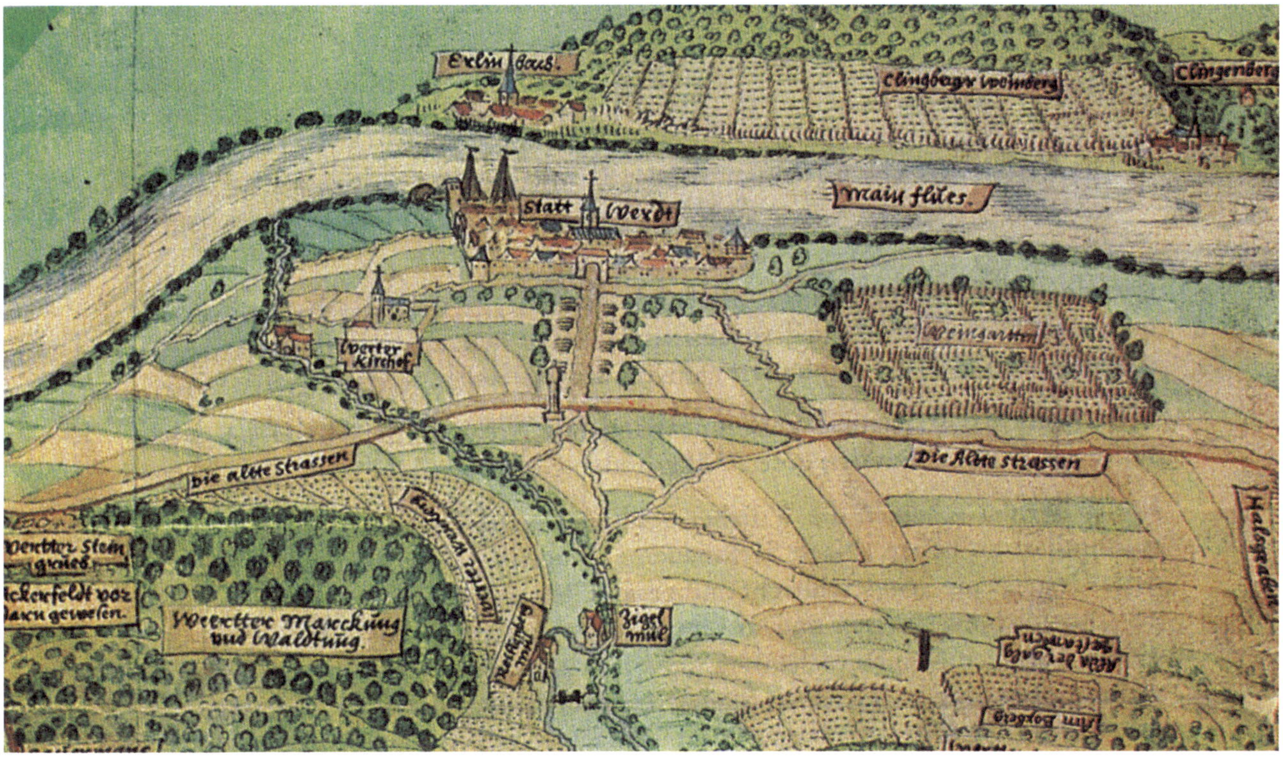

Die „Breuberg-Karte“ von 1615, die als Illustration zur Verhandlung vor dem Reichskammergericht konzipiert worden ist, zeigt deutlich „die alte strassen“ als Gerichtsgrenze und vor dem „Boxberg“ die Stelle, „Alda der galg. gestanden“ (die Schrift steht auf dem Kopf!), die von einer Brandsäule markiert wird. Hier sind nach 1600 mehrere Hexen verbrannt worden.

Im ausgehenden Mittelalter muss es um die Hochgerichtsbarkeit in Wörth Streitigkeiten gegeben haben. Die beiden ältesten Originalurkunden im Stadtarchiv aus den Jahren 1460 und 1474 belegen, dass sogar der Galgen verlegt worden ist. Wie kam es dazu?
Die Position der Breuberger Stadtherren, die alle wesentlichen Rechte und beinahe sämtlichen Grundbesitz in Wörth in ihrer Hand hatten, wurden Schritt für Schritt vom übermächtigen Mainzer Landesherrn zurückgedrängt. Eine Zwischenlösung war die Festlegung der „Alten Straße“ als Hochgerichtsgrenze. Als die Wörther 1604 als Hexen verurteilte Frauen am Galgenbuckel verbrannten, wandte sich die Breuberger Seite mit Entschiedenheit dagegen. Die Streitigkeiten gingen sogar an das Reichskammergericht. Aus der Klageschrift sind uns wertvolle Details überliefert.

Seit der Niederschlagung der Bauernerhebung von 1525 und der neuen Stadtordnung von 1528 hatte der Mainzer Territorialherr die herkömmlichen Rechte ohnehin beschnitten und das Gerichtswesen mit Hilfe zentraler Instanzen uniformiert. Die Stadt Wörth hatte zwar noch ein Cent- oder Hochgericht; diese anspruchsvolle Bezeichnung war aber nur noch Fassade. Im Klartext hieß dies: Gab es einen Kriminalfall in der Stadt, leitete der Keller aus Klingenberg die Untersuchung, die Vollstreckung des Urteils fand in der benachbarten Mainzischen Amtsstadt statt.

Die Errichtung des neuen Galgens

Weil die hohe Gerichtsherrlichkeit nur noch auf dem Papier stand, wollte der Mainzer Staat im Jahre 1750

diese Fassade althergebrachter, aber längst nicht mehr praktizierter Rechte beseitigen. Warum, so fragte man sich, musste es eigentlich noch eine eigene Cent Wörth geben, die doch keine Centrechte mehr besaß? War es da nicht ehrlicher und ein Gebot der Verwaltungsvereinfachung, Wörth (und Mönchberg, wo der Fall ganz ähnlich lag) zur Groß-Cent Klingenberg dazuzuschlagen, wohin die beiden Orte de facto ja ohnehin bereits gehörten?
Gegen diesen – verständlichen – Versuch der Mainzer Behörde liefen die Wörther (und Mönchberger) Sturm – und ihre Hartnäckigkeit wurde schließlich belohnt. Den Mainzer Behörden ist ihre Entscheidung, die althergebrachten Rechte zu respektieren, freilich umso leichter gefallen, als diesen Rechten keine reale Bedeutung mehr zukam.
Jedenfalls machten die kurfürstlichen Behörden jetzt ihrerseits die Auflage, einen neuen Galgen zu errichten. Wenn man schon auf die Centgerichtsbarkeit pocht, dann muss auch ein Galgen her – auch wenn kein einziger armer Sünder daran aufgehängt werden sollte! So war 1753 *„von einem Hochlöbl. Oberampt zu Clingenberg der Befehl hierher Ergangen, das allhiesige Hochgericht anwiederumb zu Erneuern und auffrichten zu lassen“*. Man bekommt beim Studium der Quellen den Eindruck, die Wörther hätten diesen „Befehl“ recht gerne befolgt.

Jedenfalls *„hatt sich zu diesem ziel und Endt der gantze Rat auf den alten Hochgerichtsplatz verfüget und den augenschein allda Eingenommen umb das Neue Hochgericht wiederumb dahier aufbauen zu lassen“*. Aus diesem Eintrag in der Stadtrechnung geht nochmals eindeutig hervor, dass der heute noch stehende Galgen an der Stelle des ursprünglichen steht. Außerdem wird bestätigt, dass lange Zeit kein Galgen dort gestanden hat.

Nachdem man sich über den Standort schnell einig war, wurde kein Geringerer als der hierzulande bekannte Baumeister Johann Martin Schmidt, beauftragt, *„dieses Hochgericht mit 2 säulen von quaterstein“* aufzustellen.

Die Vierrichter haben dann den vorgesehenen Platz neu abgesteint, und die erforderlichen Baumaterialien wurden herbeigeschafft. Um mit der Arbeit selbst jedoch beginnen zu können, bedurfte es noch einiger Zeremonien und hochoffizieller Erklärungen, deren Inhalt Menschen des 20. Jahrhunderts eigenartig erscheinen muss.

Der Galgen galt nämlich als „ehrloser Ort“, der jeden mit Schande befleckte, der mithalf, ihn zu erbauen! Viel Aberglauben und unterschwellig wirkende heidnische Traditionen spielten bei dieser Vorstellung eine Rolle, die deutlich macht, dass das Zeitalter der Aufklärung und des Rationalismus vor dem Hintergrund dunkler Ahnungen und festverwurzelter Wahngebilde zu verstehen ist. Es bedurfte deshalb auch beim Galgenbau in Wörth eines sehr komplizierten Zeremoniells, um die Hantierungen für die Beteiligten ungefährlich zu machen.

So wird in einem Brief aus Mainz lang und breit beschwichtigend festgestellt, dass *„die Ehrsamen Handwerker außer sorg seyn mögten, dass solche verrichtung Ihnen oder Ihrigen nachkömblingen einigen nachtheil ahn Ehren, Nahmen und Profession für jetzo und inskünftig geben thuen“*. Auch der Oberamtmann und Keller in Klingenberg versichert denen, die mithelfen, *„fallß sie oder die Ihrigen angefochtet werden sollten, mann Ihnen alle satisfaction verschaffen werde, undt um zue zeigen, dass solche arbeith Ihnen nicht nachtheilig seye so werden die H. Oberbeambten und Ich selbst mit gegenwärtigen Instrumenten stein und holtz berühren und hand ahnlegen“*.

Nachdem so die Gemüter beruhigt und die Bedenken beseitigt waren, ist am 6. August 1754 im Beisein der Herren vom Oberamt in Klingenberg, des gesamten Stadtrats und der *„sambtl. Burgerschafft als Cent-Unterthanen“* der erste Fundamentsstein gelegt worden. Alle Handwerker am Ort und jeder Bürger hatte wenigstens ein Werkstück anzufassen, damit niemand sagen könne, er habe bei dieser „ehrlosen Arbeit“ (man kann ja nie wissen!) nicht mitgemacht.

Die beiden je 7 m hohen runden Sandsteinsäulen wurden unter der Leitung des Miltenberger Baumeisters Johann Martin Schmidt errichtet, der für das Gerüst *„45 doppelbord“* auf dem Schelch nach Wörth transportieren ließ. Das Zwerchholz (4,70 m lang) hat der Wörther Zimmermann Michel Wetzelsberger im Wald geschlagen und hergerichtet. Der Pächter der Breubergischen Mittelmühle, der eine rechtliche Sonderstellung besaß, wurde dazu veranlasst, das Zwerchholz im Wald zu holen und auf den Hochgerichtsplatz zu führen; der Schlosser Josef Berninger hat den Querbalken beschlagen und montiert. Schließlich wurde das fertige Hochgericht feierlich eingeweiht.

Da stand er nun, der neue Galgen. In Wörth war man wohl auch ein bisschen stolz auf dieses Bauwerk. Aber nicht nur *„die 3 Männer, so 2 nacht bey dem hochgericht gewachet“*, werden sich Gedanken darüber gemacht haben, warum dieses Bauwerk da oben auf dem Buckel stand.

Es gab eine offizielle Begründung, die sich sehr überzeugend anhört. Darin heißt es, dass *„solche gerichter für die heylsame Justiz eineß theilß zur straff großen übelthätern, welche dass leben verwürcket, anderentheilß zum abscheu und Exempel deren Jenigen, welche etwa noch wegen über handtgenommenen diebereyen und strasen raubereyen verführet werden könnten, aufferbauet“* worden seien.

Neben dieser pädagogischen Funktion der Strafe und Abschreckung gab es anno 1754 in Wörth noch einen anderen und – wie mir scheint – tieferen Grund, der die Hauptantriebskraft zu dieser Baumaßnahme gewesen sein dürfte, auch wenn er – natürlich – nicht expressis verbis in den Quellen steht: Es ging darum, dass Wörth – besonders im Vergleich zu Klingenberg – nicht noch weitere Funktionsverluste hinnehmen wollte. Die Kurmainzische Amtsstadt Klingenberg hatte Wörth spätestens seit dem 30-jährigen Krieg als Amtssitz und – modern gesprochen – als zentraler Ort den Rang abgelaufen. Jetzt sollte schrittweise die Klingenberger Zentralität ausgebaut werden. Dagegen versuchte man sich in Wörth zu wehren, indem man sich an die gute alte Zeit erinnerte, in der man tatsächlich erheblich besser dagestanden hatte. Die Errichtung des Galgens hatte also eine politische Funktion. Der neue Galgen war von Anfang an nicht als Vollstreckungsinstrument der Hochgerichtsbarkeit gedacht, sondern als Denkmal, als sichtbares

Der Zug des Rodensteiners wurde häufig mit der Fahrt des Wilden Heeres gleichgesetzt, der über die Odenwaldhöhen zum Main und durch die beiden Säulen des Wörther Galgens stürmt. (aus: Alexander Kaufmann, Mainsagen, Würzburg 1853)

Zeichen des Selbstbehauptungswillens der Stadt Wörth, deren Position in der „Gemeindereform des 18. Jahrhunderts" jedoch recht schwach war.

So brauchte also an dem Galgen, der heute noch steht, niemand sein Leben zu lassen. Pfarrer Saalig erwähnt am Ende seiner kurzen Übersicht über die „Alterthümer der Pfarrei Wörth" aus dem Jahre 1853: *„Endlich ist noch südwestlich von Wörth 10 Minuten von der Landstraße entfernt und jedem auffallend ein Galgen bemerkbar, an dem aber noch keine Exekution soll vollbracht sein"*.

Anmerkungen

1. Schober, Johann, Sagen des Spessarts Bd.2, Aschaffenburg 1912, S. 167f; ausführlich zum Wörther Galgen: Trost, Werner, Der Wörther Galgen in Sage und Geschichte, in: Wörth am Main, Chronik einer fränkischen Kleinstadt, Wörth 1989, S.18ff
2. Pfeifer, Valentin, Spessartsagen, Aschaffenburg 1961, S. 101
3. Der Landkreis Miltenberg um 1860 (Amtsärzte berichten ...), bearbeitet von Klaus Reder, Claudia Selheim und Josef Weiß, Würzburg 1999, S. 103f
4. Bergengruen, Werner, Das Buch Rodenstein, Zürich 1950, S. 34ff
5. Pfeifer, Anm. 2), S. 88
6. Pfeifer, (Anm. 2), S. 105f
7. Anmerkungen zu diesem Abschnitt in Trost (Anm.1)

Die Frau Hulle

Auf dem Schellenberge zwischen Heimbuchenthal und Wintersbach stand vor Zeiten ein Schloss und im Schlosshof ein Lindenbaum. Der war sehr groß und schön, und es ging die Sage, so lang der Lindenbaum stehe und grün sei, werde das Schloss auch stehen, wenn er aber dürr und abgängig geworden, würde das Schloss verfallen und die Herrenleute würden ins Abwesen geraten.

In dem Schloss nun lebte einmal ein Schlossherr, der hatte zwei Söhne. Der älteste war sehr groß und schön, der jüngste aber war klein und hässlich. In seiner Jugend hatte er einmal das Bein gebrochen, und man nannte ihn darum nur den krummen Jakob. Wie nun der Schlossherr sein Ende nahe fühlte, ließ er sie beide vor sein Bett kommen, übergab dem einen das Schloss als dem Erstgeborenen und eine große Kiste mit Geld und ermahnte ihn, den Jakob bei sich zu behalten, zeitlebens ihm brüderlich zu begegnen und an nichts es ihm fehlen zu lassen. Das versprach nun der Älteste mit Hand und Mund; wie aber der Vater gestorben war und er das Schloss übernommen hatte, hielt er's nicht, vielmehr behandelte er den Bruder schlechter als den geringsten Taglöhner. Er ließ ihn nicht mit sich am Tische essen und nicht in seinem Schlosse wohnen, sondern er musste im Stall bei den Pferden schlafen und mit den Hunden aus einer Schüssel essen. Da ging der Jakob, als er sah, dass der Bruder kein brüderliches Herz gegen ihn habe, eines Tages zu ihm und verlangte sein Erbe, denn er wollte sein Glück weitersuchen, der Schlossherr aber gab ihm nichts, sondern schlug ihn und ließ ihn zum Schloss hinauswerfen.

Also geht der krumme Jakob traurig fort in den Wald, immer zu, Berg auf, Berg ab, und wie er ins Tal kommt, wo heutzutage die Kartause steht und die alte verfallene Kirche, ist's Abend, und er setzt sich unter einen Baum, legt den Kopf in die Hände und weint bitterlich. Wie er wieder aufstehen will, sitzt gegenüber auf einem Stein eine alte Frau mit grauen Haaren und runzlichtem Gesicht, die spinnt, und wie sie das Rad tritt, nickt sie in einem fort dazu mit dem Kopf – das war die Frau Hulle. Sie hatte eine kleine Platthaube auf dem Kopf, wie sie die alten Weiber sonst in die Kirche aufzusetzen pflegten, und eben ein solches schwarzes wollenes Mützchen, das nur bis knapp unter die Ellenbogen ging, und darunter vom Ellenbogen bis an die Hände weiße Stauchen. Sie fragt ihn, warum er so traurig sei? Er aber sagt: „Ihr könnt mir doch nicht helfen!" und will weiter. „Du bist der krumme Jakob aus dem Schloss", sagt sie, „ich kenne dich und deinen Bruder, und ich will dir wohl und kann dir helfen, wenn du mir das Zutrauen schenken willst". Da ging dem krummen Jakob das Herz auf, denn seit seines Vaters Tod hatte noch kein Mensch freundlich ihm zugeredet – und er klagte, wie sein Bruder ihn so schlecht behandelt, wie er sein Erbe ihm vorenthalten und ihn wie einen Bettler aus seinem väterlichen Schloss hinausgeworfen. Die Alte aber sagt: „Komm mit mir! Nach drei Jahren wollen wir wieder zu deinem Bruder gehen, vielleicht reut's ihn bis dahin und er gibt dir dein Eigentum".

Der Jakob ließ sich das gerne gefallen, und sie nahm ihn mit sich in ihr Häuschen und gab ihm auf, ihren Rosmarinstock zu gießen und ihre Katze zu füttern und ihr Flachsfeld zu bauen, und im Winter musste er Pfahlstecken schneiden für die Weinbergsbauern und Schiffsstangen für die Schiffsleute, und im Frühjahr trug er sie an den Main, um sie zu verkaufen. Wenn die rechte Zeit dazu gekommen war, nahm die Frau Hulle ihren Spinnrocken in die Hand als einen Gehstock und ihre Kötze (Huckelkorb) auf den Rücken und packte ihr Garn hinein, um es auch zu verkaufen, und ging mit, und wenn dem Jakob die Pfahlstecken und Schiffsstangen zu schwer wurden wegen seines lahmen Beines, nahm sie ihm die Last ab und warf sie mit ihren dürren Armen oben auf die Kötze, als wenn's Strohbürden wären. Zwischen Hassloch aber und Faulbach ist hart am Wege ein Stein, dort ruhte sie jedes Mal aus, und wo ihre Kötze mit den Füßen aufstand, sind die Löcher davon heute noch zu sehen. So hatte es der Jakob recht gut bei ihr: Dabei lehrte sie ihn alle Bauernarbeit, sodass er sich zuletzt besser darauf verstand als ein geborener Bauer.

Eine Bauersfrau trägt Ziegenfutter in einer Kötze oder Kraxe nach Hause (Bild von August Futterer, Ausschnitt)

Wie aber die drei Jahre um waren, sagte die Alte: „Komm, nun wollen wir zu deinem Bruder gehen!“ und nahm ihren Spinnrocken in die Hand und die Kötze auf den Rücken, und der Jakob ging mit. Den Bruder fanden sie im Schlosshof unter der Linde sitzen – denn es war sehr schwül an dem Tag, und die Linde blühte und gab einen großen kühlen Schatten, und die Vögel sangen in ihren Zweigen. Wie sie herankommen, fragt er sie nach ihrem Begehr, und die Frau Hulle nimmt das Wort für den krummen Jakob und sagt, sein Bruder sei da und wolle, was ihm gehöre. Der Schlossherr aber flucht und sagt, wenn sie nicht gleich gingen, wolle er ihr ihren alten wackeligen Kopf herunterreißen und dem Krummen das andere Bein auch noch lahm schlagen. Da wurde die Alte sehr zornig, nahm ihren Spinnrocken und stieß ihn in die Linde, und alsbald, wie dies geschehen, fliegen die Vögel auf und der Baum fängt an zu zittern von der Wurzel bis zum Gipfel, und aus dem Stamm und den Ästen und Zweigen läuft der Saft und tropft auf den Boden, und die Blätter werden gelb und fallen ab, und die Frau Hulle sagt: „O du arger Bösewicht, sieh her! Wie dem Lindenbaum, so soll es dir gehen und deinem Hause – so sollst du verdorren und verschmachten und absterben und kein Glück mehr haben ewiglich!“ Dann ging sie mit dem Jakob von dannen.

Wie sie gesagt hatte, so geschah's. Als der Lindenbaum verdorrt war, da hielt das Schloss nicht mehr. So oft es stürmte, fiel auch ein Turm oder eine Mauer ein, und der Regen schwemmte die Steine hinweg, so dass man's nicht mehr aufbauen konnte. Kein Mensch wollte mehr im Schlosse bleiben, und der Schlossherr wohnte im Keller – dort stand die Geldkiste, und von der wollte er sich nicht trennen, sondern hütete sie Tag und Nacht. Zuletzt, wie nichts mehr vom Schlosse übrig war als der Keller und der verdorrte Lindenbaum, der vor dem Keller stand, kam auf Martini in der Mitternacht ein großer Sturm und warf den Lindenbaum auch um: Der fiel gerade vor die Kellertür und sperrte den Ausgang, und der Schlossherr konnte die Türe nicht mehr aufbringen, wie er sich auch anstemmte und nach Hülfe schrie, und musste elendiglich auf seiner Geldkiste verhungern.

Die Frau Hulle aber wusste das alles gar wohl, und den Tag nach seinem Tode kommt sie, hebt den Lindenbaum hinweg, öffnet die Kiste und scheidet das Geld in zwei gleiche Teile: Den einen lässt sie liegen, den andern nimmt sie mit, und wie sie aus dem Keller tritt, stürzt der auch zusammen. Daheim gibt sie dem Jakob das Geld und sagt: „So! Jetzt hat jedweder das Seine – er und du! – wie's der Vater befohlen hat. Nimm, was dein ist, aber den Edelmann schlag dir aus dem Sinn und werd ein Bauer, so kannst du noch Glück haben. Leb wohl, mich wirst du jetzt nicht mehr sehen!"

Da nahm der Jakob Abschied und baute sich von dem Gelde einen großen Bauernhof auf dem Hunsrück bei Altenbuch, nahm eine Frau und viel Knechte und Mägde und ward ein großer Bauer. Keine Seuche kam in seinen Stall und keine Raupen auf seine Obstbäume und kein Hagelschlag über seine Felder. In der Erntezeit, wenn das Gesinde alle Hände voll zu tun hatte, damit das gute Erntewetter nicht verpasst würde, geschah es oft, dass, wenn sie in der Früh aufs Feld kamen, die Arbeit schon getan war, dass die Garben alle geschnitten und gebunden und auf Haufen gestellt waren, dass man sie nur hineinzufahren brauchte. Die Leute sahen sich groß darum an – der Jakob aber wusste wohl, wer's getan hatte. Wie ihm sein erster Sohn geboren wurde und er's den Nachbarsleuten anzuzeigen ging, meinte er in seiner Freude, er müsse der Frau Hulle doch auch davon Meldung tun und machte sich zu ihr auf den Weg, aber wie er auch suchte und sich die Augen rieb, er konnte weder das Häuschen mehr finden noch das Tal, in dem das Häuschen gestanden, und nachdem er den ganzen Tag vergeblich im Walde herumgelaufen, fand er sich abends, als man die Lichter anzündete, wieder vor seinem Bauernhof. Endlich ist er in hohem Alter gestorben.

Sein Hof steht noch, und der Bauer, der ihn heutzutage im Bestand hat, heißt der Hunsrück-Philipp.[1]

Orts- und Zeittypisches

Der Erzähler Caspari (dessen Name bei Herrlein nicht angegeben ist) geht auch in dieser Erzählung nach der Methode vor, die wir von anderen seiner Spessartsagen kennen. Er verortet seine Geschichten im Umfeld seines Geburtsortes Eschau.
In der „Frau Hulle" spannt er geographisch den Bogen vom Schellenberg zwischen Heimbuchenthal und Wintersbach über den Hundsrückhof und die Kartause (Grünau) bis nach Hasloch und Faulbach am südlichen Mainviereck. Es ging Caspari stets darum, seine Heimat zu „poetisieren", sie mit der Aura des Geheimnisvollen und Tiefsinnigen zu versehen.

In der Sagenerzählung ist mit mehreren Details das Leben der einfachen Menschen im Spessart in der Mitte des 19. Jahrhunderts skizziert. Da ist vom Erbrecht die Rede, das den Erstgeborenen begünstigt und die Frage nach der Versorgung des Zweitgeborenen aufwirft, der oft genug seine Heimat verlassen musste, um anderswo sein Glück zu suchen; Tagelöhner werden erwähnt, deren Notsituation häufig ausgenutzt worden ist; das Flachsfeld muss bestellt und das Garn gesponnen werden; im Winter muss der „krumme Jakob" „*Pfahlstecken schneiden für die Weinbergsbauern und Schiffsstangen für die Schiffleute, und im Frühjahr trug er sie an den Main, um sie zu verkaufen*". Frau Hulle, angetan mit ihrer Platthaube, packt das gesponnene Garn in ihre Kötze und geht mit dem gefüllten Huckelkorb hausieren.

So wird der Alltag der Menschen im inneren Spessart zwar mit konkreten Einzelheiten beschrieben. Dennoch entsteht kein düsteres Bild, wie es der Arzt Rudolf Virchow zur gleichen Zeit dargestellt hat, als er die „Noth im Spessart" 1852 mit drastischen Beispielen belegte und die miserable Ernährungs- und Wohnsituation der Bauern beschrieb.[2] Bei Caspari dominiert die Patina des Vertrauten und Versöhnlichen.

Göttin Hulda

Caspari hat aber nicht nur orts- und zeittypische Motive verwendet. Auch die Figur und das Wirken der Frau Hulle hat er im Spessart vorgefunden. Er verarbeit diese Reste einer mythischen und religiösen Tradition, die sich über Jahrhunderte hinweg erhalten hat.
Viele Flurnamen, Hulle-Bäume oder Hulle-Steine belegen bis heute, wie tief diese Gottheit im Herzen der Menschen verankert war.
„Zwischen Hasloch aber und Faulbach ist hart am Weg ein Stein, dort ruhte sie jedes Mal aus, und wo ihre Kötze mit den Füßen aufstand, sind die Löcher davon heute noch zu sehen“. Caspari nimmt mit dieser Schilderung Bezug zu einer anderen Sage, in der Frau Hulle als eine lichthelle Erscheinung beschrieben worden ist.[3]
„Der Frau Hulle ihre Waschschüssel“ wird ein Stein mit einer Vertiefung benannt, der in der Nähe des Scharsteins steht.

Caspari beschreibt Frau Hulle als *„alte Frau mit grauen Haaren und runzlichtem Gesicht“.* Auch das „Aleborgfraale“, das auf der Altenburg zwischen Soden und Ebersbach einer Mutter das Kind wegnimmt, um es ihr ein Jahr später wieder unversehrt zurück zu geben, wird als alte Frau dargestellt.[4] „Fraale“ und „Herrle“, das waren die Großeltern, die auf ihrem Altenteil saßen. Hohes Alter war früher (und im Gegensatz zu heute!) ein Ausweis für große Erfahrung, reiches Wissen und Weisheit.

Die Weisheit und Kraft von Frau Hulle gehen aber über das Menschenmögliche hinaus. Sie ist ursprünglich eine Mutter-Gottheit, die Leben schenken, aber auch den Tod bringen kann. Im Märchen belohnt sie das von ihrer Stiefmutter gedemütigte Mädchen und bestraft deren eitle und faule Schwester. In Casparis Erzählung verhilft sie dem benachteiligten „krummen Jakob“ zu seinem Recht und bringt dem habgierigen und bösartigen Bruder die gerechte Strafe.
Frau Holle hat offenbar Macht über die Natur. Als Märchengestalt sorgt sie für Ernährung (Brote, Äpfel) im Sommer und Herbst und Schneeflocken im Winter. Bei Caspari erledigt sie für Jakob nach Heinzelmännchen-Art dessen Arbeit auf dem Feld und bringt die Linde im Hof des geizigen Schlossherrn zum Absterben.
Frau Holle, Hulle oder Hulda war ursprünglich der Beiname der Göttin Freia, die bis heute dem „Freitag“ den Namen gegeben hat. Die (den Menschen) „Holde“ wurde schließlich zum Hauptnamen der Göttin, die bei unseren Vorfahren eine überragende, das gesamte Leben umfassende Bedeutung gehabt haben muss. In der Kilianspassion (passio minor) wird berichtet, dass sie in Würzburg im 7. Jahrhundert unter dem lateinischen Namen „Diana“ verehrt worden ist.

Diana und Anna-selbdritt

Bereits in römischer Zeit ist Diana als Herrin der Natur am Untermain verehrt worden. Ein Altar in Seligenstadt und der Weihestein aus dem Jahre 212, der im Turmeingang der Trennfurter Kirche steht, belegen dies.
In der griechisch-römischen Antike wurde die Muttergöttin häufig als Dreifaltigkeit dargestellt. Drei Personen repräsentieren Frühjahr, Sommer und Herbst als verschiedene Erscheinungsformen ein und derselben Natur oder stellen Mädchen, Mutter und alte Frau dar, die unterschiedliche Lebensalter eines Menschen versinnbildlichen.
Die drei Matronen an der Außenseite der Rüdenauer Kirche (die wahrscheinlich aus dem Umfeld des römischen Kastells „Altstadt“ bei Miltenberg stammen) sind von diesem Trinitäts-Gedanken ebenso beeinflusst wie die in christlich geprägter Zeit häufige Darstellung der „Anna-selbdritt“.

Das Christentum hat die Frau Hulle entweder „verteufelt“ und zur alten Hexe stilisiert oder zur Märchenfigur reduziert. Ihre Eigenschaften übernahmen die Gottesmutter Maria, die seitdem auf dem Marienberg in Würzburg verehrt wird, die heilige Anna als Großmutter und die heilige Margarete als Beschützerin der Frauen.

Auf dem römischen Weihestein aus dem Jahre 212, der sich im Eingangsbereich der Trennfurter Kirche befindet, wird neben Silvanus auch die Göttin Diana angerufen.

Casparis Botschaft

Der evangelische Pfarrer und Volksschriftsteller Karl Heinrich Caspari schreibt keine Geschichten zur bloßen Unterhaltung, auch nicht zur historischen Belehrung, sondern er verwendet seine Motive stets für eine Botschaft. Die „Moral von der Geschicht`“ ist ihm wichtig. Welche Botschaft vermittelt er in seiner Sagenerzählung von der Frau Hulle?

Das Gute siegt letztendlich und das Böse unterliegt. Wer nur aufs Geld sieht, wird, wie die Pechmarie im Märchen, bestraft. Dieser Gedanke einer durch göttliche Ordnung garantierten ethischen Haltung, der bereits im Grimmschen Märchen angelegt ist, ist eine Schlussfolgerung im christlichen Geist, die bereits in vorchristlicher Zeit grundgelegt worden ist. Deshalb ist auch leicht nachvollziehbar, dass Eigenschaften von Frau Holle auf christliche Heiligengestalten übertragen werden konnten.

Die heilige Anna, die Mutter Mariens, war eine der volkstümlichsten Heiligen des späten Mittelalters. Im Bild der Großmutter Jesu mögen altüberlieferte Vorstellungen von Frau Holle aufgehoben sein. Die Dreiergruppe Anna – Maria – Jesus erinnert an die uralte Darstellung der Muttergottheit als Dreifaltigkeit. Das abgebildete Beispiel steht im Pfarrhaus in Sulzbach.

Frau Hulle weist Jakob den ihm zustehenden Erbteil zu: *„Nimm, was dein ist, aber den Edelmann schlag dir aus dem Sinn und werd ein Bauer, so kannst du noch Glück haben"*.

Diese eindeutige Empfehlung ist zugleich eine Warnung, die Jakob klar in seine sozialen Schranken verweist. Verlass` den dir zugewiesenen Stand nicht! Maße dir nicht an, die gottgegebene Ordnung von Gesellschaft und Staat verändern zu wollen! Das würde Unordnung und Umsturz der bestehenden Rechtsordnung bedeuten.

Diese sozialpolitische Grundhaltung, die typisch für die Einstellung (nicht nur) des evangelischen Pfarrerstandes im 19. Jahrhundert war, bringt Caspari auch in anderen Erzählungen, wie „Das Christkindlein", „Der Weber und der Tod" oder „Der Scharstein" zum Ausdruck. Sagenerzählungen wurden häufig zur Verbreitung rückwärts gewandter ordnungspolitischer Gedanken benutzt.

So zeigt die Sagenerzählung von der Frau Hulle Spuren altüberlieferter mythischer Glaubensformen einerseits und zeitbedingte politische Botschaften Casparis andererseits, der stets Poet und Pastor gewesen ist.

Anmerkungen

1. Herrlein, Adalbert von, Die Sagen des Spessarts, Aschaffenburg 1851, S. 179; neuere Ausgabe: Caspari, Karl Heinrich, Aus dem Spessart, Erzählungen und Sagen, Obernburg 2010, S. 113
2. Virchow, Rudolf, Die Noth im Spessart, Würzburg 1852
3. Pfeifer, Valentin, Spessartsagen 1961, 3. Auflage, S. 160f, Anm. S. 255
4. Pfeifer, Valentin (Anm. 3), „Das Kind", S. 103

Die Gründung des Klosters Amorbach

Die Sage von der Gründung des Klosters Amorbach

Die Anfänge des Klosters Amorbach sind am Rande der heutigen Stadt bei der Kapelle Amorsbrunn zu suchen.

***Graf Ruthard** vom Frankenberg (der später Gotthardsberg genannt worden ist) übergab im Jahre 714 den Grund und Boden bei der Quelle dem **Hl. Pirmin**. Dieser hat die ersten Christen der Umgebung getauft und eine einfache Behausung für sich und einige Mitbrüder gebaut.*

*Auf Betreiben des Grafen wurde zwanzig Jahre später das Kloster an seiner heutigen Stelle gegründet und der **Hl. Amor**, ein Schüler Pirmins, zum ersten Abt bestellt.*
*Der fränkische Hausmeier **Karl Martell** begünstigte und förderte das Unternehmen.*
*Die erste Kirche der Abtei wurde vom **Hl. Bonifatius** 734 feierlich eingeweiht.*

Die Amorbacher Mönche erschlossen den Odenwald und trugen das Christentum in seine Täler. Aber nicht nur hier predigten und missionierten sie, sondern brachten das Evangelium auch den Sachsen, die von Kaiser Karl unterworfen worden waren.

In der „Historia Monasterii Amorbacensis" von 1736 sind – unter den Augen der Dreifaltigkeit und der Heiligen – alle wesentlichen Orte und Persönlichkeiten der Gründungsgeschichte abgebildet: Amorsbrunn (ganz unten, links), das Kloster wie es vor dem barocken Neubau 1743–47 ausgesehen hat, der Hl. Pirmin (mit dem Abtsstab) als Begründer der Mönchsniederlassung und die drei weltlichen Fürsten, die die Klostergründung gefördert haben: Graf Ruthart (in der Ritterrüstung), Karl Martell und Pippin.[2]

Eine „richtige" Sage, d. h. einen zusammenhängenden Text oder gar eine abgerundete Erzählung über den Ursprung des Klosters gibt es nicht.[1] Ich habe deshalb die wichtigsten Aussagen zur frühesten Geschichte Amorbachs in diesem „Sagentext" zusammengefasst.

Wie alt ist die Sagen-Überlieferung?

Die 1000-Jahrfeier seiner Gründung hat das Kloster im Jahre 1734 mit großem Aufwand begangen.
Ein besonderer Ablass für alle Besucher des Festes wurde in Rom besorgt, eine Festwoche wurde im September abgehalten – und eine Geschichte des altehrwürdigen Klosters in Auftrag gegeben.[3]
Der Amorbacher Mönch Anton Klug hat es zwar nicht geschafft, eine systematisch aufgebaute Abhandlung zu schreiben, hat aber seine Stoffsammlung bei seinem Tod zurückgelassen. Ignaz Gropp vom Stephans-

kloster in Würzburg konnte darauf zurückgreifen (und auf diverse andere Quellen) und hat ein in lateinischer Sprache verfasstes Werk vorgelegt, das 1736 in Frankfurt gedruckt worden ist.

In diesem Werk sind alle wichtigen Bestandteile der Gründungssage enthalten, die seit dem ausgehenden Mittelalter überliefert worden sind. Dem Autor – und natürlich dem Abt als Auftraggeber – ging es in erster Linie darum, den Ruhm des Klosters zu mehren, das durch die Gnade Gottes auf 1000 Jahre Tradition zurückblicken durfte.
Deswegen legte man auch auf die Beschreibung der Anfänge der Ordensgemeinschaft in Amorbach so großen Wert: Möglichst berühmte Namen von Fürsten und Kaisern, von Seligen und Heiligen sollten bei der Gründung Pate gestanden haben.

Die ehrwürdige Tradition mit der Selbst-Darstellung der eigenen Zeit zu verbinden: diese Zielsetzung macht auch die Fassade der Klosterkirche sichtbar, die bald nach der 1000-Jahrfeier 1743-47 gebaut worden ist. Die beiden Türme der mittelalterlichen Vorgängerkirche, die nach klösterlicher Überlieferung (und damaligem Wissensstand) aus der Gründungszeit stammen, wurden nicht vollständig barockisiert (wie dies Dienzenhofers Plan vorsah), sondern in ihrem romanischen Aussehen beibehalten – als „demonstratives Denk-mal".[4]

Die Sage ist pure Erfindung!

Die einzelnen Bestandteile der Gründungssage stammen aus verschiedenen Quellen. Da gab es Ortstraditionen wie die über den Hl. Amor, der in der Kapelle beim Amorsbrunn verehrt wurde; da gab es den Hinweis auf die Beteiligung der Amorbacher Mönche bei der Missionierung in Sachsen (zur Zeit Karls des Großen) in einem 1729 in Würzburg erschienenen Buch. Aber musste da nicht eine Verwechslung vorliegen? In Amorbach selbst fand sich dafür überhaupt kein Hinweis! Schließlich existieren keinerlei Belege für die Beteiligung Karl Martells oder des Bonifatius an der Klostergründung!

Die Gründungssage wurde von verschiedenen Forschern – besonders aus dem Orden der Benediktiner – gründlich unter die Lupe genommen und diskutiert. Das Kloster Amorbach hat nicht nur eine sehr weit zurückreichende Überlieferung, sondern auch eine wechselhafte, geradezu spannende Forschungsgeschichte!

Diese Diskussion wird 1918 mit einem Paukenschlag eröffnet:
Franz J. Bendel „zerpflückt" die gesamte Überlieferung und lässt keine der überlieferten Positionen gelten.[5] Die ganze Gründungsgeschichte ist eine Erfindung!

- Der Hl. Pirmin war nie in Amorbach! Die überlieferte Lebensgeschichte des Heiligen erwähnt diesen Ort gar nicht. Es gibt auch keinerlei Belege für sein Wirken im Odenwald.
- Die Figur des hl. Amor taucht erst im späten Mittelalter auf! 1449 wurden Lebensbeschreibung, Bild und Reliquien eines hl. Amor von weither nach Amorbach gebracht. Also: auch der Gründerabt des Klosters ist eine reine Erfindung!
- Schriftliche Belege für die Existenz des Klosters fehlen vor dem Jahr 1000! Es gibt zwar eine Urkunde König Ludwigs des Deutschen aus dem Jahr 849. Diese ist aber nachweislich eine Fälschung!

Bendels Ergebnis: Das Kloster ist erst im 10. Jahrhundert (zwischen 962–83) gegründet worden! Weder Karl Martell, noch Bonifatius oder dieser Gaugraf Ruthart können also mit Amorbach in Verbindung gebracht werden. Auch die Beteiligung an der Sachsenmission kann vergessen werden!

Bendel schließt seine Argumentation mit einem Gewährsmann aus dem Mittelalter: In der Mitte des 12. Jahrhunderts vermerkt ein Mönch Eberhard aus Fulda, Abt Richard habe im Jahre 989 die Abtei Amorbach gegründet.

Die Sage hat doch Recht – im Kern!

In der Gründungsgeschichte des Klosters wurden also die Heiligen Pirmin, Amor und Bonifatius „eingebaut“, ohne einen nachweisbaren Grund dafür zu haben. Die Absicht, die dahinter stand, war, die Anfänge der Klostergeschichte aufzuwerten, die Ehre des Kloster zu mehren.

Eine Fälschung also?
Mit „modernen“ Augen oder aus der Perspektive eines Historikers betrachtet: Ja.
Im Mittelalter aber gab es massenweise Fälschungen – nicht nur aus public-relations-Gründen, sondern auch, um bestehende Rechte nachweisen zu können. Rechte waren in Urkunden niedergeschrieben. Was aber tun, wenn die Urkunde gestohlen worden oder verbrannt war? Es wurden „Gedächtnisprotokolle“ oder auch ganz neue Urkundentexte aufs Papier gebracht und die Namen der mittlerweile verstorbenen Zeugen ergänzt, bzw. erfunden. Eine Fälschung half also bei der Suche nach der Wahrheit.

Eine solche Fälschung war die Urkunde von 849, die Bendel nicht gelten lassen wollte, weil – ja, weil sie gefälscht war. Und das war sie tatsächlich! Von diesem – deutlich geschriebenen – Dokument fand jedoch ein Historiker (Paul Kehr), der sich mit den Urkunden der Karolinger beschäftigte, 1934 eine lateinische Fassung.[6]
Für das Amorbacher Überlieferungsproblem bedeutete das: Es gab eine Urkunde König Ludwigs des Deutschen vom 10. Februar 849 für das Kloster. Der König schenkt darin den Mönchen den Wolkmannsberg bei Amorbach, das Fischrecht in der Mud und den Bereich der Mudmündung bei Vachhausen (etwa dort, wo heute die Laurentiuskapelle steht).

Die gefälscht tradierte, im Kern aber glaubwürdige Urkunde ist damit das älteste unmittelbare Zeugnis für das Vorhandensein des Klosters überhaupt.[7]
Amorbach muss also im 9. Jahrhundert bereits bestanden haben; es ist nicht, wie Bendel behauptet, erst kurz vor 1000 gegründet worden. Die in der Urkunde sichtbar werdenden guten Beziehungen zum König legen sogar noch ein höheres Alter nahe.

Amorbacher Mönche haben tatsächlich in Sachsen missioniert

Ein weiterer Zufallsfund außerhalb Amorbachs lieferte ein wichtiges Beweisstück für das hohe Alter des Klosters:
Die Behauptung, dass Mönche aus Amorbach bei der Missionierung der Sachsen beteiligt waren, war im Kloster erst während der Vorarbeiten an der Festschrift zur 1000-Jahr-Feier bekannt geworden.
Kein Geringerer als der Philosoph Leibniz hatte 1710 in Hannover eine mittelalterliche Quelle mit diesem Hinweis herausgegeben. Dessen Nachfolger als welfischer Hofgeschichtsschreiber, Johann Georg Eckart, hatte diese Überlieferung nach seiner Übersiedlung nach Würzburg in einem dort 1729 erschienen Buch veröffentlicht.[8] Die auf diesen Um-Wegen von Niedersachsen nach Franken gelangten Dokumente waren hier völlig unbekannt.

Worin liegt ihre Bedeutung?
Nach einer Übersicht über die Geschichte des Bistums Verden an der Aller (ab 785) sind mindestens drei der ersten Bischöfe aus Amorbach gekommen. Sogar deren Namen sind überliefert: Spatto, Thanko und Haruth (†829). Von jedem der drei wird berichtet, dass er ein Schotte (Scotus) gewesen sei und als Abt des Klosters Amorbach (*ecclesia Amarbaracensis*) Bischof von Verden geworden ist.

Für die Glorifizierung der Amorbacher Klostergeschichte war dieses Thema gewiss ausgezeichnet zu verwenden, aber war denn diese Geschichte glaubhaft? Warum gab es im Odenwald selbst keinerlei Hinweis darauf?
Der „Beleg“ aus Hannover stand doch zu isoliert, um ihn für Amorbach verwenden zu können – bis P. Schöffel 1941 ein Nekrolog (Liste mit Namen Verstor-

bener) des Klosters Neustadt am Main (südlich Lohr) entdeckte, in dem genau die drei oben erwähnten Äbte, bzw. Bischöfe wieder auftauchten![9]
Damit war bewiesen: Die Missionsarbeit Amorbachs in Sachsen wird auch von fränkischen Belegen gestützt. Das Kloster muss um 800 bereits eine beachtliche Bedeutung besessen haben, wenn es zum Reichsdienst in eroberten Gebieten eingesetzt werden konnte.

Die Geschichte der Abtei Amorbach im Überblick

Wenn man die genannten und einige weitere Ergebnisse des gewundenen Gangs der Forschungsgeschichte berücksichtigt, könnte man die Entwicklung des Klosters Amorbach folgendermaßen erzählen:

Ursprung an der Quelle

Dort, wo heute die Kapelle Amorsbrunn steht, ließen sich im frühen Mittelalter Mönche nieder. Es sind der Überlieferung (aus dem niedersächsischen Verden) zufolge „scoti" gewesen, also Iro-Schotten wie der Hl. Kilian, der 689 in Würzburg das Martyrium erlitt.
Auch der hl. Pirmin war ein solcher „Wandermönch". Er wirkte aber mehr im Bodenseegebiet (Reichenau) oder im Elsass (Murbach). Vielleicht gehörten einige seiner Schüler zu den ersten Amorbacher Mönchen, die bei der „Amorsquelle" einfache Unterkünfte errichteten. Ihr Leben galt dem Gebet, der Askese und der Missionierung.

Die Quelle bei dieser frühen Mönchs-Niederlassung hatte eine wichtige praktische Funktion für den Alltag der Mönche. Vielleicht aber hatte sie darüber hinaus noch eine weitere Bedeutung: Wurde die Quelle, die ursprünglich der Gottesmutter Maria geweiht war und mit der der Hl. Pirmin die ersten Christen der Umgebung getauft haben soll, deshalb ausgewählt, weil ihr bereits in vorchristlicher Zeit Heilkraft zugetraut worden war? Trat Maria an die Stelle einer germanischen Fruchtbarkeitsgöttin? Könnte nicht ein – im 16. Jahrhundert erwähnter, mittlerweile aber verschollener – Nymphenaltar aus römischer Zeit, der vom Amorsbrunn stammen soll, ein Indiz für eine Kulttradition sein, die lange vor der Klostergründung beginnt? Zu beweisen ist diese Linie nicht, ich vermute dennoch, dass sie richtig ist.

Hier bei der heutigen Kapelle Amorsbrunn hat der Überlieferung nach die erste Ansiedlung von Mönchen bestanden, die dann zwanzig Jahre später das Kloster Amorbach eine Wegstrecke von 20 Minuten entfernt gegründet haben.

Jedenfalls ist die Tatsache, dass die Quelle der Gottesmutter geweiht ist, ein Hinweis auf das hohe Alter der Mönchsansiedlung und des Kirchleins, das über der Quelle errichtet worden ist.

Diese ursprüngliche Marienkirche wird allgemein als älteste Kirche Amorbachs und seiner Umgebung angesehen. Prozessionen der umliegenden Gemeinden beweisen noch in späteren Jahrhunderten deren Anhänglichkeit an das Brunnenheiligtum, das ursprünglich wohl als Taufkirche gedient hat. Auch der Friedhof befand sich früher in der Nähe.

Das Kloster wird errichtet

Im Jahre 734 ist der Überlieferung nach das Kloster an seiner heutigen Stelle gebaut worden(wahrscheinlich aber erst ein paar Jahre später). Die Mönche haben wohl zuvor das sumpfige Gelände kultiviert. Erinnert der ursprüngliche Ortsname „amarabaca“ an „amara“ = spätlateinisch „Sumpf, Moor“ oder auch, bzw. zugleich im bewusst gewählten Wortspiel an „elende Behausung“ und damit an die primitiven Verhältnisse der „Pionierzeit“?[10]

Die Lage des neu entstehenden Klosters ist bemerkenswert: Spricht die „Waldeinsamkeit“ fernab von den Zentren an Rhein und Main für das asketische Ideal der Iroschotten, kann andererseits dieselbe Lage an der Fernstraße, die zwischen diesen Zentren vermittelt, Hinweis für eine planmäßige politische und administrative Gründung sein: Amorbach als Etappen- und Grenzort (bis auf den heutigen Tag)!

Steht also hinter dieser Klostergründung im 8. Jahrhundert ein deutlicher politischer Wille? Die Gründungszeit entspräche, wie Wilhelm Störmer argumentiert, *„jenen Jahrzehnten, in denen Karl Martell systematisch den ostfränkischen Raum in seinen Griff zu bekommen sucht“*.[11]

Karl Martell spielt in der Klostertradition eine wichtige Rolle; seine Figur steht im Grünen Saal der Abtei. Der andere Gründerpatron, der im Grünen Saal verewigt ist, ist Graf Ruthart vom Frankenberg. Auf dem markanten Berg mit seinem beziehungsreichen früheren Namen „Franken-berg“ (heute heißt er Gotthardsberg) und seiner exponierten Lage in Sichtweite von Amorsbrunn muss man sich einen politischen und militärischen Stützpunkt der Franken mit einer Signal- und Kontrollstation vorstellen. Graf Ruthard ist gewiss eine historische Figur und das Kloster Amorbach seine adelige Gründung.

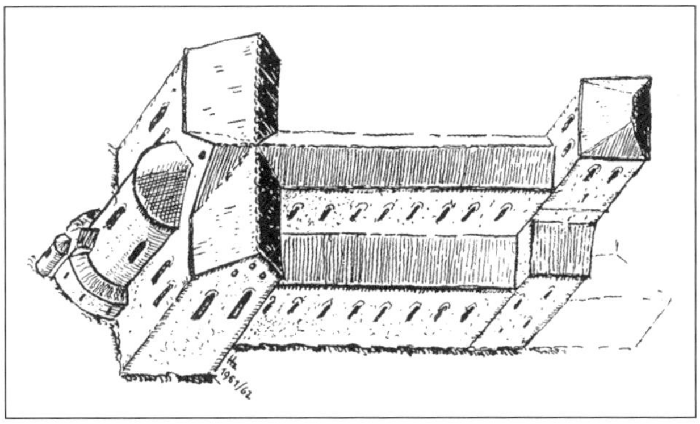

Die karolingische Abteikirche in Amorbach (Rekonstruktion von Walter Hotz)

Der Unterschied zwischen den Jahreszahlen 714 und 734 der Sage markiert also eine fundamentale Veränderung: Anstelle einer Eremitenniederlassung, in der Gebet und Askese im Vordergrund standen, nun also ein Kloster nach der Regel des Hl. Benedikt unter dem Schutz der fränkischen Hausmeier und Könige mit einem strategischen und politischen Auftrag! Es ist zugleich die Zeit, in der Bonifatius mit Unterstützung Karl Martells die kirchliche Organisation vorantrieb: 741 wurde das Bistum Würzburg gegründet, 744 das Kloster Fulda, in der der Heilige begraben worden ist.

Möglicherweise lassen sich an Main und Mud sogar die Stoßrichtungen zweier Bistümer erkennen: Während das Erzbistum Mainz die Mainlinie bevorzugte – die Martinskirchen in Großostheim, Wörth und Bürgstadt gehen wohl auf diese Zeit zurück – könnte Amorbach ein Vorposten der Diözese Worms im Odenwald gewesen sein.

Die erste Kirche des Klosters, die ebenfalls der Gottesmutter geweiht war, *„lässt eine enge Verwandtschaft* *mit der Abteikirche von Seligenstadt erkennen*", bzw. der schlichteren Basilika von Steinbach bei Michelstadt, die beide von Einhard, dem Berater und Biographen Karl des Großen, geplant worden waren.[11] War Einhard auch in Amorbach am Werk?

Rodung und Missionierung

Schutz des Königs bedeutete für das Kloster Amorbach auch Verpflichtung als Reichskloster und damit personeller und materieller Einsatz für die Ziele des Reiches!

Mönche aus Amorbach wurden deshalb eingesetzt, um die Sachsen, die Karl der Große in jahrzehntelangen blutigen Kämpfen niedergerungen hat, zu missionieren. Wenigstens drei Amorbacher Äbte stehen am Anfang der Bischofsreihe von Verden in Niedersachsen!
Dort hatte König Karl 782 angeblich 4500 der aufständischen Sachsen hinrichten lassen. Man kann sich vorstellen, mit wie viel Wut (und taktischer Verstellung) die so gedemütigten Sachsen den Männern begegneten, die den Christengott predigten. Hat man die iroschottischen Mönche aus dem Odenwald in Verden eingesetzt, weil sie nicht „fränkisch vorbelastet" waren und man ihnen deshalb einen besseren Zugang zur Mentalität der Sachsen zutraute?[12]

Das Kloster war aber auch Initiator der Rodung im Einzugsgebiet der Mud: Es hat Fronhöfe angelegt – z. B. in Kirchzell – und von dort aus weiter kolonialisiert.

Das dunkle Jahrhundert

Nach der – später gefälschten, im Kern aber glaubhaften – Urkunde Ludwigs des Deutschen von 849, in der Schenkungen an das Kloster bestätigt wurden, beginnt das „dunkle Jahrhundert" für Amorbach. Keine Urkunde, keine Überlieferung!

Mit dem Kloster ging's bergab, weil nach dem Streit unter den Söhnen Karls des Großen das Karolingische Reich aufgeteilt wurde und zerfiel. Schnelle Reiter aus Ungarn stießen bis in die Maingegend vor, raubten, plünderten und mordeten. Es war kein Karl Martell da, der Schutz bieten und kein Graf Ruthard, der helfen konnte.

Der Wieder-Aufbau seit dem Ende des 10. Jahrhunderts musste wie eine Neu-Gründung wirken. Da man keine Dokumente der königlichen Privilegien und Schenkungen hatte, musste man sich um Abschriften von anderen Kanzleien bemühen – so entstand die „Fälschung" der Urkunde von 849.

Amorbach: Name und Patron

Vom 12. Jahrhundert an taucht der heutige Name „Amorbach" auf. Es war die Zeit der Ritterkultur und des Minnesangs. So wie die Mildenburg oder die Freudenburg nach höfischen Idealen der Milde und der Freude, so wurde das Kloster im Odenwald nach der Liebe Gottes „Amor-bach" genannt. Die Klosternamen „Himmelthal" oder „Heilsbronn" gehören in dieselbe Zeit und dieselbe Kategorie!

Amorbach hatte also seit dem Hohen Mittelalter einen klingenden Namen, aber noch keinen Namenspatron. Diesen fand, bzw. **er**fand man im 15. Jahrhundert.[13] 1445–49 weilte der Weltpriester Johann Keck in der Abtei und beschäftigte sich mit deren Geschichte und Namen. Er kam dabei zu dem Schluss: In „Amorbach" muss der Name einer Person versteckt sein – also war ein Hl. Amor schon einmal als These formuliert.

Der nächste Schritt: Gibt es irgendwo einen Heiligen dieses (seltenen) Namens? In Kloster und Stadt gab es keinerlei Hinweis. Doch die Suche blieb nicht vergebens: In (Münster-)Bilsen bei Maastricht gab es einmal einen Hl. Amor! Keck (nomen est omen!) verschaffte sich ein Empfehlungsschreiben des Abts und des Stadtrats und reiste nach Münsterbilsen.

Der Hl. Amor in der Kapelle beim Amorsbrunn

Der barocke Neubau der Amorbacher Abteikirche (1743–47) ließ die aus dem frühen 12. Jahrhundert stammenden beiden Westtürme bewusst unverändert, lediglich die „welschen Hauben" wurden ihnen aufgesetzt. Die mittelalterlichen Teile sollten Denk-mal sein für die große Tradition des Klosters, die im 18. Jahrhundert ihr 1000-jähriges Bestehen feierte.

Was er von dort mitbrachte, machte großen Eindruck: Eine Legende, einen Zahn und andere Reliquien des Heiligen Amor, außerdem einen Bericht und sogar ein Bild des Heiligen.
Nach so viel Dokumentation und „Beweiskraft" war man sich einig: Amorbach kannte jetzt endlich seinen Gründungsabt; nach der mitgebrachten Zeichnung wurde eine Steinstatue des Heiligen gefertigt. In der Kapelle beim Amorsbrunn kann der Heilige aus Stein heute noch mit seiner eigenartigen Tracht und Kopfbedeckung bewundert werden.

Als Bedenken geäußert wurden, der importierte Amor habe aber doch erst im 9. Jahrhundert gelebt, hatte man in dieser wallfahrts- und wundersüchtigen Zeit schnell eine Antwort parat: Klar, dann hat der Hl. Geist dies den ersten Mönchen eben im voraus mitgeteilt![14]

Zur Jahrtausendfeier im Jahre 1734 wurde die damit komplettierte Gründungssage zu Papier gebracht.

Anmerkungen

1. Z. B. Die Kunstdenkmäler von Bayern, XVII, Bezirksamt Miltenberg, München 1917, S. 27
2. Oswald, Friedrich, Das Ausstattungsprogramm der Amorbacher Abteikirche, in: Die Abtei Amorbach im Odenwald, hrsg. Von Fr. Oswald und W. Störmer, Sigmaringen 1984, S. 231ff
3. Greipl, Egon, Geschichte als Fest. Jahrtausendfeier und Historiographie 1732/36 in Amorbach, in: Amorbach im Odenwald (Anm. 2), S. 281ff
4. Schütz, Bernhard, Die Abteikirche in Amorbach, in: Amorbach im Odenwald (Anm. 2), S. 299ff
5. Bendel, Franz-Josef, Die Gründung der Abtei Amorbach in Sage und Geschichte, in: Studien und Mitteilungen zur Geschichte des Benediktinerordens Bd. 35, 1914 und Bd. 39, 1918
6. Kehr, Paul, Die Urkunden der Karolinger, MGH 24
7. Last, Martin, Die Bedeutung des Klosters Amorbach für Mission und Kirchenorganisation im sächsischen Stammesgebiet, in: Amorbach im Odenwald (Anm. 2), S. 38
8. Chronicon episcoporum Verdensium, hrsg. Von Gottfried Wilhelm von Leibniz, Literaturangaben bei M. Last, Anm. 7
9. Schöffel, Paul, Amorbach, Neustadt am Main und das Bistum Verden, in: Zeitschrift für bayer. Kirchengeschichte 16, 1941, S. 131-143
10. Dünninger, Hans, Sancti amoris fons. Volkstümliches zur Geschichte des Quellheiligtums Amorsbrunn, in: Amorbach im Odenwald (Anm. 2), S. 145ff
11. Störmer, Wilhelm, Zur kulturellen und politischen Bedeutung der Abtei Amorbach vom 8. bis zum frühen 12. Jahrhundert, in: Amorbach im Odenwald (Anm. 2), S. 11ff
12. Störmer, Wilhelm, Histor. Atlas von Bayern, Reihe I, Heft 25, Miltenberg,, München 1979, S. 39
13. Dünninger, Hans, Anm. 10
14. Die Kunstdenkmäler von Bayern (Anm. 1), S. 90, 92

St. Bilhildis in Richelbach

Bilhildis wurde um 655 als Tochter des fränkischen Adeligen Iberin und seiner Frau Mathilde in Hochheim geboren. Der in Würzburg residierende Herzog Hetan begehrte sie zur Frau. Nach dem Tod ihres Vaters, der gegen diese Verbindung war, wurde sie – gegen ihren Willen – Hetans Frau. Bald erwartete sie ein Kind. Als ihr Mann zu einem Kriegszug aufbrach, den der König geboten hatte, versprach sie ihm die Treue. Sie floh aber auf einem Schiff nach Mainz zu ihrem Onkel, dem dortigen Bischof Rigibert.
Die junge Mutter, deren Sohn bald nach seiner Geburt verstarb, blieb auch nach dem Tod ihres Mannes in Mainz und widmete ihr Leben der Fürsorge für Arme und Kranke. Sie gründete das Kloster Altmünster, dessen erste Äbtissin sie wurde. Dem Kloster übergab sie umfangreichen Eigenbesitz in Franken, so in Veitshöchheim und in Richelbach.[1]

„Bilhildis zu Hoecheim gebohren" – Titelbild des Bilhildis-Buches von Pater Ignatius Gropp
Der Hermelinmantel weist Bilhildis als Angehörige fürstlichen Standes aus, das Kirchenmodell zeigt sie als Klostergründerin und der Stab als Äbtissin. Auf ihrer Brust ist hinter Glas eine Reliquie sichtbar – ein Hinweis darauf, dass sie als Heilige verehrt worden ist.[3]

Daten und Deutung der Sage: Ohne Gewähr

Diese Überlieferung, die uns in das frühe Mittelalter zurückführt, in die Zeit, in der sich die fränkischen Könige bemühten, ihre Herrschaft in „Ostfranken" rechts des Rheins und in Thüringen zu stabilisieren und iroschottische Mönche die christliche Botschaft verkündeten, ist in vielen Aussagen recht unsicher. Es ist oft nicht zu entscheiden, was historisch richtig, was legendenhafte Verklärung und spätere Zutat ist. Daten und Deutungen basieren also auf einer unsicheren Grundlage; sie sind ohne Gewähr.

- So war und ist umstritten, ob als Geburtsort der Heiligen Hochheim nahe Mainz oder aber Veitshöchheim bei Würzburg in Frage kommt, wo das Kloster Altmünster nachweisbare Besitzungen hatte. Dort hatte zu Beginn des 18. Jahrhunderts der Mönch Ignaz Gropp (dem wir die Geschichte des Klosters Amorbach verdanken) die Bilhildis-Verehrung eingeführt. Neuere Forschungen (Weidemann)[2] ergaben, dass der Vater aus Veitshöchheim, die Mutter dagegen aus der Mainzer Gegend stammt.
- Bilhildis soll die Gattin des Herzogs (dux militum) Hetan (oder Heden) gewesen sein. War es Hetan I., der Ältere, der um 640 geboren wurde? Dessen jüngerer Sohn Gozbert und seine Frau Gaila (die Witwe seines älteren Bruders) sind in der Kilians-Passion erwähnt. Gaila(na) soll die Ermordung der Frankenapostel angestiftet haben.
Oder war Bilhildis mit Hetan II. verheiratet, der 704 und 716 urkundlich nachweisbar ist, allerdings zusammen mit seiner Ehefrau Theodrada?[4] Bilhildis wäre demnach sowohl beim älteren wie beim

S BILHILDIS
Princeps quondam foe=
mina, sanctimonialis
Moguntiæ
Prouerb. 31
Mulier timens Do=
minum, ipsa lauda=
bitur

jüngeren Hetan die zweite Ehefrau gewesen. Offenbar muss man sich mit der Feststellung bescheiden, dass über die verwandtschaftlichen Beziehungen der Würzburger Herzöge und deren Verbindung mit Bilhildis nichts Sicheres ausgesagt werden kann. Dafür sind die Überlieferungen zu spärlich und zu widersprüchlich.

- Der Mainzer Bischof Rigibert der Legende ist identisch mit Siegbert II., der aus einer fränkischen Sippe stammte – er ist wohl der Bruder von Bilhildis' Mutter – und um 640 geboren wurde. Seine Regierungszeit ist nicht sicher festzulegen. Während Weidemann Rigibert bereits um 670/75 als Vorsteher der Mainzer Kirche sieht, wird er in anderen Bischofslisten von 708–724 geführt.[5]

- Bilhildis soll Altmünster in Mainz gegründet haben, eines der ältesten Frauenklöster im Rheinland neben dem der Königin Plektrudis in Köln und dem Odilienkloster im Elsass. Der Zeitpunkt dieser Stiftung wurde mit 720 angegeben (die Legende nennt den 22. April 635; da war Bilhildis noch gar nicht geboren!), neuerdings (Weidemann) auf die Zeit um 694 zurückdatiert. Es ist denkbar, dass die Anfänge des Klosters bereits auf iroschottische Mission zurückgehen (wie in Amorbach) und Bilhildis als Klostergründerin also erst später eingeführt worden ist. Auch in Amorbach wurde der Hl. Pirmin – beziehungsweise im 15. Jahrhundert der Hl. Amor – als Gründungspersönlichkeit reklamiert. Auch hier wird also deutlich: Legenden sind keine Geschichtsschreibung – und wollen dies auch nicht sein.

◀ *Die heilige Bilhildis und ihre Taten: Ihre Ankunft in Mainz (links oben), die Taufe (links unten), die Einkleidung als Nonne und die Beaufsichtigung des Baues von Altmünster als Äbtissin (Kupferstich Mainz 1604)*[2]

Bilhildis und Hetan: Eine private oder politische Affäre?

Die heilige Bilhildis ist sicherlich eine historische Person. Die junge Frau musste sich in einer kriegerischen Zeit behaupten. Aber welche Einzelheiten ihrer Biographie sind gesichert?

In ihrem Namen und dem ihrer Mutter (Mathilde) steckt das Wort „hilde“, das „Krieg“ bedeutet, Bilhildis Schwestern hießen Hildegard und Reginhild. Auch der Name des Vaters Iberin (Eber) deutet auf einen germanischen, vorchristlichen Kontext. Es gibt Hinweise in der Legende, dass Bilhildis die christliche Taufe erst auf dem Sterbebett erhalten haben soll. Jedenfalls lebte sie in einer Zeit, in der die Christianisierung erst schrittweise und mühevoll in Franken östlich des Rheins Fuß fassen konnte. Der Märtyrertod Kilians und seiner Begleiter in Würzburg (689) spricht eine deutliche Sprache.

Warum floh Bilhildis heimlich aus Würzburg? Wollte sie der ungewollten Beziehung mit dem viel älteren Herzog Hetan (I. oder II.) entkommen, von dem sie gerade ein Kind erwartete? Ist die Zurückweisung einer geplanten oder – wie in diesem Falle – einer bereits geschlossenen Heirat ein Motiv, das üblicherweise zur Legende einer Klostergründerin gehört (Bilhildis wird als „heilige Jungfrau“ verehrt)? Oder wollte die junge adelige Frau dem Zwang zur Heirat unter politischen Vorzeichen entgehen und lieber ein selbstbestimmtes Leben als Äbtissin wählen? Oder werden in dieser privaten Affäre die Spannungen zwischen dem fränkischen Königshaus im Rheingebiet einerseits und dem von ihm beauftragten, aber nach Eigenständigkeit strebenden Herzog in Ostfranken umschrieben?

Einer der ältesten Nachweise kirchlichen Lebens am Untermain könnte mit der Geschichte von Hetan und Bilhildis in Verbindung gebracht werden: 711/717 hat in der Regierungszeit Herzog Theobalds ein Priester Adalhuno in Nilkheim eine Kirche zu Ehren des Hl. Dionysius gegründet, die von Bischof Rigibert geweiht worden ist. Diese wenigen Angaben weiten sich bei genauerer Betrachtung zu einer ganzen Geschichte.[6]

- Dionysius war auch der Patron der Begräbniskirche der fränkischen Könige, St. Denis nördlich von Paris. Das kann als Hinweis auf die Initiative der fränkischen Zentralregierung hindeuten, die (seit 711) Karl Martell vertritt.[7]

- Mit Bischof Rigibert, dem Onkel der Bilhildis, tritt die Mainzer Kirche auf den Plan, die ihren Einflussbereich am Untermain stabilisieren und ausweiten wollte. Vermutet man schließlich in dem Priester Adalhuno einen Verwandten der Bilhildis, ließe sich der Vorstoß der Mainzer Bischofskirche unter dem Schutz des fränkischen „Königs" sogar als Revanche für die Demütigung der Bilhildis interpretieren. Private und politische Motive lassen sich in der Heiligen-Vita nicht trennen.

- Nilkheim wird als im Einflussbereich des Thüringerherzogs gelegen bezeichnet. Der Herzog heißt hier Theobald, der zusammen mit Hetan als Herzog von Würzburg bezeichnet worden ist.
  Historisch nachweisbar ist auf jeden Fall, dass die Hetan-Familie entmachtet und das eigenständige Würzburger Herzogtum beseitigt wurde. Die „phantasievoll ausgeschmückte" Bilhildis-Tradition erinnert offenbar an politische Ereignisse im Raum zwischen Mainz und Würzburg, indem Ereignisse einer ganzen Epoche auf ein „Familiendrama" konzentriert werden. **In den Heiligenviten von Bilhildis und von Kilian werden die Ausschaltung der Hetan-Familie und die Usurpation Mainfrankens durch die Karolinger in der 1. Hälfte des 8. Jahrhunderts verschleiert dargestellt.**[8]

Nach ihrem Tod (734) wurde Bilhildis in der Altmünster-Kirche bestattet und vom Volk als Heilige verehrt. Am 22. 11. 836 wurde sie erstmals als „Heilige" genannt, ist aber niemals in den offiziellen Heiligenkatalog der Kirche aufgenommen worden.

Bilhildis in Richelbach

1729 wurde in Richelbach eine Kapelle zu Ehren der Hl. Bilhildis errichtet. Diese wurde 1904 abgebrochen, als die Ortskirche St. Bilhildis gebaut und am 25. 9. 1905 vom Würzburger Bischof Ferdinand von Schlör (der 1839 in Richelbach geboren worden war) eingeweiht wurde. Thomas Buscher fertigte für diese neuromanische Kirche eine Statue der Ortsheiligen.

In Richelbach gibt es also eine weit zurück reichende Bilhildis-Verehrung. Liegen die Ursprünge bereits im frühen Mittelalter, also zu Lebzeiten der Heiligen? Auch diese Frage ist umstritten.

Argumente für diese Behauptung:

- Das „Bilhildis-Kloster" in Mainz ist im späten Mittelalter alleiniger Grundherr in Richelbach, besitzt dort einen Fronhof und 30 Huben und hat das Dorfgericht inne. Glaubt man der Klosterüberlieferung, gehörte das Odenwalddorf zum Ausstattungsgut, das Bilhildis aus dem Besitz ihres Vaters erhalten und der neu gegründeten Nonnengemeinschaft übereignet hat. Im ältesten Güterverzeichnis des Klosters aus dem 12. Jahrhundert ist „Rehtdilebahc" zweimal erwähnt.[9]

- Wolfram Becher wies darauf hin, dass Richelbach an der alten Verbindungsstraße nach Würzburg/Nürnberg über der Eichenbühler und Külsheimer Höhe liegt, die eine Leitlinie des Vorstoßes der Mainzer Kirche bis vor die Tore Würzburgs war und hält das hohe Alter des Altmünster-Besitzes in Richelbach für glaubhaft.[10] Becher sieht Altmünster als eigenkirchliche Gründung eines Mitgliedes der Familie der Haganonen, die im 8. Jahrhundert in Mainz tonangebend war.

Thomas Buscher schuf dieses Bildnis der heiligen Bilhildis für die Richelbacher Kirche.

Gegenargumente:

- In der von Margarete Weidemann rekonstruierten Gründungs-Urkunde von Altmünster aus dem frühen 8. Jahrhundert wird Richelbach nicht erwähnt, weil die Eigen- und Erbgüter, die der Neugründung geschenkt wurden, nicht namentlich aufgeführt, sondern nur summarisch erwähnt sind.

- Die Gründungslegende dieses Klosters, in der Richelbach als Ausstattungsgut von Altmünster erwähnt wird, wurde im 12. Jahrhundert niedergeschrieben, als Erzbischof Adalbert 1122 das Kloster erworben hat. Darin werden die Anfänge des Klosters mit der Vita der Bilhildis verknüpft und auf das Jahr 635 „zurückgefälscht".[11] Solche „Fälschungen", die überkommene Rechte nachweisen oder bekräftigen sollten, kamen im Mittelalter häufig vor. Es gibt Manipulationen, die durchaus berechtigt waren, weil etwa die Originaldokumente verbrannt waren; es gibt aber auch viele Beispiele dafür, dass Ansprüche einfach zurückdatiert wurden nach dem Motto: Je älter, desto überzeugender. Möglicherweise trifft dies auch auf die Beziehung Altmünster – Richelbach zu.

- Ein gewichtiger Einwand: Der Geograph Wilhelm Matzat, der die Flureinteilung des Ortes untersucht hat, kommt zu dem Ergebnis, dass Richelbach erst um das Jahr 1000 entstanden ist, zu Lebzeiten der Bilhildis also noch gar nicht existiert hat.[12] Er rekonstruierte eine ursprüngliche planmäßige Breitstreifenflur einer Weilersiedlung von sieben oder acht Hubenbauern, die sich um einen Fronhof gruppiert haben.

- Ausgehend von diesem Befund wird heute meist davon ausgegangen, dass Richelbach im Mittelalter aus dem Besitz des Erzbistums an das Kloster Altmünster gekommen ist, das dann systematisch Besitz und Rechte ausgebaut hat. Mit den Gerechtsamen kam die Verehrung der Klosterpatronin Bilhildis in das Höhendorf.

Reliquien der Hl. Bilhildis im Mainzer Dom[13]

Warum aber, so kann man fragen, setzte sich im 12. Jahrhundert ein Mainzer Kloster im weit entfernten Richelbach fest und engagiert sich dort, wenn nicht eine weit zurückreichende gewachsene Beziehung zugrunde liegt?[14]

Auch diese Frage ist noch nicht abschließend beantwortet.

Anmerkungen:

1. Text nach der Publikation der Pfarrei Richelbach zum Kirchenjubiläum 2002, mit Ergänzungen
2. Weidemann, Margarete, Urkunde und Vita der Hl. Bilhildis aus Mainz, in: Francia, Forschungen zur westeurop. Geschichte, Bd.21/1, Sigmaringen 1994, S. 17-85
3. Arens, Fritz, Darstellung und Kult der hl. Bilhildis zu Veitshöchheim bei Würzburg, in: Mainfränk. Jahrbuch 13 Würzburg 1961, S. 63ff
4. Güldenstubbe, Erik Soder von, Christliche Mission und kirchliche Organisation, in: Unterfränkische Geschichte, hrsg. von Peter Kolb und E.G. Krenig, Bd. 1, Würzburg 1989, S. 91ff
5. Unterfränkische Geschichte (Anm. 4), S. 368 (Bischofsliste)
6. Nils Zimmerhackl, Der Mainlimes im Mittelalter, in: Steidl, Bernd, Welterbe Limes, Roms Grenze am Main, Obernburg 2008, S. 226; darin auch Quellenangaben
7. Spindler, Max, Handbuch der bayerischen Geschichte III,1, München 1997, S. 86f
8. Rosenstock, Dirk und Wamser, Ludwig, Von der germanischen Landnahme bis zur Einbeziehung in das fränkische Reich, in Unterfränkische Geschichte (Anm. 4), S. 81
9. Schmitt, Norbert, Aus der Geschichte Neunkirchens, 1992, S. 270ff; Störmer, Wilhelm, Miltenberg (historischer Atlas), München 1979, S. 127, dort Quellenangaben
10. Becher, Wolfram, Im Schatten der heiligen Bilhildis, in: Zur Kultur und Geschichte des Odenwaldes, Festgabe für Gotthilde Güterbock, Breuberg-Bund 1982
11. Becher (Anm. 10), S. 31
12. Matzat, Wilhelm, Anerbensitte und Gewannflur untersucht am Beispiel Richelbach im Odenwald, in: Rhein-Mainische Forschungen Heft 54, Frankfurt 1963, S. 25-40
13. Kirche auf dem Weg, Das Bistum Mainz, Teil 1, Strassburg 1991
14. Ingrid Adam (Pfarrerin von Altmünster) in einem Vortrag in Richelbach anlässlich des Kirchenjubiläums am 22. 4. 2002

Der Ungarnsturm und der Heilige Laurentius

Eine Sage erzählt von der Zerstörung des Ortes Wallhausen und der Gründung Miltenbergs:

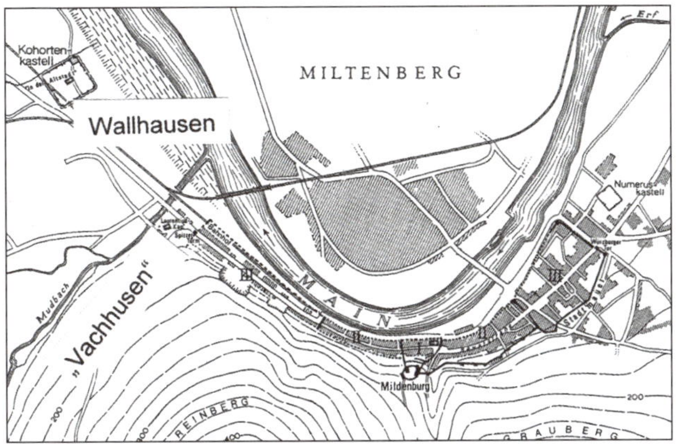

Wallhausen sowie Vachhausen sind beide Vorläufersiedlungen der späteren Stadt Miltenberg. Oft sind die ähnlich lautenden und nahe beieinander gelegenen Orte verwechselt worden. Heute wissen wir, dass Wallhausen eine Ansiedlung im Bereich des ehemaligen Römerkastells „Altstadt" gewesen ist, die im frühen 13. Jahrhundert sogar als „Stadt" (oppidum, civitas) bezeichnet worden, nach kurzer Blüte aber weitgehend zerstört worden ist. Vachhausen an der Mudmündung war ein Fischerdorf an der Stelle, wo heute die Laurentiuskapelle steht. „Vach" oder „Fach" weist auf Fischfang hin. Die Fischfangrechte in der Mud besaß das Kloster Amorbach.

Die Hunnen waren ein sehr grausames, wildes, raubsüchtiges Gesindel. Sie lebten vom Raube und dem Vorrat anderer Völker; reißenden Tieren gleich nährten sie sich mit Blut und rohem Fleische. Im Jahre 900 fielen sie das erstemal in Bayern ein, verwüsteten und plünderten das Land auf 50 Meilen in die Länge und Breite. Bei ihrem zweiten Einfalle im Jahre 901 wurden sie zwar zurückgetrieben, allein im Jahre 907 fielen sie nach der unglücklichen 3tägigen Schlacht bei Pressburg in Bayern ein, verbrannten und verwüsteten 21 Klöster und richteten die übrigen sehr übel zu. Alle Einwohner des Landes, die in ihre Hände fielen, wurden auf das unmenschlichste misshandelt und ermordet, oder sie wurden – Männer, Weiber und Kinder – mit den Haaren zusammengebunden und gleich Viehherden in die Knechtschaft geschleppt. Was entrinnen konnte, flüchtete sich in die tiefsten Wälder und unwegsamsten Gegenden.

Bei einem dieser Ausfälle im Jahre 910 geschah es, dass der Ort Wallhausen gänzlich von denselben zerstört wurde. Wallhausens Einwohner versperrten dem herandrängenden Feinde die Tore und leisteten Widerstand, allein der Feind leitete das der Gemeinde nötige Wasser, welches sie aus dem Bullauerberg durch Teuchel in Springbrunnen erhielten, ab und zündeten die Häuser an und verheerten den Ort bis in den Grund.

Vor den Toren der späteren Stadt Miltenberg (links im Bild das Mainzer Tor) bestand im frühen Mittelalter ein Ort namens Vachhausen, dessen Existenz sogar eine Königsurkunde von 849 belegt. Kapelle und Friedhof St. Laurentius gehen auf diese frühere Ansiedlung an der Mudmündung zurück. Der Sage nach soll Vachhausen von den Ungarn zerstört worden sein.

Auch die Wälder rings um den Ort, die Schutz hätten geben können, waren vernichtet.

Darinnen mag wohl die Ursache liegen, warum die Einwohner des verheerten Wallhausens mit Hintansetzung ihrer Geburtsstätte sich in der Folge oberhalb der Mudbach mitten am Berge angebaut haben. Auf diese Weise wurde der Grund zu Miltenberg gelegt.[1]

Woher stammt die Überlieferung, Ungarn hätten in der Maingegend geplündert, zerstört und gemordet?

Aus der Klosterchronik von Ignaz Gropp	
Von dem Ort Vachhausen, den eine Urkunde des deutschen Königs Ludwig erwähnt, weiß heute niemand mehr etwas.	Oppidum Vachusen, cuius diploma regis Germaniae Ludovici mentionem fecit, hodie nullum scitur
Auf Grund dieser urkundlichen Nennung steht aber unumstößlich fest, dass dieser Ort unweit Miltenbergs an der Mudmündung in den Main bestanden haben muss.	Haud procul a Miltenberga, in descensu Moeni ad Mudae ostia constitutum fuisse, ex eodem clare constat.
Um das Jahr 910 scheint er – zusammen mit dem Kloster Amorbach – von den Ungarn zerstört worden zu sein.	Circa annnum 910 ab Hungaris cum Amorbaco devastatum videtur.
Die Bewohner Vachhausens haben dann etwas oberhalb am Main die Stadt Miltenberg gegründet.	Cives vero, paulo altius ad Moenum ascendentes Miltenbergam fundarunt.

Sagenquelle: Die Amorbacher Klosterchronik

Der Mönch Ignaz Gropp, der zur 1000-Jahrfeier des Klosters Amorbach (1734) eine Chronik verfasste, berichtet in lateinischer Sprache davon, dass die Abtei im Odenwald um die Jahre 910, bzw. 923 von den Ungarnvölkern zerstört worden sei; dabei seien auch die alten Urkunden mit den königlichen Privilegien ein Raub der Flammen geworden.

Außerdem berichtet er von der Zerstörung Vachhausens (nicht: Wallhausens) durch die Hunnen, wie die Ungarn damals bezeichnet wurden.

Beim Vergleich dieser „Urfassung" aus dem 18. Jahrhundert mit der Wiedergabe in der Miltenberger Chronik von Josef Wirth aus dem 19. Jahrhundert fällt auf, dass

- diverse Ausschmückungen dazu kamen (die Grausamkeit der Ungarn, die bereits in zeitgenössischen Darstellungen aus dem 10. Jahrhundert drastisch beschrieben worden ist);

- Joseph Wirth Vachhausen irrtümlich mit Wallhausen identifiziert.
  Heute wissen wir, dass der Ort Vachhausen unmittelbar an der Mudmündung im Umfeld der Laurentiuskapelle gelegen haben muss, während Wallhausen eine hochmittelalterliche Stadt im Bereich des ehemaligen Römerkastells „Altstadt" gewesen ist. Beide Orte sind untergegangen;[2]

- die Gründung Miltenbergs als Folge der Zerstörung einer Vorgängersiedlung dargestellt wird. *„Die Miltenburg war von den Ungarn verschont geblieben; bei ihren pfeilschnellen Zerstörungszügen pflegten sie sich vor festen Schlössern nicht aufzuhalten"*, berichtet Braunfels.[3] Der Bau von Burg und Stadt Miltenberg erfolgte aber nicht im 9., sondern im 12./13. Jahrhundert.

- Schließlich wurde die Sage von der Zerstörung durch die Ungarn auch auf andere Orte übertragen. So führt die Chronik von Freudenberg die Verlegung dieses Ortes an die heutige Stelle darauf zurück, *„dass einst an der Stelle des Freudenberger Gottesackers ein blühendes Dorf gelegen und von den Ungarn vollständig zerstört worden sei; die Bewohner hätten sich mainabwärts geflüchtet und sich an der Stelle des heutigen Freudenberg angesiedelt"*.[4]

Die Amorbacher Klostertradtion, die uns Ignaz Gropp überliefert hat, klingt dagegen überzeugend.

- Tatsächlich scheinen alle alten Dokumente vernichtet worden zu sein. Die Königsurkunde von 849, in der dem Kloster diverse Güter und Rechte zugewiesen wurden, ist nur als „Fälschung“ aus späterer Zeit erhalten; das Original ist verschollen.

- Das Kloster ist erst wieder Ende des 10. Jahrhunderts urkundlich greifbar; kein Wunder, dass man zeitweilig annahm, Amorbach sei erst 993 gegründet worden.

  Das Leben in der Abtei ist also offensichtlich etwa 100 Jahre erstorben gewesen, die klösterliche Gemeinschaft aufgelöst, die Gebäude zerstört.

- Der Ort Vachhausen existiert nicht mehr.

Der „Hunnensturm“

Die Ungarn, ein Reiternomadenvolk, das im Donau-Don-Gebiet beheimatet war, haben nachweislich bis in die Mitte des 10. Jahrhunderts hinein Süddeutschland heimgesucht. Mit den unerwarteten, schnellen Vorstößen kleiner berittener Einheiten und der ungewohnten Kampfesweise mit Pfeil und Bogen machten sie das Land unsicher, stießen plötzlich vor, plünderten, zerstörten und verschwanden wieder – um ein paar Jahre später wieder unbarmherzig zuzuschlagen.

Der bayerische Markgraf Luitpold verlor sein Leben in einer Abwehrschlacht gegen die Ungarn bei Pressburg (907); danach konnten die ungarischen Reiterhorden ungehindert im sächsischen und bayerischen Raum ihre Plünderungszüge durchführen. 926 und 954 zogen sie über den Rhein nach Westen, um über Italien zurückzukehren.

Die Einfälle der Ungarn wurden ermöglicht und begünstigt, weil es damals in Mitteleuropa keine starke königliche Macht gab, die – wie zu Zeiten Karls des Großen – für äußere Sicherheit und inneren Frieden sorgen konnte.

Nach dem Tod Karls des Großen (814) kam es zu Teilungen des Reiches (z. B. Vertrag von Verdun 843); der Westen (das spätere Frankreich) und der Osten (das spätere Deutsche Reich) entwickelten sich politisch und kulturell auseinander. Als sich 843 die Söhne Ludwig des Frommen, also die Enkel Karls, Ludwig und Karl, gegen ihren Bruder Lothar verbündeten, mussten die „Straßburger Eide“ übersetzt werden in die „romanische“ (d. h. französische) und die deutsche Sprache (*teudisca lingua).* Es gab keine gemeinsame Sprache mehr; es gab kein einheitliches Reich mehr, und es gab keine Zentralgewalt mehr, die ihren Willen durchsetzen konnte.

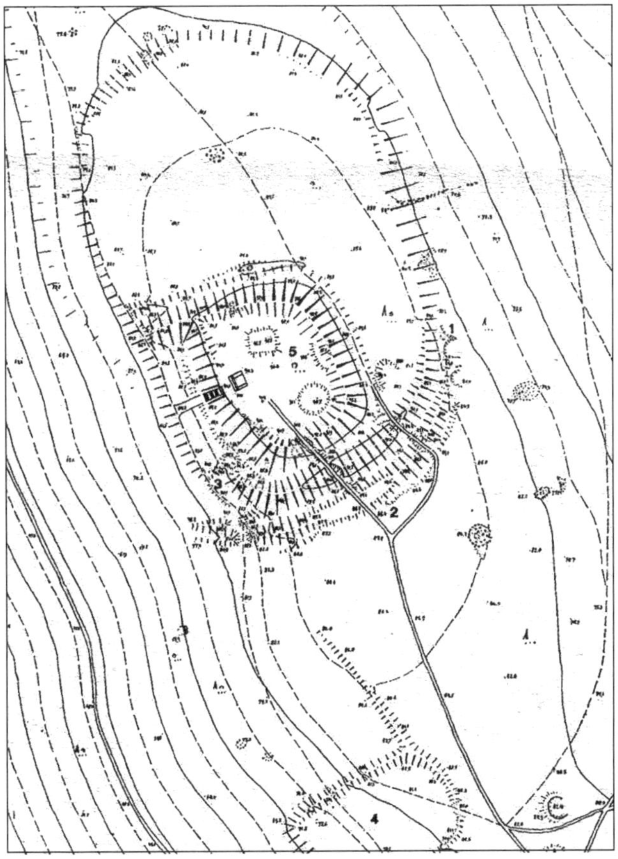

Die Wallanlage oberhalb Klingenbergs ist höchstwahrscheinlich während der unruhigen Jahrzehnte vor und nach 900 errichtet oder als Fluchtburg für die ständig von Kriegszügen und Plünderungen heimgesuchte Bevölkerung wiederbenutzt worden.

In Franken tobte zudem eine langjährige blutige Fehde zwischen den Konradinern, die ihren Schwerpunkt in Hessen, am Mittelrhein und in der Wetterau hatten und den Babenbergern.
Den permanenten Streit und die daraus resultierende allgemeine Unsicherheit nutzten Wikinger (die bis Köln oder Paris vorstießen) oder ungarische Horden für Raub- und Plünderungszüge aus.

In diesen unruhigen, gefährlichen Zeiten permanenter Raub- und Kriegszüge sind wohl die **Fluchtburgen** am Untermain gebaut, bzw. wieder benutzt worden: z. B. die Ringwallanlagen aus vorgeschichtlicher Zeit oberhalb Bürgstadts und Miltenbergs. Die Alte Schanze oberhalb Klingenbergs könnte damals entstanden sein (an der Stelle, wo seit 1903 der Aussichtsturm steht – das Ringwalloval mit einem Durchmesser von 180 x 115 m ist wohl der Rest einer ursprünglichen Holz-Erde-Mauer). Vielleicht befand sich hier auch der Sitz eines lokalen Machthabers, der Verteidigungsanstrengungen koordiniert hat. In dieselbe Zeit datiert wohl auch die Altenburg oberhalb Sodens, die offenbar ähnlich wie die Klingenberger Schanze damals (wieder) befestigt worden ist. Von überregionaler Bedeutung dürften Aschaffenburg und der befestigte Umlaufberg bei Urphar gewesen sein, auf dem eine Pfeilspitze ungarischer Herkunft gefunden worden ist.

Ende der Ungarngefahr

„Wer herrscht, muss Schutz bieten". Dieses Grundprinzip mittelalterlicher Herrschaft konnte in dem „dunklen Jahrhundert" ab etwa 850 kein Herrscher in Mitteleuropa realisieren. Dies änderte sich schlagartig mit dem Jahrhundertsieg König Ottos

Die Lechfeldschlacht in der Sächsischen Weltchronik (um 1270, Landesbibliothek Gotha)

im Jahre 955 in der Schlacht auf dem Lechfeld bei Augsburg, mit dem die Ungarngefahr endgültig beseitigt worden ist. Die Folgen dieses Sieges waren weitreichend.

- Die Stellung des Königs wurde gefestigt. Wer Schutz bieten und Frieden stiften kann, ist zurecht König. Die Kaiserkrönung Ottos, für den sich bald der Beiname „der Große" einbürgerte, im Jahre 962 war eine logische Folge der Aufwertung der zentralen Königsmacht.

- Mit den herausragenden Ereignissen von 955 und 962 beginnt eigentlich das, was man „deutsche Geschichte" nennt. Der Sieg in der Schlacht auf dem Lechfeld wurde von militärischen Verbänden aller Stämme östlich des Rheins – insgesamt 10 000 Panzerreitern – erfochten, den Baiern, den Schwaben, den Franken unter Herzog Konrad dem Roten und den Sachsen unter Führung des Königs selbst. Die ost-fränkischen Stämme fühlen sich unter dem starken Königtum zusammengehörig; Deutschland und Frankreich grenzen sich voneinander weiter ab. Das „Römische Reich deutscher Nation" entsteht.

- Die Ungarn werden sesshaft und nehmen das Christentum an.

- Die neu gewonnene innere und äußere Sicherheit ist die Voraussetzung einer neuen Blüte der Kunst. Die Monumentalkreuze in Köln und Aschaffenburg und die Kaiserdome, allen voran Speyer, sind hervorragende Beispiele dafür. Die Stiftskirche in Aschaffenburg (Weihe 974) und die Martinskapelle in Bürgstadt wurden in den Jahrzehnten nach 955 gebaut.

Die Verehrung des Hl. Laurentius

Die Schlacht auf dem Lechfeld fand am 10. August 955 statt, an dem Tag, an dem die Kirche des Märtyrertodes des Hl. Laurentius gedachte. König Otto soll vor Beginn des Kampfes dem Tagesheiligen die Gründung eines Bistums in Merseburg gelobt haben, wenn ihm der Sieg zufalle.

Nach der gewonnenen Schlacht hat er sein Gelöbnis erfüllt und die Verehrung des Hl. Laurentius gefördert.

Der Heilige Laurentius, dargestellt als Diakon mit dem ihn kennzeichnenden Attribut, dem Eisenrost, auf dem er der Legende nach den Märtyrertod erlitten hat. Die Figur aus der Laurentiuskapelle in Miltenberg stammt aus dem Jahre 1456.

Der aus Saragossa in Spanien stammende Laurentius ist in den Zeiten der Christenverfolgungen nach Rom gekommen, wurde dort Erzdiakon und damit zuständig für den Kirchenbesitz. Eines Tages wurde ihm aufgetragen, die „Schätze der Kirche“ vor den Kaiser zu bringen. Als Laurentius daraufhin Arme, Lahme und Blinde vorführte, die er als „wahren Schatz der Christen“ präsentierte, wurde er gefoltert. Auf einem glühenden Rost soll er gemartert worden und am 10. 8. 258 gestorben sein.

Er wird nicht nur als standhafter, sondern auch als „lachender Heiliger“ verehrt, der selbst das Martyrium freudig ertrug: *„Seht ihr denn nicht, dass ich auf der einen Seite schon gebraten bin?“*, soll er seinen Peinigern zugerufen haben, *„es wird Zeit, dass ich umgedreht werde.“*

Er ist deshalb als Heiliger „zuständig“ bei Brandwunden, Fieber und Hexenschuss, gilt als Patron der Armen, der Schüler und Studenten, aber auch aller Berufe, die mit Feuer zu tun haben; der Köche, Bäcker, Glaser, Bierbrauer und Feuerwehrleute.

Laurentiuskapellen und -kirchen

Der Heilige Laurentius als Garant des großartigen Sieges über die Ungarn wurde in der Familie Ottos des Großen (936–73) und seiner Nachfolger hochverehrt. Kapellen und Kirchen, die zu Ehren dieses „Königs-„ oder „Reichsheiligen“ errichtet worden sind, haben möglicherweise einen direkten Bezug zur ottonischen Geschichte.

- In der romanischen Klosterkirche Amorbach hat sich im Obergeschoss eine Laurentiuskapelle befunden.[5] Kaiser Heinrich II. (1002–24), der Letzte der sächsischen Königsdynastie, hatte nachweislich gute Beziehungen zu dem Kloster im Odenwald und seinem Abt Richard.
- Geht die Laurentiuskapelle bei Miltenberg, die sich dort befindet, wo einst der Ort Vachhausen gelegen haben muss, auf einen romanischen Vorgängerbau zurück, der an den Sieg Ottos am 10. August 955 erinnern soll?[6]

Dann würde die Sage vom Untergang Vachhausens sowohl an den schrecklichen Ungarnsturm wie an dessen Ende erinnern, das mit Hilfe des Hl. Laurentius zustande gekommen ist.

Anmerkungen

1. Wirth, Joseph, Chronik der Stadt Miltenberg, 1890, S. 8. Nach Braunfels, Die Mainufer, Würzburg 1847, S. 311 wurde 910 Vachhausen (und nicht Wallhausen) zerstört; anschließend haben die Bewohner allerdings die Ungarn besiegt
2. Berninger, Gudrun, Auf der Suche nach der Wahrheit über die frühen Siedlungen im Miltenberger Raum, Bote vom Untermain (Sonderbeilage Michaelismesse 25.8.89)
3. Braunfels (Anm.1), S. 311
4. Mai, Eugen, Geschichte der Stadt Freudenberg am Main, 1908, S. 37
5. Die Kunstdenkmäler des Königreiches Bayern, Amt Miltenberg, S. 40
6. Die Kirchenpatrozinien St. Laurentius in Sommerau und Rossbach sind zu jung, um einen direkten Zusammenhang mit der Geschichte der Ottonischen Epoche annehmen zu können.

Kaiser Barbarossa und Erlenbach

Vom Aufenthalt Kaiser Friedrichs I. (1152-1190) in Erlenbach erzählt eine der von Adalbert von Herrlein 1851 herausgegebenen „Sagen des Spessarts". Valentin Pfeifer hat 1948 den Text leicht gekürzt und umformuliert[1]:

Jahrzehntelang hatten sich in Deutschland die Fürstenhäuser der Welfen und Staufen bekämpft und dadurch dem Lande viel Unheil zugefügt. Ordnung und Sicherheit entschwanden, und dafür mehrten sich Raub und Mord. Zum Glück bestieg der tatkräftige Friedrich von Hohenstaufen den Königsthron, und mit starker Hand stellte der jugendliche Fürst die Ordnung im Reiche wieder her. Er ließ nur das Recht gelten und ging mit allen Mitteln gegen Verbrecher und Widerspenstige vor. Darüber waren die friedlichen Einwohner froh und standen ihrem Kaiser treu zur Seite.

Als der einmal von Gelnhausen aus mainaufwärts zog, blieb er im Dorfe Erlenbach über Nacht. Gar manche Schnapphähne und Wegelagerer, darunter auch solche, die ritterliche Namen trugen, hassten den Kaiser und suchten ihm aus dem Hinterhalt Schaden zuzufügen, wann und wo sie es vermochten. Da nun die Feinde Kunde erhielten, dass sich Friedrich im unbefestigten Dorfe Erlenbach aufhalte, nutzten sie die günstige Gelegenheit zum Überfall und schlichen sich im Schutze der Nacht ans Dorf. Allein sie hatten ihre Rechnung ohne die treuen Erlenbacher gemacht. Diese schliefen nicht, sondern wachten über ihren Herrn und König, hatten sich mit Waffen versehen und waren entschlossen, Blut und Leben für ihren Herrn dahinzugeben.

Die Feinde pirschen sich also im Dunkel an das vermeintlich ungeschützte Dorf, keine steinerne Mauer hindert sie daran, und jetzt wollen sie einbrechen, aber da stehen die Erlenbacher Männer da und wehren ihnen den Einlass. Geschwind wird dem König die Gefahr gemeldet, die Erlenbacher halten einstweilen den Feind tapfer auf, das Gefolge des Kaisers greift auch zu den Waffen, und das feindliche Gesindel wird in die Flucht geschlagen: der Kaiser ist gerettet.

Daraufhin befreite er die Erlenbacher von der Leibeigenschaft und der Jagdfron und erhob Erlenbach zu einem Reichsdorfe, dem er die Halsgerichtsbarkeit verlieh.

Zur Erinnerung an die Wachsamkeit der Erlenbacher Einwohner und an die ihnen verliehenen Rechte errichtete man im Dorf eine hölzerne Säule mit einem Kreuz darauf. Auf der Kreuzesspitze wurde ein Hahn angebracht und an den beiden Balken eine zum Eidschwur erhobene Hand und ein Schwert befestigt. Als die hölzerne Säule verfiel, brachte man das Wahrzeichen auf die Brunnenbedachung neben dem Rathaus und später auf die Feuerlöschhalle.

Diese um 1160 geschaffene Porträtbüste hat Barbarossa selbst in Auftrag gegeben und seinem Paten Otto von Cappenberg geschenkt.
Friedrich Barbarossa war eine gewinnende Persönlichkeit mit Ausstrahlung. Ein zeitgenössischer Chronist (Rahewin) beschreibt ihn so, wie ihn auch eine vergoldete Porträtbüste zeigt.
„Sein Haar ist blond und oben an der Stirn etwas gekräuselt, die Ohren werden kaum durch darüber fallende Haare verdeckt. Seine Augen sind scharf und durchdringend, die Nase ist schön, der Bart rötlich, die Lippen sind schmal und nicht durch breite Mundwinkel erweitert, und das ganze Antlitz ist fröhlich und heiter".

Ist diese Überlieferung vom Aufenthalt Barbarossas in Erlenbach und seinen kaiserlichen Gunstbeweisen historisch glaubwürdig?
Um auf diese Frage eine Antwort zu finden, begeben wir uns in Erlenbach auf eine Spurensuche.

Barbarossa in Erlenbach, eine Spurensuche

Am Barbarossabild in dieser Stadt haben mehrere Generationen mitgestaltet. Wir wollen uns fragen: Was ist spätere Zutat? Was ist Erfindung? Was ist ursprünglich? Gibt es überhaupt Ursprüngliches, Barbarossa-zeitliches?
Deshalb untersuchen wir – mit der Absicht, Spuren von Kaiser Rotbart in Erlenbach zu finden – die einzelnen historischen Abschnitte nach ihrer Barbarossatauglichkeit.

Das 20. und 21. Jahrhundert

Da gibt es die Barbarossa-Schule und die Barbarossa-Straße, das Barbarossa-Spiel von 1935 und das pompöse Stadtwappen, das weit und breit seinesgleichen sucht: Reichsadler und Kurfürstenhut. 2008 haben die Erlenbacher mit bewundernswertem Einsatz und großer Begeisterung in Erinnerung an die angeblich 1183 verliehenen Marktrechte ein „Barbarossa-Spectaculum“ veranstaltet.

Geschichte und Tradition eignen sich gut für Marketing-Zwecke. Das muss historisch durchaus nicht immer stimmen. Barbarossa hat, glaubt man der Werbung, im „Riesen“ in Miltenberg übernachtet. Diese Behauptung wurde und wird oft wiederholt, obwohl damals weder Miltenberg im allgemeinen, noch der „Riesen“ im besonderen existiert hat.
Früher war das nicht anders. Mit hohem Alter kokettieren, macht(e) sich (fast) immer schon gut. Das heißt: Die Barbarossa-Hinweise unserer Tage helfen uns bei unserer Spurensuche nicht weiter. Aber wir sind gewarnt: Nicht überall, wo „Geschichte“ drauf steht, ist auch Geschichte drin.

Das 19. Jahrhundert

Gerade aus diesem Jahrhundert, in dem Märchen und Sagen gesammelt wurden und die Geschichtsforschung beginnt, stammen viele Quellen. Auch in Erlenbach gehören die Sagenüberlieferungen zum Grundbestande des historischen Selbstverständnisses. Ihre Aussagen halten aber oft einer behutsamen und kritischen Überprüfung nicht stand.

Neben der Erzählung von den treuen Erlenbachern und deren Belohnung durch den Kaiser ist in den von Adalbert von Herrlein herausgegebenen „Sagen des Spessarts“ unter der Überschrift „Friedrich der Rothbart“ das Motiv von der Rettung des Kaisers vor seinen Feinden durch getreue Anhänger noch einmal behandelt: In der Sage von der Entstehung des „Freigerichts“ (in der „Umgegend von Alzenau“).

Die Entstehung des Freigerichtes

Kaiser Friedrich der Rotbart zog einmal, von wenigen Mannen begleitet, die alte Heerstraße, welche auch die Birkenhainer Straße heißt. Dabei wurde er aus dem Hinterhalt überfallen und geriet in große Bedrängnis. Seine Leute schlugen sich tapfer; allein die Feinde waren ihnen an Zahl weit überlegen, und der Kampf hätte für den Kaiser einen unglücklichen Ausgang genommen, wenn nicht die Bewohner der Hohen Mark Wilmundsheim zu Hilfe herbeigeeilt wären. So aber verteidigten die Bauern der ganzen Umgegend ihren Kaiser und trieben die Feinde in die Flucht. Zum Danke dafür erhob der Fürst die tapferen Märker zu freien kaiserlichen Untertanen, und sie mussten künftig keine anderen Abgaben entrichten als einen Wagen Heu mit einem lebenden Hahn. Deshalb wurde von der Zeit an die Hohe Mark das Freigericht genannt.[2]

Es handelt sich also offenbar um eine **„Wandersage“**, also um ein weiter verbreitetes Motiv, das an bestimmten Orten „festgemacht“ worden ist – nicht nur in Erlenbach.
Nach dem Ende des „Heiligen Römischen Reiches Deutscher Nation“ im August 1806 wurde Barbarossa als Inbegriff der deutschen Kaiserherrlichkeit und Verkörperung des Guten und des Rechts wiederentdeckt.

Das Monumentaldenkmal am Kyffhäuser, das 1891-96 gebaut worden ist, zeigt „Kaiser Friederich", der in seinem unterirdischen Schloss wohnt, um mit des Reiches Herrlichkeit einst wieder zu kommen. Nach der Reichsgründung von 1871 wurde deshalb Barbarossa als Vorläufer von „Barbablanca", Kaiser Wilhelm I., interpretiert.

In der Barbarossasage heißt es: *„Friedrich der Rothbart hatte schwere Kämpfe zu bestehen, bis er das Reich, das in der größten Verwirrung war, einiger Maßen in Ordnung brachte"*. Aber die treuen Erlenbacher waren bereit, *„ihr Blut für den Kaiser herzugeben – und der Kaiser war gerettet"*. Diese Passage, 1851 formuliert, liest sich wie ein Kommentar zur Überwindung der Revolutionswirren von 1848/49 durch die Bajonette der Reaktion und die „Treue" der Mehrheit der Bürger. In der Sage gelingt es, Unordnung zu beseitigen, Ordnung wieder herzustellen, wenn Deutschland „zum Schutz und Trutze brüderlich zusammenhält", wie es im Deutschlandlied (1841) formuliert ist.

Die Gegner kommen dabei schlecht weg – in der Sage, wie im Spectaculum: Unheil, Raub und Mord repräsentieren sie. Dass Barbarossa im Gewande der mittelalterlichen Kaiserherrlichkeit Reaktion, Realpolitik und Unterdrückung liberaler und demokratischer Ziele vertritt, wird dabei ausgeblendet.

Der Verfasser der Sagenerzählung

Wir dürfen nicht übersehen: Unsere Spessartsagen sind in den wenigsten Fällen „dem einfachen Volk abgelauscht" und dann niedergeschrieben worden. In der Regel wurden sie nicht auf der Straße **ge**funden, sondern sie wurden **er**funden – aus publizistischen, pädagogischen oder nationalpatriotischen Gründen. Das war auch bei der Erlenbacher Barbarossasage so.

Der Name des Verfassers der Erlenbacher Sagenerzählung ist nicht überliefert. In der Sagensammlung von 1851 sind (leider) keine Quellen und Autoren genannt. Vielleicht war es der Herausgeber selbst, Adalbert Herrlein, Bürgermeister und Vorsitzender des Geschichtsvereins in Aschaffenburg.[3]

Eher kommt noch Karl-Heinrich Caspari als Autor in Frage, Pastor und Poet aus Eschau (1815-61), der nachweislich die meisten und bekanntesten Sagenerzählungen aus dem südlichen Spessart geschrieben, eng mit Herrlein zusammengearbeitet und häufig seine Erzählungen mit poetischer und pädagogischer Zielsetzung formuliert hat.[4]

„Aus dem geteilten und geschwächten Deutschland ein einiges und starkes zu machen", ist einer seiner politischen Leitgedanken, den er zu Beginn der Revolution von 1848 formuliert hat.[5] Der andere – nach der Niederschlagung der revolutionären Wirren – die Sorge der Obrigkeit für Recht und Ordnung und die Treue der Untertanen zu dieser Herrschaft.
Diese Motive behandelt Caspari auch in anderen Werken. So werden im „Bauernkönig" die übermütig gewordenen aufständischen Bauern 1525 besiegt und wieder der Obrigkeit von Gottes Gnaden unterstellt.

So erscheint diese Erlenbach-Sage als historisches Dokument: Aber nicht für das Zeitalter Barbarossas, sondern für die zweite Hälfte des 19. Jahrhunderts. Sie soll in erster Linie patriotisch wirken, „deutsche

Treue“ verherrlichen und bedient sich dafür der Geschichte.
Wer alte Spuren sucht, muss in der Regel gerade aus dem 19. Jahrhundert viel Schutt wegschaffen.

Schmückt sich also Erlenbach mit fremden Federn, wenn es Barbarossas Rettung für sich reklamiert? Aus einer Stellungnahme des Hauptstaatsarchiv in München lassen sich jedenfalls bereits deutlich Vorbehalte und Zweifel herauslesen: „*.. wenn die Legende von den Gnadenerweisen Barbarossas gegenüber Erlenbach **wirklich** eine jahrhundertealte Tradition ist ...*“ Diese Zweifel, die auch Wolfgang Wann[6] teilte, sind mehr als begründet.

Das 18. Jahrhundert

Wenn die Erlenbacher Sagen offenbar nur mit (historischer) Vorsicht zu genießen sind: Es gibt ja noch das stolze **Stadtwappen:**

„In Gold ein schwarzer, rotgekrönter und goldbewehrter Doppeladler, der in der rechten Klaue einen roten Reichsapfel mit goldenem Kreuz und in der linken ein rotes Schwert hält. Über den Doppelköpfen schwebt ein goldener, rotgefütterter Kurfürstenhut mit edelsteinbesetzten Bügeln“ (Hauptstaatsarchiv München).

Das stolze Erlenbacher Stadtwappen

Geht die Traditionslinie zurück zu den Hennebergern, die den Doppeladler seit der Stauferzeit in ihrem Schild führten und vermutlich auch über das Patronatsrecht der Erlenbacher Kirche verfügten, oder zurück auf Barbarossa selbst?[7] Jedenfalls stammt das Wappenmotiv nicht aus dem „sagenhaften 19. Jahrhundert“, sondern ist in einfacher Form, aber ohne Kurfürstenhut bereits 1722 nachweisbar.

Eine Geburtsurkunde aus dem Jahre 1722, die sich im Wörther Stadtarchiv befindet, zeigt bereits den Doppelkopfadler, wenn auch in etwas unbeholfener Form und ohne Schwert und Krone, als Erlenbacher Gemeindewappen.

Welche Schlussfolgerungen ergeben sich daraus?
Das heutige Erlenbacher Stadtwappen ist bereits seit dem frühen 18. Jahrhundert in Gebrauch.

Allerdings wurde der Reichsadler in der Zeit des Barock, in der Denkmäler und Perücken, große Namen und Titel eine große Rolle spielten und man mit der Tradition sehr großzügig und effekthaschend umging, gerne verwendet, nicht nur in Erlenbach.

- Das Wappen des Erzbischofs Schweikhart von Kronberg (1604-1626) im Aschaffenburger Schloss (wie das an der Außenseite der Jesuitenkirche) zeigt im Herzschild den schwarzen Doppeladler auf goldenem Grund. Der Schloss-Erbauer und Reichserzkanzler hatte zwei Kaiser mitgewählt und gekrönt und verstand sich als erster Repräsentant der Reichskirche und prominentester Wahrer der Reichstradition nach dem Kaiser. Das Wappen erinnert wohl an den Besuch des Kaisers Ferdinand 1619 in Aschaffenburg.
- Die von Würzburg aus marschierenden Türkenkrieger des fränkischen Reichskreises zogen unter einer Fahne in den Kampf, die den kaiserlichen Doppeladler trägt. Reichard von Fechenbach brachte eine als Trophäe mit nach Laudenbach (Seit Beginn dieses Jahres ist sie im Miltenberger Museum, bzw. in dessen Magazin, zu sehen).[8]
- Auf der Turmspitze des Stefansdomes in Wien, am Ellinger Tor in Weißenburg, im Kloster Ettal und in Köln (um nur einige Beispiele zu nennen), aber

auch auf dem südlichen Stadttor von Obernburg prangt heute noch der vergoldete Doppeladler. Wie kommen die Obernburger zu dem Erlenbacher Wappen?

Steiner gibt in seiner Geschichte des Bachgaus von 1821 eine aufschlussreiche Erklärung:
„Wahrscheinlich geschah es aber um diese Zeit der heftigen Begierde nach freireichsstädtischer Unabhängigkeit". Aber „*Obernburg war nie Freireichsstadt; dass sie es gewesen seyn soll, beruht blos auf falschen Auslegungen der Urkunden und auf geäußerten Wünschen*".[9]

Sind auch in Erlenbach vor dem Hintergrund der Türkenkriege und der reichspolitischen Ambitionen der Schönborn-Kurfürsten „geäußerte Wünsche" die Voraussetzung für die Wahl des stolzen Wappenmotivs? Zu einem „Reichsdorf" soll der Kaiser Erlenbach erhoben haben, erzählt die Sage.[10]

Den Erlenbacher Doppeladler auf die Henneberger oder gar auf Barbarossa selbst zurückführen zu wollen, wäre jedenfalls eine um- und abwegige Konstruktion.
Die Spurensuche nach Barbarossa scheint tatsächlich in den ehrgeizigen Rückgriffen auf Kaiser und Reich in dieser denkmalsüchtigen Zeit zu Ende zu sein: Mehr Schein als Sein!

Das 17. Jahrhundert

Aber es gibt ja noch das **Marktkreuz**, das älter als das Adlerwappen ist:
„*Ein Creutz, darauf eine Hand und schwerd hangen und oben druff ein haan*". So steht es im Mainzer Jurisdiktionalbuch von 1668.
Es war die Zeit nach dem schrecklichen Dreißigjährigen Krieg. Man machte Inventur: Wer lebt denn eigentlich noch? Wem gehören denn welche Häuser und Grundstücke? Und schließlich: Wie waren die Bestimmungen unserer Dorfordnung und welche sind unsere angestammten Rechte?
Zu dieser Inventur gehörte offensichtlich auch und gerade das alte Marktkreuz. Mögen in dem großen Krieg auch viele Traditionen verloren gegangen, Urkunden und Weistümer ein Opfer der Flammen geworden sein: Die Erinnerung an dieses Kreuz im Mittelpunkt des Ortes und an die mit diesem Rechtsdenkmal verbundenen Privilegien hatte das Morden und Brandschatzen überlebt.

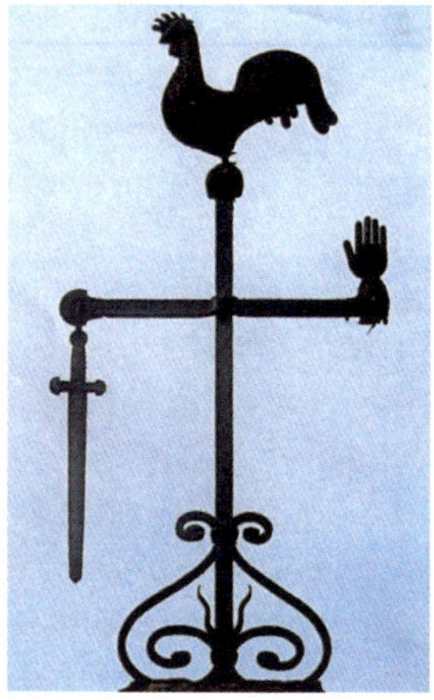
Das Erlenbacher Marktkreuz war Zeichen des Marktfriedens, der unter königlichem Schutz stand (Zeichen des Schwertes). Die Marktzeit begann mit dem Aufstecken einer Fahne oder eines Handschuhs (der eigentlich nach unten hängen müsste).

Für die Erlenbacher ist dieses Kreuz das Symbol der „*berühmten Erlenbacher Freiheit*".[6] Es ist offenbar die wesentliche, die einzige Spur von historischer Glaubwürdigkeit, die in das Mittelalter zurückreicht.
Was aber bedeutet diese Freiheit und wodurch ist sie begründet?
Nach Wolfgang Wann war es Barbarossa, der dem Dorf um das Jahr 1183 die Marktgerechtigkeit verliehen hat. Barbarossas Urheberschaft ist aber nicht nachweisbar und vor dem 19. Jahrhundert auch nirgendwo behauptet worden.

Es gibt aber eine andere Spur. In einer aus dem Jahre 1668 für die Kellerei Klingenberg überlieferte Statistik[11] werden die Städte Klingenberg und Wörth als „frey" aufgeführt, während die Dörfer Röllfeld, Elsenfeld usw. als „leibeigen" ausgewiesen werden. Aber auch das Dorf Erlenbach und der „Flecken" Mönchberg werden als „frey" bezeichnet!

Von Mönchberg ist bekannt, dass der Ort am 18. 1. 1367 von Kaiser Karl IV. Stadtrechte verliehen bekommen hat. Diese wurden allerdings nur ansatzweise realisiert. Die „Freiheit“ ist den Mönchbergern aber erhalten geblieben und wurde von ihnen stets gegenüber den Dorfherren verteidigt. Sie erhielten deshalb den Necknamen „Die Gesetzbücher“.

Das Mittelalter

Die Schlussfolgerung, dass auch Erlenbach eine solche „Minderstadt“ gewesen ist, bietet sich an. Am 23.6.1402 hat König Ruprecht auf Wunsch von Konrad von Bickenbach das *„stedtel Nuwendal under Clingenperg gelegen gefreyet“*. Wolfgang Hartmann (Mömlingen) bezieht diese Stadterhebung auf Erlenbach und hat damit den urkundlichen Nachweis der Erlenbacher Freiheit entdeckt.[12] Der Name Neuental hat sich nicht durchgesetzt; eine richtige Stadt ist aus dem Dorf auch nicht geworden. Aber die „Freiheit“ ist geblieben.

Ergebnis der Spurensuche:

Erlenbach mit seiner (1236 erstmals erwähnten) Kirche auf einem strategisch günstig zu verteidigendem Hügel ist im staufischen Reichsgutkomplex zwischen Gelnhausen, Würzburg und Wimpfen in Verbindung mit dem Burgherrn auf der benachbarten Klingenburg zu sehen, wo der Verkehr zu Wasser und zu Land kontrolliert werden konnte.

Das „uralte“ Marktkreuz erinnert an die Stadterhebung Erlenbachs unter dem Namen „Neuental“ zu Beginn des 15. Jahrhunderts. Obwohl der Ort – vergleichbar mit Mönchberg – nie die Funktionen einer richtigen Stadt erhielt, bzw. ausbauen konnte, blieb die „Freiheit“ erhalten.

Die Wahl des kaiserlichen Doppeladlers als Stadtwappen, das seit der Barockzeit der Schönborn-Erzbischöfe und der Türkenkriege belegt ist, erfolgte wohl im Bewusstsein der einstmals verliehenen Freiheit.

Die im Geist der nationaldeutschen Sehnsucht nach einer Erneuerung des Deutschen Reiches geschriebene Sage aus der Mitte des 19. Jahrhunderts vom Aufenthalt Kaiser Rotbarts in Erlenbach, dessen Rettung durch die Dorfbewohner und deren Belohnung, bringt zum ersten Mal Erlenbach mit Barbarossa in Verbindung.

Die – erfundene! – Sage erzählt in einem Bild von der Sehnsucht der Menschen aller Zeiten nach Recht und Ordnung, lässt etwas ahnen von der tatsächlichen Situation zwischen Gelnhausen und Wimpfen im Hohen Mittelalter und macht dieses Bild fest am ehrwürdigen Denkmal des Marktkreuzes in Erlenbach, das die Erinnerung an die mittelalterliche „Freiheit“ des Ortes manifestiert. Die Wahl des Doppeladlers als Gemeindewappen sollte diese Erinnerung verstärken.

Daraus entstand eine Barbarossa-Tradition, die ganz wesentlich zur Identifikation der Einwohner mit ihrer Gemeinde, bzw. ihrer Stadt beitrug.

Anmerkungen

1. Pfeifer, Valentin, Spessartsagen, Aschaffenburg 1961, 3. Auflage, S. 95, Herrlein, Adalbert von, Die Sagen des Spessarts, Aschaffenburg 1851, S. 249
2. Pfeifer (Anm.1), S. 69
3. Pollnick, Carsten, Aschaffenburger Stadtoberhäupter, Aschaffenburg 1983, S. 40ff
4. Trost, Werner, Karl Heinrich Caspari, Pastor und Poet, in: Zeitschrift „Spessart“ Mai 2011
5. Karl Heinrich Caspari, ein Lebensbild (Gedenkfeier), Sommerhausen 1894, S. 17
6. Wann, Wolfgang, Erlenbach am Main 1958, S. 31ff
7. Schröder, Reinhold, der Erlenbacher Doppelkopfadler, o. J.
8. Trost, Werner, Die Türkenkriege und ihre Auswirkungen am Untermain, in: Zeitschrift „Spessart“ Juli 2008
9. Steiner, J.W.C., Geschichte und Topographie der alten Grafschaft und Cent Ostheim und der Stadt Obernburg, Aschaffenburg 1821, S. 211
10. Braunfels, Ludwig, Die Mainufer ..., Würzburg 1847, S. 322: „Im vierzehnten Jahrhundert war Erlenbach eine Zeitlang ein freies Reichsdorf“
11. StA Würzburg, Mz. Jurisdiktionalbuch. 16, f10f
12. Hartmann, Wolfgang, in: Zeitschrift „Spessart“ 2/2010

Die Wildenburg – Parzivals Gralsburg?

„OWE MVTER": Diese beiden Worte sind an der Ostwand des Herrenhauses auf der Wildenburg im Odenwald eingemeißelt. *„O weh, Mutter"* – ein Klageruf, der mehrfach und höchst unterschiedlich interpretiert worden ist, ohne dass Klarheit darüber besteht, welche Version nun die richtige ist.

„OWE MVTER" Diese in die östliche Wand des Palas auf der Wildenburg eingemeißelte Inschrift ist Anlass für verschiedene Deutungen geworden, welche die Geschichte der Burg „erklären" helfen und einen Bezug zum Parzival-Roman Wolframs von Eschenbach herstellen.

- Ist dieses „Owe" der verzweifelte Ruf eines Kindes, das lebendig eingemauert worden sein soll, als die Burg gebaut worden ist; eines Bauopfers also, weil nach uraltem magischem Ritual ein lebendiges Wesen im Fundament eines Neubaus geopfert werden musste? Nach einer anderen Variante wandelt ein Burgfräulein wehklagend zur Geisterstunde durch die alten Gemäuer. Vor vielen hundert Jahren, so erzählt die Sage, ließ ein Schlossherr seine Tochter bei lebendigem Leibe begraben, weil diese eine nicht standesgemäße Verbindung mit einem Knecht eingegangen ist.

- Oder hat sich der Sohn Ulrichs III. von Dürn mit diesen Worten beklagt, weil sein Vater die Burg Wildenburg und dessen Umland im Jahre 1271 an den Erzbischof von Mainz verkauft hat: „OWE MVTER, warum veräußert ihr unseren Familienstammsitz?"

- Weder mit der Baugeschichte der Burg noch mit der Geschichte der dort lebenden Herrschaften hat der Ausspruch in Wolframs von Eschenbach „Parzival" zu tun. Als seine Mutter zu ihrem jungen Sohn erstmals von Gott spricht, stellt Parzival die Frage: *„Owe muoter, waz ist got?"* Mit dieser kindlichen Frage beginnt er seinen Bildungsweg, der ihn auf Umwegen zum König der Gralsburg werden lässt.

- „OWE MVTER". Wie alt ist diese Inschrift wohl? Stammt sie aus dem Mittelalter? Müsste „Mutter" dann nicht „MVOTER" geschrieben werden? Ist die Inschrift bereits eine Erinnerung an den tatsächlichen oder eingebildeten Aufenthalt Wolframs von Eschenbach, der hier Teile seines Parzivalromans gedichtet oder vorgetragen haben könnte – ein Stück romantische Rückschau also?

Der Umkreis der Fragestellungen, die bei der Beschäftigung mit der Wildenburg auftreten, ist damit deutlich geworden: Es geht um die Entstehung der Burg selbst, um die Geschichte der Burgherren, um Literaturgeschichte, aber auch um Sagen- und Märchenhaftes und Interpretationen, die – zu Recht oder zu Unrecht – verschiedene Deutungen anbieten.
Die spannendste Fragestellung dabei ist gewiss: Ist die Burg Wildenberg die Gralsburg in Wolframs von Eschenbach Parzivalroman?[1]

Die Burg Wildenberg im Odenwald hat einen guten Namen. Insider schwärmen geradezu, wenn sie auf die Burg im Odenwald zu sprechen kommen. Sie gehört zu den Meisterwerken staufischer Burgenarchitektur; sie hatte als „Führungsbau" Vorbildwirkung für die Burgenarchitektur der spätstaufischen Zeit.

Die Burg und ihre Erbauer

Wann wurde die Wildenburg gebaut? Wurde sie in einem Zug errichtet oder lassen sich zwei Bauphasen unterscheiden? Der Gelehrtenstreit um die Datierungsfrage wurde heftig, teilweise auch gehässig, geführt, hing doch die Antwort darauf eng mit der Frage zusammen, ob Wolfram auf der Wildenburg geweilt haben könnte. War die Burg überhaupt schon fertig, als der Dichter um 1200 an seinem „Parzival“ gearbeitet hat? Folgende Feststellungen werden heute weitgehend akzeptiert:

- Die Burg wurde unter Rupert von Dürn gebaut.

Rupert oder Ruprecht, der in der Zeit von 1171–1197 nachweisbar ist, taucht in 150 Kaiserurkunden auf. Er muss also zum engeren Vertrautenkreis Barbarossas und seines Sohnes Heinrich VI. gehört haben.

Walter Hotz, Kunsthistoriker und vielleicht der beste Kenner der Burggeschichte, folgert, dass Ruprecht, nachdem er 1168 zum (neuen) Vogt des Klosters Amorbach bestimmt worden war, noch im selben Jahr den Baugrund vorbereiten ließ; spätestens 1180 sei die Burg schließlich fertiggestellt gewesen – etwa in derselben Zeit, in der auch die Clingenburg oder die Burg auf dem Breuberg gebaut worden sind.

- Es gab eine zweite Bauphase unter Konrad von Dürn.

Auch diese Behauptung ist nicht ganz unumstritten, scheint aber große Glaubwürdigkeit zu besitzen. Demnach hat Konrad, der Enkel Ruperts, auf dem Höhepunkt der Familiengeschichte der Dürn, in der Zeit zwischen 1220–40 die Wildenburg zu einer Wohn- und Vorzeigeburg ausgebaut. Konrad, der wie sein Großvater im Gefolge der Stauferkaiser genannt worden ist, ließ den Palas auf der Wildenburg mit Quadermauern (statt Fachwerk) aufstocken und mit frühgotischen Stilformen ausgestalten.

Wenn Wolfram von Eschenbach um 1200 im Odenwald gewesen ist, hätte er, wenn die beschriebene

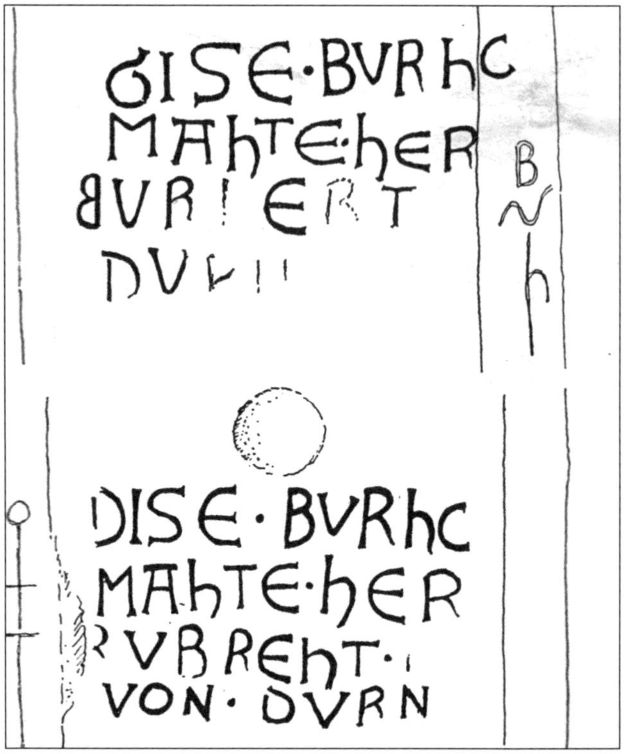

Diese Inschriften im Torturm benennen die Bauherren der Wildenburg. Während „Burhert“ nicht identifiziert werden konnte (vertrat er den Burgherrn während dessen Abwesenheit?), ist „Rubreht von Durn“ urkundlich für die Zeit von 1171–97 belegt. Solche Bauinschriften in Burgen sind eine Seltenheit. Falls sie echt sind – einige Autoren stellen dies in Zweifel – gehören die Wildenburgtexte zu den ältesten in deutscher Sprache. Graf Franz von Erbach hatte den Stein 1821 ausbrechen und in seine „Kunstruine“ im Eulbacher Park einmauern lassen; 1937 wurde er wieder an seinem ursprünglichen Standort angebracht.

Datierung stimmt, zwar (noch) nicht diesen prachtvollen Festsaal bestaunen können. Er hätte aber eine fertiggestellte, bewohnte und vorzeigbare Burg vorgefunden: Sein Aufenthalt auf der Wildenburg ist also – von der Baugeschichte aus betrachtet – durchaus möglich.

Mit dem Ende der Stauferzeit in der Mitte des 13. Jahrhunderts geht auch für die vom Kaiser geförderten Herrschaften die Blütezeit zu Ende. Konrad, der 1253 Amorbach zur Stadt erheben konnte, starb 1258;

Die frühgotische Dreifenstergruppe schmückte das Obergeschoss des Palas auf der Wildenburg.

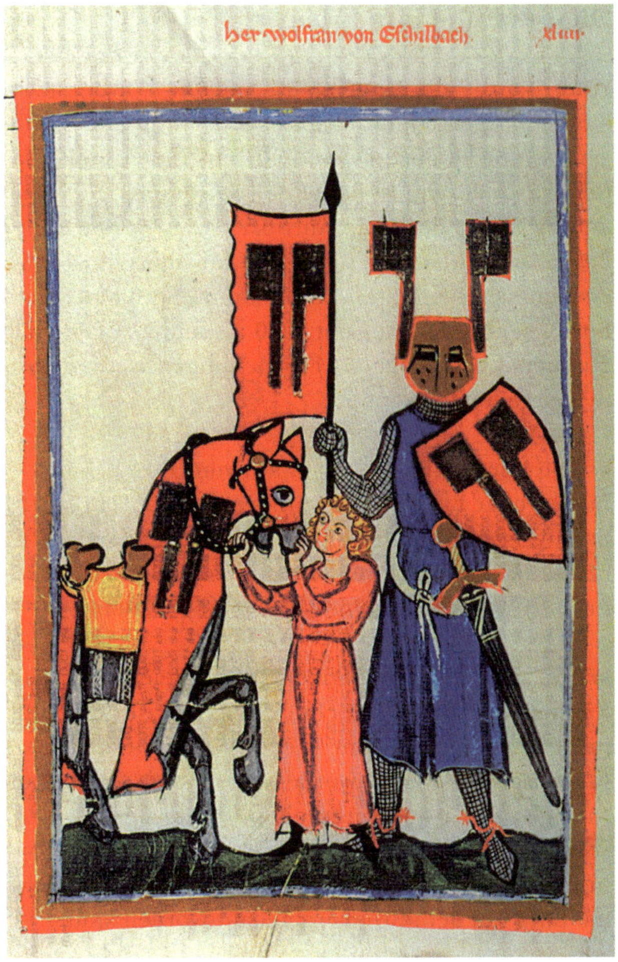

In der berühmten Manessischen Handschrift, die etwa 80 Jahre nach Wolframs Tod (um 1220) entstand, ist der Dichter dargestellt: Als Ritter von Kopf bis Fuß. Die Insignien des Ritterstandes, die damals schon mehr soziale und repräsentative als militärische Bedeutung hatten, sind absichtlich und überdeutlich herausgestellt: Der Eisenhelm, das Kettenhemd, der Waffenrock, das Schwert und das Schild. Das Wappen – silberne Doppelbeile auf rotem Grund, taucht gleich viermal auf.

in der nachfolgenden Generation wird die Wildenburg verkauft (1271). Der große Gewinner im „Kampf aller gegen alle“ in der „kaiserlosen schrecklichen Zeit“ ist das Erzbistum Mainz. Die Wildenburg wird mainzischer Amtssitz.

Wolframs Parzival

Wolfram, der nach 1170 in Ober-Eschenbach (südlich von Ansbach, das seit 1917 Wolframseschenbach heißt) geboren wurde, ist – neben Hartmann von Aue, Gottfried von Strassburg und Walther von der Vogelweide – einer der bedeutendsten Autoren des deutschen Mittelalters.

Wolfram kokettiert geradezu damit, dass er keine Klosterschule besucht hat. Auch ohne lateinische Bildung und Leitung durch die Kirche kann man Gutes leisten! Das scheint er beweisen zu wollen. „Ungebildet bin ich aber deshalb noch lange nicht“, verkündigt er seinem Publikum – und beweist es mit Wissensstoff aus verschiedensten Bereichen und Quellen.

Buchgelehrter – wie Hartmann von Aue, der seine Bildung zur Schau stellte – wollte Wolfram gar nicht sein. „Ein Ritter bin ich“, *„schildes ambet ist min art“*, ist sein stolzes Bekenntnis. Er war wohl Knappe und dann „Berufssoldat zu Pferd“, er war verheiratet und er war ein armer Teufel, der die Lehen verschiedener Herrschaften verwaltete, die des Bischofs von Eichstätt und des Grafen von Wertheim.

Als Dichter war er auf die Gunst einflussreicher Herren angewiesen. 1204 muss er am Hof Hermanns von Thüringen auf der Wartburg geweilt haben; das beweist eine der wenigen erhaltenen Quellen zu seiner Biografie. Er könnte theoretisch in den Jahren 1200–1203 hier im Odenwald Passagen seines "Parzival" gedichtet oder vorgetragen haben.

Der Parzival-Roman[2]

Am Anfang des Versromans steht der Vergleich des Menschen mit einer Elster. So wie der Vogel schwarz und weiß gescheckt ist, hat der Mensch Anteil am Himmel wie an der Hölle, schwankt er zwischen Hoffnung und Zweifel.
Die beiden entgegengesetzten Pole lassen sich aber auch anders definieren: Mann und Frau, Ritterdienst und Gralsverehrung, Heidentum und Christentum, Morgenland und Abendland.

Auch Parzival ist demnach eine „Elster", vorgeprägt von Geburt an. Sein Vater ist Gahmuret, dessen erste Frau ist die orientalische Königin Belakane (ihr Sohn ist Feirefiz), seine zweite, Herzeloyde, ist Parzivals Mutter. Kommt der Vater aus der Welt der Artusritter, vertritt die Mutter die Welt des Grals und der Religion.
Wie wird sich Parzival entscheiden?
Herzeloyde will ihrem Sohn das Schicksal des Vaters ersparen, der im Kampf früh sein Leben lassen musste. Sie zieht sich in die Waldeinsamkeit zurück, kann aber auf Dauer nicht verhindern, dass der junge Parzival die Frage nach Gott stellt: *„Owe muoter, waz ist got?"* und von der Begegnung mit drei Rittern fasziniert wird, die er für Götter hält. Der Junge verlässt seine Mutter, die ihn in ein Narrenkleid steckt, um ihn vor der bösen Welt zu bewahren; sie stirbt, als ihr Sohn davon reitet.

Parzival erfährt von seiner Cousine Herkunft und Namen – „Parzival" heißt „Durch-das-Tal" oder „Springinsfeld". Er bewährt sich als Ritter und wird in Artus` Tafelrunde aufgenommen. Er wird von seinem Onkel zu höfischer Lebensart erzogen, gelangt zur Gralsburg, auf der Gralskönig Anfortas an einer geheimnisvollen Wunde dahinsiecht. Da er es unterlässt, die Frage zu stellen, die Anfortas hätte erlösen können, wird er verflucht und aus der Artusrunde ausgestoßen.

Parzival ist jetzt an einem Tiefpunkt angelangt; er klagt Gott an und kündigt ihm seinen Dienst auf.
„... Ach, was ist Gott?
Wenn er so allmächtig wäre,
Seine Macht auch offenbarte,
hätt` Er uns die Schmach erspart.
Seit ich von Seiner Gnade weiß,
bin ich Ihm im Dienst ergeben –
Ich künde Ihm den Dienst nun auf!
Hasst er mich, so nehm ich's hin." (Pz. 657)

Jetzt aber beginnt Parzivals Wandlung. Der Einsiedler Trevrizent macht ihm deutlich, dass Gott nicht mit den Maßstäben eines königlichen Lehensherrn gemessen werden darf. Diese Erkenntnis macht ihn reif zur (Wieder)-Aufnahme in die Artusrunde, wo sein Halbbruder, der Heide und Orientale Feirefiz, als Vorbild ritterlicher Lebensart ebenfalls Mitglied wird.

Schließlich wird Parzifal zum Gralskönig berufen. „Gott ist ein Mysterium", kommentiert Trevrizent, er lässt sich nicht im Kampf erobern, nur in Demut vermag man sich ihm zu nähern.
Mit diesem Aufruf zur Demut in der Gottsuche und zur Toleranz gegenüber der islamischen „Heidenwelt" geht der Roman zu Ende, an dem der Gedanke der Einleitung noch einmal aufgenommen wird. Im Idealfall gelingt es dem Menschen, der „werlde hulde" zu erringen, ohne dabei Gott zu verlassen.

„Wenn man sein Leben so beschließt,
dass die Seele nicht schuldig wird
und Gott entrissen werden kann,
und wenn man sich die Gunst der Welt
erhält, und dabei würdig bleibt,
so hat die Mühe sich gelohnt".

Die Wildenburg – Parzivals Gralsburg?

Wolframs Biografie macht deutlich: der Dichter könnte in der Zeit von 1200–1203 im Odenwaldraum gewesen sein; in diesen Jahren muss der Eschenbacher an seinem „Parzival“ gearbeitet haben.

Die Burggeschichte macht deutlich: Um 1200 war die Wildenburg längst fertiggestellt. Man kann sich in den aufwändig gestalteten Räumen und auf dem ungewöhnlich großen Burghof höfische Festivitäten und Ritterturniere gut vorstellen.
Welche Argumente sprechen nun für die Gleichsetzung Wildenburg = Parzivals Gralsburg?

Wolfram und die Grafen von Wertheim.

Die Beziehungen Wolframs von Eschenbach zum Odenwald-Spessart-Raum haben eine ganz konkrete und beweisbare Grundlage. Der Dichter war Lehensmann der Grafen von Wertheim. *„Min Herre, der grave von Wertheim“*, heißt es ausdrücklich im Parzival (184.4).

In Frage kommen zwei Wertheimer Grafen gleichen Namens. Poppo I. (†1212), der im Gefolge der Stauferkaiser und an der Seite der Herren von Dürn auftrat und Kontakte zu Förderern der Literatur hatte: Zu Hermann von Thüringen, zu Bischof Wolfger von Passau, in dessen Umkreis der Dichter des Nibelungenliedes zu suchen ist, zu Philipp von Flandern, den Gönner Chrestiens, des Autors des französischen Gralsromans. Außerdem war er selbst mit einer Tochter des Minnesängers und Burggrafen von Regensburg verheiratet.

Oder war es Poppo II (†1238), der wie sein Vater im Gefolge Barbarossas und Heinrichs VI. auftrat und am Kreuzzug teilnahm? Von ihm ist eine Schenkung an die neu gegründete Deutschordensniederlassung in Eschenbach überliefert. Viele sehen in ihm Wolframs Gönner.

Bei so viel Anhaltspunkten lässt sich gut spekulieren. So also könnte es gewesen sein: Philipp von Flandern übergibt nach dem Tod Chrestiens dessen unvollendet gebliebenes Gralsepos an Ruprecht von Dürn; Poppo beurlaubt seinen Lehensmann Wolfram, der bereits Proben seines literarischen Könnens gegeben hat und Ruprecht (oder sein Sohn Ulrich) verschafft dem Dichter auf seiner Burg Wildenberg nicht allein die notwendige Unabhängigkeit und Ruhe zur Arbeit, sondern auch sprach- und schriftkundige Helfer bei der Übertragung aus dem Französischen.[3]

Der Herr auf der Wildenburg oder der Graf von Wertheim lädt dann Verwandte und Freunde ein, und Wolfram rezitiert aus seinem Artusroman, an dem er gerade arbeitet und macht dabei diverse Anspielungen auf Personen und Örtlichkeiten, die gebührende Resonanz finden.[4]

Munsalvaesche

Ist der Name der Gralsburg bereits eine solche Anspielung?
Im „Parzival“ heißt die Burg „Munsalvaesche“; bei seinen Vorlagen kommt der Name nicht vor; er ist also eine eigene Zutat des Eschenbachers. Wolfram schreibt (bzw. diktiert) praktisch französische Lautschrift. Sein Halbbruder heißt „Feirefiz“; der zweite Teil des Namens ist „fils“, dh. „Sohn“, die Gralsburg nennt er „Munsalvaesche“.

Die übliche Übersetzung ist *„Mont salvage“* (lateinisch mons salvationis), das heißt Berg des Heils.
Karl Bartsch übersetzte dagegen 1875 erstmals mit *„Mont sauvage“*, das heißt „Wilder Berg“ (lateinisch mons silvaticus). Dies könnte ein Hinweis auf die Wildenburg, die Burg „mitten im Wald“, sein.

Albert Schreiber, Präsident der Fürstlich-Leiningenschen Generalverwaltung, identifizierte schließlich 1922 die Wildenburg als Wolframs Gastburg und Vorbild für Parzivals Gralsburg.[5]

In der Folgezeit wurde diese These zur „Glaubenslehre“, die den Intentionen des „Dritten Reiches“ entgegen kam. Dr. Hellmuth, Gauleiter von Mainfranken, war zugleich Präsident des 1936 gegründeten „Wolfram-von-Eschenbach-Bundes“, sorgte für Erhaltungsmaßnahmen auf der Burg, die zur „Weihestätte des deutschen Geistes“ erklärt wurde. Auch Hitler half mit einer Spende.

Nach dem Ende des Zweiten Weltkrieges war es zunächst ruhig um die Wildenberg-Theorie, die jedoch in vielen Publikationen als glaubwürdig akzeptiert wurde.
Günther Ebersold schließlich setzte sich 1988 kritisch mit Schreibers Abhandlung (die 1975 eine Neuauflage erfuhr) auseinander, stellte zu Recht allzu schnelle Schlussfolgerungen in Frage und zog – teilweise mit Bissigkeit und Häme – gegen Blut-und Boden-Ideologie und Heimattümelei in Sachen Wildenburg zu Felde.[6]

Welche Kriterien spielen im Streit der Meinungen eine Rolle?

Die Beschreibung der Gralsburg

Vielleicht hilft die Beschreibung der Gralsburg weiter?
Parzival erreichte (im Kapitel 226) den Graben um die mitten im Wald gelegene Burg, die nun in ihrer ganzen Größe und Schönheit vor ihm lag. Wie kunstvoll gedrechselt kam sie ihm vor und zugleich wie eine uneinnehmbare Festung mit ihren vielen Türmen und Palästen!
Als der Knappe die Zugbrücke herunter gelassen hatte, ritt Parzival in die Burg hinein auf einen weiträumigen Hof, der keinerlei Spuren von Kampfspielen zeigte, denn die Wiese war überall grün und unversehrt.

Deuten Lage und Beschreibung nicht genau auf die Wildenburg hin? In der Tat passt vieles zusammen; wo sonst gibt es beispielweise einen so ungewöhnlich großen Hof?

Die Burg Wildenberg um 1200: Rekonstruktionsversuch nach Walter Hotz mit Schildmauer und Bergfried(vorne), Wohnbereich und Torturm und Palas (hinten).

Vor vorschnellen Schlüssen ist aber zu warnen, stecken in der Beschreibung doch eine ganze Reihe von Motiven (Topoi), die oft stereotyp verwendet wurden und auf viele Burgen anwendbar sind[7]:

- Die Lage mitten in einem unzugänglichen Wald: das passt für die Wildenburg, ist aber auch ein oft gehörtes Märchenmotiv.

- Die Mehrzahl von Türmen und Palästen und der geräumige Burghof eignen sich als (leicht übertreibende) Huldigung an die Wildenburg; diese Motive mussten aber immer herhalten, wenn die Burg eines Helden beschrieben wurde. Brünhildes Burg auf Island verfügte über 86 Türme und drei Paläste.

- Der auffallend große Hof mit dem nicht zertretenen Gras kann man sich gut auf der Burg im Odenwald vorstellen (bevor in der Mitte des 15. Jahrhunderts die jetzige Trennmauer errichtet worden ist). Das Bild von der Weite und Unversehrtheit des (immer-)grünen Grases lässt aber auch an Paradiesbeschreibungen des Mittelalters denken.

„Hier zu Wildenberg"

Parzival wurde schließlich in den Festsaal geleitet, „wo hundert Kronleuchter mit vielen Kerzen hingen, während ringsum an den Wänden kleinere Kerzenhalter befestigt waren. Im Saal sah er hundert Ruhelager, von den Bediensteten sorgfältig gerichtet und mit Steppdecken gepolstert; dazwischen lagen runde Teppiche ... und noch etwas gab es dort, was den Bewohnern nicht zu kostbar war: Im Saal standen drei viereckige Marmorkamine, auf deren Rost Aloeholz brannte. Solch gewaltige Feuerbrände, noch dazu von so kostbarem Holz genährt, hat man selbst hier in Wildenberg nie gesehen".[8]

Eins dinges man da niht vergaz:
Sine hete niht beturet,
mit marmel was gemuret
dri vierecke viurrame:
dar uffe was des viures name,
holz hiez lign aloe.
So groziu viur sit noch e
Sach niemen ***hie zu Wildenberc****.(Pz. 229/230)*

Bei der Darstellung der feierlichen Gesellschaft betont Wolfram gerade das, was den meisten Burgen mit ihren düsteren, kalten Räumen fehlte, nämlich Licht, Farbe und Wärme.[9] Auch orientalische Kostbarkeiten, die während der Kreuzzugszeit nach Europa kamen, werden hervorgehoben: Steppdecke, Teppiche und Aloe.
Am auffälligsten aber ist das große Feuer, das nicht nur Licht und Wärme spendet, sondern auch dekorative, repräsentative Bedeutung hat.

Der Hinweis auf die Wildenburg ist überdeutlich: *„hie ze Wildenberc"* – und ein übergroßer Kamin ist im Palas dieser Burg heute noch zu bestaunen. *„Man vermutet, dass der Dichter sich damit auf die Durnesche Burg Wildenberg bei Amorbach bezog. Dort gehörte der Kamin mit einer Breite von 3,50 m zu den eindrucksvollsten Überresten. Die Verse könnten ein Kompliment an seinen Gastgeber sein"*, argumentiert

Der überdimensionale Kamin mit einer Grundfläche von über 10 m² ist „Mitttelpunkt" des Palas auf der Wildenburg. Heiztechnisch ist er eine Fehlkonstruktion, da die aufsteigende Hitze heftige Zugluft verursacht haben musste. Der Kamin hatte wesentlich dekorative, repräsentative Bedeutung.

der Literaturwissenschaftler Joachim Bumke, der mit diesem Resümee eine weitverbreitete Ansicht wiedergibt.
Für den Parzival-Übersetzer Dieter Kühn gibt es überhaupt *„keinen Zweifel, dass Wolfram hier aus seinem Versroman vorgetragen hat. Sonst hätte er geschrieben oder diktiert: ‚dort in Wildenberg' oder ‚in jenem Wildenberg'".*[10]

„Hie zu Wildenberc" ist also das gewichtigste Argument für die Gleichsetzung Wildenberg = Gralsburg.

Trotzdem gibt es Fragen und berechtigte Einwände.

- Auch das große Feuer ist ein weitverbreiteter literarischer Topos, der schon in der französischen Vorlage steht!
- Wolfram spricht nicht von einem auffällig großen Kamin, sondern von drei Feuerstellen, die nicht an der Wand, sondern in der Mitte des Saales standen.
- Diese drei „Feuerrahmen" im „Parzival" sind nicht aus Sandstein, sondern aus Marmor.

Der Dichter malte also mit Worten die unvergleichliche und märchenhafte Gralsburg. Wenn er die konkrete Burg „Wildenberc" mit dem Ideal verglichen hätte, wäre dies gewiss auch als Kompliment an Burg und Burgherrn zu verstehen: „ Das Feuer dort in der Gralsburg, duftend von edlen Hölzern, war derart riesig, größer sogar als das Kaminfeuer hier auf der Wildenburg".

Die Umgebung der Wildenburg

Wenn Wolfram tatsächlich auf der Wildenburg lebte und schrieb, bieten sich weitere Bezüge zu Örtlichkeiten im Umfeld an, zumal im „Parzival" der Spessart (dreimal), Wertheim und Urphar genannt werden.

An verschiedenen wichtigen Zäsuren seine Lebensweges trifft Parzival auf seine Cousine Sigune. Als er sie auf seinem Weg zum Einsiedler Trevrizent aufsuchte, *„entdeckte er eine Klause, neu erbaut; ein munterer Bach lief durch sie hindurch, denn sie war über ihm erbaut"* (Pz. 435).

Dies könnte ein Hinweis auf das uralte Quellheiligtum Amorsbrunn, der historischen Keimzelle des Klosters Amorbach, sein. Der Vorgängerbau der bestehenden gotischen Kapelle könnte um 1200 gebaut worden sein; der *„snelle brunnen"* entspringt heute noch in ihrem Innern![11] Freilich muss man bedenken, dass früher recht häufig Kapellen über Quellen errichtet worden sind; im Odenwald gibt es heute noch weitere Beispiele. (z. B. Schöllenbach, Hesselbach, Neunkirchen).

Parzival begegnet – ohne dies zu wissen – dem Gralskönig Anfortas zum ersten Mal an einem See inmitten der Waldwildnis. Später erfährt er, dass sich Anfortas oft an diesem See „Brumbane" aufhält: *"Man trägt ihn her, weil er aus seinem Wundloch stinkt"*. In der Nähe halten Tempelritter Wache auf Warten und bekämpfen jeden Eindringling.

Gotthilde Güterbock, die Tochter Albert Schreibers, identifizierte diesen See mit dem Waldsee bei Breitenbuch, der Dürnscher Besitz gewesen ist und als Fischwasser genutzt worden ist. In seiner unmittelbaren Nähe verlief auf der Trasse des ehemaligen römischen Limes die kurmainzische Landwehr, deren eindrucksvolle Reste heute noch zu sehen sind.

Der Waldsee bei Breitenbuch: Vorbild für den See Brumbane in Wolframs „Parzival"?

Wo liegt „Wildenberc"?

Geht man von der Annahme aus, Wolfram lebte und schrieb auf der Wildenburg bei Amorbach, ist es nicht schwer, weitere Bestätigungen für diese These zu finden: Amorsbrunn als Sigunes Klause, der See Brumbane und die Grenzwarten bei Breitenbuch („Brumbane“ und „Brääbuch“: sind die Namen nicht auch ähnlich?). Klausner und Klausnerinnen, bzw. Mönche und Nonnen darf keine „Amurschaft“ verbinden: Ist das nicht eine Spitze gegen das Doppelkloster in Amorbach (bzw. auf dem Gotthard)?

Diese zusätzlichen Anspielungen runden das gewonnene Bild ab – sie täuschen aber auch darüber hinweg, dass Wolframs Aufenthalt auf der Wildenburg nur eine Hypothese ist.

„Hie zu Wildenberc“ kann sich, darauf hat Ebersold eindringlich hingewiesen, auch auf andere Burgen beziehen; z. B. auf Wildenberg (heute Wehlenberg) in der Nähe von Wolframs Geburtsort Eschenbach, auf die auch andere Lokalanspielungen im „Parzival“ hindeuten. „Wildenberge“ gibt es viele![12]

Es gibt nicht nur andere „Wildenberge“, die durchaus mit der Burg im Odenwald in Wettstreit treten könnten, Vorbild für die Gralsburg zu sein. Solche Vorbilder gibt es überhaupt viele – und viele mit guten Gründen!

- Die Sage vom westgotischen König Roderich, der im Kampf gegen die Heiden gefallen ist, der aber mit seiner Verletzung auf einer spanischen Burg weiterlebte (sein Leichnam wurde nie gefunden), lässt an Anfortas denken, den Gralskönig, der an einer schlimmen Wunde litt.

- Parzival stammt aus Wales und der Welt der Kelten. Steht das Vorbild der Gralsburg auf der englischen Insel? Ist der Gral ein magischer Kessel und ein Symbol der Wiedergeburt und des ewigen Lebens, wie er in der keltischen Mythologie des öfteren erwähnt wird?

- An Kreuzfahrerburgen ist zu denken und an Jerusalem selbst. Auf der Gralsburg dienen „templeisen“. Sind dies „Templer“ oder Ritter vom Deutschen Orden? Kreuzzugerfahrungen bilden ja doch den Hintergrund der Parzivalgeschichte!

- Die Gralsburg ist eine Phantom- oder Märchenburg, die im Niemandsland zu suchen ist. Sigune erläutert dies ihrem Cousin ganz deutlich, indem sie die Burg beschreibt.

„Die ist das Schönste auf der Welt.
Wer die bewusst, mit Absicht sucht,
der wird sie leider niemals finden“ (250)

Der „Parzival“ ist bei aller Prallheit der Wirklichkeitsschilderung der Roman der Gottsuche. Die Gralsburg gibt es nicht auf Erden, auch nicht im Odenwald.

Dennoch: Wenn Wolfram diese Himmelsburg beschreibt, mögen eigene Erfahrungen und Kenntnisse eingeflossen sein. So wie der Dichter des Nibelungenliedes (in derselben Zeit, in der Wolfram seinen „Parzival“ schrieb) an eine bestimmte Quelle dachte, als er den Mord an Siegfried beschrieb, oder so, wie Thomas Mann das „Hotel Berghof“ in Davos als Folie benutzte, um es in den „Zauberberg“ zu verwandeln, so mag Wolfram von Eschenbach die Wildenburg vor Augen gehabt haben, die er ergänzt und überhöht hat zur Gralsburg.

Dass Wolfram auf der Wildenburg war, ist zwar nicht exakt zu belegen, die Behauptung hat aber einen sehr hohen Anspruch auf Gültigkeit.

Kapitell aus dem Palas der Wildenburg

Anmerkungen

1. Antonow, Alexander, Burgen im Mainviereck, Frankfurt 1987, S. 111
   Walter Hotz in diversen Publikationen
   - Burg Wildenberg im Odenwald, Amorbach 1963
   - Burg Wildenberg, in: „Führer zu vor- und frühgeschichtlichen Denkmälern" (Miltenberg, Amorbach ...) Mainz 1967
   - Wildenburg, Entstehung und Gestalt einer staufischen Burg, Amorbach 1972
   - Amorbacher Cicerone, S. 126ff, Amorbach 1976
   - Burgen der Hohenstauferzeit im Odenwaldraum, in: Beiträge zur Erforschung des Odenwaldes und seiner Randlandschaften II., Breuberg, Neustadt 1977
2. Kühn, Dieter, Der Parzival des Wolfram von Eschenbach, Frankfurt 1986 (Neue Übersetzung, ausführlicher Kommentar)
3. Güterbock, Gotthilde, Wolfram von Eschenbach, Wertheim und Wildenburg, in: Zeitschrift „Der Odenwald", Sonderheft 2, 1979, S. 8
4. Kühn, Anm. 2, S. 170
5. Schreiber, Albert, Neue Bausteine zu einer Lebensgeschichte Wolframs von Eschenbach, Frankfurt 1922
6. Ebersold, Günther, Wildenberg und Munsalvaesche, Frankfurt 1988
7. Ebersold (Anm. 6), S. 28ff
8. Parzival 229/230 nach der Übersetzung von Kühn (Anm. 2)
9. Bumke, Joachim, Höfische Kultur, Literatur und Gesellschaft im hohen Mittelalter, München (dtv) 1986, S. 153
10. Kühn (Anm. 2), S. 164
11. Güterbock (Anm. 3), S. 10
12. Ebersold (Anm. 6), S. 15f

Das eiserne Pferd – Die Gründung des Klosters Himmelthal

Kloster Himmelthal – Zustand im 18. Jahrhundert (Ausschnitt aus dem Deckenfresko der Barockkirche)
Im Vordergrund ist die Mühle zu sehen, die bereits vor der Klostergründung existierte und nach der Aufhebung des Klosters im Wirtschaftsbetrieb der Jesuiten fortbestand. Die ehemalige Klosterkirche hatte – zisterziensischem Brauch folgend – keinen Turm, sondern lediglich einen Dachreiter. Auch die barocke Kirche aus der Mitte des 18. Jahrhunderts führt diese Tradition fort.

Nach einer 1232 in Lauda ausgestellten Urkunde stifteten Graf Ludwig II. von Rieneck und seine Gemahlin Adelheid aus dem Hause Henneberg ihr Gut „Wolperch" im Elsavatal, damit dort ein Frauenkloster des Zisterzienserordens errichtet werde. Die Sage vom „Eisernen Pferd" nimmt darauf Bezug.

Als Graf Ludwig von Rieneck mit seiner Gemahlin Adelheid bald nach der Vermählung das Schloss Wildenstein bezog, fand er dort einen schlimmen Nachbarn vor. Dieser hauste auf dem Turm im Krausenbacher Tale, dessen Trümmer jetzt noch in der Nähe des zum Teil aus seinen Steinen erbauten Jägerhauses sichtbar sind und war, wie es damals gar oft der Fall gewesen sein soll, mehr ein gemeiner Räuber als ein wegen seiner adeligen Tugenden gepriesener Ritter. Da er auch in der Gewohnheit hatte, mitunter das Rieneckische Gebiet heimzusuchen, legte ihm der Graf zwar bald das Handwerk, hatte sich aber dadurch auch einen unversöhnlichen und verzweifelten Feind in dem Menschen gemacht. Immer aufs neue Feindseligkeiten übend und jedes Mal, wenn's zum offenen Kampfe kam, niedergeworfen, wollte er doch von keiner Aussöhnung hören, wie oft auch der großmütige Rienecker die Hand dazu bot, bis endlich dieser, um der Sache ein Ende zu machen, das Räubernest nahm und niederbrannte, die Spießgesellen des Wegelagerers an die nächsten Eichbäume aufknüpfte und ihn selber gefangen nach Wildenstein schleppte.
Nach einem Jahr entließ er ihn der Haft und mit einigen guten Lehren und Warnungen.
Dieser aber war kaum bei den Trümmern seines Turms angekommen, als er einen furchtbaren Eidschwur tat, nicht abzulassen, als bis er an dem Grafen, seinem Todfeind, und an dessen ganzem Geschlecht eine furchtbare Rache genommen hätte.

Da er aus Erfahrung wusste, dass er der Mann nicht sei, um dem Rienecker mit Stahl und Eisen beizukommen, machte er einen Bund mit dem Teufel, baute sich oben an der Rieneckischen Grenze zwischen Heimbuchenthal und Hobbach einen festen Turm, nannte ihn drohend den „Höllenturm" und das seitwärts von dem Turm in den Wald sich ziehende enge, düstre Tal das „Höllental"; und hatte nichts dawider, dass allmählich die Leute ihn den Höllenhans zu nennen anfingen. Der Turm steht heut noch, und das Tal heißt auch noch das Höllental.

Als der Rienecker davon hörte, wollte er ihm zeigen, dass er weder von seiner Nähe, noch von seinen Künsten sich irgend welchen Unglücks versähe, und baute zwei Wegstunden weiter unten im Tal an der Elsava sich einen Lustort, den er dem „Höllenhans" und seinem Höllental zum Trutz „Wohlberg" nannte. Dort wohnte er oft mit seinem Weibe und seinen drei Söhnen, lud seine Freunde und seine Vasallen dorthin zu fröhlichen Festen, ließ keinen Fremden und keinen Armen vorbeigehen, ohne dass er einen ganzen Tag vollauf mit Speise und Trank ihn bewirtet hätte; und Freude war in der ganzen Gegend, wenn die Zeit kam, da der Rienecker vom Schloss nach Wohlberg zu ziehen pflegte.

Der Höllenhans hielt sich eine Weile still und ruhig in seinem Turm und verschwand dann, niemand wusste, wohin.

– Nach etlichen Jahren aber war er mit einem Male wieder da, brachte viel reiche Schätze und ziemliche Mannschaft mit und bezog seinen Turm wieder. Der Rienecker meinte, nun werde der alte Tanz wieder angehen; aber siehe da, der Höllenhans tat freundlich, lud ihn zu sich ein; und als der Rienecker ihn besuchte, ließ er ihn seine Pferde sehen, die er, wie er sagte, aus dem Morgenlande mitgebracht hatte. Darunter war nun ein Grauschimmel besonders ausgezeichnet, den man wegen seiner Farbe und seiner Haare, die sich wie Eisen anfühlten, das „eiserne Pferd" nannte. Da der Rienecker ein besonderes Wohlgefallen daran äußerte, bot er's ihm als Zeichen der Versöhnung zum Geschenk; und dieser nahm es dankbar und hocherfreut mit sich auf Wildenstein. Dies Pferd aber war durch schwarze Teufelskünste so abgerichtet, dass es jedem, der es bestieg, zuletzt den Tod bringen musste.

Des Rieneckers ältester Sohn ritt es zuerst. Als er aber einst in den Streit zog, stürmte es mit ihm mitten unter das feindliche Volk, ließ sich nicht aufhalten und umwenden, bis er erschlagen war, dann rannte es unversehrt wieder zurück zu dem Rieneckischen Haufen. Der Graf und sein Weib grämten sich sehr um ihren Sohn, trösteten sich aber damit, dass ihr Erstgeborener doch einen rechten Heldentod gestorben.

– Darauf ritt es der Zweite. Dieser wollte auf der Jagd über den Wolfsgraben setzten, das Pferd aber stürzte und der Sohn ward tot heimgetragen.

Als der jüngste heranwuchs und der Graf und seine Gemahlin schon hoch in die Jahre gekommen waren, ward ihr Sohn in das kaiserliche Heerlager entboten und ritt aus mit seinem Volk von Wildenstein um die Adventszeit. Sein Vater und seine Mutter sahen ihn mit seinem Gefolge abziehen; er aber ritt das eiserne Pferd und trug die Rieneckische Fahne. Als er nun über die Brücke geritten, ward jenseits auf der Höhe des Berges der Höllenhans sichtbar und winkte wie zum Abschied. Kaum ersieht ihn das Pferd, fängt es gräulich an zu schnauben, bäumt sich hoch empor und schüttelt sich, dass es klirrt, als wenn seine Haare wirklich von Eisen wären, schleudert mit einem gewaltigen Ruck den jungen Grafen hinab in den Schlossgraben, dass er das Genick bricht und augenblicks verscheidet. Darauf wendet sich das Pferd mit höllischem Gewieher, wie hohnlachend, rechts hinüber, wo der Höllenhans stand. Wie sie ihm nachsehen, rennt es gerade durch den Hochwald hinab, und die Bäume brachen und taten sich knackend vor ihm auseinander, als wenn sie Rohrstengel wären. Nach einer Weile ist es über den Höllengrund hinüber auf dem Berge bei dem Höllenhans, der es streichelnd in Empfang nimmt und mit sich davonführt.

Reitersiegel Ludwigs II. von Rieneck (1233)

Nun wussten der Rienecker und seine Gemahlin, warum ihre Söhne so elend ums Leben gekommen, und dass sie's der Bosheit und den Teufelskünsten des Höllenhans zu verdanken hatten, und ihr Jammer war über die Maßen. Der Gräfin aber ging's am tiefsten zu Herzen, und einstmals sagte sie zu ihrem Gemahl: „Wir haben nicht gut daran getan, als wir in irdischem Wohlleben der Hölle und ihrer Gewalt spotten wollten. Das Wohl wird Wehe, das nicht vom Himmel stammt.

Das Lusthaus, das wir dem Höllenritter zum Trutz unten im Tale gebaut haben, lass uns zum Kloster umwandeln und statt „Wohlberg" hinfort „Himmelthal" heißen. Dort mögen Dienerinnen Gottes und wir selbst für uns und der Unserigen Heil beten, sowohl derer, die nun tot sind als derer, die noch leben, und wenn wir in solchem Himmelthal uns geborgen haben, so acht' ich, wird vom Höllental kein Verderben mehr an uns reichen".
So bauten sie denn das Kloster und beschlossen selber ihre Tage daselbst in Buße und Tränen und wurden endlich, als sie selig gestorben, in der Klosterkirche begraben. Heute noch ist ihr Grabstein daselbst zu sehen, auf dem sie in Stein ausgehauen sind in Lebensgröße, und ernst und tiefsinnig auf das Geschlecht einer anderen Zeit herabsehen, das die Stätte betritt, unter der ihr Staub schläft bis zum Tage der Auferstehung.

Die erzählte Geschichte kann auch beim heutigen Leser noch Mitgefühl erwecken. Dem adeligen Paar wird auf wahrhaft teuflische Weise übel mitgespielt. Dreimal schlägt das Schicksal unbarmherzig zu. Dreimal stehen sie am offenen Grab, da ihre drei Söhne einem unheimlichen Fluch zufolge einen frühen Tod sterben.
Jetzt, da ihre Erben allesamt verstorben sind, entschließen sie sich zu einer frommen Stiftung. An der Stelle, wo ihr Hof „Wohlberg" stand, veranlassen sie die Gründung eines Klosters. Sie bestimmen, man möge sie nach ihrem Ableben zu beiden Seiten des Hochaltars in der Klosterkirche bestatten.
Eine anrührend formulierte, in sich stimmige Geschichte – gibt sie auch die historische Wahrheit wieder?

Ist die Sage auch historisch wahr?

Die Begründung für den Entschluss des Grafenpaares, einen Ort der Stille und des Gebetes zu stiften, klingt derart überzeugend, dass sie leicht geglaubt werden kann. In mehreren Publikationen beginnt die Geschichte des Klosters Himmelthal mit diesen oder ähnlichen Worten: *„Graf Ludwig II. von Rieneck und seine Frau Adelheid von Henneberg schenkten nach dem Tode ihrer drei Söhne 1232 das im Tal der Elsava gelegene Landgut Wolperg zur Gründung eines Zisterzienserinnenklosters".* Aus einem ähnlichen Motiv heraus gründete Elisabeth von Hohenlohe 1328 die Kartause Grünau. Auch sie hatte mit dem Tode ihres geliebten Gatten, an dessen Tod bei einem Jagdunfall sie selbst mitschuldig war, ihren Lebensinhalt verloren und entschloss sich deshalb dazu, das Kartäuserdomizil im südlichen Spessart zu errichten.

Auch die historischen Angaben, die der ursprüngliche Sagentext enthält, erweisen sich als richtig. Der

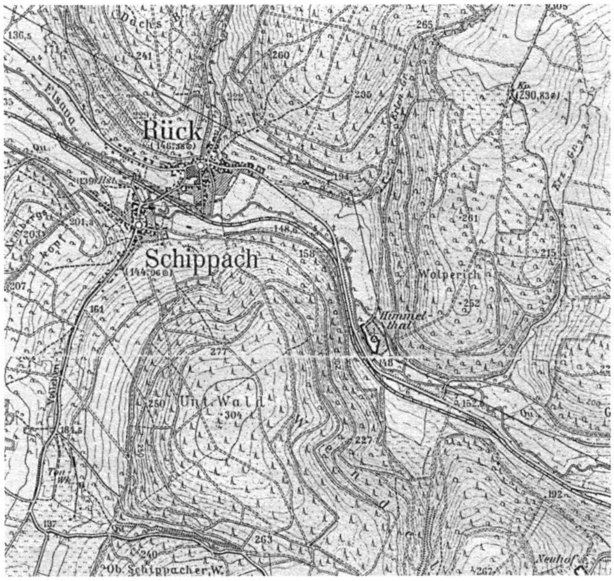

Das Kloster Himmelthal liegt an einer Engstelle des Tales auf einer von der Elsava und dem von ihr abzweigenden Mühlbach begrenzten Insel. Das Gut Wolperg schenkten 1232 Graf Ludwig von Rieneck und seine Gemahlin Adelheid aus dem Geschlecht der Henneberger dem Zisterzienserorden zur Gründung eines Frauenklosters. Der Flurname „Wolperich" erinnert an den Namen des Adelsgutes, das wohl ein herrschaftliches Haus, eine Mühle und Nebengebäude umfasst hat.
Auf der Karte unten rechts ist der Neuhof (bzw. sein Vorgänger unten im Tal) zu erkennen, der wohl bald nach der Klostergründung der Versorgungshof des Himmelthaler Konvents wurde.

Rienecker Graf und seine Ehefrau sind historisch nachweisbare Personen:

Ludwig II, der 1234 gestorben sein muss, hatte tatsächlich mehrere Söhne, die ihm seine Frau Adelheid zur Welt gebracht hatte. Diese war eine Tochter Poppos VII. von Henneberg, der bis 1245 urkundlich belegbar ist.

Sogar das genaue Datum, an dem Ludwig die Schenkungsurkunde unterzeichnet hat, ist uns bekannt: Am 17. November 1232 haben der Graf und diverse Zeugen in der Burg Lauda ihre Siegel an das Pergament der Urkunde hängen lassen.

Auch die zitierten Ortsangaben sind authentisch. An das einstige Gut Wohlberg (Wolperg) erinnert heute noch der Waldabteilungsname „Wolperich"; das „Höllental" findet man auf der Landkarte in der Nähe des im 18. Jahrhundert gegründeten Eisenwerks namens „Höllhammer"; die Ruine Wildenstein belegt die Existenz der einstigen Rieneckerburg und selbst die Grabsteine sind noch in der Klosterkirche „daselbst zu sehen".

Da aber melden sich erste Bedenken. Tatsächlich befinden sich Grabmäler adliger Personen aus früheren Jahrhunderten in „Himmelthal", nicht aber die des Gründer-Ehepaares. Danach wurde schon oft gesucht; gefunden wurden sie aber nie!

Betrachtet man die Lebensdaten der historisch überlieferten Personen genauer, fällt eine weitere Ungereimtheit auf: Wann die Söhne Ludwigs und Adelheids geboren worden sind, wissen wir zwar nicht, wohl aber von dreien, wann sie gestorben sind: Ludwig 1289, Gerhard 1285, Heinrichs Sterbedatum ist nicht bekannt; ein weiterer Bruder, Siboto mit Namen, starb 1260.

Auf jeden Fall wird jetzt deutlich: zur Zeit der Klostergründung haben alle vier noch gelebt, Heinrich war vielleicht noch gar nicht geboren. In einer Urkunde von 1261 sind die drei älteren vertreten;

„Wir, Ludewicus, Gerhardus et Henricus, Brüder, Grafen zu Rieneck", waren also damals noch quicklebendig. Die zu Herzen gehende Geschichte vom frühen Tod der drei Stammhalter und damit die so überzeugend klingende Begründung für die Klosterstiftung 1232 sind also historisch nicht haltbar!

Wie war es tatsächlich?

Die überlieferte Sage geht mit historischen Daten und Zeitschichten recht großzügig um. Sie verknüpft die Historie zweier Generationen so miteinander, dass eine runde Geschichte entsteht.

Der Tod dreier Söhne – jedes Mal unter gespenstischen Vorzeichen – wird einfach zurückverlegt, um ein überzeugendes Argument für die Klostergründung zu erhalten.

Die historische Wirklichkeit – so weit sie sich rekonstruieren lässt – war komplizierter.

Chronologie

1232	Graf Ludwig II. von Rieneck und seine Gemahlin Adelheid erteilen dem Würzburger Domherrn und Magister Salomon den Auftrag, ein Zisterzienserkloster auf ihrem Gut Wolperch an der Elsava zu bauen. Die beiden Stifter bitten den Erzbischof von Mainz um Genehmigung und um geistliche Förderung der Neugründung und weisen auf ihr Schutz- und Schirmrecht für Himmelthal hin.
1234	Schutzbrief König Heinrichs (VI) und Papst Gregors IX. Vermutlicher Baubeginn
1236	Friedrich von Cezzelberg (Lehensträger von Henneberg/Rieneck) überträgt das Patronatsrecht für die Kirche in Erlenbach an das Kloster Himmelthal.
1236	Erzbischof Siegfried III. von Mainz schenkt Pfarrei samt Patronatsrecht in Erlenbach, das er als Mainzisches Lehen bezeichnet, an Himmelthal.

1241	Schenk Konrad von Klingenberg übergibt Eichelsbach und (Hof-)Wildensee an das Kloster.
1243	Himmelthaler Nonnen gründen Kloster Lichtenstern (bei Weinsberg).

In der am 17. November 1232 ausgestellten Stiftungsurkunde übergeben Graf Ludwig von Rieneck und seine Gemahlin Adelheid (eine geborene von Henneberg) zu ihrem eigenen Seelenheil und zu dem ihrer Eltern und Verwandten „das Kloster, den Ort und die Mühle in Wohlberg“ (*monasterium, villam et molendinum in Wolperch)* dem Magister Salomon, dass dort ein Frauenkloster des Zisterzienser-Ordens errichtet werde (*ut ibidem coenobium Cisterciensis ordinis construatur*).

Ort, Zeit und handelnde Personen sind damit genannt. Was waren nun die tatsächlichen Ursachen oder Anlässe, wenn das Motiv vom tragischen Tod der drei männlichen Erben wegfällt?

Die Sorge um das Seelenheil

Das Seelenheil wird in den Urkunden der Stifter wie der Schenker in den Folgejahren stets an erster Stelle genannt, und in der Tat: Die Religion war die wohl stärkste Triebfeder. Vor dem Hintergrund der Kreuzzüge gab es im zweiten Viertel des 13. Jahrhunderts eine regelrechte Klostergründungsbewegung, die ansteckend wirkte. 1231 entstand Himmelspforten, 1231 Frauenroth bei Bad Kissingen, 1232 Frauenthal (Kreis Bad Mergentheim), 1234 Heiligenthal bei Schweinfurt, Seligenthal bei Buchen 1236, Gnadental bei Schwäbisch Hall 1240. Alleine schon die Namen der Neugründungen verkündigen ein Programm: Inmitten dieser trügerischen, allzu vergänglichen Welt einen Vorgeschmack des Himmels zu erleben und – salopp gesagt – die Eintrittskarte für das ewige Leben zu erwerben.

Die ekstatische Frömmigkeit und religiöse Schwärmerei, die gerade im „Bernhardinerorden“ (so wird in der Himmelthaler Urkunde 1493 der Zisterzienserorden bezeichnet) weit verbreitet war, ist wohl die wesentliche Ursache dafür, dass viele Frauen „aus Liebe zum himmlischen König die Reichtümer dieser Welt verschmähten und in Armut und Demut dem himmlischen Bräutigam anhingen“.

Grablege

Eine zentrale Bedeutung hatten diese frommen Stiftungen für die adeligen Gründer: Sie sollten Grablege sein für sie und ihre Nachkommen. Die heiligen Messen, die in „ihrer Kirche“ gefeiert, die Gebete und Fürbitten, die dort gesprochen werden, sollten auch ihnen und ihrem Seelenheil zugute kommen.
Adelheids Onkel, Otto von Henneberg, der sich nach der von ihm gebauten Burg „von Botenlauben“ nannte, ist mit seiner Gemahlin Beatrix, die er aus dem Hl. Land mitgebracht hatte, im Altarraum der Klosterkirche Frauenroth (in der Rhön) beigesetzt.

Ob allerdings Ludwig und Adelheid von Rieneck in dem von ihnen gegründeten Himmelthal beigesetzt worden sind, ist nicht sicher, ja sogar wenig wahrscheinlich. Stiftergräber oder Grabsteine mit ihren Namen sind jedenfalls nicht gefunden worden. Auch andere Mitglieder der Rieneck-Familie sind offenbar nicht hier bestattet worden. Adelheid ließ dagegen Kloster Schönau (nahe Rieneck) mit der Grablege des Geschlechts 1250 erneuern (Ob Ludwig oder sie selbst dort bestattet sind, ist jedoch ebenfalls nicht bekannt).
Dagegen finden sich in Himmelthal mehrere Grabsteine der Herren von Bickenbach auf der Klingenburg, deren Begräbnisplatz bisher vorwiegend Bronnbach gewesen ist.

In der Himmelthaler Kirche befinden sich mehrere Grabplatten von Äbtissinnen oder von Adligen, die dem Kloster Güter übereignet haben – hier das Grabmal Konrads von Bickenbach, der 1354 gestorben ist, dessen Tante und Tochter Äbtissinnen des Klosters waren.
Die Grabmäler der Klostergründer, Ludwigs II. von Rieneck und der Adelheid von Henneberg, wurden jedoch nie gefunden. Es ist fraglich, ob sie überhaupt in dem von ihnen gestifteten Kloster beigesetzt worden sind.

Soziale Absicherung

Die Kreuzzugsbegeisterung und die ständigen Züge nach Italien an der Seite der deutschen Könige und Kaiser hatten aber auch ganz konkrete Konsequenzen: Tausende von Adeligen, Rittern und Knappen kamen dabei ums Leben. Sie verdursteten auf dem Weg ins Hl. Land, sie wurden erschlagen, sie wurden Opfer von Seuchen.
Die Folge: ein großer Frauenüberschuss. Wohin aber mit den Töchtern und Witwen in einer Zeit, in der es noch keine soziale Absicherung gab?
Das Kloster war nicht nur spirituell, sondern ganz vordergründig materiell ein Refugium für viele.
Die Frau galt im Mittelalter generell als Mensch zweiter Klasse. Steckte nicht in „femina", der lateinischen Bezeichnung für „Frau", das Wort „minus" drin? So argumentierte man damals –und handelte entsprechend. Selbst in höfischen Romanen wird erzählt, wie Frauen ganz selbstverständlich benachteiligt, entwürdigt und misshandelt wurden.

Einen Ausweg aus dieser misslichen Situation bot der Eintritt in ein Kloster. Unverheiratete und Witwen, aber auch verheiratete Frauen suchten – oft mit Zustimmung ihrer Männer – den Weg in eine klösterliche Gemeinschaft, die ihnen neben der religiösen Befriedigung einen weit größeren Spielraum zur Selbstbestimmung bieten konnte als der Alltag auf der Burg.

Himmelthal war – wie andere Klöster auch – zunächst als Refugium für Mitglieder von Adelsfamilien gedacht. Adelheid aus dem Hause der Klingenberger Burgherren, die 1301 als Äbtissin gestorben ist, soll als „Aussteuer" dem Kloster Einkünfte vom Klotzenhof und Mechenhard, Höfe in Röllbach und die niedere Gerichtsbarkeit in Großheubach eingebracht haben. Insgesamt sind drei Bickenbacher, bzw. Klingenberger Äbtissinnnen nachweisbar (möglicherweise stammen auch die ersten drei Äbtissinnen, von denen wir nur die Vornamen kennen, aus dieser Familie). Dagegen ist auffällig, dass keine Rieneckerin das Kloster geleitet hat.

Der Zustrom war gerade in der Anfangszeit offenbar sehr groß. Viele Frauenklöster waren in dieser Zeit überfüllt; oft wurden Höchstzahlen für die Belegung festgelegt.
1243 gründeten Himmelthaler Nonnen eine Klosterfiliale: „Lichtenstern" in der Nähe von Weinsberg.
Ist dies ein Beleg für hohe Belegungszahlen auch in Himmelthal?

Diese dreizehn Fenster gehörten zu den Zellen der Nonnen im „Schlafhaus" (dormitorium). Die sich nach außen erweiternden Fensteröffnungen waren innen mit Läden versehen, die mit Balkenriegeln verschließbar waren, die in seitliche Mauerkanäle eingeschoben werden konnten. Diese Mauerflucht ist der einzige erhaltene Teil der ehemaligen Konventsgebäude.

Die politische Dimension

Steckte hinter der Gründung Himmelthals auch eine politische Absicht?

War und ist es auch heute nicht oft so, dass hehre Zielsetzungen an vorderster Stelle genannt werden, aber sich hinter der für die Öffentlichkeit bestimmten Fassade die eigentlichen Beweggründe verbergen, die egoistischen oder machtpolitischen Zielen dienen? Wer wollte beispielsweise bei den Kreuzzügen handfeste und ideelle Ziele sauber voneinander trennen? Auch im Falle Himmelthals war das wohl nicht anders.

Für die Rienecker bedeutete das neue Kloster in jedem Falle einen Fix- und Haltepunkt für ihre diversen – selbsterworbenen oder eingeheirateten – Besitzungen zwischen Kleinheubach und Sulzbach. Bei der Erschließung des Spessarts haben die Grafen von Rieneck, die die Funktion des Schutzvogtes des Stifts Aschaffenburg inne hatten, eine große Rolle gespielt. Jetzt, in der Endphase der Stauferherrlichkeit, bemühten sich die weltlichen und geistlichen Herrschaften, ihre Position zu stärken und, wenn möglich, auszubauen. In der drohenden Auseinandersetzung mit dem Erzbistum Mainz konnte das Kloster im Elsavatal für Rieneck ein probates Instrument darstellen, um mit scheinbar frommen Mitteln (die es gewiss auch gab!) handfeste Interessenpolitik zu treiben.
1233 zeigten Ludwig von Rieneck und seine Gemahlin die Klosterstiftung dem Erzbischof von Mainz an, baten um Bestätigung (confirmatio) und geistliche Förderung. Ausdrücklich wiesen sie dabei auf den Vorbehalt des Schutz- und Schirmrechtes hin, der ihnen zustehe.
Schutz- und Schirmrecht: Was bedeutet und was beinhaltet das? Die Kirche, lateinisch „ecclesia", ist weiblich. Da sich aber eine Frau nicht selbst vor Gericht vertreten konnte, war sie auf einen Anwalt und Beschützer angewiesen, der sie in allen weltlichen Angelegenheiten vertritt und ihr den nötigen Schutz bietet. Der Schutz- und Schirmherr ist advocatus und defensor (Verteidiger). Dafür hatte er im Kloster das Recht auf „Atzung (Bewirtung), Lager und Frohn".

Bei der Wahl einer neuen Äbtissin (z. B. 1520,1550 belegt), bei der Übergabe des Klosters an die Gewählte oder bei allen wirtschaftlichen und rechtlichen Fragen hat der Vogt ein gewichtiges Wort mitzureden. Für diese Dienstleistungen des Schirmherrn hat das Kloster „Ross und Wagen" bereit zu halten.
Wer Schutz und Schirm gewähren will, muss auch militärisch gerüstet sein, benötigt Soldaten und eine wehrhafte Unterkunft für diese. War die Gründung des Klosters Himmelthal gar der Vorwand für die Errichtung der nahe gelegenen Burg Wildenstein hinter Eschau, wie Eva-Maria Schlicht vermutet?

Der Mainzer Erzbischof Siegfried III. von Eppstein (1230-49) spielte in der Reichsgeschichte eine führende Rolle. Er war Reichsverweser, d. h. Stellvertreter des Kaisers in Deutschland während dessen häufigen Aufenthalten in Italien, opponierte dann gegen den Kaiser und krönte – wie auf der Grabplatte im Mainzer Dom zu sehen – zwei Gegenkönige. Aus dieser Machtposition heraus schaltete er seine territorialpolitischen Konkurrenten aus. Die Geschichte des Klosters Himmelthal spiegelt diese Entwicklung wider.

Als Grundausstattung vermachten die beiden Stifter neben dem Gut Wolperch (mit Umgriff) 3½ Huben im benachbarten Schippach und sorgten dafür, dass ihr Lehensmann Friedrich von Cezzelberg dem Kloster das Patronatsrecht der Pfarrei Erlenbach übergibt. Diese Patronatsübergabe ist in der Urkunde vom 29. Juni 1236 dokumentiert, in der erstmals die Pfarrei Erlenbach erwähnt ist.

Wie ist dann aber zu verstehen, dass Erzbischof Siegfried III. von Mainz am 11. August desselben Jahres Pfarrei und Patronatsrecht in Erlenbach seinerseits an das Kloster schenkt und dabei durchscheinen lässt, dass die Ausstattung Himmelthals durch die Rienecker recht dürftig sei: "Derart ärmlich und bedürftig ist die Neugründung" *(novella plantatio sic paupercula et egens)?*
Der tatkräftige Mainzer, der sich anschickte, den gesamten Untermainbereich unter seine Herrschaft zu bringen, hatte die geistliche Oberaufsicht über das neue Kloster.

So verdrängte er den Pfalzgrafen, indem er dessen Stadt Wallhausen zerstörte und die Mainzische Stadt Miltenberg an deren Stelle setzte. Die Herren von Breuberg, von Dürn und von Klingenberg brachte er auf seine Seite und schuf die Voraussetzungen dafür, dass (ab 1260) schließlich auch Rieneck als ernstzunehmender Konkurrent im Spessart ausgeschaltet werden konnte.

In der Geschichte Himmelthals spiegelt sich diese Entwicklung wider: Die Schenkungen an das Kloster kommen in erster Linie von den Klingenbergern (z.B. 1241 Eichelsbach). Mindestens drei Äbtissinnen kommen aus dieser Familie, während keine einzige Rieneckerin zu finden ist. Schließlich beweisen die

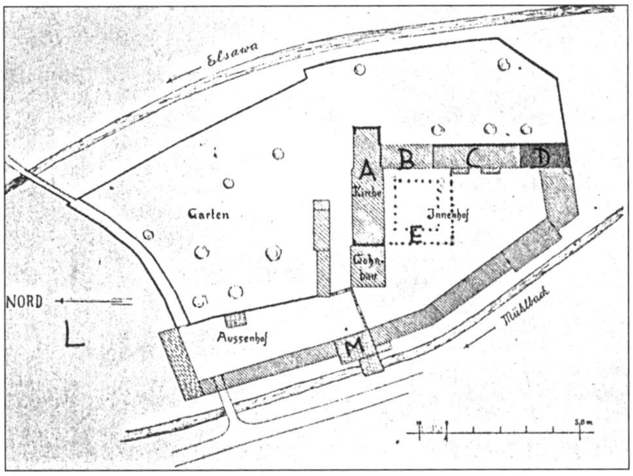

◀ *Lageplan des früheren Klosters Himmelthal – heutiger Bestand mit einem Versuch, ehemalige Klostergebäude zu lokalisieren:*
A = Kirche
B = EG: Sakristei, OG: Wohnung der Äbtissin?
C = EG: Speisesaal (Refektorium)?, OG: Schlafhaus (Dormitorium)
D = Küche, Wirtschaftsbereich
E = Kreuzgang
L = Leichenhof
M = Mühle

Die vom ehemaligen Kloster noch erhaltenen Mauerteile sind mit stärkeren Linien gezeichnet (Unterbau des Chores, Schlafhaus, Gebäude D, Außenmauern des Hofes)

Im rechten Winkel an den Chor der Kirche (A) schloss sich ein Gebäude an, in dem unten die Sakristei und oben vielleicht die Wohnung der Äbtissin untergebracht waren (B). Dann folgte das Schlafhaus oder dormitorium (C), in dessen Obergeschoss heute noch dreizehn schmale Rechteckfensterchen an die Zellen der Nonnen erinnern. Im gegenüberliegenden Flügel, von dem überhaupt nichts mehr existiert (gab es ihn überhaupt?), könnte sich der Konventssaal befunden haben. Die genannten Gebäude waren durch einen Kreuzgang miteinander verbunden (E). Ein eigenes Brunnenhaus, wie es für Zisterzienserklöster typisch war, ist eher nicht zu vermuten. Zumindest konnte sich der Himmelthaler Konvent, der eher zu den ärmlicher ausgestatteten gehörte, kein Schmuckstück leisten, wie wir es von Bronnbach oder Maulbronn her kennen.

Die Wirtschaftsgebäude (D) gruppierten sich – räumlich abgetrennt vom Klausurbereich – am Mühlbach entlang: Die Mühle, die bereits vor der Klostergründung hier stand, ein Backhaus, eine Kelter, eine Schmiede, ein Gästehaus (1568 erwähnt). 1406 besaß das Kloster 16 Pferde, 22 Kühe und drei Esel; die Stallungen für die Tiere standen wohl ebenfalls auf der Klosterinsel (zum Teil wohl auch auf dem Neuhof).

erhaltenen Grabmäler die intensive Verbindung zu den mit Mainz kooperierenden Klingenbergern, während die Rienecker offenbar in Schönau oder Lohr bestattet sind, auffälligerweise nicht aber in „ihrer Gründung".

Ergebnis:

Wenn Rieneck mit der Gründung Himmelthals politische Ambitionen verband, so konnten diese nicht umgesetzt werden. Die Vormachtstellung des Mainzer Erzbistums und seiner Verbündeten hat in zunehmendem Maße verhindert, die Vogteirechte territorialpolitisch zu nutzen. Erst unter veränderten Vorzeichen – im Zeitalter der Reformation – wurden diese wieder reaktiviert.
So gesehen, ist die Klostergeschichte Himmelthals ein anschauliches Spiegelbild der Untermaingeschichte im späten Mittelalter und zu Beginn der Neuzeit.

Der Verfasser der Himmelthal-Sage nimmt Partei für Rieneck

Die zitierte Sage ist also in verschiedenen Details historisch nicht richtig. Insbesondere trifft die primäre Motivation zur Klostergründung nicht zu. Die Söhne Ludwigs und Adelheids von Rieneck sind eben nicht vor 1232 gestorben.

Die beiden wesentlichen Themen: die Gründung des Klosters und die Ausschaltung Rienecks im Machtkampf um den Spessart werden aber – in konzentrierter und personifizierter Form – wiedergegeben.

„*Nach etlichen Jahren*", heißt es im Sagentext, war der Höllenhans „*mit einem Mal wieder da, brachte viel reiche Schätze und ziemliche Mannschaft und bezog seinen Turm wieder*".

Wer dieser „Höllenhans“ ist, der im Bund mit einem Teufel seinem großmütigen Nachbarn das Leben so schwer machte, der die *„Gewohnheit hatte, mitunter des Rieneckische Gebiet heimzusuchen“*, dann mit Diplomatie und Taktik – *„der Höllenhans tat freundlich“* – und schließlich mit brutaler Gewalt die Rienecker Katastrophe verursacht, ist leicht auszumachen, auch wenn sein Name nicht genannt wird: Es kann nur der Mainzer Erzbischof oder ein „Stellvertreter“ gemeint sein, der jetzt während der „kaiserlosen, schrecklichen Zeit“ seinen gefährlichen Rivalen im Kampf um den Spessart ausgeschaltet hat.

Der Sagentext teilt die handelnden Personen in zwei völlig gegensätzliche Kategorien ein: Rieneck ist die gute, großzügige, feindliebende Seite (und außerdem noch der „David“, dem ohnehin eher die Sympathie gehört als dem „Goliath“). „Mainz“ dagegen ist die böse, teuflische, gewalttätige Partei. Himmelt(h)al steht gegen Höllental!
Der Verfasser der Sage nimmt eindeutig Partei für Rieneck – und das lässt sich leicht erklären.

Carl Heinrich Caspari, der 1815 in Eschau geboren worden war, wurde 1848 (bis 1852) Nachfolger seines Vaters als Pastor in diesem ehemals Rieneckischen Ort, in dem im 16. Jahrhundert der Lutherische Glaube eingeführt worden war. Ihm verdanken wir mehrere Sagen und Geschichten zur Vergangenheit des südwestlichen Spessarts. Die Sympathie des Autors gehörte dabei deutlich der evangelischen Seite. Auch die Sage vom „eisernen Pferd“ und der Gründung des Klosters Himmelthal belegt dies.

Das Siegel der Äbtissin Agnes von Riedern (13. 10. 1342)

Anmerkungen

Der Text der Sage ist veröffentlicht in: Herrlein, Adalbert, Die Sagen des Spessarts, Aschaffenburg 1851, S. 232ff unter der Überschrift „Das eiserne Pferd“. Dort ist der eigentlichen Sage ein Urkundentext vorangestellt, der auf das Jahr 1233 datiert ist, und ein kurzer Schluss angefügt.

Literatur

Coester, Ernst, Die einschiffigen Zisterzienserklöster West- und Süddeutschlands von 1200-1350, Mainz 1984

Hefner, Leo, Himmelthal/Spessart, München 1980

750 Jahre Himmelthal, hrsg. Vom Stiftungsamt Aschaffenburg 1982

Kittel, J., Das Cistercienserinnenkloster Himmelthal, in: Archiv für Unterfranken 47, Würzburg 1905, S. 221ff (unverzichtbare Sammlung von Urkundenregstern),

Die Kunstdenkmäler von Bayern XXIII, Bezirksamt Obernburg, hrsg. von Felix Mader, München 1918, S. 36ff

Schlicht, Eva Maria, diverse Aufsätze über Himmelthal, z. B. in: 750 Jahre Himmelthal, Frankenland 2/1992, S. 35-39

Schomartz, S. J., Himmelthaler Chronik 1739 (handschriftlich, ohne Seitenzahlen), Kopie im Stifts- und Stadtarchiv Aschaffenburg

Trost, Werner, Himmelthal. Geschichte des Klosters von der Gründung bis zu seiner Auflösung, in: Zeitschrift „Spessart“ 9/2007; dort auch Quellenangaben.

Wollenberg, Klaus, Die Zisterzienser in Altbayern, Franken und Schwaben, Hefte der bayer. Geschichte und Kultur, Bd. 7, München 1988

Die Rüdte von Kollenberg

Das Maintal zwischen Wertheim und Miltenberg entzückt in seiner Schönheit einen jeden, ob er zu Fuß hindurchwandert, oder ob er es mit der Bahn durcheilt. Und einige altehrwürdige Burgruinen lenken die Blicke auf sich, so die immer noch stolzen Reste der ehemals mächtigen Burg Freudenberg bei dem Städtchen gleichen Namens; und etwa eine Stunde weiter taloben auf einem Hügel bei Dorfprozelten liegen die Trümmer der einstigen Feste Kollenberg. Auf besonderen Reichtum ehemaliger Bewohner lassen die Ruinen dieses Schlosses nicht schließen; es scheint weniger eine Burg als ein festes Wohnhaus gewesen zu sein, wie man es in alten Zeiten zu Schutz und Trutz zu bauen pflegte.

Die Burg Collenberg (Fritz Bamberger, um 1850)

Der einstige Herr von Kollenberg nun liebte ein armes, sittsames Mägdelein, das aber auch von dem reichen Grafen zu Wertheim geliebt ward. Als nun der Kollenberger sein Schloss gebaut hatte, trat er vor die Jungfrau, überreichte ihr ein Röslein und sprach: „Wollt Ihr meine eheliche Gemahlin werden, so ist dieses Haus Euer Eigentum. Schauet zu, ob Ihr mich lieben könnt, und nach drei Tagen sagt mir die Antwort!“
Am selben Tage erschien auch noch der stolze Graf von Wertheim, ließ ein kostbares seidenes Kleid und andere wertvolle Geschenke, goldene Ketten und Spangen vor die holde Jungfrau bringen und sagte: „Eure Schönheit und Tugend ist weit und breit bekannt, soll aber nicht länger unbelohnt bleiben. Ich will Euch heimführen in mein Grafenschloss zu Wertheim und Euch zu meiner ehelichen Gemahlin machen. In drei Tagen werde ich kommen und Euch abholen.“

Nach drei Tagen kamen die beiden, der von Kollenberg und der von Wertheim, und wollten Bescheid.
Die Jungfrau erschien auch, trug das Röslein in der Hand, ging an dem Grafen von Wertheim und seinem Gesinde vorüber, gab dem Kollenberger die Hand und sagte: „Euch will ich und keinen anderen!“ So ward sie nun des Kollenbergers Weib, zog mit ihm auf sein Schloss, und obwohl sie keinen Überfluss miteinander hatten, lebten sie doch sehr glücklich und zufrieden.

Der Graf von Wertheim konnte es aber nicht verwinden, dass ihm der Kollenberger vorgezogen worden war, und damit das Weib, das ihn verschmäht hatte, täglich ihren Unverstand vor Augen hätte, sagte er frevelnd: „Nun wollen wir das Stücklein vom reichen Mann und dem armen Lazarus aufführen!“, baute weiter unten am Main ein hohes, herrliches Schloss und nannte es Freudenberg. Dort heiratete er eine reiche Landgräfin, die ihm nach einem Jahr ein Söhnlein gebar, lebte mit seinen Gesellen Tag für Tag in Saus und Braus, und wenn er es sich mit seinen Gästen wohl sein ließ mit Singen und Trinken bis in die späte Nacht, deutete er hinauf auf den Kollenberg und sagte: „Jetzt wird des Hungerleiders Weib merken, wo man herrlich und in Freuden lebt.“ Wenn er aber hie und da einmal in ihre Nähe kam, ließ er sich nichts anmerken, sondern tat freundlich gegen sie und viel demütiger als ehemals.

Nun begegnete einst dem Grafen, als er auf der Jagd war, ein Zigeunerweib und sagte, wenn er sie gewähren lasse, wolle sie es doch noch dahin bringen, dass des Kollenbergers Weib ihm hold würde; das gefiel dem Grafen sehr wohl, weil er dadurch an dem Kollenberger sich rächen wollte, und er sandte das Weib mit einer feinen goldenen Kette auf den Kollenberg nebst einem freundlichen Gruß an die Herrenfrau und bat um ihre heimlich Gunst. Diese aber verwies ihm mit herben Worten sein böses Ansinnen, und als das Zigeunerweib gleichwohl noch öfter erschien und sein Begehren vorbrachte, drohte ihr die Frau im höchsten Zorne, dass sie dieselbe, falls sie sich noch einmal das Schloss zu betreten unterfinge, mit Hunden hinaushetzen werde. Da lachte die Zigeunerin grimmig und sprach: „Mit Hunden, du Bettlerin? Es soll ein Wort sein. Ich will dir selber die Hunde dazu schaffen und das sogleich, wie du jetzt in die Wochen kommst!“

Als der Graf von Wertheim sah, dass sein böses Vorhaben nicht glücken werde, geriet er in großen Zorn und beschloss, nicht eher zu ruhen, bis er den Kollenberger von Land und Leuten gebracht habe. Er fing einen Streithandel mit ihm an über die Kirschhöhe, die er als sein Eigentum in Anspruch nahm, und als er den Handel verloren hatte, ließ er sich dadurch nicht irremachen, sondern trieb des Kollenbergers Leute aus und nahm die Höfe mit Gewalt in Besitz. Dieser wollte sich's nicht gefallen lassen, sondern brachte so viele Leute auf, als er konnte und wollte ritterlich mit ihm kämpfen.

Als er auszog von seinem Schlosse, war sein Weib gerade ihrer ersten Niederkunft nahe. Das Weib hatte die Rede der Zigeunerin nicht aus dem Sinne bringen können, und so geschah es, als sie in Abwesenheit ihres Mannes gebar, dass sie zwei kohlschwarze Hunde zur Welt brachte. Entsetzt darüber und kaum wissend, was sie tat, gebot sie ihrer Magd, die Hunde in einen Sack zu tun und, ehe ihr Mann heimkehrte, sie in den Wiesenbrunnen am Maine zu versenken.

Dieser war aber an demselben Tage mit dem Grafen von Wertheim handgemein geworden und hatte im Streit alle seine Leute verloren. Zwar hatte er selber den Grafen vom Pferde gerannt und ihm einen Schwerthieb über den rechten Arm gegeben, aber der Feinde waren zu viele gewesen, und er war zuletzt allein aus dem Streite entronnen. Als er nun traurig und kampfesmüde den Main heraufkam, begegnete ihm die Magd, wie sie eben die Hunde nach ihrer Herrin Gebot in den Brunnen werfen wollte. Die Magd erschrak auf den Tod, als sie seiner ansichtig ward. Er aber fragte: „Was trägst du da?“ Sie wollte leugnen und Ausflüchte machen; endlich aber erzählte sie ihm die ganze traurige Geschichte. Da sagte der Ritter: „Heute hab' ich mein rechtmäßiges Eigentum und alle meine Getreuen im ehrlichen Kampfe verloren; das ist Unglücks genug, nimmermehr kann ich glauben, daß Gott einen Menschen, den er selber mit seiner Rute geschlagen hat, auch noch dem Teufel zum Spott werden läßt.“ So trat er hinzu und machte den Sack auf im Namen Gottes. Siehe! Da waren statt der kohlschwarzen Hunde zwei schöne Knäblein darinnen, die streckten die kleinen Hände nach dem Ritter aus und lachten, daß sein trauriges Gemüt wieder fröhlich ward; und er nahm die zwei Knäblein, trug sie die Treppe hinauf ins Zimmer

Diese Illustration zur Sage findet sich in Casparis „Erzählungen für das deutsche Volk“ 27. Auflage 1909)

seiner Gemahlin und sagte lächelnd: „Da schau dir deine zwei Rüden erst noch einmal an, bevor du sie ins Wasser werfen läßt, dann tu, wie es dir gefällt!"

Am Abend kehrte auch der Graf von Wertheim zurück auf den Freudenberg. Als man dort des Kollenbergers Niederlage vernommen, war großer Jubel. Die Landgräfin hatte das Tor festlich geschmückt, stand unter dem Eingange und hielt ihm sein Knäblein entgegen, dem sie ein purpurnes Kleid angetan und die goldene Kette umgehängt hatte, die er einst durch die Zigeunerin dem Weibe des Kollenbergers angeboten hatte. Der Graf nahm das Kind auf seine Arme, schritt stolz mit ihm voran in den Schlosssaal, hielt es dort zum Fenster hinaus und sprach: „Siehe, jetzt ist das alles, so weit das Auge reicht, dein Erbe!" Da zuckte es dem Grafen in dem Arm von dem Schwertschlage, den ihm der Kollenberger gegeben, seine Hand öffnete sich und ließ das Kind los. Das stürzte schreiend hinunter und blieb zerschellt und blutend auf einem Felsstück liegen.

Am folgenden Tage ließ der Graf dem Kollenberger sagen, er solle seine Höhe wieder in Besitz nehmen, legte sein zerschmettertes Kind in einen Sarg und hieß die Leiche nach Wertheim zur Gruft geleiten. Hinter dem Sarge gingen die Landgräfin und die Leute des Grafen. Als alle durch das Tor waren, erschien zuletzt auch der Graf und schloss eigenhändig das Tor zu. Als er aber herunter an den Main gekommen war, schleuderte er den Schlüssel mitten in den Strom, kehrte sich zur Burg hinauf, auf der eine große schwarze Fahne aufgesteckt war, und rief: „Freudenberg bist du genannt, aber die Bosheit hat dich gebaut, darum bist du eine Trauerburg geworden. Dich soll mein Fuß nie mehr betreten".

So ist das Schloss zerfallen. Des Kollenbergers Söhne aber wurden groß, stark und tapfer und dienten in dem Heere des Kaisers, und da der Kaiser Kunde bekam von dem, was sich mit ihnen begeben hatte, gab er ihnen einen Hund zum Wappen und gebot, dass sie und ihre Nachkommen sich die „Rüden vom Kollenberg" nennen sollten, was auch so gehalten worden ist bis auf den heutigen Tag.[1]

Wie alt ist die Sage?

Der Sagentext ist – mit geringen Abweichungen – erstmals in den Spessartsagen von Adalbert Herrlein (1851) erschienen. Verfasser ist Carl Heinrich Caspari, Pastor in Eschau (1948–52), auf den mehrere Spessartsagen zurückgehen.[2]

Es gibt aber noch eine ältere Überlieferung aus dem 18. Jahrhundert, die auf Johann Ernst Rüd zu Bödigheim zurückgeht, der offenbar eine mündlich überlieferte Familientradition vor seinem Tod (1715) aufschreiben ließ.[3]
Das Motiv ist aber nicht (nur) auf die Familie der Rüde zugeschnitten. Es ist an verschiedenen Orten überliefert – beispielsweise in Weißenstein im Bayerischen Wald oder im Elsass – und bündelt wohl mehrere ältere Traditionsstränge: Aufsehenerregende Vorfälle wie Mehrfachgeburten (wie am 9. 1. 1600 in Hameln, wo sieben Kinder geboren wurden, die aber wenige Tage danach starben) oder Missgeburten (wie das „Hundefräulein" in der Schallaburg in Niederösterreich) und die Wilde Jagd, die mit sieben Hunden in den Rauhnächten durch die Lüfte zieht.

Die meisten Varianten erzählen von einer Rabenmutter, die – nach einer Prophezeiung durch eine Zigeunerin oder Bettlerin – ihre sieben neugeborenen Knaben (oder sechs davon) töten lassen wollte. Ihr Mann kann dies aber verhindern, lässt seine Söhne heimlich aufziehen und stellt diese nach sieben Jahren seiner Frau vor, die er mit dem Tode bestraft.

Der Vergleich der unterschiedlichen Versionen macht deutlich, welche Änderungen und Zutaten auf das Konto Casparis gehen, der in romantisierender Manier um- und weitergedichtet hat.

- Caspari erzählt nur von zwei (anstatt von sieben) Knaben. Es geht ihm offensichtlich nicht um die Sensation der sieben Geburten, sondern eher um andere Themen und Schwerpunkte.
- Bei ihm spielt die Rivalität zwischen den benachbarten Burgherren, dem reichen und stolzen auf

der Freudenburg und dem ärmeren auf der Kollenburg, eine zentrale Rolle. Caspari reizten offenbar die Name „Freuden“-Berg und „Rüde“ zu einem Umbau und einer Erweiterung des vorgefundenen Stoffes.

- Diese Veränderung führte dazu, dass die Frau des Kollenberger Burgherren ganz anders als in den Vorlagen dargestellt werden musste – und das geht nicht ohne Brüche ab. Die (spätere) Burgherrin wird zunächst als *„ein armes sittsames Mägdelein“* vorgestellt, das sich gegen den stolzen Bewerber auf der Nachbarburg entschied und so *„des Hungerleiders Weib“* wurde, mit dem sie zufrieden und glücklich lebte. Wenig später zeigt sie eine unbeherrschte und unbarmherzige Seite: Sie droht einer Zigeunerin *„im höchsten Zorne, dass sie dieselbe, falls sie sich noch einmal das Schloss zu betreten unterfange, mit Hunden hinaushetzen werde“*.
- Als der Kollenberger statt der *„kohlschwarzen Hunde zwei schöne Knäblein“* entdeckte, die eine Magd ertränken sollte, bestraft er seine Frau nicht, wie dies in sämtlichen Sagenvarianten geschieht, sondern präsentiert ihr am selben Tag (nicht sieben Jahre später) „lächelnd“ die beiden Kinder: *„Da, schau dir deine zwei Rüden erst einmal an, bevor du sie ins Wasser werfen lässt“*.
- Das schlimme Ende kommt nicht auf der Kollenburg, sondern in der Familie des stolzen Grafen, dessen Stammhalter ums Leben kommt. Dagegen wurden des Kollenbergers Söhne *„groß, stark und tapfer“* und erhielten den Beinamen „Rüde“ und das Wappen mit einem Hundekopf.
- So wird die Sage schließlich noch zur Moritat: Glück ist auch in bescheidenen Verhältnissen möglich, während Reichtum die Menschen stolz und übermütig macht. Aus einer reichen „Freuden“-Burg kann über Nacht eine Trauerburg werden.

Das Rüdenwappen

Wer war der sagenhafte Herr auf der Kollenburg?

Ursprünglich handelt es sich um eine aitiologische Sage, die Namen und Wappenbild der Rüde erklären will, die sich trotz allen Verwünschungen und herzlosen Absichten, die ihnen nach dem Leben trachten, als kräftiges und erfolgreiches Geschlecht präsentieren. Diese Erzählabsicht steht bei Caspari zwar nicht mehr im Vordergrund, spielt aber noch eine wichtige Rolle.

Was sagt die historische Forschung zu diesen unheilschwangeren Sagenüberlieferungen? Ist alles lediglich eine frei erfundene Erzählung, die im 19. Jahrhundert noch mit düsteren Motiven aufgeladen worden ist? Oder hat die Überlieferung – zumal die Hausversion der Familie Rüd, die offenbar von Generation zu Generation weitererzählt worden war – einen historischen Kern?
Lässt sich gar der Herr auf der Kollenburg, von dem die Sage erzählt, zeitlich einordnen und vielleicht sogar identifizieren?

Die wesentlichen Feststellungen der Sagenüberlieferung lassen sich tatsächlich auf einen Vertreter des Geschlechtes konzentrieren, der von 1284–1306 nachweisbar ist: Wipert oder Wiprecht Rüde.

Wipert nennt sich in einer Urkunde vom 1. Mai 1285 *„Wypertus miles senior dictus rude de Rudenawe“*, d. h. Wipert der Ältere, Ritter, genannt Rüde aus Rüdenau. Wipert erscheint in dieser Urkunde als „sogenannter Rüde“ *(dictus Rude)*. Das heißt, „Rüde“ ist ein Beiname oder Übername, ein Zusatz also, der sich im Verlauf des 13. Jahrhunderts eingebürgert hat und schließlich zum Familiennamen wurde. Vorher nannte sich das Geschlecht „von Amorbach“. Tatsächlich waren die Rüde Lehensträger der Klostervögte, der Herren von Dürn. Der „Rüdenhof“, also der ritterliche Ansitz der Familie, ist identisch mit dem sogenannten Templerhaus, dessen Erbauungszeit auf 1291 festgestellt werden konnte.

Der wehrhafte Wohnturm des sogenannten „Templerhauses" in Amorbach mit dem 3,30 m hohen zweistöckigen Sandsteinsockel ist der älteste Fachwerkbau in ganz Bayern. „Erstbewohner" war die niederadlige Familie der Rüde.

Der in der Familie bevorzugte Leitname Wipert, taucht bereits früher auf (z. B. 1247). 1206 nennen sich drei Brüder, Wipert, Gotebold und Eberhard *„de Walehusen"*. Wallhausen war eine Befestigung im Areal des früheren Römerkastells „Altstadt" nahe der Mudmündung, die um 1220 vom Pfalzgrafen und bayerischen Herzog Ludwig zur Stadt ausgebaut, dann aber bald zerstört und „ausgetrocknet" worden ist. Die Burgmannenfamilie „von Wallhausen" stand also in Diensten des Pfalzgrafen.

Die vermutlichen Vorfahren der Rüde sind also seit dem 13. Jahrhundert im Auftrag verschiedener Adelsherrschaften im Gebiet zwischen Wertheim und Buchen in mehreren Positionen nachweisbar.

Als die Epoche der Stauferkönige zu Ende ging und um 1250 die „kaiserlose schreckliche Zeit" des Interregnums anbrach, in der die ordnende Hand eines starken Königs fehlte und der Kampf aller gegen alle begann, haben es die Mitglieder der Familie „Rüde" geschafft, sich bei verschiedenen Herren anzudienen. Nach dem Niedergang der Herren von Dürn, welche die Wildenburg, das von ihnen zur Stadt erhobene Amorbach und ihre Vogteirecht 1271 an Mainz verkaufen mussten, schlossen sich die Rüde dem Erzbistum Mainz an, übernahmen aber auch Lehen von den Rieneckern, Breubergern oder dem Deutschen Orden.
Hier im Grenzraum am südlichen Mainviereck, wo sich die Einflusssphären verschiedener Herrschaften überschneiden, erwiesen sie sich offensichtlich als unverzichtbare Helfer und Mitstreiter, so dass sie nicht nur überleben, sondern sogar erstarkt aus dem politischen und militärischen Durcheinander hervorgehen konnten.

Musterbeispiel einer solchen starken Persönlichkeit, der man jede Aufgabe übertragen konnte, war der bereits erwähnte Wipert.

Wipert, genannt Rüde

Um nicht vollständig von den erfolgreichen Mainzern vereinnahmt zu werden und sich Spielräume für eine noch halbwegs eigenständige Politik zu sichern, gab er den Rüdenhof vor den Toren Amorbachs auf und suchte für seine Familie neue Standorte.
Er hat es geschafft, die Burg **Collenberg** irgendwie in seine Verfügungsgewalt zu bekommen.
Die Vorgeschichte dieser Burg ist nicht vollständig geklärt. Wahrscheinlich wurde sie von Walter Schüpf gebaut. Schüpf oder Schippe wird lateinisch zu „Colbo". Daher erklärt sich der Name der Kolben-Burg, die anfänglich wohl nur eine bescheidene Befestigung, ein „steinernes Haus" (ähnlich dem Templerhaus in Amorbach) gewesen ist.

Außerdem gelang es Wipert, in Bödigheim (bei Buchen) eine weitere Burg zu errichten (1286). Damit hatte er, der Repräsentant einer Dienstmannenfamilie, zwei Befestigungen, mit denen die Präsenz und die Ansprüche seines Geschlechts demonstriert werden konnten. In einer Zeit, in der manche Familie an Kraft und Ansehen verlor, gelang es Wipert, eine (hoch-)adelsgleiche Stellung zu erringen!

Die Kolben-burg, benannt nach dem Geschlecht der Kolbo, gelangte in den Wirren des 13. Jahrhunderts in die Verfügungsgewalt Wiperts, genannt Rüde. Allerdings waren er und seine Nachkommen nicht alleinige Burgherren. Das Bild – ein Ausschnitt aus einer Karte von 1593 – macht deutlich, dass die Burg zwei Türme und zwei Häuser zeigt – typische Kennzeichen einer sogenannten Ganerbenburg. Ende des 15. Jahrhunderts gelangte die Burg in den Besitz des Kurfürstentums Mainz.[4]

Die Burg Freudenberg wurde Ende des 12. Jahrhunderts als Vorposten des Würzburger Bischofs gebaut und von den Grafen von Wertheim bewohnt und verwaltet.
Noch als Ruine macht die Burg mit ihrem markanten mehrstufigen Bergfried, den mittelalterlichen Wohngebäuden und dem wuchtigen Geschützturm aus der Zeit um 1500 einen zugleich wehrhaften wie repräsentativen Eindruck.

Auf diese sozialen Unterschiede nimmt die romantisierende Sagenversion des 19. Jahrhunderts – absichtlich oder unabsichtlich – Bezug. Hier sind die Collenberger im Vergleich zum stolzen und reichen Grafen auf der Freudenburg bescheidener: man sieht es bereits am äußeren Erscheinungsbild der Burgen. Die Rüden gehören – im Unterschied zu den Wertheimern – dem niederen Adel an.

Obwohl in ihren Adern kein reinrassig-blaues Blut fließt, sind sie aber etwas geworden; sie haben sich ihre Stellung erdient und erkämpft; sie haben sich hinaufgearbeitet mit eigener Kraft. *„Des Kollenbergers Söhne aber wurden groß, stark und tapfer und dienten in dem Heere des Kaisers“*, heißt es am Schluss der Sage.

Der tatkräftige Wipert, „genannt Rüde“, konnte jedenfalls in seinem Testament (1306), das auf der Wildenburg in Beisein des Amorbacher Abtes verfasst worden ist, seinen **fünf Söhnen** ein Erbe hinterlassen, mit dem man wuchern konnte: Ein Motiv, auf das die Familien-Sage der Rüde deutlich Bezug nimmt! Conrad und Heinrich erhielten gemeinsam die Rechte an der Kollenburg, Wipert junior und Eberhard bekamen die Burg Bödigheim; der fünfte Sohn, Friedrich wurde Kleriker und erhielt eine Abfindung. Welche Rolle Wiperts Gemahlin, Mechthild von Dürn, die in der ältesten Sagenüberlieferung so herzlos dargestellt wird, im „richtigen Leben" gespielt hat, wissen wir nicht.

So blieben die Rüde den Zeitgenossen als ein Geschlecht im Gedächtnis, das dynamisch und unverwüstlich war. Fünf junge Rüde sprechen für sich!

„Rüde": erst Beiname, jetzt Familienname

„Rüde", der Beiname, den einige Familienmitglieder trugen, die sich nach ihrem jeweiligen „Einsatzort" benannten, steht für Verbissenheit, Standfestigkeit, Auf-der-Lauer-sein, Härte bis hin zur Grausamkeit – allesamt Qualitäten eines Kampfhundes.
Das waren „Tugenden", die in der kaiserlosen, schrecklichen Zeit gefragt waren. Damit haben sich die Ritter von der Collenburg, von Amorbach und Bödigheim einen Namen gemacht – und diesen dann tatsächlich behalten und schließlich als Familiennamen weitergeführt. „Rüde" – das war offenbar ein Markenzeichen!

Das Wappen mit dem Hundekopf

Mit berechtigtem Selbstbewusstsein und Stolz haben *„die gestrengen menner, genannt Rüde"* (1310) dann ihr Wappen geändert: Der Hundekopf mit dem drohend aufgerissenem Gebiss und dem stacheligen Halsband – zunächst dreifach, dann einfach – bildet jetzt das sprechende Wappenbild. Der Wechsel zu „redenden Wappenbildern" ist im 13. Jahrhundert des öfteren zu beobachten.

Schließlich wurde der Ortsname Rodau in „Rüdenau" unbenannt, oder besser, an den Geschlechternamen angeglichen. Die Rüde, die wohl bei der Erschließung des Rüdenauer Tales (um 1200) dabei waren, hatten bis 1653 (als die Familie ausstarb) die Dorfherrschaft in Rüdenau inne. Das Gemeindewappen mit dem Rüdenkopf und einem Gerichtsschwert erinnert daran.

Das Wappen der 1971 entstandenen Großgemeinde Collenberg (Fechenbach und Reistenhausen) gibt die Geschichte der namensgleichen Burg exakt wieder.

- *Gründung durch die Herren von Schüpf zur Zeit Kaiser Barbarossas; die drei Schippen oder Kolben sind ein redendes Wappenbild.*
- *Die Rüde sind seit dem letzten Drittel des 13. Jahrhunderts (Mit-?) Besitzer, bzw. Verwalter der Burg (z. B. im Auftrag des Deutschen Ordens).*
- *Das Kurfürstentum Mainz gelangt (über einen Tausch mit dem Deutschen Orden) in den Besitz der Burg Ende des 15. Jahrhunderts. Dass die Rüden von Collenberg auch hochrangige Amtsleute in Mainzischen Diensten waren, versteht sich von selbst.*

Anmerkungen

Grundlegende Aufsätze zur Geschichte der Rüde:

Enders, Gabriele, Die Abtei Amorbach und ihre Beziehungen zu der niederadeligen Familie Rüdt von Collenberg, in: Friedr. Oswald u. Wilhelm Störmer (Hrsg.), Die Abtei Amorbach im Odenwald, Sigmaringen 1984, S. 167ff

Störmer, Wilhelm, Miltenberg, Historischer Atlas von Bayern I,25, München 1979, S. 90ff

Berninger, Gudrun, Auf der Suche nach der Wahrheit über die frühen Siedlungen im Miltenberger Raum, Bote vom Untermain 25.8.1989

1. Pfeifer, Valentin, Spessartsagen, Aschaffenburg 1961, 3. Auflage, S. 170ff
2. Herrlein, Adalbert, Die Sagen des Spessarts, Aschaffenburg 1851, S. 150
   Caspari, Carl Heinrich, Erzählungen für das deutsche Volk, Stuttgart 1855
   Caspari, Karl Heinrich, Aus dem Spessart, Erzählungen und Sagen, Obernburg 2010
3. Mülbert, Konrad, Namen und Wappen der Rüdt von Collenberg, die älteste Überlieferung der Sage, in: Der Odenwald 1993, Heft 2, S. 79ff
4. Wackerfuß, Winfried, Das Maintal zwischen Miltenberg und Wertheim ..., in: Beiträge zur Erforschung des Odenwaldes und seiner Randlandschaften, Bd.4, 1986

Burg Wildenstein und der Hannes-Jakob von Hobbach

Belagerer sahen den breiten und tiefen Halsgraben und die mächtige Schildmauer der Burg Wildenstein vor sich.

Der Mainzer Kurfürst und die Grafen von Rieneck hatten sich Fehde angesagt, und eines Tages kam ein Mainzer Heer das Elsavatal heraufgezogen und belagerte die Rienecksche Burg Wildenstein, die links des Baches, unweit von Sommerau, auf einem Berge stand.
Im Sturm wagte man die starke Feste nicht zu nehmen, und so wollte man ihre Besatzung aushungern. Diese litt nach mehrwöchiger Belagerung auch große Not, es mangelte sehr an Mehl und Fleisch, und zuletzt waren an Schlachttieren nur noch ein Schwein und eine Kuh übrig. Zu allem Unglück schienen das die Feinde zu wissen; denn wie einmal der Schlossherr mit seinem Knecht, dem Hannes-Jakob, über die Mauer ins Tal schaute, hörte er zwei Mainzer sagen: „Sie haben nichts mehr als ein Schwein und eine Kuh, jetzt wird das Nest bald unser sein".

Der Hannes-Jakob, der von Hobbach gebürtig war, hatte einen guten Einfall. Er holte das letzte Schwein aus dem Stalle, warf es nieder und kniete sich darauf, so dass es schrie, als ob es geschlachtet werden sollte. Da spitzten die Mainzer die Ohren, weil sie dachten, jetzt müssten die Mundvorräte bald zu Ende gehen. Wie's der Hannes-Jakob aber nach drei Tagen wieder tat und nach weiteren drei Tagen abermals und immer fort, da sagten sie: „Sie müssen noch vollauf zu leben haben im Schloss, hört nur, sie schlachten schon wieder ein Schwein".

Als er's so eine Weile getrieben hatte und die Leute den Gurt um den Leib immer enger schnallen mussten, waren sie gezwungen, ihr letztes Schwein zu schlachten. Alsdann aber ging der Hannes-Jakob in den Stall, blökte wie ein Kalb und plärrte ein andermal wie eine Kuh, und die Feinde sagten: „Jetzt geht's ans Rindvieh", und sie bekamen es allmählich satt, vor dem Schloss zu liegen.
Die Rienecker aber waren am Verhungern, und wie nun eines Tages noch ein einziger Schinken übrig war und sich kaum noch jemand auf den Beinen halten konnte, dankte der Burgherr seinen Mannen für ihr treues Aushalten und gab einem jeden zum Abschied die Hand, weil nun ja doch alle Hungers sterben müssten. Aber einer von ihnen verzagte immer noch nicht, und das war der Hannes-Jakob. Er wollte noch etwas versuchen und führte die Kuh, von deren Milch sie bisher gelebt hatten, aus dem Stalle, band ihr mit Flachs den letzten Schinken zwischen die Hörner und dazu einen beschriebenen Zettel. Dann trieb er die Kuh zum Tore hinaus. Einige Mainzer fingen die Kuh ein, hingen den Schinken ab und lasen, was auf dem Zettel stand; nämlich: „Sowenig die Kuh den Schinken frisst, sowenig die Festung euer ist." Die Mainzer guckten sich groß an und brachten die Kuh samt dem Zettel zu ihrem Anführer. Dem war die Zeit ohnedies schon zu lang geworden, und als er die Zeilen gelesen hatte, sagte er: „Blast zum Abmarsch; denn da verhungern wir eher, als dass denen da droben die Kost ausginge".

Morgens zogen sie ab mit Sack und Pack das Tal hinunter; die Rienecker trauten zuerst ihren Augen nicht und wagten sich kaum zu mucksen. Dann aber ging ein Jubel los an allen Ecken und Enden. Die Kranken und fast zu Tode Erschöpften lebten wieder auf, alles umringte froh den Schlossherrn, der schmunzelnd seinen Schnauzbart strich und sagte: „Das hat uns Gott geraten. Aber sooft ich ein Schwein schreien und eine Kuh brüllen höre, will ich an den Hannes-Jakob von Hobbach denken und an seinen guten Einfall".[1]

Die Kuh mit dem Schinken zwischen den Hörnern, aus den Spessartsagen von Wendelin Großmann

Ein Original, das gar keines ist

Der „Hannes-Jakob" ist eine amüsante Erzählung von einem schlitzohrigen Spessart-Original, das eine Burgbesatzung nach einer langen Belagerung durch einen bauernschlauen Trick rettete. Die Belagerer zogen endlich ab, *„ein Jubel bricht los an allen Ecken und Enden"*, und der Schlossherr schmunzelte.

So originell, wie diese Geschichte um die Burg Wildenstein zu sein scheint, ist sie aber gar nicht! Von jeder zweiten Burg wird eine ähnliche Befreiungstat berichtet. Im Mittelalter waren Burgen mit ihren starken Mauern und dem oft meterdick gebauten Bergfried praktisch uneinnehmbar. Wenn es einem Angreifer gelungen war, Graben und Mauern zu überwinden, das Tor aufzusprengen und in den Burghof zu gelangen, konnte sich die Besatzung in das Herzstück jeder Burg, in den Bergfried zurückziehen; die Strickleitern wurden hochgezogen, der einzige Eingang – in 6 bis 10 Metern Höhe, verriegelt; im Turm selbst waren Le-

bensmittel, Vorräte und Wasser vorbereitet, um eine Belagerung von einigen Tagen zu überstehen.
Eine mittelalterliche Burg war also mit militärischen Mitteln kaum zu bezwingen. Das änderte sich erst, als zu Beginn der Neuzeit Feuerwaffen und Kanonen erfunden wurden. Es gab nur die Mittel der Erpressung – z. B. durch Geiselnahme – oder eben, durch eine lang andauernde Belagerung die Burgbesatzung auszuhungern und dadurch zur Übergabe zu zwingen.
So ist es nicht verwunderlich, dass von vielen Burgen erzählt wird, wie listig eine Belagerung überstanden wurde.

Heinrich Caspari, Pastor in Eschau und Geschichtenerzähler (1815–61), hat seiner Version vom „Hannes-Jakob von Hoppach"[2] ein solches Beispiel vorangestellt:

Man erzählt, in Neustadt an der Aisch habe einmal ein Schneider, als die Feinde das Städtchen belagerten und es ausgehungert zu haben meinten, einen guten Rat erfunden. Er habe sich nämlich in eine Bockshaut einnähen und unter lustigem Meckern auf der Stadtmauer sehen lassen, bis die Feinde, in der Meinung, die drinnen müssten noch Lebensmittel genug haben, voll Verdruss und Ärger wieder abzogen.

Ein ähnlicher Trick wird von der Breuburg im Mümlingtal erzählt:
In alter Zeit wurde die Burg Breuberg einmal belagert. Ohne dieselbe nehmen zu können, setzte der Feind den Belagerten hart zu, indem er versuchte, sie durch Aushungern zur Übergabe zu zwingen, da kam ein schlauer Kopf in der Burg auf einen glücklichen Gedanken. Eines Tages lagerte sich die Besatzung auf der Ringmauer um einen großen Topf mit Brei, zu dem der letzte Sack Mehl verwendet worden, und verzehrte die dampfende Mahlzeit in aller Gemütsruhe und zum Hohne des Feindes. Dieser, darüber erbittert, warf Steine hinauf, wovon einer gerade in den Topf fiel, dass der Brei umherspritzte. Einer der Belagerten ließ sich nicht stören, leckte schließlich noch den Topf aus und streckte den Feinden die Zunge heraus. Die Belagerer zogen bald hierauf ab. Das Schloss aber hieß seit der Begebenheit statt wie früher „Freiberg" fortan „Breiberg", und der ausgehauene Kopf über dem Tor, genannt „Breilecker", erinnert noch heute daran.

Der Breilecker von der Breuberg im Odenwald.

Es handelt sich also bei der Sage über die Belagerung der Burg Wildenstein um die Variation einer sogenannten „Wandersage": Ein Motiv – mit unterschiedlicher Orts-Färbung – wird weiterzählt und kann im Prinzip an jeder Burg „hängen bleiben". So gesehen, ist der Hannes-Jakob wohl gar kein Original, sondern eine erfundene Person, die ein weitverbreitetes Sagenmotiv im Zusammenhang mit der Burg Wildenstein bei Eschau personifiziert.

Caspari hat diese Methode oft angewandt: Als Anlass diente ihm eine mündliche Überlieferung, ein Bildstock oder eine Ruine, eine Flurbezeichnung oder ein Ortsname – und dazu erfand er eine Erzählung. So „erklärte" er – nicht ohne Augenzwinkern – den Ortsnamen Hobbach:

Oben im Grund liegt Hoppach. Es ist einmal einer, sagt man, den Grund herabgekommen und hat einen Sack auf der Schulter getragen; der bekam ein Loch, und es fielen Häuser heraus hieher und dorthin, zuerst eines und nach einer Weile wieder eines, eins rechts vom Bach, eins links vom Bach, und wie er sich umsieht und den Ort anschaut, der daraus entstanden war, musste er lachen, weil die Häuser so verkrümelt lagen, dass ein Nachbar, wenn er zu dem andern wollte, einen Zusprung nehmen und über den Bach hüpfen („hoppen") mußte – und nannte das Dorf Hoppach.[2]

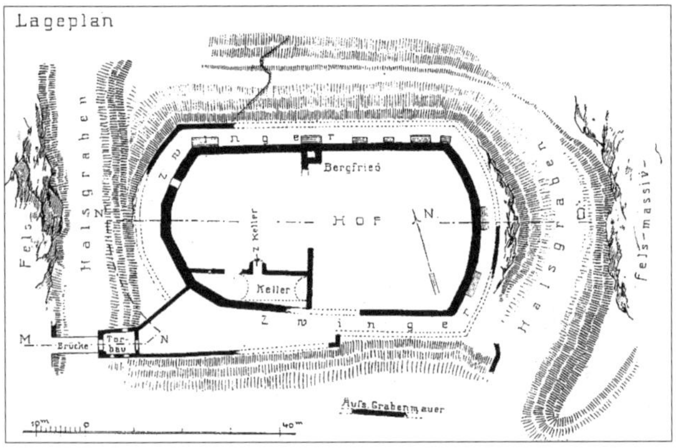

Lageplan der Burg Wildenstein „Die alte romanische Burg war eine einfache Anlage, die nur durch den Ringgraben und die mächtige Ringmauer geschützt war".[3]

Die Geschichte: weniger amüsant

Die zum Schmunzeln reizende Sage von der Belagerung der Burg Wildenstein lässt vergessen, dass der historische Ablauf weit schlimmer, dramatischer und blutiger war, als es die Erzählung glauben macht.
Zwischen Rieneck und Mainz entbrannte nämlich in der Mitte des 13. Jahrhunderts ein heftiger Kampf um Einfluss und Macht im Spessart.[4]
Die folgenden Zahlen und Fakten lassen zwischen den Zeilen etwas davon erahnen.

- Als treue Gefolgsleute Kaiser Barbarossas haben sich die Grafen von Rieneck im gesamten Spessartraum ein Herrschafts- und Einflussgebiet von beträchtlichem Umfang schaffen können. Dadurch wurden sie eine ernstzunehmende Konkurrenz für das Erzbistum Mainz.
  Kernstücke dieses durch Rodung erschlossenen Raumes, der große Teile des Spessarts umfasste, sind das 1232 gegründete Kloster Himmelthal und die Burg Wildenstein, die wohl ebenfalls aus dem ersten Drittel des 13. Jahrhunderts stammt.

- Mit dem Untergang der staufischen Königs- und Kaisermacht fiel für die Rieneckischen Positionen der wesentliche Rückhalt weg. Mainz rüstete zum Gegenschlag. Das Aubachtal hinter Eschau wurde 1241 demonstrativ zum „Mainzer Tal" erklärt.

- 1260 ließ der Mainzer Erzbischof Werner von Eppstein die Rienecker Burg Wildenstein mit Waffengewalt einnehmen und – zumindest in Teilen – zerstören.
  Daraufhin bauten die Rienecker offenbar ihren Ort Eschau zu einer „Burg" aus. Wahrscheinlich befestigten sie den ummauerten Kirchhof und ein „festes Haus" in der Nähe der Kirche.

- 1261. Am 26. Juni treffen sich die verfeindeten Parteien bei Miltenberg (wohl auf dem heutigen Engelsplatz). Die Mainzer Seite wirft den Rieneckern Vertragsbruch vor, weil sie sich in Eschau ein Bollwerk gebaut haben. Die drei Grafen-Brüder Ludwig, Gerhard und Heinrich weigern sich zunächst, die vorgebrachten Anschuldigungen überhaupt anzuhören: entweder machen sie einen derartigen Lärm, dass man nichts verstehen konnte oder sie halten sich demonstrativ die Ohren zu. Es bleibt ihnen letzten Endes aber nichts anderes übrig, als sich zu verpflichten, keinerlei Befestigung im Spessartbereich mehr zu errichten, die den Namen „Burglichbu" verdient. Im Klartext heißt das wohl: nicht nur die Burg Wildenstein wird nicht mehr geduldet, auch der Burg-Ersatz in Eschau – offenbar der befestigte Kirchhof – ist nicht erlaubt (Urkunden vom 28. 7.und 5. 9. 1261).

Der Erzbischof kann sich dabei auf ein 1220 erlassenes Reichsgesetz berufen, das der König zugunsten der kirchlichen Fürsten erlassen hatte.

Dieser Mauerturm im Burghof stammt aus einer späteren Bauphase. Der ursprüngliche Bergfried, der wehrhafteste Bauteil jeder Burg, ist möglicherweise in der kriegerischen Auseinandersetzung mit Mainz niedergelegt worden.

- 1266. Die Rienecker geben (noch) nicht auf und bauen trotz aller Verbote Wildenstein wieder auf, müssen aber ihre Burg an Mainz verpfänden (17. März).
  Das haben die Grafen sicher nicht freiwillig getan; da standen gewiss handfeste Drohungen und militärischer Druck dahinter.

- 1271 wird schließlich ein „Friedensschluss" besiegelt. Was da in Diplomatensprache so genannt wird, ist sicher ein unabwendbares Nachgeben gewesen: Schluss mit dem Burgenbau! Keine Neurodungen mehr! Den Rieneckern blieb gar nichts Anderes übrig, als der Macht und Gewalt des überlegenen Territorialherren von Mainz zu weichen, der jetzt den Spessart mit Jagdschlössern (Rothenbuch, Weiberhof, Mespelbrunn ...) und Forsthuben besetzte. Lediglich Eschau und das halbzerstörte Wildenstein bleiben als Eigenbesitz bei Rieneck.

- In dieser Zeit baute Mainz das Wasserschloss Sommerau (1277 erstmals belegt) als Gegenposition zum Rieneckischen Besitzkomplex im mittleren Elsavatal.

- 1291. Die einzige Chance, von dem mittlerweile am ganzen Untermain dominierenden Territorialherren nicht ganz vereinnahmt zu werden, nehmen die Rienecker wahr. Sie tragen der Kurpfalz ihre Besitzungen – Wildenstein, Eschau, Kleinheubach, Wildensee – als Lehen auf, begeben sich also unter das schützende Dach einer mächtigeren Herrschaft, die stark genug ist, um Mainz Paroli bieten zu können.

Der Sonderweg dieser Orte ist damit vorgezeichnet, die im 16. Jahrhundert die Reformation übernahmen und sich auch konfessionell von Mainz abgrenzten.

Für die hübsche Geschichte vom Hannes-Jakob ist bei soviel Krieg eigentlich kaum ein Platz. Dass in der Sage die Mainzer die „Gelackmeierten" sind, die am Ende übertölpelt werden, haben wir wohl dem evangelischen Pastor Caspari zu verdanken, der in seinen Erzählungen gerne den „Katholischen" eins auswischt.

Anmerkungen:

1. Pfeifer, Valentin, Spessartsagen, Aschaffenburg 1961, 3. Auflage, S. 114
2. Caspari, Karl Heinrich, Aus dem Spessart. Erzählungen und Sagen, Obernburg 2010; derselbe Text ist abgedruckt bei Herrlein, Adalbert von, „Die Sagen des Spessarts“, S. 198; eine Überlieferung in Strophenform von Wolfgang Müller findet sich in „Mainsagen“, gesammelt und herausgegeben von Alexander Kaufmannn, Aschaffenburg 1853, S. 215f; Zum Hannes Jakob siehe auch: Appel, Karl, Eschauer Heimatbuch 1985
3. Die Kunstdenkmäler von Bayern, Bezirksamt Obernburg (München 1925, S. 143)
4. Hartmann, Wolfgang, Zur frühen Geschichte von Sommerau und seiner Wasserburg, in „Spessart“ Heft 7/2009

Der Engelberg

„Kühn und steil auf Spessarts Höhen
Steht ein Kirchlein ob dem Main“

So besingt ein Wallfahrerlied den exponierten Standort des Klosters Engelberg oberhalb Großheubachs. Kirche und Kloster sind ein beliebtes Ziel von Wallfahrern, Betern und Wanderern. Seit mehreren Jahrhunderten tragen Gläubige ihre Anliegen und Nöte der Muttergottes auf dem Engelberg vor. Von der Terrasse vor der Kirche aus hat man einen herrlichen Rundblick über das Mainknie bei Miltenberg und die angrenzenden Odenwaldberge.

Eine Sage erzählt uns Einzelheiten zur Geschichte, erklärt den Standort des Klosters und den Namen „Engelsberg“.

Der Engelsberg

Da oben liegest du in Gottes Frieden,
Prunklose Kirche, ew'ger Ruh' erfüllte,
Auf Erden schon vom Irdischen geschieden.
König Ludwig

Diese Mainlandschaft mit dem Mainzer Tor von Miltenberg (links), der Laurentiuskapelle, Klein- und Großheubach – in künstlerischer Freiheit näher an den Betrachter herangerückt – und dem Kloster Engelberg, das „kühn und steil auf Spessarts Höhen“ steht, stammt von einem unbekannten Maler. Das Original befindet sich im Mainfränkischen Museum in Würzburg.

Eine starke halbe Stunde unterhalb Miltenberg, aber auf dem rechten Mainufer, liegt ein steiler Vorsprung des Spessarts, der Engelsberg – auf ihm eine Kapelle mit einem Klösterlein, zu welchem man von Großheubach auf 670 Staffeln gelangt. Die Kapelle ist im Anfange des fünfzehnten Jahrhunderts zu Ehren des h. Erzengels Michael und aller andern Engel erbaut worden. Die Erbauer hatten nicht die Absicht, die Kapelle da zu errichten, wo sie jetzt steht, sondern an einer anderen Stelle des Berges und es waren hier bereits Steine und Bauholz aufgefahren, allein in der Nacht trugen die Engel Holz und Steine auf den jetzigen Bauplatz. Und wenn die Engel ein irdisches Haus haben wollten, konnte es nirgends schöner stehen, als da, wo es sich jetzt befindet. Rings um den Berg liegt eine Landschaft, wie der Garten Gottes, und der trunkene Blick weiß nicht, soll er auf der entzückenden Nähe haften oder soll er in die herrliche Ferne schweifen. Darum senken sich auch himmlische Lichter auf den Bau herab, Engels-Harmonien umtönen den Berg und sichtbar wandeln die Engel in der Kapelle.
Auf der Stelle, wo der Bau zuerst hatte errichtet werden sollen, eine halbe Stunde hinter der Michels-Kapelle, wurde später die Mariahilf-Kapelle gebaut. 145 Treppen führen von dem Fuße des Bergs zu dieser Kapelle und 116 von da auf den Engelsberg.
In der Michels-Kapelle steht ein gnadenreiches Muttergottesbild, die h. Maria zu den Engeln, der von den zahlreichen Wallfahrern aus der Nähe und Ferne eine besondere Verehrung gewidmet wird.
Früher stand bei der Michels-Kapelle nur ein kleines Haus, die Wohnung des Kirchendieners. Im Jahre 1629 erhielten die Kapuziner die Erlaubnis, sich auf dem Engelsberge anzusiedeln und diese errichteten in den

Der vergrößerte Ausschnitt aus einer Karte von 1575[2] zeigt hoch über „Grossen Heidbach“ eine Kirche mit Chor und Langhaus, die von einer Mauer umgeben ist. Davor steht ein Gebäude – die im Sagentext erwähnte „Wohnung des Kirchendieners“ – aus Holz oder Fachwerk. In der Kirche befand sich ein Altar zu Ehren des Hl. Geistes, der Hl. Engel und diverser Heiliger (1459), bzw. ein Altar zu Ehren des Hl. Kreuzes (1487).
Die Engelsstaffeln gab es noch nicht.

darauffolgenden Jahren das kleine Kloster, das seit des Jahres 1829 von den Franziskanern bewohnt wird.[1]

In vielen Publikationen über den Engelberg werden die im Sagentext genannten Einzelheiten unbefragt übernommen. Einige sagenhafte Überlieferungen halten jedoch einer kritischen Überprüfung nicht stand.

Der himmlische und der irdische Standort

Kernstück der Sage ist die Verlegung des Standortes an die jetzige Stelle. Engel haben das bereit gestellte Baumaterial von dem Platz, an dem die Mariahilf-Kapelle steht, auf geheimnisvolle Weise weggetragen und dorthin gebracht, wo heute Kirche und Kloster stehen. Eine andere Variante wiederholt die nächtliche Verlagerung von Steinen und Gebälk noch zweimal und verlegt auch den ursprünglich vorgesehenen Standort auf den Gipfel des Rülesberges, auf dessen niedriger gelegenem Ausläufer das Kloster thront. Eine anschauliche und überzeugend klingende Deutung der Legende von der Bauplatzverlegung gibt Rudolf Vierengel[5], der in der Engelberg-Überlieferung eine „typische Sage der Christianisierungszeit" sieht.

Es kann sich durchaus so abgespielt haben: Missionare haben der Bevölkerung am Miltenberger Mainknie das Christentum nahe zu bringen versucht. Nun soll ein Gotteshaus gebaut werden. Die Einheimischen schlagen als Standort den höchsten Punkt des Rülesberges vor. Hier haben nämlich ihre Eltern und Vorfahren schon gebetet und Opfer gebracht – wenn auch noch nicht dem Herrn Jesus und seiner Gottesmutter, sondern ihrem Gott Wotan und anderen Gottheiten.

Diesen Vorschlag akzeptieren aber aus demselben Grund die Missionare und die fränkischen Herren nicht. Dieser Ort sei durch den heidnischen Kult vorbelastet. Mit der Einführung des christlichen Glaubens beginne eine neue Zeit. Deshalb müsse ein neuer Standort gefunden werden. Der neue Platz sei außerdem erheblich leichter erreichbar.

Selbstverständlich ist diese Auseinandersetzung nicht belegbar, aber sie ist durchaus vorstellbar. Die Missionare wollten Christus oder eine(n) Heilige(n) an die Stelle Wotans setzen. So, wie es ihnen gelungen ist, den Wotanstag durch den neutralen „Mittwoch" zu ersetzen (der im Englischen bis heute „Wednesday" heißt!), brachten sie es fertig, anstelle des heidnisch vorgeprägten Kultortes einen neuen Bauplatz zu bestimmen. Das mag schwer genug gewesen sein. Alle übrigen Wochentage außer dem Mittwoch tragen bis heute die Namen von heidnischen Gottheiten!

Das Motiv vom Streit um den „richtigen" Standort kann also mehr von den Konflikten der Missionierung aussagen als viele Daten und lange Erklärungen.

Allerdings: Dieses Motiv ist nicht nur vom Engelberg überliefert! Es gibt unzählige Sagen, welche die abseitige oder auffällige Lage von Kirchen und Kapellen durch die wundersame Materialverlagerung vom

Auf dem höchsten Punkt des Berges, auf dessen Ausläufer Kloster und Kirche stehen, befindet sich ein Naturdenkmal, „Hainschüssel" genannt. Auf der wie von Riesenhänden geschaffenen markanten Steingruppe – heute mit einem Holzzaun versehen – sollen unsere Vorfahren ihren Göttern Opfer dargebracht haben. Die christliche Kirche ist deshalb nicht an diesem heidnisch vorbelasteten Ort, sondern auf der 150 Meter niedriger gelegenen Bergschulter errichtet worden, die der Sage nach die Engel als Standort bestimmt haben.

„schlechten zum besseren Ort“ erklären, die meist nachts und mit Hilfe von himmlischen Geistern erfolgt ist: Der Bauplatz der Maria-Schnee-Kapelle in Röllbach, der Sandkirche in Aschaffenburg oder der Kirche in Ernstkirchen ist auf dieselbe sagenhafte Weise gefunden und verklärt worden.

Es handelt sich also um eine sogenannte „Wandersage“, d.h. ein Motiv, das weiter verbreitet ist und an bestimmten Plätzen und Orten „hängen geblieben“ ist.
Der in der ersten Version überlieferte Zusammenhang mit der Maria-Hilf-Kapelle (die erst Ende des 17. Jahrhunderts gebaut worden ist) verrät wenig Orts- und Geschichtskenntnis, beweist aber noch einmal, dass das Sagenmotiv sich auf jedes beliebige Bauwerk beziehen kann.

Die Sage von der Standortverlegung auf himmlische Weisung hin gibt also wenig Anhaltspunkte für eine historische Einordnung. Überlieferungen dieser Art hatten in erster Linie die Aufgabe, den exponierten Platz zu „erklären“, an dem das Kloster errichtet worden ist und die Entstehung der Wallfahrtsstätte mit einer geheimnisvollen Aura zu umgeben: „*Und wenn die Engel ein irdisches Haus haben wollten, konnte es nirgends schöner stehen, als da, wo es sich jetzt befindet*“, schlussfolgert der Sagentext.

In der Tat: „*die Aussicht ist eine der weitesten und reichsten, die nah und fern zu finden*“, preist Ludwig Braunfels in seinem Standardwerk über die Mainufer den Panoramablick, den man von der Engelbergterrasse aus genießen kann.

Neben der poetisch-himmlischen bietet sich eine prosaisch-irdische Erklärung dieses weithin sichtbaren Standortes an: Von hier aus überblickt man den gesamten Mainbogen zwischen Klein- und Groß-Heubach bis Bürgstadt. In allen geschichtlichen Epochen war hier die strategisch wichtigste Kontrollstelle des Verkehrs im südlichen Mainviereck. Die Ringwälle oberhalb Bürgstadts und Miltenbergs zeugen ebenso davon wie die römischen Kastelle „Altstadt“ und „Miltenberg Ost“ oder die mittelalterliche Mildenburg.

Hier am Kreuzungspunkt verschiedener Verkehrslinien zu Wasser und zu Lande war es notwendig, ein funktionierendes Signal- und Meldesystem aufzubauen. Von der eindrucksvollen Felsformation der Hainschüssel – es ist „*ein großer Felsen, auf welchem ein ebenfalls großer Felsen ruht*“ – auf der Höhe des Bergrückens hinter (und 150 Meter über) dem Kloster Engelberg berichtet Wirth in der Miltenberger Chronik: „*So viel ist gewiss, dass dieser Punkt ein Sammelplatz der alten Deutschen war, wenn das Vaterland einen Überfall zu befürchten hatte*“. Wirth sieht hier einen der Punkte, „*wo sie sich bei Tag, wie bei Nacht Sig-*

Erinnert die Sage vom Transport der Baumaterialien vom Rülesberg zum Engelberg an uralte, für die Verteidigung wichtige Zusammenhänge? Jedenfalls hatte der Engelberg, oberhalb der alten Mainfurt gelegen, nicht nur eine religiöse, sondern auch eine „technische“ und militärische Bedeutung. So bestand eine Sichtverbindung zum Gotthardsberg, von dem man Einblick in sieben Täler hat. Das Bild zeigt den Blick vom Gotthardsberg nach Norden über Weilbach bis zum Maintal und zum Kloster Engelberg.

nale geben konnten. Von der Hainschüssel aus kann man sogar die Veste Breuberg im Odenwald und von der Ringmauer aus auf die Aschaffenburger Brücke sehen"[4]. Vom Engelberg aus hat man außerdem Blickverbindung mit dem Gotthardsberg bei Amorbach, der früher Frankenberg hieß, auf dem der Sage nach Graf Ruthard gesessen haben soll ...

Michael statt Wotan? Woher kommt der Name „Engelberg"?

Die Sage berichtet von einer dem Hl. Michael geweihten Kapelle als Urzelle des späteren Klosters. Am Anfang des 15. Jahrhunderts sei sie zu Ehren des Erzengels Michael und aller anderen Engel erbaut worden. Häufig wird Michael als christlicher Nachfolger des germanischen Gottes Wotan dargestellt. Was ist von diesen Behauptungen zu halten?

Tatsächlich übernimmt der Hl. Michael viele Eigenschaften und Attribute Wotans, bzw. seines antiken Gegenbildes, des Gottes Merkur.

- Wotan war ein Kriegsherr. Der Erzengel mit Schwert oder Lanze kam den Erwartungen unserer Vorfahren sehr entgegen. Ein Kämpfer und stolzer Sieger über seine Feinde war ihnen sympathischer als ein betender Heiliger (und ein Gekreuzigter!). König Otto zog 955 hinter einer Michaelsfahne in die Schlacht gegen die Ungarn.
- Außerdem war Merkur/Wotan ein Totengeleiter, der die Seelen ins Jenseits führt. Michael als Seelenwäger beim Jüngsten Gericht und Totenbegleiter ist in der Martinskapelle in Bürgstadt und in der Friedhofskapelle in Freudenberg (und anderswo!) dargestellt. Am Untermain wurde Merkur nachweislich hoch verehrt. Am Grauberg bei Miltenberg standen in römischer Zeit zwei Tempel zu Ehren dieses damals außerordentlich beliebten Gottes.
- Der Hl. Michael hat offenbar diese Tradition mit christlichem Hintergrund fortgesetzt. Der ehemalige Grubinger Kirchhof zwischen Röllfeld und Großheubach und eine Kapelle in Kirschfurt waren ihm geweiht. Merkur – Wotan – Michael waren „zuständig" für Handel und Verkehr!

Diese religionsgeschichtlichen Parallelen sind auffällig und unbestritten. Gilt die Schlussfolgerung aber auch für den Engelberg?

Die Erwähnung einer Michaelskapelle – aus dem 15. Jahrhundert oder um 1300 – oder eines Bildstockes ihm zu Ehren wird zwar in allen Publikationen über den Engelberg wiederholt; sie muss aber als reine Hypothese gewertet werden. Es gibt dafür keinen Beleg!

Wem aber, wenn nicht dem Hl. Michael, war der Engelberg geweiht?

Da liegt eher die Vermutung nahe, hier an einen Peters-berg zu denken. Petrus heißt „der Fels", die Kirche liegt auf einem steil abfallenden Bergsporn. Die Großheubacher Kirche hat das Patrozinium „Petri Cathedra", d. h. „Sitz des Hl. Petrus". Freilich ist diese Theorie nicht zu beweisen, die aber eine Parallele in der frühesten Überlieferung der Stiftskirche von Aschaffenburg hätte, die ursprünglich nur dem Hl. Petrus geweiht war (und erst später den Heiligen Petrus und Alexander).

Von Anfang an ein Marienheiligtum

Die erste sichere Überlieferung zur Geschichte des Engelberges stammt aus dem Jahre 1406.[5] Dort ist von einer Marienkapelle die Rede, die wiederhergestellt werden soll, weil sie ruinös geworden ist. Ein Laie mit Namen Johann von Schlager hatte sich um die Gewährung eines Ablasses bemüht, der nun von Kardinal Julianus, dem Bischof von Ostia, genehmigt wurde. An vier Terminen wird den Gläubigen beim Besuch des Engelberges der Ablass gewährt: An Pfingsten, am Dreifaltigkeitsonntag, an Mariae Lichtmess und an Mariae Verkündigung.

Die Kapelle die durch Spenden der Wallfahrer und Gottesdienstbesucher renoviert werden soll, hat ihren Standort *„in monte angelorum“*, d. h. auf dem Berg **der** Engel (nicht des Engels).

Auf dem Engelberg stand also ursprünglich eindeutig ein Kirchlein, das der Gottesmutter geweiht war, die im Kreise der Engel verehrt worden ist.

- 1406 ist nur von Ablasstagen an Marienfesten die Rede, nicht aber vom Michaelstag.
- 1460 wird die Kapelle zu Ehren der Engel des Himmels (also wiederum Mehrzahl!) erwähnt.
- Johannes Butzbach nennt in der lateinischen Beschreibung seiner Heimatstadt (Anfang des 16. Jahrhunderts) ein kleines Gotteshaus *„ad montem angelorum“*, also eindeutig **der** Engel.[6]
- 1630 bitten die Großheubacher um Errichtung eines Klosters bei der *„Kapelle zu Ehren der seligen Jungfrau Maria und der Heiligen Engel“*

Die Verehrung der Gottesmutter ist also primär – zeitlich und nach der Rangordnung – auf dem Engelberg. Die Vorstellung von einer Mittlerin zwischen dem Himmel und den Menschen ist nicht spezifisch christlich. Auch die „Heiden“ in vorchristlicher Zeit suchten immer wieder den Kontakt zur „Anderswelt“. An bestimmten Tagen – an Weihnachten oder in der Nacht vor dem 1. November – glaubten sie, die Mächte des Himmels oder die Seelen der Verstorbenen seien ihnen besonders nahe. Sie veranstalteten Totenmähler, stellten dabei Stühle für die Verstorbenen auf und bedienten diese. Das Patrozinium der Großheubacher Kirche, „Petri Stuhlfeier“, geht auf eine derartige Kultpraxis zurück.[7]

Es gab auch Örtlichkeiten, an denen eine Verbindung mit der Welt des Göttlichen in besonderer Weise gelingen konnte: an Quellen oder auf markanten Erhebungen – wie dem Engelberg.

Dort, oben auf der Bergspitze bei der Hainschüssel oder an dem von Engeln bestimmten Platz beim Kloster, kann man sich gut einen Altar zu Ehren einer Göttin der Fruchtbarkeit und des Lebens vorstellen – und guter Geister, die zwischen oben und unten vermitteln. Die christliche Interpretation ist dann: Die Gottesmutter auf dem Berg der Engel.
Der Legende nach wurde Maria nach ihrem Tod in den Himmel aufgenommen. *„Da waren auch die Engel da, die sangen mit den Aposteln und erfüllten alles Erdreich mit ihrem süßen Getöne“* und Maria *„fuhr auf gen Himmel, geleitet von der Menge der Engel“*.[8]

Das Gnadenbild auf dem Engelberg. Die 75 cm hohe bemalte Holzfigur aus der Zeit um 1400 zeigt Maria als gekrönte Himmelskönigin. In der rechten Hand hält sie ein Zepter, mit der Linken hält sie ihren göttlichen Sohn, der aber nicht als Kind, sondern als Erwachsener dargestellt ist, der mit dem Finger auf ein aufgeschlagenes Buch zeigt. Offenbar ist das Gnadenbild die Replik einer etwa 200 Jahre älteren romanischen Figur mit einem früheren „theologischen Programm“.

Die Verehrung des Hl. Michael kam gewiss erst später – und vor einem anderen frömmigkeitsgeschichtlichen Hintergrund – dazu. Die überlebensgroße Figur des Erzengels in einer Nische über dem Portal der Klosterkirche, die mit einer mächtigen Lanze Luzifer niederstößt, ist Symbolfigur der Gegenreformation (und der Hexenverfolgung).
Der Engelberg – als Berg der Engel – wurde jetzt, zu Beginn des 17. Jahrhunderts, zum Engels-Berg, zum Berg des Erzengels Michael.
Die überlieferte Sage projiziert kurzerhand das Patrozinium des Erzengels zurück ins Mittelalter – und diese falsche Behauptung wird in beinahe sämtlichen Publikationen über den Engelberg wiederholt.

Man geht sicherlich nicht fehl, wenn man eine Marienkapelle (nicht: Michaelskapelle!) seit dem Ende des 13. Jahrhundert auf dem Engelberg (nicht: Engelsberg) annimmt.

Die Wallfahrt im ausgehenden Mittelalter

Das Gnadenbild auf dem Engelberg wurde bald das Ziel vieler Beter und Pilger.

Der Großheubacher Pfarrer Ewald Faulhaber, der für die Wallfahrtskirche zuständig war, vermerkt im Jahre 1469, dass *„von vielen Seiten große Volksmengen jährlich und täglich, Gnaden und Ablass zu erwerben daselbst, hier eine Zuflucht haben, mit Opfern, Diensten und Gaben sich demütiglich erweisen und dieselben von dem allmächtigen Gott großen Lohn ohne Zweifel empfangen"*.

Gerade im ausgehenden Mittelalter, einer Epoche, in der die Pest mit einer unheimlichen Regelmäßigkeit ihre Opfer holte und permanente Fehden den Menschen das Leben unerträglich machten, suchten die Menschen nach einem Halt. Viele wollten durch eine fromme Stiftung schon auf Erden für ihr Seelenheil sorgen. Bildstöcke wurden errichtet und Kapellen gebaut. Wallfahrten hatten großen Zulauf. Der Ablass

Die drei Meter hohe Sandsteinfigur des Erzengels Michael ist ein Werk des Miltenberger Steinmetzkünstlers Zacharias Juncker (um 1635).

versprach den vollständigen oder teilweisen Erlass zeitlicher Sündenstrafen. Ein regelrechter Ablasshandel entwickelte sich, der dem einfachen Volk glauben machte, durch Geldzahlungen Sündenvergebung zu erreichen. Am Vorabend der Reformation (1517) gab es eine regelrechte Frömmigkeitshysterie aus Angst vor dem nahen Weltgericht. Der Wunderglaube war weit verbreitet.

Es war die Zeit, in der die Maria-Schneekapelle in Röllbach gebaut wurde, die Wallfahrt zur „Mutter Gottes auf dem Holderstock" in Schneeberg oder

Das zeitgenössische Bild (1519) von einer Wallfahrt (Regensburg) vermittelt einen Eindruck von der intensiven Frömmigkeitsbewegung am Vorabend der Reformation: Von allen Seiten ziehen Wallfahrer mit Fahnen und großen Kerzen zum Gnadenbild. Vor einer Marienstatue werfen sich Kranke zu Boden, in der Hoffnung, von ihrem Leiden geheilt zu werden. An den Wänden der Kapelle sind unzählige Gegenstände befestigt, die zum Dank für erfahrene Hilfe dort angebracht worden sind. Innige Gläubigkeit und naiver Wunderglauben fanden sich untrennbar nebeneinander.

nach Hessenthal einen riesigen Zulauf verzeichnete, die Wallfahrt zum Hl. Blut in Walldürn begann, 40 000 Gläubige nach Niklashausen im Taubertal strömten, um den „Pfeiferhans" mit seinen revolutionären und schwärmerischen Predigten zu hören (1476) und Riemenschneider in Würzburg seine feingliedrigen Heiligenfiguren schnitzte.

Die wichtigsten Daten im Überblick

1406	Erste schriftliche Erwähnung einer (ruinösen) Marienkapelle „in monte angelorum", d. h. auf dem Berg der Engel Das Gnadenbild stammt aus dem 14. Jahrhundert, ist aber wohl die Nachbildung einer weit älteren Plastik (vermutlich aus dem 13. Jahrhundert).
15. Jh.	Erste Blütezeit des Wallfahrtswesens und der Marienverehrung
16. Jh.	Niedergang der Wallfahrt in den Wirren der Reformationszeit
1630–39	Errichtung des Klosters; Berufung der Kapuziner Der. Hl. Michael als Symbolfigur der Gegenreformation beherrscht die Eingangsfassade.
1637	Die „Himmelsstiege" mit den 612 „Engelsstaffeln" wird gebaut.
17./18. Jh.	Zweite Blütezeit der Wallfahrten und der Marienverehrung
um 1700	Die Maria-Hilf-Kapelle (am Weg von Miltenberg) wird gebaut.
1698/99	Antonius- und Marienkapelle werden an die Klosterkirche angebaut. Das Gnadenbild wird auf einem neuen Altar in der Marienkapelle aufgestellt.
1803	Säkularisierung des Klosters in der Napoleonzeit
1828	Wiedergründung des Klosters auf Weisung König Ludwigs I. und auf Anregung der Fürsten zu Löwenstein Franziskaner betreuen den Engelberg.
1845	Anbau der Gruft der Fürsten zu Löwenstein
1866	14 Kreuzwegstationen werden an der „Himmelsstiege" errichtet.
um 1900	Verlängerung des Kirchenschiffes; neue Innengestaltung, Gestaltung des Kirchenvorplatzes
1902	Erneuerung des Gnadenaltares (durch Erzbischof Joseph von Schork, der aus Kleinheubach stammt).
1914–18	Bittprozessionen während des Weltkrieges, Erneuerung der Kreuzwegstationen
1916	Klosterschänke eröffnet
1998	Neugestaltung der Außenanlage

Anmerkungen:

1. Herrlein, Adalbert von, Die Sagen des Spessarts, Aschaffenburg 1851 (Nachdruck 1982), S. 159
   Vgl.: Braunfels, die Mainufer, Würzburg 1847, S. 317 ff.
2. Hauptstaatsarchiv München, Plan 10248 aus dem Jahre 1575
3. Vierengel, Rudolf, Miltenberg, eine alte Stadt am Main, Amorbach 1960
4. Wirth, Joseph, Chronik der Stadt Miltenberg 1890, S. 427
   Vgl. auch: Madler, Ph. J., Das Kloster auf dem Engelberg und die Familiengruft der Fürsten v. Löwenstein ..., Weiden 1857
5. Götzelmann, Ambrosius, Geschichte der Wallfahrt und des Klosters Engelberg, Fulda 1909
6. Beriger, Andreas, Johannes Butzbachs Beschreibung seiner Heimatstadt Miltenberg. in: Aschaffenburger Jahrbuch für Geschichte ... Bd. 15, Aschaffenburg 1992, S. 233
7. Die Legenda aurea des Jacobus de Voragine (Übers. von R. Benz), Gütersloh, 1999, S. 164
8. Wie Anm. 7, S. 451

Erstveröffentlichung (in erweiterter Form) in:
Zeitschrift „Spessart“ 7/2006

Die Nonne Agnes und der Teufel

Bei dem Kloster Himmelthal verengt sich das Elsavatal, dass es kaum ein paar hundert Schritte breit bleibt. Frische blumenreiche Wiesen füllen den schmalen, gebogenen Grund und rechts und links steigen waldbedeckte Berge jäh empor und schließen das kleine Tal von der übrigen Welt ab; das Auge sieht nur den blauen Himmel und das helle Grün der Wiesen und das dunklere des Waldes – und das Ohr hört nur das Rauschen der eilenden Elsava, das Säuseln des Windes in den Baumwipfeln und den Gesang der gefiederten Waldbewohner. Der Frieden Gottes ruht auf der Stätte und das Herz sehnt sich, aus der bewegten Welt zu scheiden und hier sich selbst und dem Dienst des Herrn zu leben.

Die Elsava beim Kloster Himmelthal

Die Bewohnerinnen des Klosters Himmelthal lebten Jahrhunderte hindurch auch nur dem Dienste des Herrn. Die Grafen von Rieneck waren des Klosters Schirmherrn geblieben und unter ihrer Obhut und bei dem musterhaften Lebenswandel der Nonnen gelangte das Kloster bald zu hoher Blüte; das Dorf Eichelsbach und der größte Teil der Ortschaften Großheubach und Reistenhausen, die Hofgüter zu Mechenhart, das Patronatsrecht der Pfarrei Erlenbach und viele andere Besitzungen wurden Eigentum des Klosters.
Der Reichtum erzeugt häufig Üppigkeit und die Üppigkeit führt auf weitere Umwege. Auch die Nonnen zu Himmelthal fröhnten allmählich der Weltlust mehr, als sich mit den strengen Regeln des Hl. Bernhard vertrug. Der Erzbischof von Mainz fand sich deshalb bewogen, einen geistlichen Kommissär nach Himmelthal abzuordnen. Dieser stellte den versammelten Nonnen das Sündhafte ihres Treibens in eindringlicher Rede vor und warnte sie vor den Fallstricken, die der Böse allen lege, die nicht fest an dem Herrn hielten. In vielen Herzen schlugen seine Worte tiefe Wurzeln, aber in anderen fanden sie nur unfruchtbaren Boden und zu diesen gehörte auch eine junge Nonne, die Schwester Agnes, die sich bei Gleichgesinnten über den ehrwürdigen Geistlichen nur lustig machte. „Der alte Herr“, meinte sie, „habe gut reden; wenn sie einmal weißes Haar habe, wie er, werde sie sich auch um die Weltlust nicht mehr kümmern. Aber jetzt solle er ihr mit seinen Mährlein wegbleiben. Mit dem Teufel schrecke man nur Kinder. Sie habe noch nie gehört, dass Jemanden der Teufel geholt habe und es liefen noch arge Sünder genug in der Welt herum. Darauf wolle sie es ankommen lassen“ – und was dergleichen gottlose Reden mehr waren.

Die Schwester Agnes hatte Gelegenheit gefunden, eine Liebschaft mit einem Jägersmann anzuknüpfen. In dem Taumel ihrer Leidenschaft war ihr nichts mehr heilig; sie vergaß ihr Gelübde und den Himmel und versprach dem Jägersmann, aus dem Kloster zu entfliehen und ihm in seinen Wald zu folgen.
Es war ein schwüler Sommertag gewesen. Schwere Gewitterwolken waren über den Spessart gezogen und hatten ihre Last in die engen Waldtäler gegossen, dass sie sich hoch mit Wasser füllten und die Elsava im wilden Strome dahin brauste. Die Nacht, welche diesem Gewittertage folgte, war zur Flucht aus dem Kloster verabredet worden; der Jägersmann sollte die Schwester Agnes unfern des Klosters erwarten. Er musste aber vorher die Elsava überschreiten und die ungebändigte Flut hatte Brücken und Stege weggerissen; er ließ sich dadurch nicht abhalten und suchte durch das Wasser zu dringen – die Wellen ergriffen ihn und führten seine Leiche dem Maine zu.

Unterdessen war es der Schwester Agnes gelungen, aus dem Kloster zu entkommen; es war ihr dieses um so leichter gewesen, als das fortwährende Aufleuchten

der Blitze, das unaufhörliche Rollen des Donners alle Nonnen in ihre Zellen gescheucht hatte. An dem bestimmten Platze sah Agnes den Jägersmann stehen, sie eilte auf ihn zu: da zückte ein heller Blitzstrahl durch die schwarze Gewitternacht und ein Schrei, den man durch das Brausen des Sturmes im Kloster hörte, gab Kunde, dass Agnes den erkannt hatte, der die Stelle ihres Buhlen einnahm. – Am anderen Morgen fand man nur den halbverbrannten Schleier der Schwester.
Zu dessen Gedächtnis wurde da, wo man den Schleier gefunden, ein Stein eingemauert, der den Teufel vorstellt, wie er mit seinen Krallen grimmig das Nönnlein fasst ...

Bald darauf verbreitete sich Luthers Lehre und fand auch Eingang im Kloster. Eine Nonne nach der anderen verließ die heilige Stätte, so dass zuletzt nur noch Eine vorhanden war, die sich selbst zur Äbtissin wählte, und nun Äbtissin und Convent in einer Person vorstellte. Der Churfürst zu Mainz war damit nicht einverstanden, hob im Jahre 1619 das Kloster auf und überließ dessen Güter den Jesuiten, die um diese Zeit nach Aschaffenburg gekommen waren. Diese errichteten in der Mitte des vorigen Jahrhunderts alle Gebäude neu, so dass von dem alten Kloster kaum noch eine Wand übrig ist. Nach der Jesuiten Aufhebung fielen die Güter dem Gymnasiumsfonde zu Aschaffenburg zu.[1]

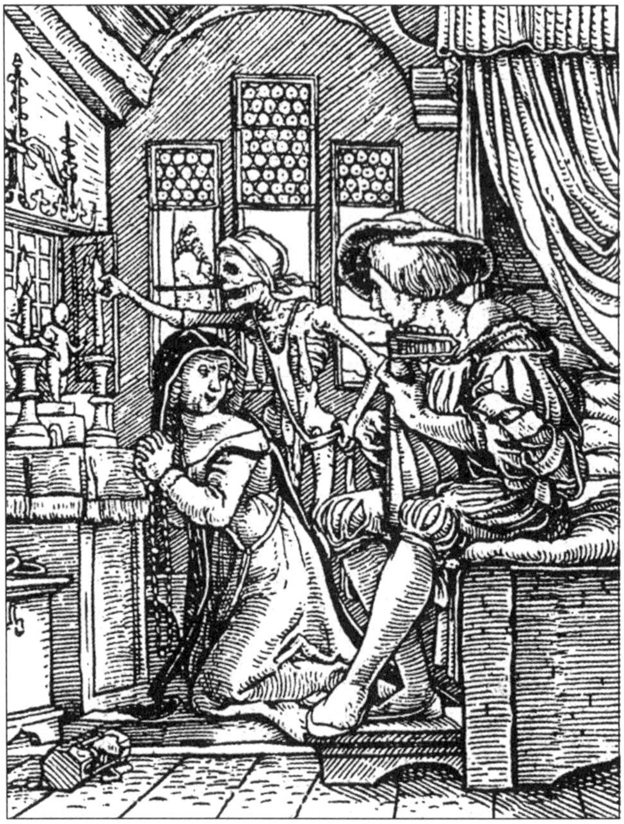
Die Nonne aus dem Totentanz von Hans Holbein d. J.

Die Teufelsskulptur gab die Anregung

Der – namentlich nicht genannte – Verfasser der Sagenerzählung beginnt mit einer stimmungsvollen Beschreibung des Elsavatales.
Die eigentliche Sage von der Nonne Agnes und dem Teufel ist eine erzählende Interpretation der einen von zwei Dämonenskulpturen aus dem 13. Jahrhundert, die heute im hinteren Teil der Kirche aufgestellt sind, ursprünglich aber entweder im Zugangsbereich des Klosters oder am Westgiebel der Kirche angebracht waren. Jedenfalls haben die Figuren mit ihren fratzenhaften und bedrohlichen Gestalten apotropäischen Charakter, das heißt, sie wollen warnen und abschrecken.

Den weitaus größeren Bekanntheitsgrad hat die Figur, die mit der Sage von der Nonne Agnes in Verbindung gebracht wird, die vom Teufel in Gestalt eines Jägersmanns verführt wird. Die Skulptur aus grauem Sandstein, die „*den Teufel vorstellt, wie er mit seinen Krallen grimmig das Nönnlein fasst*“, hat sicherlich die Geschichte mit der liebestollen Nonne angeregt. Vermutlich hat der Erzähler ein einfaches, mündlich überliefertes Inhaltsgerüst vorgefunden, das er mit konkreten Namen, wörtlichen Reden und anschaulichen Details zu einer Geschichte verbunden hat. Die Warnung vor dem „Bösen“ hat dabei einen hohen Stellenwert.

Diese Sandsteinfigur, die „den Teufel vorstellt, wie er mit seinen Krallen grimmig das Nönnlein fasst“, gab die Anregung für die Sage von der Nonne Agnes, die vom Teufel verführt wurde.

Man beschrieb die dämonische Kreatur als den *„Teufel in Hundegestalt, der eine zitternde Figur umschließt, die sich durch den gefalteten Schleier als Nonne ausweist, die angstvoll etwas Kugelartiges in der Hand hält“*. Die Figur stellt, so lautet die gängige Interpretation, die Versuchung durch den Bösen dar und zeigt zugleich die Abwehr des Teufels durch den Glauben, der durch die christliche Weltkugel dargestellt wird.[2]
Sowohl diese Beschreibung wie die Deutung sind meines Erachtens nicht richtig. Das drohend dominierende Tier ist kein Hund, sondern ein Affe, der das „Teufelstier par excellence“ darstellt. „Wenn eine Äbtissin des 13. Jahrhunderts, Mechthild von Magdeburg, von einer Verstorbenen sagt, sie habe den „Affen der Welt“ von sich geworfen, dann meint sie die weltliche Eitelkeit, Sündhaftigkeit und Teufelsverfallenheit“.[3]
Die weibliche Person, die der Teufels-Affe in seiner Gewalt hat, ist offensichtlich nackt (und nicht mit einem Schleier versehen) und stellt damit Eva dar, die nicht eine Weltkugel, sondern den Apfel der Verführung und Sünde umklammert.
Damit erweist sich diese Figur als apotropäisch – warnend am Eingang des Klosters oder der Kirche. „Entscheide dich!“, mahnt sie den Betrachter, “zwischen der Sünde und der göttlichen Liebe, zwischen EVA und AVE Maria, der Kirche und Kloster geweiht sind!“

Atmosphäre des Niedergangs

Teufelsfigur wie Sagenerzählung geben die Atmosphäre der letzten hundert Jahre der Himmelthaler Klostergeschichte anschaulich wieder. Die Regierungszeit der Äbtissin Christina von Dürn (1516–27) vor dem Hintergrund der beginnenden konfessionellen Auseinandersetzungen nach dem Thesenanschlag Luthers (1517) beweist dies anschaulich.

Die Äbtissin war gerade ein halbes Jahr im Amt, als der Erzbischof am 17. November 1516 eine gründliche Visitation anordnete. Die Lebensweise und klösterliche Zucht, das geistliche Leben, aber auch die wirtschaftliche Situation des Klosters bedurften *„heilsamer Anordnungen“*. Er schickte deshalb den Abt Marcellinus von Seligenstadt und den geistlichen Kommissar Konrad Rucker aus Aschaffenburg nach Himmelthal. Rucker ist auch aus dem Verfahren gegen den Lutherfreund und Pfarrer Johann Drach in Miltenberg bekannt geworden, wo er rigoros und mit allen Mitteln den Standpunkt der katholischen Obrigkeit vertrat.

Wie damals in vielen Klöstern gab es auch in Himmelthal viel Beklagenswertes:

- Das gemeinsame Leben, Arbeiten und Beten wurde vernachlässigt. Die „Rentenbezieherinnen“ im Kloster achteten mehr auf ihr eigenes Ein- und Auskommen. Bürgerliche Kleidung und Schmuck trugen viele im „Pensionat für höhere Töchter“ an Stelle der grauen Ordenstracht.

- Die Klausur, das streng geregelte Leben des Konvents im engeren, geschlossenen Bereich, wurde häufig missachtet. 1504 verbot der Würzburger

Bischof in seinem Sprengel den Besuch in Nonnenklöstern und das Auslaufen der Ordensfrauen. Die Nonne Agnes der Himmelthaler Sage war also beileibe kein Einzelfall. Die Visitatoren hatten gezielt den Auftrag, Personen aus dem Konvent auszustoßen, *„die dort nicht mehr geduldet werden können“*.

- Der Erzbischof spricht auch von Verfehlungen, die bestraft werden müssten. 1491 hatte eine der Himmelthaler Nonnen ein Kind zur Welt gebracht und dieses getötet.[4] Die klösterliche Zucht lag im argen. Die große Zeit der Klöster war ohnehin längst vorbei. Die meisten der in der Aufbruchsstimmung des hohen Mittelalters gegründeten Klöster gingen im 16. Jahrhundert ein oder wurden aufgelöst.

- Diese Missstände erklären sich in Himmelthal großenteils auch dadurch, dass es offenbar seit einigen Jahren keine geordnete Leitung mehr gab. Von 1497 bis 1516 ist überhaupt keine Äbtissin nachweisbar.

Die ganze Verderbtheit, Unordnung und Hilflosigkeit kommt in einer Klage der Christina von Dürn aus dem Jahre 1521 zum Ausdruck.[5]

Die Äbtissin wusste nicht mehr ein noch aus. “*Wir haben*“, schreibt sie, “*als lang mir gedenckt, viel Elendts und Unglücks mit Christen und Viehvölkern müssen leiden, ohne Hilfe zu haben ... Der Commissarius (aus Aschaffenburg) ist zusammen mit dem Amtmann zu Wildenstein zu Himmelthal gewesen*“ und hat Christina beschuldigt, sie *„hätte das Closter verderbt“*.

Sie weist die (alleinige) Schuld zurück: “*Es wird sich aber erfinden, was da war, als ich Äbtissin worden, was ich verthan, ob das Closter verbessert oder verbösert, reicher oder ärmer worden*“.

Die Vertreter von Mainz und Rieneck kamen aber bald zu dem Schluss, dass *„eine neue Ordnung gemacht“* werden müsse. Das Kloster wurde praktisch unter Kuratel gestellt.

Die Äbtissin zeigte sich höchst verwundert darüber, dass die traditionelle Ordnung der Klausur und Klos-

In der Himmelthaler Kirche steht dieser Epitaph der Äbtissin Regina Truchsess von Baldersheim (1550), die in der grauen Tracht der Zisterzienserinnen abgebildet ist

terzucht wieder eingeführt werden sollten. Sie bewertete dieses Vorhaben als „Aufbürdung“ und Zumutung. Deutlicher kann man nicht demonstrieren, wie schlimm die Zustände damals in Himmelthal gewesen sein mussten.

Christina von Dürn beklagte sich auch darüber, dass man ihr *„das Baad und ein ganz herrlich Haus darzu abgebrochen“* habe. Da hatte sich die Frau Äbtissin offenbar ein schmuckes und bequemes Badehaus bauen lassen: Zeichen von Luxus, der ganz und gar nichts mehr mit zisterziensischer Lebensweise zu tun hatte!

Die arg bedrängte Äbtissin musste registrieren, dass das erzbischöfliche Kommissariat sogar daran dachte,

das Kloster ganz zu schließen, *„ein andermahl ... mich absetzen vom Ambt“*. Flehentlich bat sie, die hohen Herren mögen *„bösen Buben und meinen Missgönnern nicht glauben“*, befürchtete aber das Schlimmste: *“dass man das Closter gantz zerrisse, damit ein jeder eine Feder von dieser Gans bekäme“*.
Tatsächlich wurde Christina von Dürn 1522 abgesetzt, beziehungsweise wurde ihr eine weisungsbefugte Verwalterin vor die Nase gesetzt.

Der Sage von der Nonne Agnes fügt der Erzähler noch einen historischen Ausblick an, der mit der Verbreitung der Lehre Luthers „auch im Kloster“ beginnt: Dies ist meines Erachtens eines von mehreren Indizien für die Autorschaft des Volksschriftstellers und evangelischen Pastors Caspari, der 1815 in Eschau geboren wurde und seine Heimat in vielen Erzählungen illustriert hat, wobei er selten auf seelsorgerliche Empfehlungen verzichtet.

Chronologie

1383	„Dringende Not“ veranlasst die Äbtissin Elisabeth, Güter des Klosters zu verpfänden.
1406	Abt Heinrich von Ebrach visitiert im Auftrag des Generalabts von Citeaux das Kloster Himmelthal, um die wirtschaftliche Lage zu untersuchen. Er muss einen beträchtlichen Schuldenstand feststellen.
1428	Dem „Beichtiger“ des Klosters wird von Henne von Reiffenberg das Pferd geraubt.
1429	„Von großer anliegender schulden und not wegen“ muss das Kloster seinen Hof in Großostheim verkaufen. Weitere Verkäufe folgen, bringen aber offensichtlich keine Besserung.
1475	Das Kloster steht unter Aufsicht eines erzbischöflichen Kommissärs.
1491	Eine der Nonnen im Kloster hat ein Kind zur Welt gebracht und dasselbe „verderbt“. Der Centgraf von Aschaffenburg schickt die städtische Hebamme nach Himmelthal, um die Kindstötung zu untersuchen.
1516	Visitation des Klosters durch den Abt von Seligenstadt, der im Auftrag des Erzbischofs die klösterliche Zucht untersuchen und Verfehlungen bestrafen soll.
1522	Regina Truchsess von Baldersheim aus dem Kloster Frauenthal wird vom Erzbischof als Äbtissin eingesetzt.
1525	Aufständische Bauern plündern das Kloster.
1552	Weitere Plünderungen und Zerstörungen im „Markgräflerkrieg“
1559	Die Grafen von Erbach werden Erben der Grafen von Rieneck. Der neue Schutzvogt will die Reformation auch in Himmelthal einführen und das Kloster aufheben, um es für andere Zwecke zu nutzen. Er lässt Bilder und Skulpturen aus der Kirche entfernen („Bildersturm“).
1568	Das Kloster ist mit dem Tod der Äbtissin Anna Eisenberger ausgestorben. Die Erbachische Seite dringt auf Auflösung und Einziehung der Güter, Mainz will dies verhindern, indem Himmelthal künstlich am Leben erhalten wird.
1569	Der Erzbischof ernennt Anna Geipel von Schöllkrippen zur neuen Äbtissin. Sie lebt über dreißig Jahre im Kloster – als einzige Insassin! – bis zu ihrem Tod.
1601	Anna Geipel stirbt und wird in der Pfarrkirche Erlenbach beigesetzt.
1626	Das ehemalige Kloster wird an die Kongregation der Jesuiten in Aschaffenburg übergeben.

Anmerkungen

1. Der Text ist veröffentlicht in: Herrlein, Adalbert, Die Sagen des Spessarts, Aschaffenburg 1851, S 238
2. Die Kunstdenkmäler von Bayern XXIII, Bezirksamt Obernburg, hrsg. von Felix Mader, München 1918, S. 36ff
3. Röhrich, Lutz, Lexikon der sprichwörtlichen Redensarten, Freiburg 1994
4. Kittel, J., Das Cistercienserinnenkloster Himmelthal, in: Archiv für Unterfranken 47, Würzburg 1905, S. 221ff, Urk. Nr. 157
5. Schomartz, S.J., Himmelthaler Chronik 1739 (handschriftlich, ohne Seitenzahlen), Kopie im Stifts- und Stadtarchiv Aschaffenburg

Erstveröffentlichung (in erweiterter Form) in:
Zeitschrift „Spessart“ 9/2007

Luther in Miltenberg

Mit der folgenden Ballade führt der Dichter Paul Heyse (1830–1914) den Leser zurück in die Anfänge der Reformation, die gerade in Miltenberg einen bemerkenswerten dramatischen Höhepunkt hatte.

Der Schenk von Erbach

Das war der Schenk Herr Eberhard
Von Erbach im Odenwalde,
Der sprach zu seiner lieben Frau:
„Den Vogel fangen wir balde.

Mein hoher Gönner, der Erzbischof,
Ließ mir die Botschaft sagen,
Man höre die sächsische Nachtigall
Im Frankengaue schlagen.

Da will ich hin und will ihn fahn,
Den Ketzer, den Doktor Luther,
Dazu verhelfe mein Heiland mir
Und seine seligste Mutter!

Und hab' ich die Hand erst über ihm,
Dem reißenden Hund der Höllen,
So leg' ich ihm einen Maulkorb an,
Der wehrt ihm Beißen und Bellen."

Herr Eberhard sich schwang aufs Ross
Mit seinem Tross zur Stunde,
Und als sie kamen nach Franken hinein,
Da forschten sie in der Runde.

Ein Wirtshaus an der Straße lag,
Da haben sie Kunde vernommen,
Der Doktor werd' am Morgen früh
Des Wegs von Wertheim kommen.

Herr Eberhard der lobte Gott,
Gab Weisung seinen Knechten
Und schuf, dass sie eine Kanne Weins
Ihm auf die Kammer brächten.

Er wollt' ein Stück der langen Nacht
In Wachen und Beten verbringen,
Auf dass ihm ließe der gnädige Gott
Den großen Fang gelingen.

Und wie er wandelt auf und ab
Bei seines Lämpleins Glimmen,
Hört er im Nachbarkämmerlein
Ein geistlich Lied anstimmen.

Das klang so freudig, stark und mild
Und war so lieblich gesetzet,
Nie hatte den Schenk Herrn Eberhard
Ein Singen mehr ergetzet.

Das klang so tröstlich, fest und fromm,
Voll seliglichem Vertrauen,
Nie tät den Schenk Herrn Eberhard
Ein Singen mehr erbauen.

Und als verklungen der letzte Ton,
Der Schenk sprach „Amen!" leise,
Da hub der drin zu beten an,
Erbaulich gleicherweise.

Das klang, wie wenn ein trotzig Herz
Der List des Erbfeinds spotte;
Das klang, wie wenn ein zagend Herz
Sich flüchte zu seinem Gotte.

Das klang so treu und glaubensstark,
Um Tote zu beschwören;
Nie hatte der Schenk Herr Eberhard
So kräftig beten hören.

Und als der Beter Amen! sprach,
Da widerhallt's mit Machten.
Herr Eberhard stieß auf die Tür,
Seinen Nachbarn zu betrachten.

Der trug ein schlichtes Reiterwams
Ohn' sonderliches Zeichen;
Er mochte mit seinem tapfern Blick
Einem fahrenden Junker gleichen.

Doch wie ihn lud Herr Eberhard,
Zwiesprach mit ihm zu halten,
Wohl spürt' er in dem schlichten Mann
Eines höheren Geistes Walten.

Sie sprachen von Gott und Gotteswort
Von Menschenwerk und Sünden.
Wie wusste das fahrende Junkerlein
Den Geist der Schrift zu künden!

Sie sprachen so freudig die ganze Nacht,
Die Knechte schliefen indessen.
Herr Eberhard hat sein großes Werk
Und selbst das Trinken vergessen.

Doch als am Morgen kräht der Hahn,
Er musste sich wohl besinnen.
Er sprach: „Wie habt Ihr mich erlabt!
Nun treibt es mich von hinnen.

Dem Doktor Luther, dem Antichrist,
Will ich den Weg verlegen.
Doch da Ihr seid ein heiliger Mann,
Gebt mir zum Werk den Segen".

„So Ihr nicht mehr zu schaffen habt,
Das könnt Ihr näher finden.
Auf den Ihr fahndet, er steht vor Euch,
Ihr mögt ihn greifen und binden."

Da stürzten dem Schenk Herrn Eberhard
Die Tränen über die Wangen.
„Euch wollt' ich fahen – barmherz'ger Gott!
Nun habt Ihr mich gefangen.

Nun nehmt mich vollends in Eure Haft
Auf immer mit Seel' und Leibe
Und folgt mir auf mein festes Schloss
Zu meinem treuen Weibe!

Hilf Himmel, was wird der Erzbischof,
Mein hoher Gönner, sagen,
Hört er die sächsische Nachtigall
Im Odenwalde schlagen!"

Im Lutherjahr 1917 wurde diese Zeichnung im Heft für „die Kameraden im Feld und im Lazarett" publiziert.

Als Ort dieser von einer inneren Dramatik beherrschten Begegnung darf Miltenberg angenommen werden. Die Stadt selbst wird zwar im Text nicht erwähnt, aber mit der Nennung von „Erbach“ und „Wertheim“ geografisch umkreist. Das „Wirtshaus an der Straße“ wird in späteren Variationen dieser Sagenüberlieferung, die spätestens seit den 40er Jahren des 19. Jahrhunderts bekannt ist, mit dem „Riesen“ identifiziert, einem der ältesten und traditionsreichsten Gasthäuser Deutschlands. In der Sagensammlung aus dem Spessart wird angemerkt: „Bekanntlich übernachtete Luther im Jahre 1518 auf seiner Reise nach Heidelberg zu Miltenberg im Riesen“.[1] Auch nach Auskunft des „Literarischen Führers durch Deutschland“ trifft Eberhard dort auf Luther. Wo sonst?

Martin Luther übernachtet also im „Riesen“ in Miltenberg. Schenk Eberhard von Erbach ist ihm auf den Fersen, er will den „Antichristen“ gefangen nehmen, der für Unruhe und Aufregung beim gläubigen Volk sorgt, seitdem dieser in Wittenberg (1517) seine Thesen angeschlagen hat. Der Erbacher begegnet bei seiner Suche einem frommen Mann, der ihn mit seiner Bibelfestigkeit und Gotteszuversicht beeindruckt, ja in seinen Bann schlägt. Als Eberhard erfährt, dass er keinen Geringeren als den Reformator selbst vor sich hat, wird er dessen treuer Anhänger.

Paul Heyse will in seinem Erzählgedicht darstellen, wie sich jemand mit der Person und dem Programm Luthers auseinandersetzt und aus einem Verfolger des „Ketzers“ und „reißenden Hundes der Hölle“ zum Bewunderer des „heiligen Mannes“ wird. Es geht also um Beurteilung, Bewertung, ja Parteinahme und Lebensentscheidung.

Wer die Vorgänge um Luther und die Anfänge der konfessionellen Auseinandersetzung verstehen will, muss diese Parteilichkeit, das Glaubenskämpferische der Zeit, mit einkalkulieren, weil es um Grundsätzliches ging, um die rechte Einstellung zu Gott und der Welt.

Wer glaubte, die „Wahrheit“ zu kennen oder neu gefunden zu haben, war oft schnell bereit, im Andersdenkenden den Feind, den Antichristen, den Teufel selbst zu sehen. Die Predigttexte und Flugschriften des 16. Jahrhunderts bieten hierfür viele anschauliche Beispiele.

Quellenkritik

Wie glaubwürdig ist nun die Überlieferung von Luthers Aufenthalt in Miltenberg und seiner Begegnung mit Schenk Eberhard von Erbach? Gibt es Belege und Beweise?

„Nach Miltenberg zurückgekehrt, besuchen wir noch eine Stadtpforte, die den Namen Luther's trägt, und die an eine Sage von seinem Aufenthalt in dieser Stadt mahnt“. So steht es in dem voluminösen Band von Ludwig **Braunfels** über „Die Mainufer und ihre nächsten Umgebungen“ aus dem Jahre 1847.[2]

Joseph **Wirth** bringt in seiner Miltenberger Chronik[3] diese Pforte durch die mainseitige Stadtmauer nicht mit Luther direkt in Verbindung: *„Durch dieselbe entfloh der flüchtig gewordene Pfarrer Drach. Die Porte wurde zugemauert und hieß von der Zeit an das Luthersthor“.*

Carl Heinrich **Caspari**, schrieb in der Mitte des 19. Jahrhunderts seine Erzählung „Luther und der Graf von Erbach“.[4] Auf Caspari, der 1815 in Eschau als Sohn des dortigen Pastors geboren und von 1848–52 dessen Nachfolger wurde, geht eine Vielzahl von Spessart-Sagen zurück. Er starb 1861 in München.

Caspari kommt es darauf an, die wundersame Bekehrung des Saulus zum Paulus am Beispiel des Erbacher Grafen auszumalen:
„So ritt im Jahre 1518 am Abend des 8. April der Graf Eberhard über die Brücke seines Schlosses zu Erbach, seinem schwarzen Gaule die Sporen in die Seiten schlagend, dass die gewappneten Knechte ihm kaum zu fol-

So stellt der Holzschnitt von Hans Baldung Grien aus dem Jahre 1521 Luther als einen von Gott gesandten „Wiederaufrichter christlicher Lehre“ und einen außergewöhnlichen Menschen dar, der mit Heiligenschein und der Taube des Heiligen Geistes abgebildet ist.

Der Holzschnitt Hans Brosamers stellte 1529 Luther dagegen als Antichristen dar, der in der Offenbarung des Johannes (Kap. 13) als Tier mit sieben Häuptern angekündigt worden sei: „Und es tat sein Maul auf zur Lästerung gegen Gott ...“

gen vermochten. Es hatte ihn Mühe gekostet, aus seinem Schlosse zu entkommen, denn sein jüngstes Töchterlein Hildegard lag zum Sterben krank darnieder, und sein Weib hatte die Arme um ihn geschlungen und ihn nicht wollen ziehen lassen, wie wenn der Tod, solange der tapfere Graf zugegen sei, sich scheuen würde, an dem zarten Kindlein sich zu vergreifen. Aber er hatte sich losgerissen, und so schwer ihm auch das Herz gewesen, als er, seiner Gattin den Rücken kehrend, einen letzten Blick auf die bleiche Gestalt seines Töchterleins geworfen, war doch eine wilde Freude in seinen Augen zu lesen, als er jetzt an der Spitze seiner Reisigen hastig das Städtlein hinaussprengte, in dem man bereits die Lichter anzündete und die Abendglocke läutete“.

Historische Authentizität spielt dabei nur eine untergeordnete Rolle. Eberhard wird hier – im Gegensatz zur Ballade Heyses – „Graf“ genannt, obwohl der vormalige Schenk erst 1532 in den Reichsgrafenstand erhoben worden ist; Eberhard wohnte nicht im Schloss zu Erbach, sondern im benachbarten Fürstenau; die Begegnung mit Luther wird auf den 8. April datiert, obwohl Luther an diesem Tag noch in Witttenberg war; das „Töchterlein Hildegard", das sterbenskrank darniederlag, ist frei erfunden.[5] Es dient nur dazu, die Situation emotional aufzuladen, aus der Eberhard sich „losreißt" und sich mit „wilder Freude" aufmacht, um Luther zu fangen.

Miltenberg fand der Erbacher festlich beleuchtet. *"In großen Buchstaben brannte über der Torwölbung der Spruch*

Gottes Wort und Luthers Lehr'
Dämpft der Satan nimmermehr"

und *„von weit und breit war das Volk aus dem Odenwald nach Miltenberg zusammengeströmt, den Mann zu sehen, des Name selbst in die entlegenste Bauernhütte gedrungen war"*.

1518 war Luthers Thesenanschlag aber noch ein eher akademisches Thema, das in theologischen Kreisen diskutiert wurde. Eine feierliche Begrüßung des Reformators durch die Stadt Miltenberg war zu diesem Zeitpunkt nicht vorstellbar.

Caspari lässt Graf Eberhard im Gasthaus zum Schwert in Miltenberg übernachten (das Gebäude hat tatsächlich existiert; es stand am Marktplatz und ist 1848 abgebrannt). Dort hört er *„in dem Eckzimmer des Nachbarhauses"* die *„tiefe, schöne Männerstimme"* Luthers, den er durch den heruntergelassenen Vorhang beim Beten sehen kann.
Es ist davon auszugehen, dass Paul Heyse den Stoff für seine Ballade von seinem Dichterkollegen Caspari um das Jahr 1860 in München erhalten hat. Während Caspari in seiner längeren Erzählung genaue Datumsangaben, Lokalkolorit und zusätzliche Handlungsstränge einflicht, reduziert Heyse dasselbe Thema auf die innere Dramatik der persönlichen Begegnung des Schenken von Erbach mit Luther. Was bei Caspari ausführlich geschildert ist, wird bei Heyse nur angedeutet, konzentriert und dadurch verallgemeinert.

Eine volkstümliche Version der Luthersage veröffentlich schließlich Ludwig **Storch** aus Kreuzwertheim 1868 in der „Gartenlaube". Anlass war die Einweihung des Lutherdenkmals in Worms.[6] Offenbar verwendete Storch die Texte von Caspari und Heyse und kommentierte diese in publikumswirksamer Weise.

Wenn schon ein so berühmter Mann wie Luther in Miltenberg Station machte, dann musste er im bekanntesten Gasthaus der Stadt übernachtet haben.

Das Gasthaus „Zum Riesen" in Miltenberg (Illustration in der „Gartenlaube" 1868)

Luther ist *„in einem bescheidenen Wäglein angefahren"* und übernachtet im Gasthof Zum Riesen, *„eine ungemein gemütliche traute Herberge im Sinne unserer wackern Vorfahren"*.
Die Wandlung des Grafen Eberhard wird als Bekehrungserlebnis geschildert. *„Als ein Saul bin ich ausgezogen, ihm (Luther) Übles zu tun; als ein Paulus*

komm' ich wieder, von ihm und zu ihm bekehrt. Und dafür sei Gott gelobt in Ewigkeit! Amen!".

Die Überlieferungen vom Aufenthalt Luthers in Miltenberg sind also recht spärlich. Der Reformator übernachtet bei Heyse in einem „Wirtshaus an der Strasse", bei Caspari im Nachbarhaus des Gasthauses „Schwert" und bei Storch im „Riesen".

Luthers Reise nach Heidelberg

Gibt es in der Biographie Luthers Hinweise auf einen Besuch in der Stadt am Main? Möglich wäre ein solcher 1518 gewesen.[7] Ein paar Monate nach seinem berühmt gewordenen Thesenanschlag an der Wittenberger Kirche am 31.10.1517 machte sich der Augustinermönch mit einem Begleiter auf den Weg zu einem Konvent seines Ordens in Heidelberg. Luther lag es daran, seine Vorwürfe gegen die herrschende Ablasspraxis auf theologisch-wissenschaftlicher Ebene zu diskutieren. So war es ihm recht, dass ihm das Generalkapitel seines Ordens diese Gelegenheit geboten hatte.

Luther und sein Begleiter marschierten am 9. April 1518 in Wittenberg los und kamen – über Leipzig und Coburg – am 18. 4. nach Würzburg, wo sie im Augustinerkloster übernachteten.
Fürstbischof Lorenz von Bibra, ein juristisch gebildeter Renaissancefürst, empfing Luther in seiner Residenz auf dem Marienberg. Er unterhielt sich angeregt mit ihm und besaß wohl Verständnis für seine Kritik. Luther meinte später, Bischof Lorenz *„noch were lutherisch worden, so er lenger gelebt hette"*.

Von Würzburg aus bot sich den reisenden Mönchen die Gelegenheit, mit einem Wagen weiter zu fahren. Am 20. oder 21. April erreichten sie schließlich ihren Zielort. In der öffentlichen „Heidelberger Disputation" am 26.4. konnte Luther einen großen Teil seiner Zuhörer für seinen Standpunkt überzeugen. So war der junge Martin Bucer, der spätere Reformator von

Fürstbischof Lorenz von Bibra (1495 –1519) empfing Luther in Würzburg.
Sein Grabmal im Würzburger Dom ist ein Werk Tilman Riemenschneiders.

Straßburg, begeistert von der Wirkung von Luthers Auftreten. Die Disputation gilt als ein Markstein für den Durchbruch der lutherischen Bewegung.

Für die Route zwischen Würzburg und Heidelberg gibt es keinerlei Hinweise und Belege, nur Vermutungen. Die wahrscheinlichste: Luther zog über Tauberbischofsheim – Mosbach ins Neckartal.
Allerdings gibt es auch eine Lutherüberlieferung aus Wertheim. Dort wird erzählt, Luther sei – auf seiner Reise nach Heidelberg oder Worms – dort eingekehrt und habe die Zeche geprellt.

Erzbischof Albrecht von Brandenburg ist auf diesem 1524 entstandenen Bild als Hl. Martin dargestellt. Er trägt ein prachtvolles, mit Goldstickereien und Edelsteinen geschmücktes Gewand, das mit den Wappen seiner Erzbistümer Mainz und Magdeburg und des Bistums Halberstadt versehen ist. (Simon Franck; Stiftsmuseum Aschaffenburg)
Frömmigkeit und Sorge um das Seelenheil verbanden sich in seiner Person mit renaissancehafter Großzügigkeit und einem „freien“ Lebensstil, zu dem auch das bekannte eheähnliche Verhältnis zu seiner Konkubine und die Versorgung seiner Tochter gehörten.

Da Doctor Luther nach Worms gereist,
Da war er gottfroh und heiter;
Zu Wertheim hat er Bratwurst gespeist,
Und sang: „Wer nicht liebt“ – und so weiter.

Es hat ihm gefallen gar wohl die Stadt
Und das Schloss, hochprangend und guldig;
Auch Wein alldort er getrunken hat,
Und die Bratwurst, die blieb er schuldig.[8]

Für einen Aufenthalt Luthers in Miltenberg gibt es also allenfalls Vermutungen und keine schlüssigen Anhaltspunkte. Eine Übernachtung des Augustinermönchs in der Fürstenherberge „Riesen“ kann ausgeschlossen werden.

Die Hauptpersonen

Die Heyse-Ballade lebt von der inneren Dramatik der Begegnung Luthers mit dem Schenken von Erbach, der den Reformator gefangen nehmen will, dann aber von dessen Persönlichkeit und Ausstrahlung selbst gefangen genommen wird.

Im Hintergrund dieser Begegnung steht der Repräsentant der Tradition, „mein hoher Gönner, der Erzbischof“: Der Stadt- und Landesherr von Miltenberg war seit 1514 **Albrecht von Brandenburg,** der einen erstaunlichen Werdegang aufweisen konnte: Mit 16 Jahren zum Priester geweiht, mit 23 Jahren Erzbischof von Magdeburg und ein Jahr später zugleich Erzbischof und Kurfürst von Mainz geworden (1514). Diese Häufung von Ämtern und Pfründen war zwar nicht erlaubt – der Reliquiensammler, Kunstmäzen und Lebemann auf dem Mainzer Stuhl erkaufte sich vom Renaissance-Papst in Rom jedoch eine Sondergenehmigung.

Die offizielle Anrede des Erzbischofs:

> An den Hochwürdigsten/Durchleüchtigen Hochgeborenen/Fürsten und Herren/ Herren Albrechten der heyligen Römischen Kirchen Tittels Sancti Petri ad vincula Priester/ Cardinal zu Mentz vnd Magdeburg/ Ertzbischoff /Curfürst/ Primas in Germanien/ Administrator zu Halberstatt/ Marggraff zu Brandenburg und Vnsern gnädigsten Herren

Um diese Genehmigung zu bezahlen, machte der Kardinal in seiner Eigenschaft als Ablasskommissar von Deutschland Geschäfte mit der Sündenpein und Bußpraxis der Christenmenschen. Johann Küchenmeister von der Gamburg im Taubertal war als Subkommissar Vorgänger des berüchtigten Johann Tetzel, der die Ablassgeschäfte perfektionierte – und damit der Reformation den letzten Anstoß gab.

Martin Luther schickte aus Wittenberg am 31. 10. 1517, also an dem Tag, an dem er seine berühmten 95 Thesen bekannt gab, an den zuständigen Erzbischof Albrecht einen Brief, den dieser einige Tage später im Aschaffenburger Schloss erhielt.
„Ich beklage die falsche Auffassung, die das arme, einfältige, grobe Volk daraus entnimmt“, schrieb Luther, denn diesen Menschen werde vorgegaukelt, wenn sie ihren Obolus entrichten, würden sie automatisch von ihren Sünden befreit. Nach seiner Auffassung geht es allein um den Glauben des Christenmenschen; die Äußerlichkeiten und Praktiken der Kirche waren ihm ein Irrweg.
Prozessionen, Seelenmessen, Heiligenbilder und Reliquienverehrung sind in Luthers Augen „Götzendienst“, den Albrecht von Brandenburg exemplarisch praktizierte. Dieser sammelte eifrig Reliquien. Im Jahre 1520 umfasste sein Schatz 8133 Reliquienpartikel und 42 ganze Körper von Heiligen. In einer Handschrift in der Hofbibliothek Aschaffenburg, dem sogenannten Heiltumsbuch, sind sämtliche Reliquienbehälter abgebildet. Dieses Buch erregte Luthers Zorn und machte ihn zum radikalen Kritiker an den überkommenen Formen und Inhalten der Kirche.

Zwei Partikel vom Heiligen Kreuz, fünf Dornen von der Dornenkrone und ein Stück vom Leichentuch Christi soll diese Monstranz aus dem Heiltum des Kardinals Albrecht von Brandenburg aus dem Jahre 1520 enthalten.

„Nicht der ist gerecht, der viele Werke, sondern wer ohne Werke viel an Christus glaubt“, ist die Botschaft, die Luther in Heidelberg vortrug.

Seit 1517 schrieb der Reformator seinen Familiennamen „Luder“ mit th. Darin steckte ein Programm: Luther sah sich als *„Eleutherius“*, d. h. als frei, von Gott befreit. Daraus erklärt sich sein Selbst- und Sendungsbewusstsein.

Die „alte Kirche“ und auch der Kaiser taten sich schwer mit dem Störenfried. Dieser wurde „auf dem Dienstweg“ befragt, in Disputationen auf die Stichhaltigkeit seiner Argumente und seine Rechtgläubigkeit hin überprüft. Der Papst, den er als *„die Macht“* beschimpft hat, *„die mit ihren allerbösesten Lehren und ihrem schlechten Beispiel die christliche Welt mit den geistlichen und leiblichen Übeln verheert, verwüstet und verdorben hat“*, hat ihn exkommuniziert.

Schließlich wird er 1521 auf den Reichtag nach Worms zitiert, um vor den Augen des Kaisers und der Reichsfürsten seine Kritik an der Kirche zurückzunehmen. Auch der junge König und Kaiser Karl V. zeigte Verständnis für die Forderung nach einer Reform der Kirche, wollte aber die Einheit und Einigkeit des christlichen Abendlandes bewahren. Eine Reform der Kirche war unumgänglich, aber musste es gleich heftige Spannungen und eine Spaltung geben?

Luthers mutiges und standhaftes Auftreten vor den hohen Herren – Karl V. sah es als Unnachgiebigkeit – ist ein Höhe- und Wendepunkt der deutschen Geschichte. Die einzige Autorität ist für ihn die Bibel, sind die Worte Jesu, die er auch für seine Situation in Anspruch nimmt: *„Habe ich übel geredet, so beweise, dass es böse gewesen sei“* (Joh. 18.23) oder: *„Ich bin nicht gekommen, Frieden zu senden, sondern das Schwert“* (Matth. 10, 34).

Sein Schlusswort: *„Widerrufen kann und will ich nichts, weil es weder sicher noch geraten ist, etwas gegen sein Gewissen zu tun. Gott helfe mir Amen“.*

Unter den Zeugen dieses eindrucksvollen und folgenschweren Auftritts auf dem Reichtag waren auch Georg von Wertheim, Philipp von Rieneck und **Eberhard von Erbach.**

Eberhard XIII, Schenk, bzw. (ab 1532) Graf von Erbach (1470–39), war der Überlieferung zufolge *„ein treuer Anhänger der katholischen Kirche“.*[9] Zusammen mit seiner Gemahlin Maria von Wertheim, die ihm 16 Kinder geboren hat, erwarb er sich 1508 einen Ablass, beide ließen sich 1515 in die Brüderschaft des

„Hier stehe ich, ich kann nicht anders. Gott helfe mir, Amen“ Luther (ganz links) verteidigt mutig auf dem Reichstag in Worms (1521) vor Kaiser und Fürsten seine Kritik an der Kirche.

Klosters der Prädikanten zu Heidelberg aufnehmen. Eine seiner Schwestern, Magdalena, war Nonne in Klarenthal (Wiesbaden), eine zweite, Marie, war Äbtissin in Schmerlenbach, vier seiner Töchter waren in Adelsklöstern „versorgt". Sein Bruder Georg (†1509) gehörte als Domherr in Worms und Mainz und als Pfarrer zu Beerfelden und Pfungstadt zu den wohlbestallten Pfründeninhabern des überlieferten Kirchensystems.

Das mutige Bekenntnis des einfachen Augustinermönchs vor den Großen des Reiches in Worms *„klang so treu und glaubensstark"*, dass es schockierend auf die einen, faszinierend auf andere wirkte. Eberhard war offenbar von der Schlichtheit, der Wahrheitsliebe und Radikalität Luthers stark beeindruckt.
Was Paul Heyse von der nächtlichen Begegnung in Miltenberg erzählt, hat sich so auf dem Wormser Reichstag ereignet. Eberhard hatte einen „Ketzer" und Antichristen erwartet und spürte nun „in dem schlichten Mann eines höheren Geistes Walten".

Von dieser Begegnung an waren nicht mehr die überlieferten Praktiken der „alten Kirche", sondern *„der klare, unwidersprechliche Grund der heiligen göttlichen Schrift"* Grundlage und Maßstab seines Verhaltens.
Als um 1525 mehrere *„Geistliche im Erbachischen evangelisch predigten und Schenk Eberhard deshalb vom Kurfürsten Albrecht von Mainz aufgefordert war, dieselben abzuschaffen, oder vor das erzbischöfliche Commisssariat nach Aschaffenburg zu stellen, so gab derselbe zur Antwort, wie er nicht anders wisse, als dass diese Geistlichen nichts Anderes, dann das reine Wort Gottes lehrten, welches er nicht wehren könne, noch wolle"*.[9] Einen offiziellen Bruch mit der „alten Kirche" vollzog Eberhard aber noch nicht.

Alle drei Nachbarn des Erzbistums am Untermain, die Repräsentanten Rienecks, Wertheims und Erbachs, schlugen sich in der Folgezeit auf die Seite Luthers, bzw. bereiteten die Einführung der Reformation in ihrem Herrschaftsbereich vor.

Die Entscheidung für oder gegen diesen „Doktor Luther" hatte freilich mehrere Dimensionen.

- eine ganz persönliche: Soll der nunmehr 51-jährige Eberhard von heute auf morgen „anders glauben", alles in Frage stellen, was er als tief empfindender religiöser Mensch befolgt hat?
- Die eigene Entscheidung würde Konsequenzen haben: auf seine (16!) Kinder: Mehrere seiner Töchter hatten den Schleier genommen und lebten in den Klöstern des „alten Glaubens"!
- Religion war in dieser Zeit stets zugleich ein wesentliches Instrument der Innenpolitik: Einheitlichkeit und Frieden eines Territoriums bedurften zuallererst des gleichen Gebetbuches für alle Untertanen.
- Schließlich hatte die religiöse Entscheidung ganz erhebliche machtpolitische Auswirkungen. Die Entscheidung für Luther bedeutete: Gegen die Tradition, gegen den Kaiser und gegen den mächtigen Nachbarn, den Erzbischof von Mainz als dominierenden Territorialherren! Religion wurde da schnell zum Alibi, zum Vorwand, um handfeste Interessen zu verfolgen. So wurden die Nachbarn des „Mainzers" allesamt evangelisch!

Im Heyse-Gedicht werden diese verschiedenen Ebenen reduziert auf die persönliche Begegnung. Die Entscheidung Eberhards erfolgte spontan bis zum nächsten Morgen.
Die Wirklichkeit war komplizierter und langwieriger.

Ursprungslegende der evangelischen Gemeinde

Auffallend ist, dass die Luther-Überlieferungen alle aus der Mitte und der zweiten Hälfte des 19. Jahrhunderts stammen.[10]
Die literarischen Zeugnisse, die jeweils dasselbe Motiv der Begegnung des Erbacher Grafen mit dem Reformator darstellen, sind offenbar Ausdruck evan-

gelischen Lebens in Miltenberg und Umgebung, das sich damals formiert, allmählich etabliert und die historischen Wurzeln bis auf die Anfänge zurückverfolgt hat, die damals quellenmäßig erfasst und erforscht worden sind.

Die Fürsten von Leiningen, die im Zuge der Säkularisierung 1803 an den Untermain (und in den Odenwald) kamen, waren ebenso evangelisch wie die privaten Besitzer der Mildenburg, Carl Gottlieb Horstig, August Habel oder Wilhelm Conrady. Es waren einflussreiche Männer mit weitreichenden kulturellen Ambitionen. In Amorbach, dem Residenzort der Leiningen, lebten 1809 bereits 275 evangelische Christen (11% der Gesamtbevölkerung).

Der Eschauer Pastor und Poet Carl Heinrich Caspari stellte die evangelische Sache in allen seinen Sagenerzählungen aus dem Spessart deutlich heraus, die im stockkatholischen Mainzer Territorium einen schweren Stand hatte, letztlich aber überleben und sich durchsetzen konnte.

Die Miltenberger Protestanten, die von Kleinheubach aus betreut wurden, gründeten 1893 einen „evangelischen Verein“ und konnten am 8.9.1897 die im neugotischen Stil erbaute Johanneskirche einweihen. 1896 publizierte Otto Albrecht eine erste Abhandlung über *„Die evangelische Gemeinde Miltenberg und ihr erster Prediger“*.[11] Darin erwähnt er die *„anmutige Sage“*, Luther selbst sei einmal in Miltenberg gewesen und dort in der Fürstenherberge zum Riesen mit dem Grafen von Erbach zusammengetroffen, fügt aber hinzu: *„Es lässt sich nicht sicher beweisen“*.

Man kann also mit gutem Recht Heyses Ballade als „Ursprungslegende“ der evangelischen Gemeinde Miltenberg bezeichnen. Dabei geht es nicht in erster Linie um historische Glaubwürdigkeit, sondern um Bekenntnis.

Die Lokalisierung der Begegnung Luthers mit Schenk Eberhard von Erbach in Miltenberg – indirekt bei Heyse, direkt bei Caspari und Anderen – hat einen guten Grund. Luther, auch wenn er nicht selbst in der Stadt gewesen ist, hatte tatsächlich Beziehungen zur Stadt am Main. Er hat ihr einen persönlichen Freund und Vertrauten als Pfarrer empfohlen und hat auch aus der räumlichen Distanz regen Anteil an den Vorgängen in Miltenberg genommen.
In der Tat gab es einen „Probelauf der Reformation“ in Miltenberg.[12]

Die evangelische Johanneskirche in Miltenberg wurde am 8. September 1897 eingeweiht. Großzügige Spenden zu dem Bau kamen von Miltenberger Privatleuten und Betrieben; das Fürstenhaus Leiningen stellte das gesamte Bauholz zur Verfügung, die Familie Conrady stiftete ein Fenster und den Taufstein.

1522 hatte die Stadt – mit Genehmigung der kirchlichen Behörde! – einen jungen, 28 Jahre alten, reformfreudigen Mann auf die neu geschaffene Pfarrstelle in Miltenberg berufen, der in seinen Predigten gegen die Missstände wetterte, die sich in der Kirche eingeschlichen hatten und die auch in Miltenberg zu Tage traten. Im September des darauffolgenden Jahres wurde der kämpferische Pfarrer vertrieben und die Miltenberger mit Waffengewalt genötigt, *„bey der alten gewonheyt“* zu bleiben. Luther selbst erfuhr von den turbulenten Vorgängen am Untermain und schrieb 1524 einen *„Christlichen Trostbrief an die Miltenberger“*.

Luther und die evangelische Diaspora

Die Protestanten hatten es im 19. Jahrhundert in der Diaspora nicht leicht. Es gab viele tiefverwurzelte Vorurteile zwischen den Konfessionen, und noch mehr Schwierigkeiten im täglichen Miteinander (besser: Gegeneinander), in Fragen der Eheschließung, der Schule oder der Friedhofsnutzung!

So ist es nicht verwunderlich, wenn auch das Motiv „Luther“ unterschiedlich behandelt wurde.
In Wertheim (wie in Würzburg und anderswo) taucht der Reformator als Zechpreller auf. Offenbar war diese Negativbehauptung aber damals weit verbreitet. In seiner Erzählung legt Ludwig Storch deshalb Wert auf die Feststellung, dass Luther im „Riesen“ „schon seine Zeche bezahlt hat“ – und zwar im vorhinein!
Die Frage, ob denn der Wandermönch Martinus Luther in einer Gaststätte speiste und in einer Fürstenherberge übernachtete, wurde dabei gar nicht gestellt. Er hatte wohl weder das Geld dazu, noch die Absicht, wie ein Herr zu logieren. Die Schlafkammern des Grafen und des Mönchs nebeneinander – das geht wohl nur in der Sagenphantasie.
Die „Riesen-Erfindung“ diente andererseits natürlich auf protestantischer Seite dazu, Luther aufzuwerten. Eine so wichtige Persönlichkeit muss doch im ersten Haus der Stadt übernachtet haben!

Im nahen Bürgstadt wurde erzählt, die Ortsbewohner hätten Luther aus ihrem Ort vertrieben, da er dort predigen wollte und seien dabei mit Kreuzen, die sie kurzerhand im Friedhof ausgerissen hatten, auf diesen lausgegangen.
In einer anderen Version hat Luther die Bürgstädter bei einer Predigt als „Kreuzköpf“ bezeichnet, als er über deren Engstirnigkeit und mangelnde Reformationsbereitschaft erbost war. Es gibt also eine evangelische und eine protestantische Variante. „Kreuzköpf“ ist heute noch der Neckname für die Bürgstädter.[13]

Die Luthersagen sind demnach Dokumente aus einer Zeit, in der Katholiken und Protestanten sich gegenseitig das Recht absprachen, die „richtige Lehre“ zu vertreten und „Ökumene“ noch ein Fremdwort war.

Wenn Heyses Ballade „Der Schenk von Erbach“ also „Ursprungslegende“ und Pro-Luther-Dokument einer evangelischen Diasporagemeinde ist; wenn die Begegnung Luthers mit Graf Eberhard in Miltenberg offenbar eine Erfindung ist, hat der Text dann überhaupt eine Aussagekraft von Bedeutung?

Ich glaube, ja. Sagen erinnern an geschichtliche Ereignisse – jedoch nur an „besondere“, an solche, in denen Allgemeines, Exemplarisches, über ein konkretes Datum Hinausweisendes aufscheint.

Sagen wollen deshalb nicht minuziös sämtliche Einzelheiten wiedergeben, sie gehen vielmehr oft sehr souverän mit Details um, sie machen das Geschehene zurecht, sie konzentrieren die Stofffülle, damit der Leser oder Zuhörer nicht vor lauter Bäumen den Wald übersieht. Unterschiedliche Programme und Standpunkte oder machtpolitische Interessen werden reduziert – besser: verdichtet – auf die Begegnung von Personen in einem entscheidenden Moment.

„Der Schenk von Erbach“ von Paul Heyse ist hierfür ein anschauliches Beispiel, denn die Ballade gibt bildhaft und eindrucksvoll historische „Wahrheiten“ wieder.

Daten im Überblick

	„Große Geschichte“	Untermain-Geschichte
1510	Luther tritt in den Augustinerorden ein.	
1514	Papst Leo X. erneuert Ablass für den Bau der Peterskirche. Albrecht von Brandenburg, Erzbischof von Magdeburg und Halberstadt, wird Erzbischof von Mainz (nach Zahlungen an die Kurie).	
		Friedrich Weygand wird Keller in Miltenberg.
1517	**Luthers Thesenanschlag** in Wittenberg	
1518	Luther reist von Würzburg nach Heidelberg (19./20. 4).	
1521, 6. 4.	Drach begegnet Luther in Erfurt.	
18. 4.	Luther auf dem **Reichstag in Worms**. Anwesenheit Eberhards von Erbach, Michaels und Georgs von Wertheim und Philipps von Rieneck	
1522, 29. 4.		Miltenberg wird selbstständige Pfarrei, Johann Drach Pfarrer. Lutherische Prediger in Wertheim
1523	Drachs Promotion zum Doktor der Theologie in Wittenberg (Frühjahr)	
		Untersuchung in Aschaffenburg gegen Drach, dessen Exkommunikation
8. 9.		Bannbrief gegen Drach wird in Miltenberg verlesen, Tumult. Flucht Drachs nach Wertheim, Brief von dort an die Miltenberger. Altaristen verlassen Miltenberg (aus Angst oder Taktik?).
22.–24. 10.		Mainz schlägt mit Waffengewalt die evangelischen Ansätze in Miltenberg nieder. - Besetzung der Stadt, Gefangennahme der Rädelsführer - Bürger werden verpflichtet, beim alten Glauben zu bleiben.
13. 11.		Inquisition gegen Kaplan Scherpfer (Mitstreiter Drachs)
1524, 18. 1.		Inquisition gegen Drach (in Abwesenheit) in Aschaffenburg
	Luthers „Trostbrief“ an die Miltenberger	

Anmerkungen

1. Herrlein, Adalbert von, Die Sagen im Spessart, Aschaffenburg, 2. Auflage herausgeg. von Schober, Johann, Aschaffenburg (1885) S. 275. Oberhauser, Fred und Gabriele, Literarischer Führer durch Deutschland, Frankfurt 1983, S. 504
2. Braunfels, Ludwig, Die Mainufer ..., Würzburg o. J. (1844-47), S. 316
3. Wirth, Joseph, Chronik der Stadt Miltenberg, 1890, S. 188
4. Caspari, Karl Heinrich, Aus dem Spessart, Erzählungen und Sagen, Obernburg 2010, S. 64ff
5. Simon, G., Die Geschichte der Dynasten und Grafen zu Erbach und ihres Landes, Frankfurt 1858, S. 354; dort werden weitere Details, die Caspari erwähnt, richtig gestellt.
6. Storch, Ludwig, Im Riesen zu Miltenberg, in: Die Gartenlaube Nr. 24 (1868), S. 372ff
7. Ehmer, Hermann, Martin Luther in Wertheim, in: Zeitschrift „Spessart" Juni 1979
   Ehmer, Hermann, Die Reformation in den Mainlanden, in: Zeitschrift für bayerische Kirchengeschichte Jg. 71 (2002)
8. Bechstein, Ludwig, Doctor Luther in Wertheim, in: Kaufmann, Alexander, Mainsagen, Aschaffenburg 1853; Braunfels (Anm. 2, S. 293) spricht von einer „närrischen Sage".
9. Simon (Anm. 5), S. 354
10. Erhard, Wilhelm, 90 Jahre evangelische Johanneskirche in Miltenberg, in: 750 Jahre Stadt Miltenberg, 1987, S. 241ff
11. Albrecht, Otto, Die evangelische Gemeinde Miltenberg und ihr erster Prediger, Halle/Saale 1896
12. Fischer, Roman, Das Untermaingebiet und der Spessart, in: Unterfränkische Geschichte, hrsg. von Kolb, P. und Krenig, E.G., Bd. 3, Würzburg 1995, S. 414
    Jürgensmeier, Friedhelm, Miltenberg in mainzischer Zeit, in: Zeitschrift für bayerische Kirchengeschichte 71 (2002)
    Schmitt, Norbert, Aus Kirchen- und Pfarreigeschichte von Miltenberg, in: 750 Jahre Stadt Miltenberg 1987, S. 201ff
    Scheible, Heinz, Johannes Draconites, in: Zeitschrift für bayerische Kirchengeschichte 71 (2002)
13. Trost, Werner, Stampes, Worzelköpp und Staffelbrunzer, Necknamen im Landkreis Miltenberg, Miltenberg 2003, S. 65f

Die Erstürmung des Schlosses Sommerau im Bauernkrieg

In den von Valentin Pfeifer herausgegebenen „Spessartsagen" ist unter der Überschrift „Der Hesselsmüller" die Erstürmung des Schlosses Sommerau durch aufständische Bauern in den ersten Maitagen 1525 geschildert.

Der Hesselsmüller

Der Wanderer durchs liebliche Elsavatal kommt oberhalb des Dorfes Sommerau an der Hesselsmühle vorbei. Diese taucht rechts mit ihren weißen Wänden aus dem dunklen Wiesengrunde, und linker Hand beginnt gleich der hohe Tannenwald. In der Hesselsmühle nun wohnte um das Jahr 1500 der Müller Jakob Hock. Er schaffte fleißig den langen Tag hindurch und auch manche Nacht. So wurde er zum wohlhabenden Mann und genoss in der ganzen Gegend großes Ansehen. Selbst Albertus von Fechenbach, der Sommerauer Grundherr, erkor ihn zum Freunde und kehrte öfters bei ihm ein. Und als die Müllersleute ein Knäblein bekamen, hob`s der Fechenbacher über die Taufe und gab ihm seinen eigenen Namen Albertus.

Wie aber ein paar Jahre um waren, starb die brave, fromme Müllerin. Von der Zeit an ging`s mit Müller und Mühle abwärts. Der einst so fleißige Mann ergab sich dem Müßiggange, und dann fiel ihm wohl ein, wildern zu gehen in den nahen Wald. Als er einmal ein Reh erlegt hat und es gerade ausnehmen will, ertappt ihn der Burgherr und macht ihm strenge Vorwürfe. Der Müller sagt nichts, aber er hegt von jetzt an heimlichen, bitteren Groll gegen den Fechenbacher und sinnt auf Rache. Das Wildern trieb er weiter, und wenn er dann heimkam, hockte er mit einigen Kumpanen um den Eichentisch, zechte und spielte mit Würfeln bis tief in die Nacht, ja manchmal bis zum hellen Morgen. Statt wie früher nach der Mühle zu sehen, ob sie etwa leer lief, schwang er den Becher, warf die Würfel, und wilde Flüche und rohes Gelächter mischten sich ins einförmige Klippklapp der Mühle.

Eines Morgens nun zieht ein Haufen Zigeuner das Elsavatal herauf. Mehrere zerlumpte Buben kommen in die

Bei der Hesselsmühle oberhalb Sommeraus

Mühle betteln. Der Müller, der vom nächtlichen Gelage noch einen schweren Kopf hat, wird zornig und droht: „Hinaus, verdammtes Gesindel, sonst hetz` ich euch die Hunde an den Hals". Die Kinder kreischten auf, und hui – stieben sie davon. Bloß ein Büblein bleibt; es hat so argen Hunger und bittet nochmals: „Müller, um Gottes Willen nur ein Stück Brot!" Da packt den Zornigen noch größere Wut, und er hetzt den Hund. Voll Angst läuft das barfüßige Zigeunerbüblein hinweg. Der Hund ihm nach. Und vor lauter Schrecken springt`s geradewegs in den hochschäumenden Bach, und die Wellen reißen ihn fort. Zigeuner und des Müllers Gesinde versuchen die Rettung und rasen entsetzt an den Ufern hin. Vergeblich, das braune Kind ist ertrunken. Und *seine jammernde Mutter flucht in ihrem Schmerze dem Müller; so ein harter Mann, sagt sie, könne leicht noch zum Mörder seines eigenen Kindes werden. Bei diesen Worten durchzuckt es den Müller wie von einem Schrecken, und schweigend geht er ins Haus. Aber besser ist er nicht geworden. Der Arbeit ging er vollends aus dem Wege, und die nächtlichen Gelage mehrten sich. Um sein Söhnlein kümmerte er sich so gut wie nicht, das blieb vielmehr ganz dem rohen Gesinde überlassen.*

Auch der Schlossherr hört von dem Treiben in der Mühle, und ihn dauert sein Patenkind, der kleine Albert. Soll der Knabe in solchem Haus seine Jugend verbringen! Und schnell entschlossen, lässt der Freiherr seinen Schimmel satteln und reitet zur Hesselsmühle. Wie einst und immer springt ihm der fleißige Bach entgegen, aber das Mühlenrad steht, und das Mahlwerk klappert nicht mehr. Finster, schier drohend, gucken die dunklen Tannen vom Hesselsberg auf das verwahrloste Gehöft herunter. Wie der Schlossherr ins Haus tritt, sitzt der Müller am Tisch, den müden Kopf in die Hände gestützt. Die rot unterlaufenen, schlaftrunkenen Augen zeugen von durchwachter Nacht. Albertus von Fechenbach bringt sein Anliegen vor: er wolle den Müllerssohn aufs Schloss nehmen und ihn dort halten und erziehen wie sein eigen Kind. Erst braust Jakob Hock auf und fährt den Burgherrn zornig an. Allein nach gütlichem Zureden willigt er doch ein, und der Knabe kommt aufs Fechenbacher Schloss. Da wächst er unter sorgfältiger Pflege heran und wird im Schießen, Reiten, Fechten und in den Wissenschaften unterrichtet. Und was für ein gelehriger Schüler er ist! Bald vermag keiner besser als er den Pfeil zu schleudern und die Klinge zu kreuzen. Seinem Herrn ist er treu ergeben und wird dessen vertrauter Freund.

So zieht das Jahr 1525 herauf. Im ganzen Frankenland erhebt sich der Bauer gegen seinen Herrn und fordert Abschaffung der Fron und freie Jagd in Wasser und Wald auch für den gemeinen Mann. Bald schlagen die Flammen aus den Burgen. Auch an dem Untermain wogt der Aufruhr. Und eines Maiabends rückt ein großes Bauernheer vom Odenwald gegen das Sommerauer Schloss. Anführer ist Jakob Hock, der Hesselsmüller. Dieser war unter den ersten, welche sich dem Aufstande anschlossen. Zu verlieren hatte er wenig; aber fleißig zu plündern nahm er sich vor, um seiner heruntergekommenen Mühle wieder aufzuhelfen. Heute nun gilt`s dem adeligen Herrn. Wie lange schon hat der Hesselsmüller den Tag ersehnt, wo er dem Burgherrn seine Schmach im Wald heimzahlen könnte! Und den Zehnt, den er ins Schloss getragen, wollte er doppelt und dreifach wieder holen; ja, das wollte er, Jakob Hock, der Hesselsmüller! „Mein eigener Sohn ist ja im Schloss“, meint er, „der wird mir schon ein heimlich Türlein öffnen“. Allein es kommt anders. Gerade der junge Albert überwacht sorgsam die Verteidigung der Burg. In aller Stille legen einige Bauern die Leitern über den See und an die Mauern. Den Fechenbachern glückt`s, die Leitern umzuwerfen – und etliche Bauern stürzen rücklings in den See. Andere versuchen, mit Äxten das Tor einzuschlagen; wohlgezielte Pfeile strecken sie nieder. „Drauf, Drauf!“, schreien die Bauern in mächtiger Wut. Und wirklich dringen sie folgenden Tags an der hinteren Seite des Schlosses ein. Wie sie johlen und lärmen vor Freude! Auf den Mauern weht die Bauernfahne. Albertus von Fechenbach hat sich mit seinen Reisigen in den Turm zurückgezogen. „Hallo, Feuer, Feuer!“ schallt`s auf einmal. Wahrhaftig, rote Feuergarben prasseln aus dem Schlosse. „Feuer!“ Jetzt, Fechenbacher, wehre dich, die

Das Wasserschloss Sommerau

Stunde naht! Der will das letzte Mittel wagen und versucht mit seinen Mannen den Bauernhaufen zu durchbrechen. Schon verlassen sie das flammende Schloss.

Da winkt in höchster Not den Fechenbachern die Rettung. Graf Rieneck von Wildenstein kommt mit einer Reihe schwerbewaffneter Knechte herangesprengt, und Schlag auf Schlag fällt auf die verdutzten Bauern. Diese werden auseinandergetrieben, die meisten werden getötet, und nur wenige entkommen, darunter der Hesselsmüller. Sie flüchten in den Sommerauer Wald; besonders durch den dunklen Tann des Hesselsberges irren sie wie gehetztes Wild. Albert, der Müllerssohn, leitet die Verfolgung. Er möchte für den Vater, falls er ihn findet, bei seinem Herrn um Schonung bitten. Da sieht er eben hinter einer dicken Tanne einen verwilderten rothaarigen Mann hervorlauern. Das muss einer der Entflohenen sein. „Halt, gib dich gefangen!" ruft Albert. Aber schon hat der andere die Armbrust gehoben, jetzt fliegt der Pfeil durch Geäst und dem jungen Hesselsmüller durch den Hals. Todwund sinkt der Jüngling nieder. Seine Leute tragen ihn auf einer Bahre von Tannenzweigen in die nahe Hesselsmühle hinab. Und im Hause, wo er geboren, liegt nun der Jüngling im Sterben. Die Sonnenstrahlen zittern durch den grünen Weinstock, der das Fenster umrankt, ins Zimmer herein und huschen übers wachsgelbe Gesicht des Sterbenden und über seinen blonden, blutgeröteten Locken. Noch ein Stündlein atmet er, dann öffnet er weit die Augen, flüstert: „Schont meinen Vater und grüßt meinen Herrn!" Noch ein Seufzer, und er ist tot. Der goldene Abendschein gleitet wie zum Abschied über die brechenden Augen und heilige, tiefe Stille herrscht im Gemach.

Da wird die Ruhe durch heftigen Lärm vor der Mühle unterbrochen. „Was gibt`s draußen?" Ah! Sie bringen den Bauern, welcher den Jüngling erschossen hat. So haben sie ihn doch eingefangen! Und wie er sich wehrt! Er will nicht in die Mühle. Sie schieben ihn mit Gewalt hinein und binden ihn am Stubenpfosten fest. Einige Schritte davon ruht der entschlummerte Jüngling. Auf einmal beginnt der Gefesselte zu toben, zerrt und zieht an den Stricken und schreit wie ein Tier. Als man ihn fragt, was er denn vorhabe, ruft er: „Mein Sohn! Ich bin der Mörder meines Kindes!" „Bei Gott, der Hesselsmüller!" ruft ein Diener des Fechenbachers. Voll Schauder betrachten sie den Rothaarigen näher. Wahrlich, der Hesselsmüller! Keiner von ihnen hatte den verwilderten Mann mit dem wüsten Barte gleich erkannt. Die Drohung der Zigeunermutter hatte sich erfüllt. „Kindesmörder!"

„Hängt den Kerl auf!" sagte ein Rienecker Knecht, der ihn fangen geholfen hatte. „Das wäre wohl der rechte Lohn!" entgegnete ein Diener des Herrn von Fechenbach, „allein sein braver Sohn bat sterbend für ihn um Gnade. Ich eile, meinen Herrn zu fragen." Er ist kaum fort, sagt der Rienecker: „Wofür haben wir den Schurken gefangen? Dass er uns wieder entschlüpft? Vorwärts, an den Ast mit ihm!". Die übrigen sind gleich dabei, sie binden den Hesselsmüller los und ziehen und zerren den Widerstrebenden hinaus. Und wie er auch heult und sich sträubt, in einer Viertelstunde hängt er am Birnbaum, der am Bachufer steht. So endet Jakob Hock, der Hesselsmüller.

Der Birnbaum ist längst geborsten, die Mühle abgebrochen und neu gebaut worden, aber die Sage vom Müller Hock lebt bis heute im Volk fort. Und mancher geht nachts voll Unbehagen am Mühlengrund vorüber, weil dort unten am Bach der mit ewiger Unrast bestrafte Geist des Müllers umherirren soll.[1]

Ein kleines Kunstwerk

„Der Hesselsmüller" ist nicht nur einer der eindrucksvollsten, sondern auch der formal anspruchsvollsten Texte der von Valentin Pfeifer herausgegebenen Spessartsagen. Mehrere Motive wiederholen und entsprechen sich wie die Reime eines Gedichtes:

- Die Hinführung des Lesers an den Ort des Geschehens, der am Schluss – jetzt geheimnis- und unheilvoll aufgeladen – noch einmal erwähnt wird.

- Die Episode mit dem Zigeunerweib, deren Fluch eine düstere Vorahnung entstehen lässt, die sich am Ende tatsächlich erfüllt.

- Das Auf und Ab im Leben des Müllers Jakob Hock, der vom wohlhabenden Mann zum Säufer und Wilderer herunter kommt, dann draufgängerischer Anführer der Bauern wird, um schließlich als Mörder seines eigenen Sohnes am Birnbaum neben seiner Mühle aufgehängt zu werden.

- Schließlich das Schicksal des jungen Albert Hock, der zwischen die Fronten gerät und die Hoffnungen und Enttäuschungen personifiziert, die mit dem Bauernaufstand verbunden wurden: Als Patenkind des Schlossherrn ein Symbol für Ausgleich und Versöhnung zwischen Herr und Untertan; als Opfer der unseligen Auseinandersetzungen drückt sein Tod die Unmöglichkeit eines friedlichen Zusammenlebens zu beiderseitigem Vorteil aus.

Karl Heinrich Caspari (1815-1861)

Die Urfassung der Sage

Die Sage vom Hesselsmüller – und andere Versionen und Bearbeitungen – gehen auf eine Erzählung des Eschauer Pastors und Schriftstellers Karl Heinrich Caspari zurück (1815-61), die er unter dem Titel „Der Bauernkönig" 1854 veröffentlicht hat.[2]

Caspari erzählt eine Geschichte mit Vorgängen, die viele Jahre auseinander liegen (1515, 1525, 1535), während die „Spessartsage" das Geschehen zeitlich konzentriert: Die Haupthandlung spielt gar an nur einem einzigen Tag.

Caspari erwähnt viele Einzelheiten, schmückt Nebenhandlungen aus und wechselt die Perspektive. Pfeifer dagegen konzentriert sich auf die Hauptperson. In der Figur des Müllers wird die sich empörende Bauernschaft personifiziert. Das geht so weit, dass Jakob Hock als deren Anführer agiert, während er in der Vorlage lediglich „unter ihnen" war und erst nach dem Überfall auf das Schloss sich selbst Hauptmann nennt und nach dem Scheitern des Bauernkrieges Anführer einer Räuberbande wird.

Die Spessartsage vom „Hesselsmüller" verwendet also Casparis Text in reduzierender, konzentrierender und personifizierender Weise und verarbeitet die Vorlage (19 Seiten) zu einer geschlossenen und kürzeren Erzählung (4 Seiten). Bei aller redaktioneller Bearbeitung der Quelle ist aber die Unmittelbarkeit des Zeitzeugen, der das Kriegsgetümmel aus nächster Nähe verfolgt und seine Erlebnisse der Nachwelt hinterlassen hat, in der Beschreibung des Sturms auf das Schloss in Sommerau offenbar immer noch spürbar.

Augenzeuge und Redakteur

Gerade das historische Kernstück der Sage, der Sturm auf das Fechenbachische Schloss Sommerau, ist mit so viel konkreten Einzelheiten wiedergegeben, dass man unwillkürlich den Eindruck bekommt: Da erzählt einer, der dabei gewesen ist oder zumindest einer, der sehr gut über das Geschehen Anfang Mai 1525 informiert war.

Und tatsächlich: Caspari verwendet in seiner Erzählung „Der Bauernkönig" eine Vorlage, die alle die geschilderten Details enthält: Den *„liber memorialis"*, ein Tagebuch, das der Mönchberger Chirurgus („Feldscherer") Bonifazius Scholl verfasst hat.
Nach dem ersten Ansturm der Bauern auf das Sommerauer Schloss sind einige Angreifer übel zugerichtet worden. Man hat die Verwundeten in das Hirtenhaus in Eschau gebracht und *„den Eschichern gedroht, sie wollten den ganzen Ort abbrennen, wenn sie keinen Feldscherer zur Stelle schafften."* So musste „Meister Bonifaz", ob er wollte oder nicht, hinunter nach Eschau und wurde Augen- und Ohrenzeuge des kriegerischen Getümmels.

So verwundert es nicht, dass bei Caspari offenbar mehr Authentisches und Selbstbeobachtetes zu lesen ist: Eigennamen, konkrete Einzelheiten, genaue Zeitangaben, wörtliche Zitate. *„Es hat den Anschein, als gäbe es kein Ereignis in diesem aufgewühlten Zeitraum, das mit solcher Genauigkeit überliefert ist wie die Überrennung des Schlosses Sommerau durch den hellen Haufen"*.[3]

Der „lichte Haufen" der Neckartaler Bauern hatte am 30. April und den Tagen danach das Kloster Amorbach geplündert und sich am Wein, den Fischen und gebratenen Ochsen gütlich getan. Nun verhandelten die Hauptleute mit Vertretern des Erzbistums und der Städte. Die Unruhe unter den Bauern, die zur Untätigkeit verurteilt waren, wuchs. Man wollte sich nicht länger hinhalten lassen; die Bereitschaft, loszuschlagen, nahm spürbar zu.

Da musste ein Mann wie der Hesselsmüller offene Ohren gefunden haben mit seinen verwegenen Reden und seiner Aufforderung, man *„müsse die Herren totschlagen"*. Er hat dann wohl die Bauern zum Zug nach Sommerau überredet. *„Mein eigener Sohn ist ja im Schloss ..., der wird mir schon ein heimlich Türlein öffnen"*, heißt es bei Caspari, der den Zusammenhang mit dem Bauernlager in Amorbach ausdrücklich herausstellt, während der historische Kontext für Pfeifer weniger wichtig ist.

Am Abend des 2. Mai brannten bei der Wendelinuskapelle in Mönchberg und bald darauf am Hessleinsberg die Signalfeuer. Das hieß für die Bevölkerung: Gefahr in Verzug. Die Bauern kommen!

Natürlich haben auch die Fechenbacher in ihrem Schloss für den Ernstfall vorgesorgt: Einige Soldaten wurden frisch angeworben, zwölf Männer aus dem Dorf wurden zur Unterstützung der Schlosswache in der Nacht verpflichtet, der Türmer angewiesen, besonders gewissenhaft seinen Dienst zu tun; die Zugbrücke wurde herabgelassen.

Kurz nach Mitternacht (am 3.5.) tauchte der Bauernhaufen, von Amorbach, Heubach, Mönchberg kommend, vor Eschau auf. Im Ort wurden alle Weibsleute und die Kinder, aber auch das Vieh in den Kirchhof geschickt, der mit einer hohen Mauer umgeben war, während die Männer die Tore und gefährdete Mauerabschnitte bewachten.

Die Vorsichtsmaßnahmen erwiesen sich aber als unnötig, denn die Bauern zogen am Ort vorbei – sogar recht geordnet und auffällig ruhig, denn sie hatten es auf das Sommerauer Schloss abgesehen.

Dann folgt die anschauliche Schilderung des Sturms auf Schloss Sommerau in zwei Schüben und die Befreiung der eingeschlossenen Fechenbacher durch den Grafen von Rieneck, der mit vierzig Reitern von Burg Wildenstein herab eilte und den Bauernhaufen vertrieb.

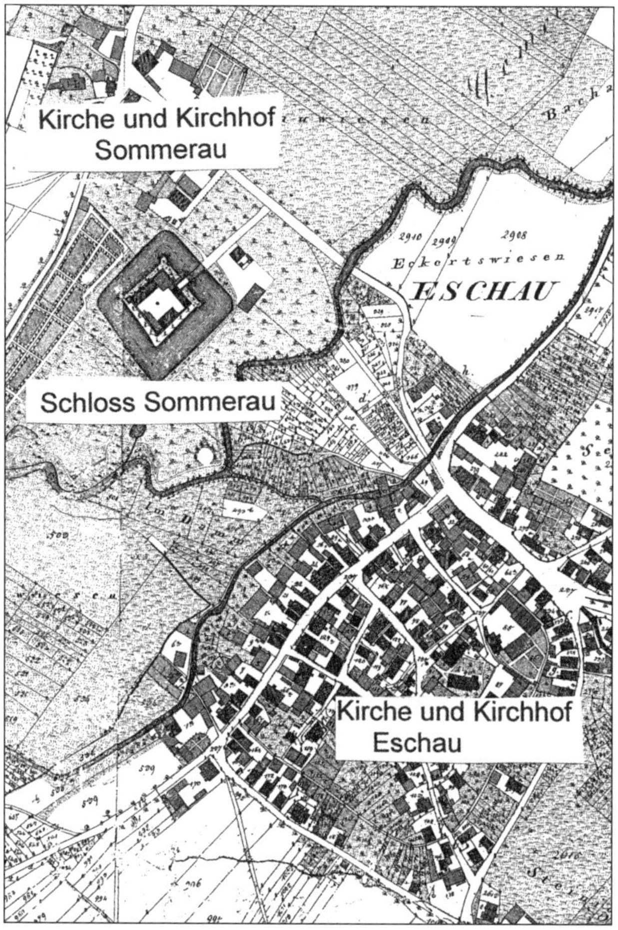

Auf der Katasterkarte von 1845 sind die Schauplätze der von Caspari geschilderten Erstürmung des Schlosses Sommerau gut erkennbar.

Daraufhin zogen sich die Bauern wieder zurück Richtung Röllbach, sie hatten wohl erfahren, dass kurfürstliche Reiterei im Anmarsch war. Ferdinand von Fechenbach, der in Mainzischen Diensten stand, hatte *„die Mordbuben bei Großheidbach übereilet, deren an die hundert erschlagen und in den Main gesprengt, etliche auch, so er lebendig überkommen, an die Bäume aufgehängt"*.

Ende des Bauernkönigs

Zehn Jahre nach dem Bauernaufstand – nicht am gleichen Tag wie bei Pfeifer – taucht Jakob Hock, der lange außer Landes gewesen ist und es in Basel zu Reichtum gebracht haben soll, wieder im Spessart auf – als Anführer einer Gruppe von Räubern. Als er sich im Höllenturm eingenistet hatte, sah er sich eines Tages plötzlich von Soldaten umstellt. Einem jungen Fähnrich, der herangeritten war, um seinen Leuten freien Abzug anzubieten, wenn nur der „Bauernkönig" ausgeliefert werde, schoss er einen Pfeil in den Hals.
Der tödlich Verwundete war sein Sohn Andres (bei Pfeifer heißt er Albert).
Jakob Hock wurde rasch überwältigt, gebunden und am Säubirnbaum neben der Hesselsmühle aufgehängt.

Erlebnisbericht oder Erfindung?

Die anschaulich erzählte Sage vom Sturm auf das Fechenbach-Schloss Sommerau ist täuschend echt formuliert, aber sie täuscht Echtheit nur vor. Sie ist eine Erfindung. Folgende Argumente sprechen für diese Behauptung.

Die Quellen:

- Der Sturm auf das Sommerauer Schloss und die Niederlage der Bauern sind in keiner anderen Quelle erwähnt oder wenigstens angedeutet.
- Caspari wählte als Untertitel: *„Bruchstücke aus dem liber memorialis des Bonifazius Scholl, gewesenen Feldscherers zu Mönchberg am Spessart"*. Nach dem Original habe ich in Mönchberg und in Eschau (Gemeindearchiv und Pfarrhaus) nachgefragt: vergebens.
- Der Familienname „Scholl" ist in Mönchberg erstmals am Anfang des 18. Jahrhunderts nachweisbar. Pfarrer Webers Auswertung der Pfarrmatrikel ergibt dies.[3]
- Offenbar hat Caspari den „Gewährsmann" Bonifazius Scholl erfunden, um seiner Geschichte einen

höheren Anschein an Glaubwürdigkeit zu verleihen. In der Literatur des 19. Jahrhunderts war Berufung auf alte Chroniken ein oft angewandtes Mittel – bis hin zu Storms „Schimmelreiter". In seiner Erzählung „Der Schulmeister und sein Sohn" (1851) verwendete Caspari Kommentare des Sommerhausener Schulgehilfen Udalricus Gast als „Aufhänger". Dieselbe Methode wandte er für seine Bauernkriegs-Geschichte an.

Die Bauern:

- Es ist äußerst unwahrscheinlich, dass ein Müller aus Sommerau eigenmächtig mehrere hundert Aufständische aus dem Neckartaler Haufen auf eine „Exkursion" in den Spessart führen konnte.

- Im „Urtext" Casparis verschließen die Eschauer ihre Tore vor den 1800 Bauern. In der historischen Realität ist auch dies nicht vorstellbar. Die Angreifer hätten sich das nicht gefallen lassen. Außerdem solidarisierte sich wohl die Mehrheit der Eschauer mit den Bauern.

Die Adeligen

- Im Schloss Sommerau wohnte der Sage nach Albertus von Fechenbach; *„Leider finden die Namen des Schlossherrn und seines Bruders keine Bestätigung in den Urkunden"*, urteilt ein Chronist der Fechenbach-Geschichte.[4]

- Das Wasserschloss wurde von zwei Familien bewohnt.
  „Die Erzählung gibt uns keinen Aufschluss über das Verhalten der Mitbesitzer, der Herren von Kottwitz. Haben sie den Fechenbachern die Verteidigung allein überlassen und auf ihrem nahen Schloss Aulenbach Zuflucht gesucht? Warum eilten sie von dorther nicht mit einem starken Aufgebot zu Hilfe, als Einsatz nötig war?"[4]

- Eine Verteidigung gegen die Anfang Mai 1525 anrennenden Bauern wäre nicht nur für Eschau, sondern auch für die Schlossherren in Sommerau Selbstmord gewesen. Die Nachricht von der „Bluttat in Weinsberg", bei der Bauern Adlige brutal umgebracht hatten, steckte allen noch in den Knochen! Selbst der Stellvertreter des Erzbischofs, der in Aschaffenburg von Bauern aus dem Spessart und dem Bachgau belagert worden ist, akzeptierte auf dem Höhepunkt der Bauernproteste in den ersten Maitagen 1525 die Bedingungen der Bauern.

- Hat der Graf von Rieneck rettend eingegriffen und die Bauern geschlagen und vertrieben? Graf Philipp III (1504-59) war einer der eifrigsten Luther-Anhänger und führte als erster Landesherr die Reformation ein. Hätte er sich nicht – wie Götz von Berlichingen oder Graf Georg von Wertheim – eher mit den Bauern verbündet – wenn nicht aus Überzeugung, dann aus Taktik?

- Ferdinand von Fechenbach, so berichtet der „Gewährsmann" Scholl bei Caspari, ist einige Stunden später *„mit dem Mainzischen Reitervolk"* das Tal heraufgezogen und hat die Bauern bei Großheubach in den Main getrieben, erschlagen oder aufgehängt.
  Einen Ferdinand sucht man in der Fechenbach-Genealogie des beginnenden 16. Jahrhunderts aber vergeblich. Außerdem gab es an diesem 4. Mai noch keine Mainzer Gegenwehr. Der Statthalter des Erzbischofs hatte am 30. April die „Zwölf Artikel" angenommen und erklärte sich am 7. Mai zum Mitglied des Bauernbündnisses!

Historische Daten

- *„Bauern von Wallstadt, Sultzbach und Heimbuchenthal"* haben sich offenbar zusammengerottet, um – wie beschrieben – sich mit Aufständischen auf der anderen Mainseite zu verbünden, um den Statthalter des Erzbischofs in Aschaffenburg zu belagern und zur Annahme der Zwölf Artikel zu drängen. Dies geschah nachweislich am 26.–28. April. Damit hatten die Bauern ihr Ziel erreicht. Ein gewaltsamer Angriff von über 1000 Bauern auf

Schloss Sommerau ist am 2.–4. Mai ebenso wenig vorstellbar wie die blutige Reaktion der Mainzischen Soldaten.

- Mitte des 16. Jahrhunderts wurde das Wasserschloss zumindest teilweise neu gebaut. Die Jahreszahl 1543 auf dem Schlussstein am Aufgang zum Treppenturm erinnert daran. Ist dies ein Beweis für Zerstörungen im Bauernkrieg? Auch Mespelbrunn, Oberaulenbach und das Stadtschloss Klingenberg sind in diesem Jahrhundert in Renaissancemanier gebaut worden, weil die allgemeine wirtschaftliche Situation einen wahren Bau-Boom von der Mitte des 16. Jahrhunderts bis etwa 1630 ermöglichte.

Renaissance-Portal im Sommerauer Schloss

Die „Moral von der Geschicht"

- Die verschiedenen Fassungen, die Spessartsage wie ihre Vorlage, sind kunstvoll gebaute Erzählungen, aber keine historischen Dokumente; das wollen sie auch gar nicht sein. Vielmehr geht es um die Moral, die in der „Geschichte" steckt.
  Die Vorausdeutungen auf das Ende, die kunstvolle Anordnung der Motive und das Motiv der Zigeunerin (bei Pfeifer) bewirken die Vorstellung von einer in sich stimmigen Handlung, die vom Walten einer höheren Gerechtigkeit geleitet wird.

- Die Bauern, verkörpert im rothaarigen, verwahrlosten Wilderer und Kindsmörder, sind „böse Buben", die aus Rachsucht, aus egoistischen Motiven heraus, einen „tollen Aufruhr" veranstalten. Die eigentlichen Ursachen des Aufstandes werden nicht erwähnt.
  Die Adeligen, die „gütlich zureden" und „sorgfältig pflegen", vertreten dagegen die Ordnung, die nicht gestört werden darf.

- Die Bauern hören nicht, *„ob ein Pfarrherr nach göttlicher Weise den Aufruhr wider die Obrigkeit verdammt"*. Hier gibt sich der Pastor, der Lutheraner Caspari zu erkennen.
  Luther, der „die Freiheit des Christenmenschen" gepredigt und eingefordert hatte, wurde von den Bauern beim Wort genommen. Der Reformator, erschrocken über die Bluttat von Weinsberg und andere Vorgänge, verfasste im Mai 1525 die Flugschrift *„Wider die räuberischen und mörderischen Rotten der Bauern"*.
  Im Namen Christi gebe es kein Recht zu gewaltsamen Widerstand, sondern nur die Bereitschaft zu geduldigem Leiden. Den Bauern hält er vor, *„dass nichts Giftigeres, Schädlicheres, Teuflischeres sein kann denn ein aufrührerischer Mensch, gleich als wenn man einen tollen Hund totschlagen muss"*.

- Casparis Erzählung vom Bauernkönig muss in zeitlicher Nähe zu seiner Geschichte vom „Schulmeister und sein Sohn" entstanden sein, also zu

Beginn der Fünfziger Jahre des 19. Jahrhunderts. Beide Geschichten wollen nicht nur unterhalten, sondern belehren und warnen.
„Fürchte den Herrn und den König und menge dich nicht unter die Aufrührerischen“. Das ist Casparis Quintessenz, die dem Bauernkönig am Ende der Erzählung vorgehalten wird. Dessen Aufruhr wider die Obrigkeit hält Caspari seinen Zeitgenossen vor, die sich in der Frühjahrsrevolution von 1848 wie übermütige dumme Buben verhalten haben.

Caspari bleibt aber nicht bei einer einseitigen Verurteilung der Bauern von 1525 und der Revolutionäre von 1848 stehen. Er lässt einen der Adeligen sagen: *“Da wir die Herren waren, ist der Teufel Abt gewesen, und nun der Bauer Herr ist, ist des Teufels Großmutter Äbtissin geworden. Erst straft ein Stand den anderen und hintendrein straft der allmächtige Gott das ganze Volk insgesamt“.*

Es gibt für den Pastor und Autor nur eine Chance, „teuflisches Misstrauen“ und „giftige Feindschaft“ zu vermeiden: Die Menschen von innen heraus zu bessern. Darin sieht Caspari seine wesentliche Aufgabe. Darum bemüht er sich als Pastor und Poet.

Das Eschauer Pfarrhaus, in dem der Volksschriftsteller und Pastor Karl Heinrich Caspari 1815 geboren worden ist.

Anmerkungen

1. Pfeifer, Valentin, Spessartsagen, Aschaffenburg (mehrere Auflagen)
2. Caspari, Karl Heinrich, Aus dem Spessart. Erzählungen und Sagen, Obernburg 2010, S. 7ff
3. Kultur- und Geschichtsverein Mönchberg, April 2001, S. 7
4. Diel, Karl, Die Freiherren von Fechenbach. Ihr Wirken in Kirche und Staat, Aschaffenburg 1951,

Allgemeine Literatur:

Arnold, Klaus, Der Bauernkrieg, in: Unterfränkische Geschichte, hrsg. von P. Kolb und H.G. Krenig, Bd. 3, Würzburg 1995, S. 63ff
Fischer, Roman, Das Untermaingebiet und der Spessart, in: Unterfränkische Geschichte (siehe Anm. 1), S. 393ff
Götz von Berlichingen, Lebensbeschreibung des Ritters Götz von Berlichingen, Stuttgart (Reclam) 1962
Gräter, Carlheinz, Der Bauernkrieg in Franken, Würzburg 1975
Gräter, Carlheinz und Böhm, Hans, der Pfeiferhans von Niklashausen, in: Zeitschrift „Spessart“ 7/2001
Höbelheinrich, Erich, Die 9 Städte des Mainzer Oberstifts, ihre verfassungsmäßige Entwicklung und ihre Beteiligung am Bauernkrieg, Frankfurt 1939

Der Bauernkrieg (Datenübersicht)

1476	Der Pfeifer von **Niklashausen** im Taubertal
1520	*Martin Luther: Von der Freiheit eines Christenmenschen*
1525/März	
21./22.	Bauern im Taubertal bei Rothenburg fordern politische Rechte und Freiheiten, die in den „Zwölf Artikeln" festgeschrieben sind.
26.	Der Neckar-Odenwald-Haufen bildet sich (N-O-H); Hauptmann wird Georg Metzler aus Ballenberg.
1525/April	
2.	Wegen der Bauernunruhen verstärken Miltenberg und Amorbach ihre Verteidigungsanstrengungen.
16.	Der N-O-H erstürmt Weinsberg und richtet mehrere Adlige hin („Bluttat von Weinsberg"), viele Klöster und Adelssitze werden zerstört.
26.	Der N-O-H erreicht **Buchen**. Götz von Berlichingen wird oberster Feldhauptmann.
28.	1200 Bauern aus dem Spessart und dem Bachgau belagern das Schloss **Aschaffenburg** (auf dem Weg dorthin Plünderung des Klosters Himmelthal).
30.	Bischof Wilhelm nimmt in Aschaffenburg die „Zwölf Artikel" an.
	Der N-O-H in **Amorbach** (bis 5.5.). Plünderung des Klosters, Demütigung des Abtes.
1525/Mai	*Martin Luther: „Wider die räuberischen und mörderischen Rotten der Bauern".*
2.–4.	Angebliche Erstürmung des Fechenbach-Schlosses Sommerau
4.	Götz, Weygandt und Hipler einigen sich mit Vertretern der Städte und des Mainzer Erzbistums auf die gemäßigte „Amorbacher Erklärung".
5.	Die Bauern akzeptieren diesen Kompromiss nicht, zerstören das Kloster auf dem Gotthard und die Wildenburg; Weiterzug nach **Miltenberg**, wo sich Graf Georg von Wertheim den Bauern anschließt.
7.	Vertreter des Erzbistums unterzeichnen in Miltenberg die „12 Artikel" (ohne Einschränkungen, der sogenannte „Miltenberger Vertrag").
	N-O-H und andere Bauernheere (insgesamt 15000) ziehen nach **Würzburg.**
9.	Festung Marienberg eingeschlossen
10.	Die Bürger Würzburgs verbünden sich mit den Bauern.
12.	Graf Georg von Wertheim verhandelt mit der Besatzung auf dem Marienberg (ohne Erfolg).
15.	Der Sturm auf die Festung wird abgeschlagen. Meldung von der Niederlage der Bauern bei Böblingen (12.5.) und Frankenhausen in Thüringen.
23.	Kurfürst Ludwig von der Pfalz rüstet von Heidelberg aus zum Gegenschlag.
	Miltenberg und Amorbach werden aufgefordert, sich auf Gnade oder Ungnade zu ergeben.
1525/Juni 4.– 6.	Sieg der Adelsheere (Pfalz, Truchsess von Waldburg) über die Bauern und Einzug der Sieger in Würzburg.
15./16.	Die siegreichen Kurfürsten (Pfalz, Trier, Bischof Wilhelm) ziehen in Miltenberg ein. (Reiter in Bürgstadt, Fußsoldaten und Geschütze bei Kleinheubach).
	Es folgen Bestrafungen der Rädelsführer und die Verpflichtung zur Wiedergutmachung der angerichteten Schäden.

Das Rebheckenmännchen und andere Grenzstreit-Sagen

Das Rebheckenmännchen

Die Trennfurter sagten den Wörthern nach, daß diese zu Unrecht einige Rebhecken in Besitz genommen hätten, während ein Wörther behauptete, die Hecken hätten seit Menschengedenken zu ihrer Markung gehört. Nun sollte der älteste Bewohner der beiden Gemeinden den Streit beenden, indem er beschwöre, ob die Hecken von jeher Wörther Besitztum gewesen seien oder nicht. Also ging er mit den angesehensten Bürgern von Trennfurt und Wörth hinaus an die Rebhecken und tat den Schwur. Er hob seine Weinberghacke gen Himmel und sprach: „So wahr ich lebe, und so gewiss ich die Hacke gen Himmel richte, so gewiss stehe ich auf Wörther Boden". Damit war der Streit gegen die Trennfurter entschieden. Allein der Mann, der von Wörth gebürtig war, hatte Wörther Erde in die Stiefel getan und darauf den Schwur geleistet. Er fand nach dem Tod keine Ruhe, und an dem Orte, wo das „Rebheckenmännchen" den Falscheid getan, muss es in der Geisterstunde umgehen.[1]

„Das Wörther Rebheckenmännchen" ist ein Beispiel für den „klassischen" Typus einer Grenz-Sage, wie er in mehreren Varianten vielerorts vorkommt: Wenn Streitigkeiten wegen des Grenzverlaufs auftraten, wandte man die übliche Methode an: Jeder der Kontrahenten bestimmte eine oder zwei Person(en) seines Vertrauens, die beim offiziellen Ortstermin seine/ihre Aussagen treffen sollten. In der Regel war ein hohes Alter der wichtigste Ausweis von Glaubwürdigkeit. Einer der Gewährsleute trifft dann eine trickreiche Falschaussage, die zur Festlegung der – verkehrten! – Grenzlinie führt. Der Meineidige findet auch nach seinem Tod keine Ruhe und „muss in der Geisterstunde umgehen". Diese Strafe hat natürlich prophylaktischen Wert: Sie soll Jedermann davor warnen, eine ähnliche Freveltat zu begehen.

Die einzelnen Motive dieser Grenzsage werden dann auf die jeweilige konkrete Situation angewandt und erhalten damit lokales und zeittypisches Kolorit.

Am „Dreistein" zwischen Wörth, Trennfurt und der Landesgrenze. Der Stein mit dem Wappen des Erzbischofs Theoderich von Erbach aus der Mitte des 15. Jahrhunderts war 1728 erneuert worden.

Der auffällige Grenzverlauf

Anlass zur Entstehung dieser Erzählungen von den Männern, die entweder einen Meineid zum Grenzverlauf geschworen oder gar einen Grenzstein versetzt haben und nach ihrem Tod als „Männchen" ruhelos und oft auch irrlichternd umgehen müssen, ist in der Regel ein auffälliger Grenzverlauf.

Ein Trennfurter, der von der Grimmeswiese oder Rebhecke aus freien Blick auf den eigenen Kirchturm

und die Klingenburg auf der anderen Mainseite hat, dann aber erfährt, dass er auf Wörther Grund steht, kann leicht zum Schluss kommen: „Das kann doch nicht mit rechten Dingen zugegangen sein, dass die Wörther Grenze so weit herüberzieht!“
Die Sage vom Rebheckenmännchen bietet sich da als „Erklärung“ an.

Die Eisenbacher haben eine ähnliche „plausible Begründung“ für den für sie ungünstigen Grenzverlauf mit Obernburg: Die Ortsvorsteher beider Gemeinden hatten die Idee, zu einem vereinbarten Zeitpunkt frühmorgens je einen Hahn fliegen zu lassen. Dort, wo sich beide träfen, sollte die Grenze gezogen werden. Weil aber die Obernburger Schlitzohren ihren Gickel eine Stunde früher als vereinbart starten ließen, schob sich die Grenze der Stadt bis nahe an das Dorf Eisenbach heran.

Das Motiv dieser Grenzfestlegungs-Sage ist nicht im Mümlingtal erfunden worden. Es ist weit verbreitet und uralt. Bereits im 4. Jahrhundert v. Chr. ist überliefert, wie zwischen Karthago und Cyrene in Nordafrika die Grenze durch einen Wettlauf entschieden werden sollte. Auch in der Schweiz wollten zwei Nachbarorte die Grenze durch Läufer festlegen, die beim ersten Hahnschrei gestartet sind.

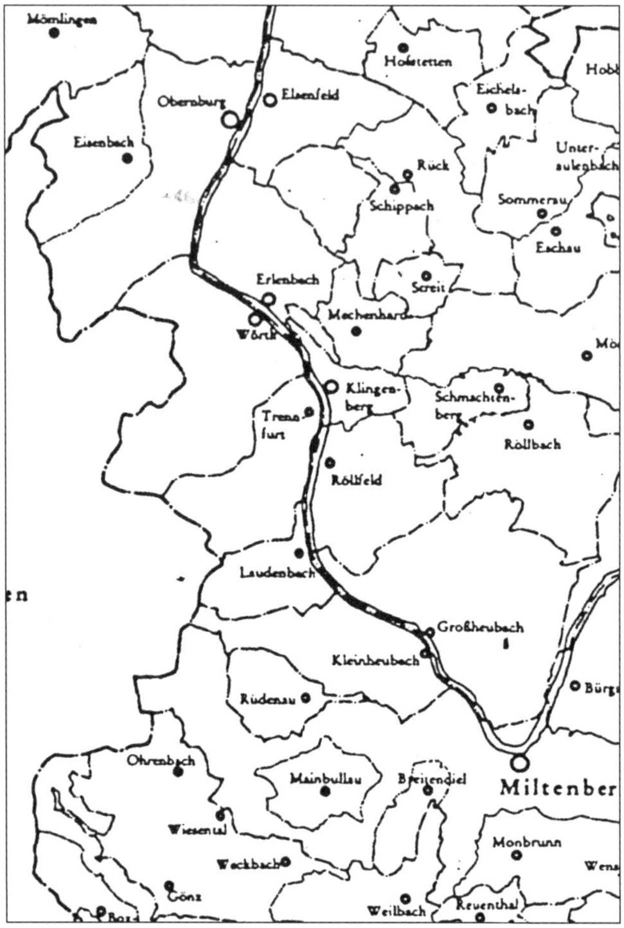

Auch Grenzen sind Geschichtsquellen! Ihr Verlauf wirft häufig Fragen auf, die in Sagen "erklärt" werden. Ein paar Beispiele: Warum geht das Wörther Territorium so weit ins Hinterland von Trennfurt? Warum umschließt die Gemarkung Obernburgs die von Eisenbach? Zwischen Miltenberg und Großheubach war ein Grenzstreit unvermeidbar, weil die Fähre der Stadt eine Anlegestelle am anderen Ufer benötigte ...

Die Miltenberger Fährleute besaßen auf der rechten Mainseite eine Wiese. *„Das Grundstück lag jedoch in der Gemarkung von Großheubach und deshalb erhoben die Heubacher darauf Anspruch, obwohl sie wussten, dass das Besitzrecht im Kirchenbuche der Stadt schriftlich niedergelegt war. Sie wandten sich insgeheim an den Miltenberger Kirchenpfleger, und das war ein hagerer, geiziger Mann, der um einige Goldukaten das Blatt herausschnitt, auf dem die Wiese als Eigentum der Fährer verbrieft stand. So vermochten diese ihr Recht nicht mehr zu beweisen, verloren den Prozess und sie mussten die Wiese den Großheubachern überlassen.*[2]
Die Miltenberger, denen sich das gegenüberliegende Ufer als natürliches Erweiterungsfeld anbot, konnten sich die Ausdehnung der Großheubacher Gemarkung nur als Folge eines Betruges erklären, wie dies in vielen Grenzsagen geschieht. Nach langen Streitigkeiten kam es 1912 zu einer Grenzänderung auf Druck des Innenministeriums in München – und Miltenberg Nord konnte sich entwickeln.[3]

Die Heiligkeit der Grenze

Das Festlegen von Grenzen und deren ständiger Schutz waren tief im Rechtsempfinden der Menschen verankert. Das damit verbundene jahrhundertealte Brauchtum stammt letztlich aus einer religiös oder magisch bestimmten Sphäre. Die Gründungsgeschichte Roms belegt dies ebenso wie die Sage vom Rebheckenmännchen.

Auch der „Hammel von Röllbach", der an einem Feiertag die Marksteine an der Grenze zum Klotzenhof verrückt hat, muss nun an allen Feiertagen ruhelos umherwandern.[4]
Wer Grenzregelungen verletzte, beging ein verachtenswertes und höchst strafwürdiges Verbrechen. Jede menschliche Gemeinschaft wurde ihm versagt, er verlor Haus und Hof, wurde verbannt und vertrieben.
Die Grenzfrevler, die in den Sagen beschrieben werden, sind aber nicht von einem weltlichen Gericht, sondern von einer höheren Instanz verurteilt worden und müssen noch nach ihrem Tod büßen.

Das Hehmännchen schleppt heute noch einen schweren Grenzstein in der Nähe des Dreimärkers herum, wo Pflaumheimer, Mömlinger und Niedernberger Gemarkung aufeinander treffen. Jeden Wanderer, den er trifft, fragt er flehentlich: *"hej, hej, wo soll ich den Stein hinsetzen?"*[5]

Dieselbe Frage stellte ein Grenzfrevler in Sommerau, der oberhalb der Baumannshohle am Feldweg Richtung Eichelsbach umgehen musste.[6]

Wenn früher die Leute zu nächtlicher Stunde am Acker vorübergingen, wo jetzt der Bildstock steht, lief an der Ackerfurche ein gespenstischer Mann, der einen Grenzstein auf dem Rücken trug, und er lief immer hin und her und fragte: „Wo soll ich ihn denn hinsetzen? Wo soll ich ihn denn hinsetzen?" Die Leute flohen dann vor der unheimlichen Erscheinung bergab ins Dorf. Einmal aber ging ein beherzter Ortsbürger des Wegs, der sah auch den Mann mit dem Grenzstein und hörte ihn die gewohnte Frage tun: „Wo soll ich ihn denn hinsetzen?" – „Ei", antwortete der mutige Sommerauer, „so setze ihn doch hin, wo du ihn hergenommen hast!". Erwiderte der Mann mit dem Grenzstein: „Hab Dank, nun bin ich erlöst!" Und aller Spuk war verschwunden.

Am Fledersrain zwischen Bürgstadt und Eichenbühl wurde gar *„in alter Zeit zur mitternächtlichen Stunde ein Schimmelreiter gesehen ... Der Reiter saß auf seinem weißen Ross und trug sein Haupt in beiden Händen vor sich auf dem Sattel. Neben ihm ging ein Mann, der hatte eine lange Feder hinter den Ohren stecken. Es war sein Schreiber"*. (Der galante Federschmuck ist in der Regel ein Attribut des Teufels!). Die Beiden sollen, so wurde behauptet, die Grenze unrechtmäßig zugunsten Bürgstadts verschoben haben. Die benachteiligten Eichenbühler verwünschten sie deshalb, so dass sie bis zum heutigen Tag zur Mitternachtsstunde ruhelos umhergehen.[7]

Die eindringlich warnende Botschaft all dieser Erzählungen von ruhelos irrenden Geistern lautet: So wird es jedem ergehen, der einen Grenzfrevel begeht. Selbst über den Tod hinaus wirst du dafür büßen müssen!

Der historische Hintergrund

Im Falle der Sage vom Rebheckemännchen ist uns tatsächlich ein Protokoll überliefert, das den historischen Hintergrund und konkrete Bedingungen aufzeigt, welche die Sage dann „verarbeitet" hat.[8]

Der Graf von Wertheim (als Besitznachfolger der Herren von Breuberg, die in Wörth und Trennfurt sehr viel Besitzungen und Rechte hatten), musste feststellen, dass ihm *„die von Wörthe Eintrag thun und entzogen haben"*, d. h., dass die Stadt Wörth versuchte, ihr Territorium auf Kosten der Trennfurter auszudehnen. Aus diesem Grunde berief also Graf Wilhelm auf Dienstag nach Pfingsten (8. 6.) 1457 den Schultheißen, die Schöffen (Ratsmitglieder) und die Gemeindemitglieder von Trennfurt zusammen, um sich Klarheit über den strittigen Grenzverlauf im Bereich der Rebhecke und des Grimmesgrunds zu verschaffen *(„eine wahre wissende kundtschafft zu sagen“).*

Das Bild, das sich durch die Aussagen der Trennfurter ergab, war eindeutig:
Die Wörther versuchten seit einiger Zeit, die überkommenen Wertheimer Rechte in Trennfurt zu missachten und ihrerseits Ansprüche auf die genannten Flurabschnitte anzumelden. So bezeugte ein Hannß Schotte: *„durch dieselben Acker (vor der grumbach) haben die von Wörthe Weege gesteint und gemacht, die vor alters nicht daher gegangen seindt oder gehen sollen“.*

Ein Beringer Rüdiger erinnert sich, *„wie Er vormahl gezackert biß an den Waldt und Ihme hätten die von Wörth die Steine von dem Waldt soweit hinausgesetzt, und nehmen das meinem Herrn und thäten ihme unrecht und machen uns auch das unsere zuschanden“.*

Die Trennfurter sind demnach aufgebracht über die Wörther Nachbarn, die die Grenzsteine versetzten: *„... die Bösewichter haben einen Stein dahin gesetzet; der stunde vor(her) dort inne vor der hecke“.*

Sowohl die Rebheckensage wie auch die Protokolle von 1457 beziehen sich also auf einen historischen Vorgang aus der Mitte des 15. Jahrhunderts, als die Gemeinden ihre Grenzen festzulegen begannen und sich bei dieser Festlegung in die Haare gerieten. Die Schimmelreiter-Sage von Bürgstadt geht auf die Gemarkungstrennung aus dem Jahre 1490 zurück.
Warum tauchten gerade damals die Grenzprobleme auf?

- Die Bevölkerung hatte nach den Pestjahren wieder zugenommen; der Wald wurde in zunehmendem Maße gerodet; deshalb wurde eine genaue Abgrenzung notwendig.
- Dazu kam die herrschaftsrechtliche Differenzierung; d. h. die Ansprüche verschiedener Fürsten, Herren und Grafen führten dazu, dass die Einflussgebiete der Herrschaften genauer markiert werden mussten (z. B. Breuberg-Mainz am Beispiel Wörth/Trennfurt).
- Die Schimmelreitersage aus Bürgstadt erinnert daran, dass Ende des 15. Jahrhunderts das ursprünglich gemeinsam genutzte Waldgebiet zwischen Bürgstadt und Eichenbühl abgegrenzt worden ist.
- Parallel dazu beginnt in diesen Jahrhunderten die Tätigkeit der Verwaltungen zuzunehmen. Das Bedürfnis nach schriftlicher Fixierung wird größer; deshalb stammen aus dieser Zeit die ersten schriftlichen Aufzeichnungen des Grenzverlaufs.

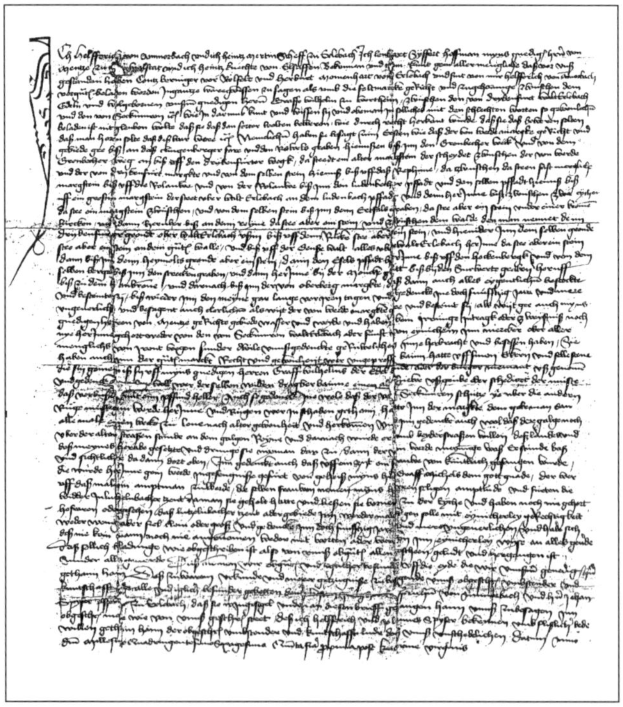

Die älteste Originalurkunde im Wörther Stadtarchiv ist eine Grenzbeschreibung aus dem Jahre 1460. Aus dieser Zeit stammt auch der Grenzstreit, der in der Sage vom Rebheckenmännchen seinen Niederschlag gefunden hat.

Die Vierrichter

Die Sage vom Rebheckenmännchen stammt aus einer Zeit, in der Grenzrechte festgeschrieben und institutionalisiert worden sind.

So wurden seit dem ausgehenden Mittelalter Feldgeschworene oder Feldschieder eingesetzt, die für Steinsetzungen, Frevelrügen und Streitschlichtung zuständig waren. Sie bildeten das Viergericht; anderswo waren es sieben Männer.

Sie hüteten das „Vierer-geheimnis“, das nur mündlich weitergegeben wurde. Dabei handelte es sich um bestimmte Merkzeichen – etwa ein Ziegelstück, einen Stein, eine Münze oder dergleichen, die unter den Grenzstein gelegt wurden. Durch die richtige Anzahl, Kombination und Lage dieses „Belags“ wurde die Rechtmäßigkeit der Steinsetzung dokumentiert, bzw. konnte eine falsche entdeckt werden.

Für die verantwortungsvolle und ehrenvolle Aufgabe eines Vierrichters konnte man natürlich nicht jedermann nehmen, zumal dieses Amt auf Lebenszeit vergeben wurde. Der Kandidat, der von den Vierrichtern selbst vorgeschlagen wurde, musste längere Zeit im Ort wohnen, einen eigenen Hausstand ordentlich führen und einen guten Leumund besitzen.

Nach seiner öffentlichen Verpflichtung wurde das neue Mitglied von den anderen Vierrichtern eingeweiht – er erfuhr das ortsübliche Vierergeheimnis – und eingewiesen.

Durch die Einrichtung des verantwortungsvollen und hochgeachteten Vierrichter-Amts hoffte man zu erreichen, dass es nicht zu Falschaussagen und Streitigkeiten kam, wie sie die Sagen erzählen.

Die Grenzwächter legten einen Eid ab und schworen, alles zu tun und zu *„lassen, das einem frommen Vierrichter gebührt, alles treulich und unparteiisch – so wahr mir Gott helfe und sein heiliges Evangelium“.*

Diese hübsche Abbildung aus dem Vierrichterbuch der Stadt Wörth (das 1611 beginnt) zeigt die vier Feldgeschworenen des „Viergerichts“. Alle haben einen langen dünnen Spieß in der Hand, mit dem verdeckte Steine aufgesucht werden konnten. Die vier, die offenbar gerade über einen umgeworfenen (oder ausgegrabenen) markierten Stein diskutieren, sind in der Tracht des 17. Jahrhunderts gekleidet. Es fehlt der große Radmantel, den die Grenzrichter zum Schutz gegen die schlechte Witterung – und zum Abdecken des Viergeheimnisses vor den Augen Neugieriger – oft trugen.

Was aber, wenn ein ehrbarer und frommer Grenzrichter gezwungen worden ist, Grenzsteine gegen Herkommen und Recht zu setzen oder zu versetzen? Dies geschah in Mönchberg zu Beginn des 16. Jahrhunderts, als der damalige Ortsherr Eberhard Rüd

Illustration zum Eid der Grenzwächter aus dem Vierrichterbuch der Stadt Wörth von 1711.

von Collenberg dem Kloster Himmelthal 100 Morgen Grund und Boden weggenommen und seinem Ort zugeschlagen hat.[9]

Als Junker Eberhard, *„zugleich Chur-Mayntzischer Hofmeister und Obrist Cammerer, mithin sehr mächtig"*, seine Untertanen anwies, die neuen Grenzsteine im „Sieler" zu setzen, wollten diese *„sich hierzu als zu einer ohngerechten sach nicht ... gebrauchen lassen"*. Als ein „Steinsetzer eingewendet, er müsse deswegen vor dem letzten Gericht Rede und Antwort geben, sagte ihm der Junker, *„wan es bis dahin Zeit hätte, wollte er alsdann nur zu ihm kommen, er wollte schon vor ihn reden"*.

Der skrupellose Dorfherr scherte sich also nicht um Recht und Gesetz – auch der Vizedom Philipp Echter von Mespelbrunn gab *„Friedens halber"* und um *„das Closter in Ruhe zu setzen"*, klein bei – und machte sich über die Gewissens-Bedenken des Steinsetzers noch lustig: Beim Jüngsten Gericht werde er sich schon für den Vierrichter einsetzen!

Grenzbäume und Grenzsteine

Eine weitere Maßnahme, Grenzstreit und Grenzfrevel zu vermeiden, war die eindeutige Markierung der Grenzlinie.

Ursprünglich kam man wohl weitgehend ohne Grenzzeichen aus; man wählte von der Natur vorgegebene Linien wie Wasserläufe, Gräben oder auch markante Bodenerhebungen. So verlief die Grenze der Cent zur Eich (1473 belegt) *„von Lautenbach die bach uff"* bis auf die Höhe bei Dreistein und von Haingrund aus *„die bach herein von Seckmauern bihs zw sant Mertin mitten in den Meyn"*.

Allerdings waren selbst diese naturgegebenen Grenzen nicht immer dauerhaft: die Uferpartien des Mains konnten sich wesentlich verändern; weniger markante Grenzlinien konnten nach einer Überschwemmung oder einem Unwetter verschüttet oder gar verlegt worden sein.

Alte Straßen waren oftmals zugleich Grenzlinien. Dies gilt besonders für Altwege, die die Täler meiden und über die Höhen gehen. So verlief die Trasse des Odenwaldlimes, der auf weiten Strecken bis heute eine Grenze darstellt, sicher auf einem vorgeschichtlichen Höhenweg. Der Eselsweg bildet auf weite Strecken bis heute die Gemeindegrenze.

Das „Lachental" zwischen Röllfeld und Großheubach

Als zusätzliche Hinweise wurden häufig Bäume benutzt, die an exponierter Stelle standen, bzw. dorthin gesetzt worden sind. Viele Flurnamen bewahren noch die Erinnerung an diese Loch – oder Malbäume, die oftmals noch mit einem Zeichen – einem Ring oder Kreuz – versehen waren. „Das Lachental" an der Grenze zwischen Röllfeld und Großheubach hat daher seinen Namen.

Freilich waren auch diese Bäume als Grenzpunkte auf die Dauer nicht zuverlässig genug. Es kam immer wieder vor, dass solche Malbäume absichtlich oder unabsichtlich umgehauen (oder entwurzelt) worden sind.

Grenzlinien waren ab und zu auch von „Hecken“ begleitet. Dichte, dornige Hecken verhinderten an bestimmten Stellen das Überwechseln des Wildes und stellten generell eine zusätzliche Barriere dar. Die „Rebhecke“ an der Grenze zu Trennfurt und die „Pfohlhecke“ zwischen Wörther und Seckmauerer Wald bestätigen diese Feststellung.

Die dauerhafteste Grenzmarkierungen stellten (und stellen) die Steine dar (obwohl man die auch ausreißen und versetzen kann). Heilige Steine bei Kultplätzen, auf Gräbern oder auch an wichtigen Grenzen gab es wohl schon immer. Der sogenannte Toutonenstein, der sich heute im Miltenberger Stadtmuseum befindet, ist vielleicht ein solcher Menhir aus vorgeschichtlicher Zeit.

Allgemein gebräuchlich wurden die Grenzsteine jedoch erst seit dem ausgehenden 15. Jahrhundert.

Nach der Wörther Grenzbeschreibung von 1460 stand in der Vorderen Rebhecke, dort, wo ein Bündel parallel verlaufender Wegrinnen vom Höhenweg hinunter zur befestigten Trennfurter Kirche führt, *„ein alter Margstein, der scheydet zwischen der von Werde und der von drybenfurt marckhe“*.
Ein mächtiger Grenzstein (ca. 70 x 50 cm ragt er aus dem Boden) steht heute noch dort neben einer tiefen Wegspur. Da er ein recht urtümliches archaisches Aussehen hat – es scheint ein Findling zu sein, dessen Konturen kaum bearbeitet worden sind, ist es gewiss der 1460 erwähnte alte Markstein.

Er zeigt auf der Trennfurter Seite das Bickenbachische Wappen mit dem Schrägbalken aus zwei Rautenreihen, das sicherlich im 15. Jahrhundert eingemeißelt worden ist.

Der große Grenzstein an der vorderen Rebhecke ist der älteste noch erhaltene Stein an der Wörther Grenze. Er stammt aus der Mitte des 15. Jahrhunderts, als ein Grenzstreit Anlass zur Entstehung der Sage vom Rebheckenmännchen gab.

Wandersage

Ob der Meineid des Rebheckenmännchens historisch ist oder nicht, ob also tatsächlich ein Wörther eine Falschaussage zum Grenzverlauf zu Protokoll gegeben hat, ist nicht zu klären; jedenfalls gibt die Sage gut die langwierigen und tiefsitzenden Differenzen zwischen den benachbarten Gemeinden und Herrschaften wieder.

Das Motiv vom verschlagenen Grenzfrevler gibt es jedoch auch anderswo. Überall dort, wo es Grenzstreitigkeiten gegeben hat – und wo gab es diese nicht! – konnte das Motiv übernommen und festgeschrieben werden. Es handelt sich um eine sogenannte Wander-Sage.

Ein Beispiel dafür ist die Gründungssage der Wartburg bei Eisenach in Thüringen. Im Jahre 1075, also in den Wirren des Investiturstreits zwischen Kaiser und Papst, hatte Graf Ludwig von Schauenburg auf dem Wartberg eine Burg errichten wollen. Da der rechtmäßige Besitzer Einspruch erhob, hat Ludwig mit zwölf Getreuen Erde aus seiner eigenen Burg auf dem Wartberg ausgestreut und dann vor dem Königsgericht geschworen, dass dieser Boden ihm gehöre. Durch diese Lügenlist kam er in den Besitz des Berges, auf dem er seine Burg baute.

Überlieferungen aus dem Spessart (und anderswo) bringen sogar noch eine Steigerung in der Formulierung der Eidesformel.
Der Jesuitenpater Schomartz war als Procurator (Verwalter) des ehemaligen Klosters Himmelthal für sein Erwerbsstreben und seine Unnachgiebigkeit bekannt und berüchtigt. Als er beschuldigt wurde, sich unrechtmäßig Mönchberger Grundbesitz angeeignet zu haben, kam es vor Ort zu einer Gerichtsverhandlung, bei der das strittige Land dem Kloster zugesprochen wurde. Schomartz hatte sich Himmelthaler Erde in die Schuhe und einen Schöpflöffel in die Kapuze gepackt und dann geschworen: *„So wahr der Schöpfer über mir, so wahr stehe ich hier auf Himmelthaler Boden“.*

Anmerkungen

1. Pfeifer, Valentin, Spessartsagen, Aschaffenburg 1961, S. 97
2. Pfeifer (Anm. 1), S. 140f
3. Keller, Wilhelm Otto in: Main Echo vom 25. 8. 2000
4. Herrlein, Adalbert von, Sagen des Spessarts, Aschaffenburg 1851, S. 260
5. Glenz, Wilhelm, Heimatsagen aus dem Kreise Erbach, Darmstadt 1929, S. 49
6. Appel, Karl, Eschauer Heimatbuch 1985, S. 349
7. Schmitt, Norbert, Ein Schimmelreiter bei Bürgstadt, in: Der Odenwald 4/1975
8. Trost, Werner, Wörth am Main, Bd. 1, S. 49
9. Trost, Werner, Kloster Himmelthal ..., in: „Spessart“ Sept 2007, S. 18f

Die Maria-Schnee-Kapelle in Röllbach

Eine Sage erzählt:

Vor mehreren Jahrhunderten ging der Wald fast bis zum Orte Röllbach. Der Hirt, der das Vieh dorthin zur Weide trieb, nahm wahr, dass dasselbe, wenn es an einem Gebüsche vorüber kam, die Knie beugte; er durchsuchte das Gebüsch und fand einen eichenen viereckigen Stock mit einer Nische und darin ein hölzernes Bild der Hl. Jungfrau mit dem Jesuskinde auf dem Schoße.

Die Einwohner von Röllbach wollten eine Kapelle erbauen und das wunderbarer Weise entdeckte Muttergottesbild dort aufstellen. Die Kapelle sollte unmittelbar vor dem Dorfe errichtet werden und es wurden auch die nötigen Steine und Balken aufgefahren und der Bau begonnen, allein am andern Morgen fand sich Alles an der Stelle, wo das Bild entdeckt worden war. Man glaubte anfänglich, dass hier Menschenhände tätig gewesen; als aber die zurückgebrachten Steine und Balken abermals an der früheren Stelle lagen, und selbst aufgestellte Wächter ihr Verschwinden nicht hindern konnten, beschloss man endlich, die Kapelle an dem Fundorte zu bauen. Durch das Vorgefallene war man ängstlich geworden und man konnte sich nicht vereinigen, wie groß und in welcher Gestalt die Kapelle errichtet werden solle; da fiel in einer Sommernacht Schnee auf die Stelle und gab den Grundriss zu der Kapelle.

Der Bau ward nun begonnen, der kurmainzische Amtskeller zu Stadtprozelten, zu dessen Sprengel damals Röllbach gehörte, untersagte jedoch, man weiß nicht aus welchem Grunde, den Bau. Er begab sich, um sein Gebot wirksam zu machen, selbst zu Pferd an Ort und Stelle, allein hier stand sein Pferd wie in den Boden gewurzelt, und es war weder im Guten noch im Bösen hinweg zu bringen, obwohl es sonst ein frommes Tier war. Als es endlich heftig gespornt wurde, sprang es in die Höhe, die vier Hufeisen aber blieben auf dem Platze liegen. Der Keller widersetzte sich nun dem Bau nicht länger und die Kapelle ward errichtet, wie sie durch den Schnee vorgezeichnet war.[1]

Die Maria-Schnee-Kapelle in Röllbach (Zeichnung von Winfried Müller)

Sagen erzählen in aller Regel vom Einbruch des Unerklärlichen, Überirdischen oder Unterirdischen in die Menschenwelt, die ihrerseits durch konkrete Namen historischer Personen oder bekannter Plätze oder Gebäude repräsentiert wird.

Die Sage von der Entstehung der Röllbacher Kapelle ist ein gutes Beispiel hierfür: Das Vieh auf der Weide beugt die Knie vor einem Marienbild; auf geheimnisvolle Weise wird das Baumaterial in der Nacht an die Stelle gebracht, auf der die Kapelle heute noch steht. Größe und Form des Gotteshauses wurden durch Schnee, der im Hochsommer vom Himmel fiel, festgelegt.

Neben diesen unerklärlich-wunderbaren Zügen enthält die Sage aber auch Menschlich-Handfestes: da gibt es den viereckigen Bild-Stock und die Kapelle, die ja heute noch steht; außerdem den herrschaftlichen Beamten in der Person des Amtskellers von Stadtprozelten, der den Bau verbieten wollte. Sogar die Hufeisen seines Pferdes waren hinter dem Alten angenagelt und konnten – und können heute noch – als sichtbare Beweise in Augenschein genommen werden.

Mysterium und Menschenwelt: welche Angaben sind nun „stimmig“, wie sind die einzelnen Motive zu deuten?

Wie alt ist die Sage?

- Die Sage von der Entstehung der Röllbacher Marienkapelle beruht auf einer weit in die Vergangenheit zurückreichenden Tradition. Johann Sebastian Severus hat in seiner umfangreichen Sammlung von Informationen über Kirchen und Kapellen in der Mainzer Diözese auch diese Sage überliefert.[2] Er selbst hat im Oktober 1776 Röllbach besucht und die Kapelle mit ihrem der Muttergottes geweihten Hauptaltar und dem auf der Evangelienseite stehenden Seitenaltar mit dem Gnadenbild beschrieben.
- Severus stützte sich seinerseits auf Aufzeichnungen von Pater Schomartius. Dieser war ein ebenso rühriger wie wegen seiner Rigorosität gefürchteter Prokurator des Klosters Himmelthal (1756–71). Er leitete den dortigen Kirchenbau und sorgte für eine Belebung der Wallfahrten zum Kloster im Elsavatal.[3]
- Pater Schomartz seinerseits berief sich auf den Jesuitenpater Johannes Gamans (1609–1684), der die Kapelle hundert Jahre vorher, im Jahre 1654, besucht hat und sich die mündlich weiter gegebene Entstehungsgeschichte von den ältesten Röllbachern erzählen ließ („traditio seniorum“).

So gibt die Sage großenteils den Inhalt wieder, wie er im 17. Jahrhundert erzählt worden ist. Dabei reichen die Erinnerungen der Gewährsleute in die Zeit vor dem Dreißigjährigen Krieg zurück.

Der Bildstock mit dem Marienbild

An der Stelle, wo die Kapelle steht, stand ursprünglich ein Bildstock. Ein „Stock“ ist – nach dem Wörterbuch der Gebrüder Grimm – *„der in der Erde stehen gebliebene Stumpf eines Baumes mitsamt den Wurzeln“*. Dieser einfache von der Natur vorgegebene Baumstumpf oder ein bearbeiteter „eichener viereckiger Stock“ endete oben in einem schlichten Bildhäuschen, das ein Marienbild trug. Aus Stein gearbeitete Bildstöcke, die man bisweilen heute noch antrifft, geben ein anschauliches Beispiel für das Aussehen ihrer hölzernen Vorgänger.[4]

Erhaltene einfach gearbeitete Bildstöcke aus Stein vermögen einen Eindruck davon zu geben, wie hölzerne Bildstöcke mit einem einfachen Bildhäuschen auf einem schlichten Schaft ausgesehen haben (hier ein Beispiel aus Eichenbühl, oberhalb der Steige).

Bäume mit eingeschlagenen oder angehängten Zeichen haben eine uralte Tradition. So dienten markierte „Lochbäume“ als Grenzpunkte; bei der Geburt eines Kindes wurde ein Baum gepflanzt, der das Leben des Neugeborenen begleiten sollte; an Wegkreuzungen oder exponierten Stellen standen „heilige Bäume“. Sie dienten der Orientierung, der Erinnerung an ein schreckliches oder glückliches Ereignis oder der Verehrung der Gottheiten, die Mensch und Natur beschützten. Der Hollunder, der Holler-baum, war beispielsweise der „Frau Holle“ geweiht. An die Stelle dieser Göttin Hulda, die für das Wachsen und Gedeihen „zuständig war“, trat in christlicher Zeit die Gottesmutter Maria.

Marienbildbäume waren weit verbreitet.

- Die Ursprungssage von **Maria Buchen** (bei Lohr) geht, wie der Name des Klosters bereits verrät, von einem wundertätigen Marienbild in einer Buche aus.
- Die **Obernauer** Kapelle steht an der Stelle, wo sich ein Muttergottesbild in einer Buche befunden haben soll.
- Die Wallfahrt in **Schneeberg** hatte die „Mutter Gottes auf dem Holderstock“ zum Ziel. Beim Bau der Kapelle wurde der „Holderstock, so wie er war, in die Ecke mit eingemauert“.[5]
- Im Spessart erfuhr ein durchziehender Ritter von einem Köhler von einer wundersamen Geschichte um einen Haselstrauch. Als er mit seinem Schwert in das Gebüsch hineinstieß, wurde seine Waffe von Blut gerötet. *„Sie bogen den Strauch auseinander und fanden ein Mutergottesbild mit dem Christkindchen auf dem Arme. Der Ritter ließ eine kleine Kapelle an der Stelle bauen, wo sie das Bild gefunden, und dasselbe dareinstellen. Damit begann die Wallfahrt nach* ***Hessenthal****, das ursprünglich Haseltal hieß“.*[6]

Ergebnis:
Den Ursprung der Maria-Schnee-Kapelle bildet also ein schlichter Eichenstock mit einer eingehauenen Nische, in der sich ein Marienbild befand. Baumkult und die Verehrung der göttlichen Beschützerin von Mensch und Natur gehen in die vorchristliche Zeit zurück. Das Schnee-Wunder spielte bei dem ursprünglichen Marienbildstock noch keine Rolle.

Die spätgotische Kapelle

Das Andachtsbild befand sich außerhalb des Dorfes im Wald. Die Röllbacher kamen eines Tages zum Schluss, das Marienbild müsse besser platziert und in einer würdigeren Weise aufgestellt werden. Deshalb planten sie eine kleine Flurkapelle, wie dies in manchen anderen Orten – wie in Hessenthal oder Schneeberg – auch geschah.

Die Bebauung Röllbachs hat die Maria-Schnee-Kapelle, die früher weitab vom Dorf stand, mittlerweile eingeholt. (Aufnahme 2008)

„Die Kapelle sollte unmittelbar vor dem Dorfe errichtet werden“. Doch dazu kam es nicht. Fingerzeig und Fügung des Himmels muss es gewesen sein, als Steine und Bretter für den Bau der Kapelle in der Nacht an eben die Stelle verbracht worden sind, an der der Eichenstock mit dem Marienbild stand.

- Beim Bau der Kirche auf dem Engelberg geschah dasselbe: *„Des Nachts trugen die Engel Steine und Gebälk auf den Berggipfel“.*

- Am Stadtrand von Aschaffenburg fanden Bürger ein (vergrabenes) Muttergottesbild und trugen es in die Stiftskirche. Allein am anderen Morgen befand es sich wieder dort, wo es ausgegraben worden war. Es wurde jetzt eine Kapelle darüber gebaut (aus der sich später die Sandkirche entwickelte).[7]

- Das Schneeberger Marienbild, das auf dem Hochaltar der Kirche aufgestellt worden war, kehrte jeden Tag wieder auf den Holderstock vor dem Gotteshaus zurück, bis man sich zum Kapellenbau neben der Kirche entschloss.

- Auch die Obernburger staunten nicht schlecht, als ihr Baumaterial zum wiederholten Mal von dem

Platz weggeführt worden war, den sie zunächst für ihre Annakapelle ausgesucht hatten und folgten dann der „Weisung von oben". Sie vergrößerten die bereits bestehende Notburgiskapelle, die sie dann umbenannten, nachdem sie das Bild der Hl. Anna „selbdritt" dort aufgestellt hatten.[8]

Die Erzählung vom geheimnisvollen nächtlichen Transport der Baumaterialien an die „richtige Stelle" ist also nicht nur für Röllbach überliefert. Es handelt sich um ein sogenanntes Wandermotiv, das weit verbreitet ist und sich an bestimmten Orten „fest gemacht hat".
Meistens „erklärt" die Sage die besondere Lage eines Bauwerkes, das durch die Erzählung von himmlischer Einwirkung mit einer Aura des Wunderbaren oder Heiligen versehen wird.

Die Röllbacher bauten also schließlich ein kleines Andachtshäuschen an der Stelle, wo einst der Marienbildbaum gestanden hatte. Im gotischen Chor der heutigen Maria-Schnee-Kapelle – größer war der ursprüngliche Andachtsraum nicht – wurde das Marienbild aufgestellt, von dem bald wunderbare Wirkungen erzählt wurden.

Zu welcher Zeit könnte das gewesen sein?
Die Sage datiert recht großzügig *„vor hundert und mehr Jahren"*. Als die Kunstdenkmäler des Königreichs Bayern um 1900 aufgenommen worden sind, legte man die Entstehungszeit des Gnadenbildes der Röllbacher Kapelle auf etwa 1480 fest. Auf der Rückseite des Bildes – so vermerkt der Chronist C. F. Reinhardt – stand die Jahreszahl 1521. Das ist wohl die Zeitspanne, in der das – neue – Marienbild und die erste Kapelle entstanden sind: zwischen 1480 und 1521.

Es war die Umbruchszeit zwischen dem zu Ende gehenden Mittelalter und der beginnenden Neuzeit. Amerika wurde entdeckt (1492); Kopernikus behauptete, nicht die Erde, sondern die Sonne stehe im Zentrum des Weltalls; die Renaissancepäpste waren Wüstlinge oder/und Bauwütige; der Ruf nach „Reformen" wurde allenthalben laut; Martin Luthers Thesenanschlag (1517) spaltete die Kirche. Die Gläubigen waren verunsichert, suchten Halt im Wunderglauben, sammelten Reliquien (der Mainzer Kardinal Albrecht besaß davon 21 441 Stück!), fanden Zuflucht in den Armen der Muttergottes, deren Verehrung in Blüte stand. Riemenschneider schnitzte 1505 den Marienaltar von Creglingen und 1521 die Rosenkranzmadonna von Volkach, Grünewald malte die Muttergottes auf dem Isenheimer Altar und die „Stuppacher Madonna".

Das Röllbacher Marienbild ...

hat nur bescheidene Ausmaße. Es ist ca. 30 cm hoch und 20 cm breit und als Halbfigur aus Holz gearbeitet, d. h. es war von Anfang an an einer Rückwand aufgestellt, bzw. dort befestigt. So ist es gut vorstellbar, dass das Röllbacher Gnadenbild tatsächlich ursprünglich in einer Bildstock-Nische Platz gefunden hatte und anschließend in der Kapelle aufgestellt worden ist – womöglich an dem eichenen Stock, der noch Jahrhunderte später dort zu sehen war.

Maria, mit einem roten Untergewand und einem goldfarbenen – ursprünglich wohl blauen – Mantel bekleidet, hält mit beiden Händen den unbekleideten Jesusknaben, der mit der rechten Hand den Hals seiner Mutter umfasst und in der Linken einen rotgefärbten Apfel hält. Der silberne Aufsatz mit dem stilisierten Wolkenband ist eine spätere Zutat.
Es handelt sich um eine volkstümliche, freilich auch künstlerisch wenig anspruchsvolle Arbeit – die ungeschickte Haltung der Hände Mariens zeigt dies am deutlichsten. Der Wert des Gnadenbildes liegt in der Schlichtheit des frommen Ausdrucks.

Die Gottesmutter wirkt als „unbefleckte Jungfrau" und Gottesgebärerin in Gedanken versunken; sie blickt nicht ihren Sohn an, den sie auf ihren Händen trägt – so, als wollte sie ihn vorzeigen und dem Betrachter deutlich machen: „Seht, der Sohn Gottes, der Erlöser der Welt".

Das Gnadenbild in der Maria-Schnee-Kapelle

Maria ist (noch) nicht als mädchenhafte und liebevoll mit ihrem Kind spielende Jungfrau dargestellt (wie in vielen Darstellungen der späten Gotik), sondern eher als die, die ihr zukünftiges Leiden vorauszuahnen scheint. Zusammen mit der Nacktheit des göttlichen Kindes geht von dem Bild die tröstende Botschaft aus: Gott ist Mensch geworden – und er ist den Menschen in ihrer kreatürlichen Not und in ihrem Schmerz nahe. Nicht mehr die „ferne", weit über die Menschenwelt erhabene Gottheit der Romanik ist hier dargestellt, sondern der „nahe Gott" der Gotik.

Das „Menschliche" in Maria und Jesus kam ursprünglich wohl noch besser zum Ausdruck, als der Strahlenkranz, das reichgeschmückte Gehäuse und die Goldfarbe der Rokokozeit noch fehlten (Ist die überdimensionierte Krone ursprünglich?). Die theologische oder „göttliche" Seite kam in erster Linie in der Symbolik zur Sprache, die den Menschen des späten Mittelalters geläufig war: Das ursprüngliche Blau des Mantels signalisiert Treue und Glaubensstärke; die rote Farbe des Kleides bedeutet die Liebe der Mutter und weist zugleich auf die Leiden und den Tod ihres Sohnes und ihr eigenes Leid und ihre Schmerzen hin. Der Apfel, mit dem das Jesuskind spielt, erinnert an den Sündenfall im Paradies und stellt Maria als zweite Eva dar, mit der der Erlöser in die Welt kommt, der Sünde und Tod überwindet. Aus EVA wird das AVE Maria!

Ergebnis: Die Maria-Schnee-Kapelle von Röllbach ist wohl ein typisches Bauwerk der Spätgotik; sie integriert einen Muttergottes-Bildstock, der an derselben Stelle stand und ist Ausdruck der spätmittelalterlichen Marienfrömmigkeit. Das Maria-Schnee-Motiv spielt in dieser Zeit noch keine Rolle.

Das Maria-Schnee-Wunder

Die Sage verknüpft den himmlischen Fingerzeig, der zur Auswahl des richtigen Bauplatzes führte, mit einem weiteren: Schnee, der an einem heißen Sommertag fiel, zeichnete sogar Ausmaß und Grundriss der zu erbauenden Kapelle auf den Boden.
Das Schnee-Motiv ist in der Röllbacher Sage jedoch nur knapp erzählt, es wirkt wie ein Zusatz, wie ein aufgesetztes Beiwerk. Gerade über dieses Motiv, seine Entstehung und Verbreitung, sind wir jedoch recht gut informiert.[9]

Ende des 15. Jahrhunderts studierte ein junger Mann aus Aschaffenburg namens Heinrich Reitzmann, Jahrgang 1462, in Rom und bereitete sich auf den Priesterberuf vor. Dabei kann ihm nicht verborgen geblieben sein, wie die Renaissance-Päpste ihre geistlichen Pflichten vernachlässigten. Innozenz VIII. (1484-92) verpfändete zeitweise Tiara und Mitra, die Zeichen der päpstlichen Würde, an römische Bankhäuser, führte Kriege und regierte mit Lug und Trug. Sein Nachfolger, Alexander VI. (1492–1503) war ein korrupter, lasterhafter Mensch, der seine Kinder reichlich versorgte und manches Verbrechen seines skrupellosen Sohnes Cesare Borgia billigte, den der Vater als 17-jährigen Jüngling in den Kardinalspurpur gehüllt hatte.

Für Reitzmanns persönlichen Lebensplan war nun die Frage entscheidend, ob es gegen die Verweltlichung der Kirche und die moralische Verwilderung ihrer höchsten Repräsentanten eine Hilfe, eine Alternative gibt. In dieser kritischen Phase scheint er ein „Ur-Erlebnis" gehabt zu haben. Er lernte in Rom die Gründungslegende von S. Maria Maggiore, der ersten und bedeutendsten Marienkirche des Abendlandes, kennen (die im 5. Jahrhundert errichtet worden war) und war von der liturgischen Rückbesinnung beeindruckt, die damals in diesem Gotteshaus begangen wurde. Im Zentrum der Verehrung stand ein Bild der Gottesmutter, das der frommen Überlieferung nach vom Evangelisten Lukas gemalt worden war.

Die Legende erzählt:

Es gefiel der göttlichen Vorsehung, die Stadt Rom mit einem Wohnsitz der Mutter Maria auszustatten. Solange dieser vom Volk fleißig verehrt wird, sollten die Menschen der Hilfe ihrer himmlischen Vermittlung sich erfreuen. Nun folgt das Schnee-wunder, das sich zur Zeit des Papstes Liberius (352-366) ereignet haben soll:

„Es war damals nun Anfang August, da die Vegetation der Erde unter einer allzu starken Sonneneinwirkung ausgetrocknet und die Menschen mehr als sonst durch glühende Hitze ermattet werden; zu dieser Zeit wollte die selige Gottesmutter einen Platz für die ihr zu Ehren zu erbauende Basilika anzeigen. In einer Nacht des besagten Monats, nämlich am 5. August, wird plötzlich die Luft ganz gegen die Natur eisig, es friert und gibt Frost, so dass die Wolken sich verdichten und der quellende Regen in Gestalt von Schneemassen herunterkam. Dieser Schnee bedeckte aber nur den Platz, wo die Basilika erbaut werden sollte und bewirkte (so) zugleich mit der Kälte ein Wunder".[10]

Dieser Ausschnitt von Matthias Grünewalds Bild (im Augustinermuseum Freiburg) zeigt das „Schneewunder bei der Gründung der Kirche Santa Maria Maggiore in Rom".

Seitdem die Jungfrau und Gottesmutter in ihrer Kirche S. Maria Maggiore „wohnt", kommt sie den Menschen, die sich ihr anvertrauen, zu Hilfe. Die legenda aurea, das bekannteste Legendenbuch des Mittelalters, bringt ein Beispiel:

„In Rom tobte die Pest, es war eine Zeit des großen Sterbens. Da ordnete Papst Gregor (590–604) einen Bittgang an. Als die Gläubigen, singend und Litaneien betend mit dem verehrten Marienbild durch die Straßen zogen: siehe, da floh alle Unreinigkeit der Luft vor dem Bild“.[11]

Auf den jungen Priesterkandidaten Reitzmann muss die Überlieferung des Schneewunders wie eine Befreiung gewirkt haben, wie die Vision einer besseren Kirche, einer besseren Welt, wie ein Bekräftigung seines eigenen Entschlusses, Priester zu werden.
Maria hat Hilfe all denen zugesagt, die sich ihr anvertrauen. Sie versprach nicht nur Beistand in irdischen Sorgen und Nöten, Hilfe gegen Krankheit und Pest, sondern verhieß auch Hilfe in der Sterbestunde und eine ewige Wohnung im Himmel.

Das Motiv des Schnee-wunders vertiefte und steigerte noch die Aura der Reinheit und Heiligkeit: Der helle, im Sonnenlicht glitzernde Schnee symbolisiert einmal die Jungfräulichkeit der Gottesmutter. Ihre Reinheit erscheint vor dem Hintergrund der Sittenverderbnis, Lüsternheit und weltlichen Prunksucht der damaligen Päpste als leuchtende Alternative.
Der Schnee, der an einem heißen Sommertag zu Boden fällt, ist außerdem ein Zeichen für den frischen Wind, der die stickig-heiße Luft, den todbringenden schwülen Pesthauch vertreibt. Zudem versinnbildlicht Schneefall im südlichen Sommer das wunderbare Eingreifen des Himmels, das alle menschliche Vorstellungskraft übersteigt: Das Wunder als Garantie-Erklärung für die Verheißungen Mariens!

Reitzmann hat offenbar dieses Motiv der *„Madonna delle neve“* von Rom nach Aschaffenburg gebracht und aus der Kraft dieses Schneewunder-Erlebnisses gelebt und gewirkt:

- 1497 wird er zum Priester geweiht und wird Kanoniker am Stift in Aschaffenburg.
- 1506 wird – sicherlich auf sein Betreiben hin – erstmals am 5. August das Fest Maria Schnee in Aschaffenburg gefeiert.
- 1516 wird die Maria-Schnee-Kapelle an der Nordseite der Aschaffenburger Stiftskirche gebaut.
- 1519 wird dort der von Matthias Grünewald geschaffene Maria-Schnee-Altar aufgestellt.

Aschaffenburg, Stiftskirche: Epitaph des Stiftskustos Heinrich Reizmann, der das Maria-Schnee-Motiv am Untermain einführte

Die drei Flügel des **Grünewald-Altars** befinden sich längst nicht mehr in Aschaffenburg. Die ursprüngliche Konzeption lässt noch einmal die Grundgedanken Reitzmanns deutlich werden:

Das Bild auf dem rechten Flügel zeigt das Schneewunder bei der Gründung von S. Maria Maggiore, der ersten Marienkirche des Abendlandes, das Mittelbild steht heute in Stuppach (bei Bad Mergentheim),das Bild auf dem linken Flügel ist verschollen.

Wie und wann kam die Maria-Schnee-Verehrung nach Röllbach?

Es ist auffällig, dass in der Röllbacher Überlieferung das Maria-Schnee-Motiv eine nur untergeordnete Rolle spielt.

- In der Sage wirkt das Motiv, das nur knapp erzählt wird, wie „aufgesetzt".

- In der Kapelle ist nirgendwo das Schneewunder thematisiert. Lange Zeit ist nur von einer Marienkapelle, nie von einer Maria-Schnee-Kapelle die Rede. Im Röllbacher Dorfbuch (1542ff) ist durchgehend von der „Capellen", bzw der *„Cappeln unserer lieben frawen zu Rölbach"* die Rede. Die Wörther gelobten 1632 *„eine ewige Wallfahrt nach Röllbach in die mariae Capellen"*.[12] Das Maria-Schnee-Motiv wird nie erwähnt.

- Das Schneemotiv ist im gesamten Untermaingebiet außerhalb Aschaffenburgs nicht verbreitet. Die Legende vom Bau der Kapelle in Schneeberg nimmt wohl eher auf den Ortsnamen als auf das Maria-Schnee-Fest Bezug.

In welcher Zeit hat die Röllbacher Kapelle den Namen Maria-Schnee-Kapelle erhalten? Es bieten sich verschiedene Möglichkeiten an.

- Reitzmann, auf dessen Betreiben hin 1506 erstmals das Fest Maria Schnee in Aschaffenburg gefeiert worden ist, hat in seinen acht (!) Testamenten, die er zwischen 1507 und 1527 geschrieben hat, Personen und Einrichtungen im Südspessart und am Untermain erwähnt – die Kartause Grünau, Wörth oder Klingenberg, nie jedoch Röllbach. Der Initiator des Maria-Schnee-Festes fällt deshalb als Begründer der Schneewunder-Tradition in Röllbach aus.

- Hermann Molitor war „Erzpriester (Archipresbyter) am Stift Aschaffenburg und „nebenbei" Pfarrer in Röllbach 1518–37.[13] Der vielbeschäftigte und begüterte Mann, der die seelsorgerliche Arbeit in der Gemeinde einem armen Leutpriester überließ, lebte im Konkubinat, d. h. mit einer Frau zusammen. Molitor musste den Grünewaldaltar mit dem Maria-Schneemotiv gekannt haben (der 1519 aufgestellt worden ist). Ob er aber als Konkubinarier das Maria-Schnee-Motiv in einer Zeit, in der im Geiste der Reformation Marienverehrung und Wunderglaube gleichermaßen „verdächtig" waren, nach Röllbach gebracht hat, erscheint mehr als fraglich.

- Als im Jahre 1552 protestantische Truppen brandschatzend, plündernd und mordend durch das Maintal zogen, die Stadt Aschaffenburg belagerten und sie arg bedrängten, suchten und fanden viele Bürger Hilfe und Schutz bei der wunderwirkenden Jungfrau (*thaumaturga virgo)* in Röllbach.[14]

  Haben Aschaffenburger Bürger in dieser schlimmen Zeit, als ihr Schloss in Flammen aufging, die Maria-Schnee-Tradition nach Röllbach gebracht? Hat Pater Echter III, der Erbauer des Renaissanceschlosses Mespelbrunn, der den alten Herrenhof in Röllbach bewohnte, dabei Vermittler gespielt? – Wohl kaum. Außerdem befanden sich religiöse Unterweisung und kirchliches Leben im 16. Jahrhundert auch in Röllbach in einem desolaten Zustand. Die Verehrung der Gottesmutter und der Heiligen, von der Reformation kritisiert und abgelehnt, fand in dieser Zeit praktisch nicht mehr statt.

- Dies änderte sich grundlegend im Zeitalter der Gegenreformation. Das Konzil von Trient (Ende 16. Jahrhundert) setzte ganz bewusst und demonstrativ die traditionellen Formen der Verkündigung und der kirchlichen Rituale wieder in Kraft: Wallfahrten, Prozessionen, Bilder und Figurenschmuck und die Verehrung der Heiligen und Marias. 1612 kamen die Jesuiten, die Vorkämpfer der wieder selbstbewusst werdenden katholischen Kirche, nach Aschaffenburg. 1626 übernahmen sie das

Kloster Himmelthal, bzw. die davon noch bestehenden Gebäude – als Wirtschaftshof, dessen Erträge dem Aschaffenburger Kolleg zugute kamen. Pfarrer Bernhard Brand (1613–1620) sorgte damals für die Renovierung der Röllbacher Kirche, ließ den Hl. Urbanus neu bemalen und besorgte für die neugestaltete Marienkapelle Statuen aus Aschaffenburg.

In dieser Zeit, als die Kapelle erweitert, die Empore angebaut und eine Kanzel im Freien errichtet wurde – in dieser Zeit, als auf dem Engelberg ein Kloster gebaut (1630) und die dortige Kirchenfassade mit dem überlebensgroßen Standbild des Hl. Michael, der Symbolfigur der Gegenreformation, geschmückt wurde – in dieser Zeit ist es am ehesten vorstellbar, dass das Maria-Schnee-Motiv nach Röllbach gebracht worden ist. Die Jesuiten von Aschaffenburg, die 1621die Marianische Bürgersodalität begründeten und in Himmelthal an der Elsava 1753 eine neue Kirche bauten, haben dabei wohl eine wichtige Rolle gespielt.

Nach dem schrecklichen, dreißig Jahre dauernden Krieg (1618–48) mit dem Einfall der schwedischen Soldaten (1631), die für ein paar Jahre dem Protestantismus zum Siege verhalfen und der Pest, die die Menschen massenweise dahinraffte, führten das Wiedererstarken traditioneller katholischer Rituale und die allmähliche Normalisierung des Lebens schließlich zu einer raschen Zunahme der Prozessionen und Pilgerströme nach Röllbach.

Pater Gamansius beschreibt diese Wallfahrten, welche die Erlenbacher, Wörther und sogar Aschaffenburger durchführten und die er gewiss selbst gesehen und erlebt hat[2]:

„Am Tage nach Mariae Himmelfahrt, am Tag des Hl. Rochus, kamen die Wörther und Trennfurter hierher und ließen zwei Kerzen opfern, die zwei Mädchen zum Altar brachten. Genauso machten es die Erlenbacher, Klingenberger und Röllfelder Pfarrgemeinden. Sie führten eine große Zahl an Fahnen mit sich. Sie machten dies so, weil sie schon einmal nach einer solchen Wallfahrt von einer schlimmen Seuche befreit worden sind. Damals war es ein richtiger Trauerzug: Lediglich ein Kreuz wie bei einer Beerdigung wurde vorangetragen, Klerus und Volk gingen entblößten Hauptes, als zögen sie beim eigenen Leichenzug mit oder der Tod stünde unmittelbar bevor. Wegen ihrer ergebenen frommen Haltung wurden sie bald darauf erhört“.

Diese düstere Gestaltung der Prozession ist offenbar ganz in der Tradition der Überlieferung an Papst Gregor durchgeführt worden, in dessen Pontifikat eine schlimme Seuche in Rom tobte. Prozessionen, bei denen das wundertätige Bild der Gottesmutter getragen wurde, sollen die Pest vertrieben haben.

In der legenda aurea wird ein Bittgang zur Abwendung der damals (um 600) grassierenden Pest erwähnt, der „cruces nigrae“, d. h. „schwarze Kreuze“ genannt wurde: *„Denn zum Zeichen der Trauer über den Tod so vieler Menschen und zum Zeichen der Reue legten die Menschen schwarze Kleider an, auch waren wohl um dieselbe Sache die Kreuze und die Altäre mit härenen Tüchern verhängt. Also sollen auch die Gläubigen an diesem Tag das Bußgewand antun“.*[15]

Neben der Gottesmutter Maria wurden im 17. und 18. Jahrhundert in zunehmendem Maße die Heiligen Sebastian, der Patron der Jesuitenkirche in Himmelthal, Rochus und Wendelin als Helfer gegen Krankheiten von Mensch und Tier angerufen.

Die Kapelle wird größer

Wegen des enormen Zustroms gläubiger Beter und Wallfahrer wurde die Kapelle im 17. Jahrhundert verändert und vergrößert. Wir können dabei zwei Phasen unterscheiden[16]:
In den ersten Jahrzehnten dieses Jahrhunderts, in denen eine gesunde wirtschaftliche Entwicklung überall in den Orten am Untermain die Bautätigkeit

förderte, wurde die Röllbacher Marienkapelle durch einen querschiffartigen Anbau mit einer Empore im Westen erweitert. Die nachgotischen Maßwerkfenster sind ein Hinweis auf die rückwärtsgewandte Orientierung an der Zeit vor der Reformation und die Gotik. Dasselbe zeittypische Stilmuster findet man, um nur wenige Beispiele zu nennen, an der Laurentiuskapelle in Miltenberg wie in der Klosterruine auf dem Gotthardsberg bei Amorbach, in der Obernburger Annakapelle wie in der Kirche von Stadtprozelten oder auf dem Engelberg.

Um 1630 werden Kapelle und Friedhof (der damals neben dem Begräbnisplatz um die Röllbacher Kirche als Pestfriedhof genutzt wird) mit einer Mauer umgeben, in die zwei Rundbogentore führen.

Die Röllbacher Kapelle neben dem Friedhof

Ein Altar (*pro celebratione pro populo*) und eine Kanzel im Freien wurden errichtet, um auch die vielen Gläubigen, die die Kapelle nicht fassen konnte, zu erreichen.

In der Kapelle legten die Gläubigen Votivgaben aus oder hängten sie auf. Die aus einer Not Geretteten, von Krankheit Geheilten und diejenigen, deren fromme Bitte erfüllt worden war, spendeten Kerzen oder hängten Bilder an die Wand, die von der glücklichen Rettung erzählten. Aber auch Krücken, Wachsnachbildungen geheilter Glieder, Kleider oder Hufeisen wurden regelrecht ausgestellt – zum Dank und als Demonstration: Die Gottesmutter hat geholfen.

Eine Generation nach dem Ende von Krieg und Pest, da sich das Leben wieder zu normalisieren begann, vergrößerten die Röllbacher die Kapelle erneut. Kurfürst Anselm Franz von Ingelheim weihte 1686 das neue Langhaus, den renovierten Innenraum mit Hochaltar, Orgel und Kanzel ein. Das Wappen über dem Eingang erinnert daran.[17]

Das Wappen des Mainzer Erzbischofs und Kurfürsten Anselm Franz von Ingelheim (1686)

Sieg der himmlischen Gerechtigkeit.

Im letzten Abschnitt der Sage ist von einem Amtskeller die Rede, der partout den Kapellenbau verbieten wollte. Dieser Keller, ein hoher Finanz- und Verwaltungsbeamter, kam also auf den Bauplatz und sprach

– hoch zu Ross – sein Veto. Dass die Hufeisen des Pferdes, das sich dem Willen seines Herrn widersetzte, an Ort und Stelle liegen blieben, wurde als Gottesurteil gegen den Vertreter der weltlichen Macht gedeutet – und als erneutes Wunder!

Gibt es konkrete Personen oder Erfahrungen, die hinter dieser Erzählung versteckt sind?
Der Deutsche Orden verfügte in und um Röllbach über umfangreiche Besitzungen, die seit der Mitte des 14. Jahrhunderts von Stadtprozelten aus verwaltet wurden. 1483 erwirbt der Kurstaat Mainz die Deutschordenskommende Prozelten samt Röllbach.

Das Wappen des Erzbischofs Berthold von Henneberg (1484–1504) über dem Portal der Röllbacher Kirche.

Vermutlich wurden in der herrisch und schroff ablehnend gezeichneten Sagenfigur Erfahrungen mehrerer Generationen mit der oft strengen und willkürlich agierenden Herrschaft gebündelt: Etwa mit Peter Echter III von Mespelbrunn, der – wie sein Sohn Adolf – im uralten Mainzer Hof im Ort gewohnt hat oder mit dem Keller von Prozelten, der um 1640 dem Röllbacher Pfarrer – ungerechter Weise – einen Teil seines Einkommens vorenthalten hat oder mit den Freiherren von Hoheneck, an die die Röllbacher keine guten Erinnerungen haben.

Zeugt nicht diese Geschichte auch vom Selbstbewusstsein der Röllbacher, als wollten sie sagen: „Für die Pfarrkirche ist die Herrschaft zuständig; die Marienkapelle aber ist unser Werk alleine!“? Jedenfalls steckt hinter diesem Motiv vom uneinsichtigen Amtskeller noch eine wichtige Botschaft: Glaube versetzt Berge (und Kapellen) und himmlische Gerechtigkeit hat einen längeren Atem als die irdische und setzt sich letztendlich durch!

Baumstamm und Hufeisen

Aus der Welt der Legende und Sage ragten lange Zeit noch ganz konkrete, sichtbare und anfassbare Gegenstände in die Gegenwart hinein, wie Herrlein im ergänzenden Anhang zur Sage von der Maria-Schnee-Kapelle schreibt:

„Der eichene Balken, in dem sich das Bild gefunden, stand früher auf der Evangelien-Seite des Altars und es waren daran die vier Hufeisen von dem Pferde des Kellers angenagelt; zugleich diente er als Opferstock. In der Folge wurde daselbst ein Altar errichtet und hierauf das wundertätige Bild gestellt. Der Balken ist, da sich die Andächtigen Stücke davon abmachten, klein und unförmig geworden, hat jetzt nur noch eine Höhe von beiläufig zwei Schuhen und steht hinter dem Muttergottes-Altare, jedoch nicht mehr in der Erde. Die Hufeisen am Stocke und die Exvoto, Krücken u. dgl., welche in der Kapelle aufgehangen waren, sind jetzt aus der Kapelle entfernt; alte Leute haben sie noch gesehen“.[1]

Vier Hufeisen befanden sich noch nach dem Großen Krieg in der Kapelle. Sie hatten die Flammen und Zerstörungen, denen die Votivgaben und Dankzeichen weitgehend zum Opfer gefallen waren, überstanden. Diese eisernen Gegenstände, die an die Zeit vor dem Schwedeneinfall erinnerten, verlangten nach einer Erklärung. Was lag näher, als eine Begründung zu finden und diese in die Sagenüberlieferung einzubauen? So „erinnern“ die Hufeisen an das Pferd des Amtskellers, der den Kapellenbau verhindern wollte.

Im Zeitalter der Gegenreformation und der erneuten Blüte der Wallfahrten ist wohl die überlieferte Sage aus mehreren Einzelheiten zusammengestellt worden.

Bei dem „eichenen Stamm“ soll es sich um das Holz des ursprünglichen Marienbildstockes gehandelt haben. Tatsächlich hat eine dendrochronologische Untersuchung 2012 ergeben, dass der Baum im Jahre 1491 gefällt worden war.

Der Balken, der eine ausgehöhlte Öffnung enthielt, um als Opferstock dienen zu können *(pro oblationibus pecuniariis ... excavata),* stand hinter dem Altar und war bereits 1776 deutlich kleiner geworden *(„multum abrasus“).*
Viele Gläubige machten sich nämlich kleine Splitter davon ab, als Andenken an die Wallfahrt und in der Hoffnung, der Holzpartikel möge ihnen Hilfe bringen. Dieser Brauch der „Holz-reliquien“ ist auch von der Hohkreuzkapelle in Klingenberg bekannt (die 2005 nach Röllfeld versetzt worden ist).[18]

Heute noch befindet sich dieser Rest des Eichenbalkens, den hier zwei Mädchen tragen – wohl verwahrt – hinter dem Hauptaltar.

Anmerkungen:

1. Herrlein, Adalbert, Sagen des Spessarts, Aschaffenburg 1851, S. 258
   gekürzte Wiedergabe bei C. Reinhardt, Chronik Röllbach 1905, S. 61ff.
2. Severus, Joh. Sebastian, Tituli pastorales Maguntini IV, S. 297f, Stadtarchiv Mainz.
3. Zitiert bei Severus (Anm. 2), Schlicht, Eva-Marie, Chronik Elsenfeld 1990, S. 144
4. Brückner, Wolfgang (Hrsg.), Maria Buchen, eine fränkische Wallfahrt, Würzburg 1979 (dazu: Dünninger, Hans, Das Baummotiv), Brückner, Wolfgang, Volksfrömmigkeit vor 1517, in: Unterfränkische Geschichte, Bd. 2, 327ff.
   Assion, Peter, Bildstocktypik und soziales Zeichnsystem ... in: Beiträge zur Erforschung des Odenwaldes u. seiner Randlandschaften 1992, S. 449ff.
5. Blättner, Monika, Markt Schneeberg (750 Jahre), 1987, S. 61
6. Der Höllenturm, Heimbuchenthal 1987, S. 58
7. Pfeifer, Valentin, Spessartsagen, Aschaffenburg 1961, 3. Auflage, S. 17
8. Pfeifer, Valentin, Spessartsagen, Aschaffenburg 1961, 3. Auflage, S. 83
9. Saran, Bernhard, Reitzmanns Maria-Schnee-Stiftung und Grünewalds Altar, Aschaffenburger Jahrbuch 7 (1981), S. 263ff.
10. wie Anm. 9, S. 274ff
11. Wie Anm. 9, Die Legenda aurea des Jacobus de Voragine, 13/1999, S. 173
12. Trost, Werner, Wörth am Main, Bd. I.,1989, S. 77
13. 800 Jahre Röllbach, 1982, S. 76
14. Reinhardt (Anm. 1), S. 62; Gamansius in: Anm. 2
15. Legenda aurea (Anm. 11), S. 278
16. Müller Winfried, Ein halbes Jahrtausend Maria-Schnee-Kapelle in Röllbach, 1986
17. Kunstdenkmäler des Königreichs Bayern, Bezirksamt Obernburg, München 1925
18. Siehe: Sage vom Rappenkreuz

Das Faulbacher Marienbild

„Auf! Faulbach halt aufs best
Dein Danck- und Jubelfest“,

heißt es im Faulbacher Wallfahrtsbüchlein von 1741, in dem das Marienbild in der Kirche des Ortes als “gnadenreicher Schatz“ bezeichnet wird.

Unendlicher Schatz
In dem Marianischen
Gnaden-Bild,
So aus der alten Capellen
nechst der löblichen Carthaus Grü-
nau erhoben, und nacher Faulbach
wunderlich überbracht,
Nunmehro
Von vielen frommen Seelen und
andächtigen Wallfahrtern nicht ohne
manchfaltigen Trost und Hülff
ersucht wird.
Mit einigen allhier dienlichen An-
dachts-Ubungen demüthigst verehret.
Sine invidiâ communico, & honestatem Il-
lius non abscondo: Infinitus enim est
Thesaurus hominibus, quo qui uti sunt
participes facti sunt amicitiæ DEI, &c.
Sapient. 7. v. 13. & 14.
anno DoMInI IesV ChrIstI thesaV-
rVs sCrIptVs & præsentatVs Vt IntVs.
1741

Titelseite des Faulbacher Wallfahrtsbüchleins von 1741

Die dann folgende Sage erzählt, wie das Gnadenbild nach Faulbach gekommen ist.

Die alte Max-Capell
bey Grünau ist die Stell,
die diesen Schatz gehegt,
und hielt lang unverlegt.
Von Bauren-Kriegszeiten
Zwar Grünau must leyden,
dass wurd verhert der Platz,
doch blieb noch frey der Schatz.

Ein sonst benachbaths Orth
Diß Bild trug dreymahl fort;
Nie ist es geblieben,
als wuerd es vertrieben
vom widrigen Glauben,
der Blindt darff erlauben,
dass man kein Bild verehrt,
der Heiligen Ehr vermehrt.

Doch weil in bessren Sinn
Die Lieb dich bracht dahin,
ließ sich der Schatz finden
wollt nicht mehr verschwindten,
ließ gern sich erbeuthen
Catholischen Leuthen,
weil da MARIAE Ehr
fort grünet mehr und mehr.

Ja weil bey finstrer Nacht
Der Schatz wurd fort gebracht,
beziert er die Strassen
wie himmlische Gassen
mit goldenen Strahlen
die Sonn koennt kaum mahlen
so hellen Gnaden-Tag.
Faulbach denck selbst nach.

So kam zur groessern Ehr
Diß Bild zur Kirch hieher ...

Die „Markuskapelle" im Haslochtal

Die alte „Max-Capell" meint die Gotteshausruine im Haslochtal, die fälschlicherweise als „Markus"-kapelle bezeichnet wird („Markus" ist ein Lesefehler aus „Marien").[1] Im 13. Jahrhundert diente die Kapelle einem Einsiedler, der in ihrem Schatten wohnte; später gehörte sie dem 1328 gegründeten Kartäuserkloster Grünau.

Seit dem 15. Jahrhundert befand sich in dieser Kapelle das Marienbild, das bald Ziel von Wallfahrten wurde.

Maria wird zu Recht als Ausdruck der gotischen Seele bezeichnet.
Unzählige Frauenkirchen (wie die in München), Notre-Dame-Kathedralen, Marienkapellen, Bildstöcke und Gnadenbilder belegen die Verehrung der Gottesmutter im späten Mittelalter in verschiedenartigen Variationen: Maria als makellose Jungfrau, als Gottesgebärerin, als leidende Mutter, als Himmelskönigin oder als apokalyptische Frau, die das Böse machtvoll besiegt.

Maria ist dargestellt, wie sie in der einen Hand ihr Kind, in der anderen ein Zepter hält und auf einer Mondsichel steht, die ein Gesicht aufweist.

- Das Motiv ist der Apokalypse des Neuen Testaments entnommen: *„Ein großes Zeichen erschien am Himmel. Eine Frau, mit der Sonne umkleidet, der Mond unter ihren Füßen und auf ihrem Haupt ein Kranz von zwölf Sternen"* (Apk. 12. 1) besiegt einen siebenköpfigen Drachen. Die apokalyptische Frau wurde bald mit Maria gleichgesetzt. Sie ist es, die das Böse besiegt.

Die Madonna mit dem Kind in der Faulbacher Kirche ist in der zweiten Hälfte des 15. Jahrhunderts entstanden, also in der Blütezeit der Marienverehrung. Krone und Strahlenkranz sind eine spätere Zutat aus der Barockzeit.

- Die Mondsichel ist ein uraltes Gleichnis des Werdens und Vergehens.
- Die Mondgesichter wurden verschieden gedeutet:
  - Als Teufel (in Gestalt des siebenköpfigen Ungeheuers), der besiegt wird und *„voll grimmen Zorns“* auf die Erde stürzt.
  - Als das Alte Testament oder die Synagoge, also zwei Traditionen, die nach dem Verständnis des Christentums vom Neuen Testament abgelöst und überwunden wurden.
  - Als Adam oder Eva: Die Gesichter weisen teils männliche, teils weibliche Züge auf. Maria ist nach dieser Deutung diejenige, die den „alten Adam“ bzw. die Eva des Sündenfalls überwindet und ablöst: an die Stelle der EVA tritt das AVE Maria!

Als die Grafen von Wertheim, auf die Kapelle und Klostergründung zurückgehen, die Reformation annahmen, in der die Verehrung Mariens und der Heiligen abgelehnt wurde, und 1557 Kloster und Kirche auflösten, soll die Marienfigur zunächst in *„ein sonst benachbarths Orth“* (Hasloch) gebracht worden sein. Dreimal sei es auf wundersame Weise wieder in die Kapelle zurückgekehrt, *„als wuerd es vertrieben vom widrigen Glauben“* im evangelisch gewordenen Nachbarort.
Von *„Catholischen Leuthen“* ließ sich das Marienbild *„gern sich erbeuthen“*. Mitten in der Nacht soll das Gnadenbild, das den Weg *„mit goldenen Strahlen“* erleuchtete, auf einem Ochsenkarren nach Faulbach gebracht worden sein.
Diese Überlieferung ist ein Musterbeispiel einer Sage von gegenreformatorischem Geist.

Maria wurde stets als ecclesia, als Personifikation der Kirche – jetzt der katholischen Kirche – verstanden. Der Bildersturm der Reformation hatte Marienaltäre und Marienbilder beseitigt.
Nach dem Konzil von Trient (1563), das der katholischen Kirche neues Selbstbewusstsein und kämpferische Aufbruchstimmung bescherte, wurde die Gottesmutter als Patronin Bavariae auf dem Marienplatz in München und als Patrona Franconiae auf dem Marienberg in Würzburg verehrt. Wer also katholisch ist – und nur, wer katholisch ist – verehrt Maria, die Mutter Gottes.
Die Engelberg-Wallfahrten erlebten damals eine neue Blüte; das Maria-Schnee-Motiv ist wohl damals – unter Mitwirkung der Jesuiten – nach Röllbach

gekommen und das Marienbild aus dem Haslochtal wird vor dem „widrigen Glauben“ gerettet. Die Heimholung – oder der Diebstahl – des Bildes wurde in der Überlieferung als heroische Tat geschildert, die durch Wunderzeichen legitimiert worden ist.

Die „Rettung“ des Marienbildes von Faulbach ist kein Einzelfall in dieser Zeit. Als in Meißen die Reformation eingeführt wurde, übergab der letzte katholische Bischof die Reliquien des Hl. Benno (†1106) an Herzog Albrecht von Bayern. Dieser hat 1576 dem „verfolgten“ Heiligen in seinem Land demonstrativ eine neue Heimat gegeben. Benno ist seitdem der Patron Münchens.

Literatur

Störmer, Wilhelm, Das Faulbacher Gnadenbild beatae Mariae virginis, in: Faulbach 1983, S. 101ff

Störmer, Wilhelm, Die Faulbacher Gnadenmadonna, in: Zeitschrift „Spessart“ Juni 2012

Der Dreißigjährige Krieg (1618 – 1648)

Der Dreißigjährige Krieg (1618–48) war ein Ereignis großer Tragweite für die deutsche und europäische Geschichte. Feldherren mit glanzvollen Namen kämpften gegeneinander; sie standen sich gegenüber in verschiedenen Lagern, die sich nach ihren politischen Absichten und ihrer religiösen Einstellung unterschieden. Politische Opposition bedeutete gleichzeitig konfessionelle Abgrenzung; beides verband sich miteinander und verstärkte sich gegenseitig – wobei die religiöse Motivation immer mehr nur zum Vorwand für machtpolitische Interessen wurde.

In der Erinnerung der Menschen ist dieses nicht enden wollende Ringen als das Musterbeispiel eines Krieges mit all seinen schrecklichen Begleiterscheinungen haften geblieben.
In vielen Orten auch zwischen Odenwald und Spessart gibt es Sagen, die diese Erinnerungen in erzählten Bildern bewahren. Freilich wurden im Rückblick die Geschichten vom Krieg, die von Generation zu Generation weiter erzählt wurden, verändert. Es wurden Einzelheiten dazu gedichtet, Motive von anderen Orten übernommen oder gar ganze Geschichten frei erfunden. In jedem Falle aber vermögen diese Sagen die historisch nachweisbaren Vorgänge zwischen 1618 und 1648 anschaulich zu illustrieren.

In **Niedernberg** erzählt die Sage von der „Errettung" des Ortes, die bereits 1821 von J. W. C. Steiner wiedergegeben worden ist.[1]

Als die schwedische Armee im November 1631 von Würzburg her im Anzug war, flüchteten alle Bewohner der Cent mit ihren besten Habseligkeiten auf Wägen nach den nächsten Städten Aschaffenburg, Obernburg etc. Unter andern waren es auch die Einwohner von Niedernberg, welche, jung und alt, bis auf einen einzigen Mann, die Flucht ergriffen hatten

Dieser, welcher größeres Zutrauen zur schwedischen Großmut hatte als seine übrigen Landsleute, ging den feindlichen Soldaten beherzt entgegen und verlangte vor den König geführt zu werden, welcher sich zu Aschaffenburg befand. Man willigte in sein Verlangen. Auf die Frage des Königs: Warum er nicht Gleiches wie seine übrigen Mitbewohner getan habe, antwortete er, dazu wäre er zwar beredet worden, allein sein

Ein Dorf wird überfallen (Kupferstich von Jacques Callot 1633)

Vertrauen zur Großmut des Königs wäre so groß, dass er sich unmöglich überzeugen könne, er werde getötet werden. Weil dein Vertrauen also ist, erwiderte der König, so geschehe dir Gnade; die Hofraiten des Ortes, welche mit Feuer verheert worden wären, sollen dein Eigentum sein. Auf diese Weise wurde Niedernberg gerettet, und nachdem die Einwohner zurückgekehrt waren, gab der Alte gern die Hofraiten zurück.

Der beherzte Optimismus des alten Bauern einerseits und die Großmut des Schwedenkönigs auf der anderen Seite haben der Sagenüberlieferung nach das Dorf Niedernberg gerettet.

Was ist von dieser Erzählung zu halten?
Wie authentisch ist sie?

Gustav Adolfs Zug nach Franken

Der schwedische König war im Juli 1630 mit seiner Armee in Pommern gelandet. Als *„defensor fidei"*, Verteidiger des Glaubens, wurde er – nach der Eroberung der evangelischen Stadt Magdeburg durch kaiserliche (katholische) Truppen – begrüßt. Hinter diesem propagandistischen Hauptziel gab es aber auch handfeste politische und ökonomische Absichten, die der „Held aus dem Norden" verfolgte. Sein Bündnis mit dem katholischen Frankreich macht deutlich, dass die „Freiheit des Protestantismus" zwar durchaus seiner Überzeugung entsprach, dass Religion und Konfession aber auch für andere Zwecke funktionalisiert werden konnten.

Gustav Adolf brachte am 17. 9. 1631 den Kaiserlichen bei Breitenfeld (nahe Leipzig) eine erste empfindliche Niederlage bei. Mit ca 30 000 Mann marschierte der König dann nach Franken. Am 28. 9. war er in Königshofen, am 8. Oktober in Würzburg.

Für den Untermainraum begann jetzt eigentlich der Dreißigjährige Krieg. Tilly zog Mitte Oktober durch Miltenberg; am 22. 10. vereinigte er sich mit Herzog

König Gustav Adolf von Schweden (Gemälde von A. van Dyck um 1630)

Karl IV. von Lothringen in Aschaffenburg. Die lothringische Armee lagerte zwischen Freudenberg und Bürgstadt; Rinder, Kälber und Ochsen mussten für die Verpflegung der Soldaten geliefert werden.

Flucht vor den Schweden

Der um 1600 in Eichenbühl geborene David Schmitt war damals Pfarrer in Wolfsmünster bei Gemünden. Er wurde von den sich der Maingegend nähernden Schweden aus seiner Pfarrei vertrieben, sein Hab und Gut beschlagnahmt; er floh deshalb in seine Heimatgemeinde (seit 1640 war er dann Pfarrer von Bürgstadt und Eichenbühl).[2]

Aber die Angst vor dem Krieg und vor den Schweden, denen bereits im Vorfeld Grausamkeit und Unmenschlichkeit angedichtet wurden, holte Adam Schmitt bald auch in **Eichenbühl** ein. Der damalige Pfarrer berichtete, es würden *„die Leut in solche Forcht gebracht, da* *sie vielmal in dem gantzen Dorff in den Wald und die Stein gekrochen, wie ich dann drey Nacht selber under einem Eichbaum aus Forcht gelegen*".[3]

Auch der Pfarrer von **Riedern** berichtete, dass der Seelsorger von **Neunkirchen** „*sich wegen der fürüber reisend reütter absentirt*" hat und dass er selbst vor einer Kindstaufe „*und nacher wiederumb bis wohl nach mittag im Wald gesetzen*".
Der Pfarrer von **Kleinheubach** soll auf die Burg Wildenstein geflüchtet sein.

Mehrere Sagen erzählen von der Flucht der Menschen in die Wälder, wie dies in allen Kriegszeiten üblich war. In diesen Erzählungen sind wohl Erfahrungen vieler bedrohlicher Situationen aus mehreren Epochen „aufgehoben", die exemplarisch dem Schwedenkrieg zugeordnet wurden.

Der Schneider von Faulbach

Zur Zeit der Schwedenkriege lebten viele Menschen in den Wäldern und fristeten ihr Leben auf qualvolle Weise. Zu diesen gehörte auch der Schneider von Faulbach. Er war der erste, der sich beim Anmarsch der Schweden mit seinen Gesellen auf die Flucht begab und auf dem Hohberg niederließ. Der Fels, unter dem er seine Werkstätte errichtete, heißt noch heute „Die Schneiderhütte". Aber auch hier wurde er von den Schweden ausgekundschaftet. Unvermutet traten sie einst bei ihm ein und raubten ihn und seine Leute bis aufs Hemd aus.
Da dachte der Schneider von Faulbach: „Einmal habt ihr mich erwischt, das zweite Mal gewiss nicht". Er flüchtete in den Schenkenwald und nahm sein Quartier in der Mondfelder Klinge, in einer fast unzugänglichen Schlucht, wohin man nur mit Hilfe einer Leiter gelangen konnte. Hier verweilte er solange der Krieg dauerte und kehrte nicht eher nach Faulbach zurück, bis kein Schwede mehr im Lande war. Die Höhle, in der er seine Nächte zubrachte, führt daher heute noch den Namen „Die Schneiderskammer". (Aufgeschrieben von Karl Ruß)

In **Mömlingen** wurden beim Abbruch des Freihofes Münzen mit Prägedatum 1622/24 gefunden. Es ist zu vermuten, dass der damalige Hofpächter Hans Martin beim Herannahen der Schweden sein Barvermögen vergraben hat. Er kam aber nicht mehr dazu, das versteckte Geld wieder hervor zu holen ...[4]

Auch in **Schneeberg** erzählt eine Sage von der Angst der Menschen vor den Schweden:

Das Schützebrückle

An der Straße von Amorbach nach Schneeberg zweigt ein Pfad ab, der durch die Wiesen auch ins Dorf Schneeberg führt. Wer diesen Wiesenpfad geht, kommt dabei über ein Brücklein, das sich über einen Bewässerungsgraben spannt und von den Umwohnern das „Schützebrückle" genannt wird. Als nämlich im Dreißigjährigen Krieg die Schweden brandschatzend Schneeberg heimsuchten, flüchtete sich eine junge Mutter mit ihrem Kindlein auf dem Arme unter das „Brückle". Schneeberg wurde hart betroffen, und auch Frauen wurde übel mitgespielt. Die Schweden schickten sogar ihre Spürhunde aus, aber jene Mutter mit ihrem Kindlein entdeckten sie nicht. Sie hatte unter dem Brücklein sicheren Schutz gefunden. Seitdem heißt das Brücklein im Volksmund das „Schützebrückle".[5]

Auch die Einwohner von **Hambrunn** flohen vor den Schweden in den Wald und brachten sich in einer Höhle in Sicherheit, die heute noch „das Schwedenloch" heißt.

Gustav Adolf am Untermain

Wie sollte sich nun eine Stadt wie Niedernberg oder **Miltenberg** entscheiden, wenn die schwedische Armee vor ihren Toren stand? Viele Bürger waren geflüchtet. Die „Ausschüsser", das heißt die Mitglieder der landesherrlichen auf der Miltenberger Burg stationierten Wachmannschaft, hatten ebenfalls die Aus-

Reiter überfallen ein Dorf (Radierung von H. U. Franck, 1643)

sichtslosigkeit einer Verteidigung oder Gegenwehr erkannt und waren davongelaufen.
Am 21. November 1631 kam eine schwedische Vorausabteilung in Miltenberg an.

Die genauen Vorgänge bei der Einnahme Miltenbergs sind uns nicht überliefert, aber wir kennen das Schema der schwedischen Vorgehensweise. In Königshofen, der ersten Station beim Vormarsch der Schweden in Franken, ist der übliche Ablauf dokumentiert[6]: Die Soldaten Gustav Adolfs *„setzten sich in der Nähe der Stadt fest und ließen von vornherein keinen Zweifel aufkommen, dass die Übergabe das einzige Mittel sei, um ein Blutbad unter der Einwohnerschaft und der Besatzung zu verhindern“*, die schon zahlenmäßig hoffnungslos unterlegen war. Diese Einsicht veranlasste den Kommandanten noch am selben Tag zur Übergabe unter günstigeren Bedingungen. Der Schwedenkönig hatte dadurch Zeit gewonnen, eigene Verluste vermieden und den Ruf des maßvollen und großmütigen Feldherrn bestärkt.

Auch in Würzburg erfolgte die Übergabe „freiwillig“: Für den Fall, dass die Stadt die Öffnung der Tore verweigert, wurde ihr das Schicksal Magdeburgs angedroht, das allen als abschreckendes Beispiel noch deutlich in Erinnerung war. Da der Fürstbischof und andere maßgebliche Personen längst geflohen waren, erklärten sich die verbliebenen Räte bald zur geforderten Unterwerfung bereit.
Dagegen weigerte sich der Kommandant der Festung Marienberg. Die Folge war ein Gemetzel mit hohen Verlusten auf beiden Seiten, bis es den Schweden gelang, *„über eine Zugbrücke, die mit Gefallenen bedeckt war und durch das Gewicht der Toten nicht hatte hochgezogen werden können, bis zum Tor der Vorburg vorzustoßen“*[6] und so die Entscheidung herbeizuführen.

So entschieden sich die Miltenberger notgedrungen zur Zahlung einer „Brandschatzung“. Dies war eine (erpresste) Antwort auf die Frage der Angreifer: Wollt ihr euch ergeben? Andernfalls wird es Opfer geben und eure Stadt und ihre Bewohner werden nicht geschont werden!

Also zahlte man die riesige Summe von 10 500 Gulden, um Zerstörung und Plünderung zu vermeiden. Ob eine „Erstürmung der Stadt“ stattgefunden hat, wie Joseph Wirth in seiner Chronik (S. 472) vermerkt, ist sehr zu bezweifeln. Das konnten weder die Miltenberger gewollt haben noch war es in der Absicht der Schweden gewesen. Am Abend des 21. November zog Gustav Adolf in der Stadt ein.
Miltenberg erhielt eine schwedische Besatzung und Verwaltung; am 1. Dezember wurden die Bürger entwaffnet. Denjenigen, die geflüchtet waren, wurde die Enteignung angedroht, wenn sie nicht zurückkehrten.

Die nächste Station auf dem Vormarsch der Schweden war **Obernburg** (22./23.November).
Auch hier hat ein schwedischer General die Übergabe der Stadt verlangt, wie Steiner in seiner Chronik des Bachgaus (S. 222) berichtet. Der Offizier sei schließlich *„mit einer Summe Geldes und mit verschiedenem Silbergeschirr, das man in der Eile aus Geldmangel an Zahlungsstatt hingegeben habe, befriedigt worden und habe die Wegnahme der Stadt aufgegeben“*.

Dies ist eine elegante Umschreibung des üblichen Rituals, das immer nach demselben Muster verlief: Nur, wenn ihr (viel) bezahlt, verzichten wir auf Plünderung und Zerstörung.
Eine Sage erzählt weitere Einzelheiten:

Die Schweden in Obernburg

Im Dreißigjährigen Krieg kamen die Schweden auch vor die Stadt Obernburg und forderten Einlass. Durch kluge Verhandlungen ließ sich der Feind jedoch bewegen weiterzuziehen, falls ihm eine größere Geldmenge entrichtet würde. Die Menge der schwedischen Truppen lagerte etwas von der Stadt entfernt, während sich der General mit seinen Offizieren vor dem Tore unter einer Linde niedergelassen hatte. Da geschieht etwas Unerwartetes. Im schwedischen Lager knallt plötzlich ein Schuss. Der Schwedengeneral sitzt mit den Offizieren gerade beim üppigen Mahle, das ihm die Stadt bezahlt, und ist guter Laune.
Die Bürgerwehr horcht überrascht auf, als aus dem Heerlager der Schuss fällt, und ein Schütze eilt auf die Mauer, denkt an Verrat und meint, der Schwede will die Feindseligkeiten eröffnen. Der Bürgersmann nimmt die Flinte hoch und sagt sich: so nehme ich gleich den General aufs Korn, und legt auf diesen an. Zum Glück befindet sich der Ratsschöffe Karch in der Nähe. Der springt hinzu, und noch ehe der andere losdrückt, kann jener das Feuerrohr auf die Seite wenden und den Schuss verhindern.
Der General forschte nach, weshalb bei seinen Leuten der Schuss gefallen war. Und als sich herausstellte, dass Unvorsichtigkeit die Schuld trug, ließ er dem betreffenden Schweden zwanzig Stockhiebe aufzählen. Wehe der Stadt, wenn der zweite Schuss gefallen wäre! So aber zogen die Schweden mainabwärts gegen Aschaffenburg. Noch lange sprachen die Obernburger von dem wackeren Mitbürger Karch, und bis heute hält man sein Andenken in Ehren.[7]

Die Sage bestätigt die Diszipliniertheit der schwedischen Soldaten während ihres Vormarsches. Leo Hefner, der sich auf ältere Unterlagen beruft, schreibt in seiner Obernburger Chronik (S. 107), dass Gustav Adolf *„mit mehreren Generälen in der Krone gewohnt"* habe („damals Haus Nr. 225 in der Hauptstraße, gegenüber dem Rathaus an der Ecke Hauptstraße/Mainstraße).

Die **Niedernberger** Sage erinnert deutlich an die Überlieferung von der Errettung Aschaffenburgs durch den Franziskanermönch Bernardus:

Der Schwedenkönig Gustav Adolf in Aschaffenburg

Als sich die Schweden im November 1631 der Stadt Aschaffenburg näherten, geriet die Bürgerschaft in großen Schrecken und brachte sich zumeist in Sicherheit. Die weltlichen Behörden flohen nach Mainz, die Stiftsherren nach den Niederlanden und die Jesuiten nach Frankreich. Aber die Aschaffenburger Kapuziner hielten mutig aus, trösteten die Zurückgebliebenen und halfen, wo es nötig war; voran der Guardian des Klosters, Pater Bernhard. Da setzten die Einwohner auf ihn ihr ganzes Vertrauen und baten ihn, er möge beim Schwedenkönig um Gnade bitten für die Stadt. Pater Bernhard erschrak zunächst, denn er dachte: Wird der Schwedenkönig auf das Wort eines Mönches achten? Weil aber das Volk mit seinen Bitten nicht nachließ, sagte er in Gottes Namen zu. Er ging, von einigen getreuen Stadtvätern begleitet, über die Mainbrücke, wo schon die schwedischen Regimenter in endlosem Zuge hereinkamen. Ihr König Gustav Adolf reitet auf einem Blendschimmel. Und jetzt geht unser wackerer Mönch dem siegreichen König entgegen und überreicht ihm auf einem silbernen Teller die Schlüssel der Stadt. Zugleich schildert er in bewegten Worten Angst und Not der Bürger und fleht um gnädige Behandlung. Gustav Adolf verwunderte sich, als er einen Stadtvertreter im Mönchsgewand erblickte, dann aber freute er sich über den Mut des einfachen Mannes und sagte: „Um deinetwillen soll der Stadt kein Leid geschehen".[8]

Aschaffenburg im Jahre 1646 (Merian-Stich)

Diese Überlieferung, in dieser Form erstmals in der Sammlung der Spessartsagen von Adalbert Herrlein (1851) publiziert, geht zurück auf eine Chronik des Aschaffenburger Franziskanerklosters aus dem frühen 18. Jahrhundert. Darin wird die Rolle der Mönche bei der „Befreiung Aschaffenburgs" in den Vordergrund gestellt. In Wirklichkeit erfolgte die Schlüsselübergabe durch Vertreter des Stadtmagistrats (wie eine Stockholmer Quelle belegt).

Die Niedernberger Sage ist offenbar eine reine Erfindung, die das Aschaffenburger Modell übernommen und die „Rettung" des Ortes in dem beherzten alten Bauern personifiziert hat. Es gibt keinen Grund, anzunehmen, dass die Einnahme Niedernbergs durch die Schweden anders verlaufen sein soll als in Königshofen, Miltenberg oder Aschaffenburg.

Albert Wagner, der sich in der Ortschronik zu Recht kritisch mit dieser Überlieferung auseinander gesetzt hat[9], konnte auch nachweisen, dass Niedernberg keineswegs gänzlich verschont worden ist. 26 Häuser sind demnach niedergebrannt worden, während 51 den Krieg überstanden haben (freilich ist dabei zu bedenken, dass der Krieg auch nach der schwedischen Epoche noch weitergegangen ist und Zerstörungen verursacht hat).

Die Sage von der „Rettung Niedernbergs" wurde in nationalsozialistischer Zeit aufgegriffen. Der in der Überlieferung namenlose Retter wurde mit dem Landschöffen Michael Groß identifiziert. Dieser stammt zwar aus dem Ort, ist aber bereits 1616, also lange vor dem Schwedeneinfall, gestorben, wie das erhaltene Epitaph ausweist. Schließlich wurde 1938 die Sage für die NS-Rassenideologie instrumentalisiert. Das Wandgemälde im Sitzungssaal (von K. Vollmer) ist unterschrieben mit:

„1632 Gustav Adolf – Michael Groß
Männer nordischen Blutes achten sich auch als Feinde
Niedernberg bleibt frei"

Damit ist wieder einmal belegt, dass Sagen häufig politischen Absichten zuliebe geschrieben oder gedeutet worden sind.

Anmerkungen

1. Steiner, Johann Wilhelm Christian, Geschichte und Topographie der alten Grafschaft und Cent Ostheim und der Stadt Obernburg am Main, Aschaffenburg 1821, S. 194; Text bei Pfeifer (Anm. 5) leicht verändert.
2. Schmitt, Norbert, Bürgstadt zur Zeit des Dreißigjährigen Krieges, Bürgstadt 1989, S. 164
3. Schmitt, Norbert, Chronikalische Aufzeichnungen aus Eichenbühl 1582–1830, 1989
4. Hartmann, Wolfgang in: Zeitschrift „Spessart" 1/1986
5. Pfeifer, Valentin, Spessartsagen, Aschaffenburg 1961, S. 146f
6. Sicken, Bernhard, Politische Geschichte des Dreißigjährigen Krieges, in: Unterfränkische Geschichte, hrsg. von Peter Kolb und E. G. Krenig, 3. Bd., Würzburg 1995, S. 299f
7. Pfeifer (Anm. 5), S. 86
8. Pfeifer (Anm. 5), S. 12
9. Wagner, Albert, Niedernberger Heimatbuch 1994, S. 175 und S. 78

Das Bild im Rathaussaal von Niedernberg aus dem Jahre 1638

Der Dreißigjährige Krieg (1618 – 48) – Übersicht

Der Pfälzische Krieg 1618 – 30

	„Große Geschichte“	Untermain-Geschichte
1618	*Prager Fenstersturz (Aufstand gegen den katholischen Kaiser) am 23. 5.*	
1619	*Wahl des Kurfürsten Friedrich von der Pfalz zum deutschen König*	
		Pfarrhaus Neunkirchen von pfalzgräflichen Soldaten zerstört
1620	*Schlacht am Weißen Berg (bei Prag); Sieg der Kaiserlichen (8. 11.)*	
		Kriegshandlungen im Odenwald; Durchmärsche Tillys und Ernsts von Mansfeld Miltenberg organisiert Verteidigungsmaßnahmen.
1621		Kroaten überfallen Erbach (23. 6.); Plünderung evangelischer Orte (Kleinheubach, Eschau)
1628/30		Trotz Truppendurchzügen bleibt der Untermain vor 1630 weitgehend vom Krieg verschont. • rege Bautätigkeit (Centgrafenkapelle Bürgstadt, Kloster Engelberg ...) • Höhepunkt der Hexenverfolgungen (1628 Diepolt-Kreuz in Erlenbach)

Der Schwedische Krieg 1630 – 35	
1629	**Restitutionsedikt des Kaisers verlangt Rekatholisierung, Widerstand der evang. Fürsten.**
1631	**Sieg Gustav Adolfs bei Breitenfeld (17. 9.) → Zug nach Franken**
	Aus Angst vor den Schweden flüchten viele Menschen in die Wälder.
	Gustav Adolf in Miltenberg (21./22. 11.), schwedische Besatzung, Entwaffnung der Bürger
	Schweden in Obernburg (22./23. 11.), Niedernberg und Aschaffenburg (23. 11.)
	Erzbischof Casimir flüchtet aus Mainz nach Köln (18. 12.), Schweden in Mainz (23. 12.).
1632	Graf Ludwig von Erbach erhält Kloster Amorbach von Gustav Adolf.
	Der Bürgstädter Centgraf Gackstatt ist schwedische Geisel (um Zahlungen zu erpressen).
	In Laudenbach wird wieder evangelischer Gottesdienst gehalten.
	Die Pest wütet am Untermain:
	• In Miltenberg werden die Verstorbenen bei St. Laurentius begraben (Aug./Sept.)
	• 83 Sterbefälle in Großwallstadt, 132 in Erlenbach
	• Wörth gelobt Pestwallfahrt nach Röllbach (16. 8.)
	• Graf Ludwig von Erbach erhält Kloster Himmelthal von Gustav Adolf (4. 11.)
1634	**Schlacht bei Lützen (6. 11.), Tod Gustav Adolfs**
	Graf Gottfried von Erbach wird schwedischer Kommandant auf der Breuburg.
	Elisabeth Juliane von Erbach heiratet den schwedischen Feldmarschall Johan Baner.
	Sieg der Kaiserlichen über die Schweden bei Nördlingen (6. 9.)
	Ende der schwedischen Besatzung in Miltenberg (19. 9.)

Der französische Krieg 1635 – 48	
1635	Graf Ferdinand Carl von Löwenstein wird kaiserlicher Befehlshaber auf der Breuburg.
	Große Hungersnot in Miltenberg (die Menschen essen Hunde, Ratten und Aas).
	In Klingenberg ist fast die Hälfte der Bevölkerung an der Pest verstorben.
	In einigen Gemeinden bricht das gemeindliche und kirchliche Leben völlig zusammen.
	Neunkirchen: Die Einwohner verlassen wegen der Pest ihren Ort.
1636	*Gesandtschaft des Lords Thomas Howard im Auftrag des englischen Königs*
	Im Auftrag des Lords zeichnet Wenzel Hollar am 18. 5. Ansichten von Klingenberg und Miltenberg (die Grundlagen für die Kupferstiche Merians wurden).
1637	Schweden belagern (ohne Erfolg) die Burg Breuberg.
1645	In Bürgstadt zerstören 900 Dragoner die Häuser und Scheunen, um Brennholz zu gewinnen. Die Einwohner verlassen den unbewohnbar gewordenen Ort.
1648	**Friedensschluss**
	Breuburg: Erbach (evang.) und Löwenstein (kathol.) besitzen die Burg je zur Hälfte.

Das Lisbethchen von Mönchberg

Margarethe: *Dein bin ich Vater! Rette mich*
Ihr Engel, ihr heiligen Scharen,
Lagert euch umher,
mich zu bewahren!
Mephistopheles: *Sie ist gerichtet!*
Stimme von oben: *Ist gerettet!*

Goethes Faust

Die Mönchberger Kirche – Mittelpunkt des Dorfes

Am Eingang des Wildenseer Grundes liegt links der Münzplattenberg, auf dem sonst der Eschauer Galgen stand. Der Hensle ist noch dort gehenkt, und die Schmidts Christine mit dem Schwert hingerichtet worden. Wo der Wildenseer Grund aber nach Mönchberg hinüberbiegt, oberhalb der Waldmühle, auf der Mönchberger Seite ist ein Platz, der „Hexenbrand", und dabei ein Brunnen, das „Hexenbrünnlein" genannt. Dort haben vor Zeiten die Mönchberger ihre Hexen verbrannt und der Platz hat davon seinen Namen. Wenn die Schäfer sonst des Nachts auf dem Wirbel die Schafe hüteten, sahen sie drüben oft ein Feuer glimmen – sobald sie doch hinzugingen, war's aus und keine Asche und keine Kohle zu sehen. Gras wuchs noch vor zwanzig Jahren keines auf diesem Platz, jetzt aber wird er wohl eingesä`t sein.
Auf dem Hexenbrand nun liegt ein Mönchberger Schultheiß begraben, der Staudersjörg genannt, und das Lisbethchen von Mönchberg wäre auch beinahe dahin begraben worden, wenn das Unglück hätte seinen Willen haben dürfen.

Der Staudersjörg war sehr reich, aber ein böser Mensch und ein Hexenmeister, wie keiner. Obwohl`s dem Amtmann und der ganzen Gemeinde bekannt war, wollte sich doch keiner an ihn wagen aus Furcht, dass er ihm ein`s antun würde, und er ward je länger, desto kecker und hatte seine Hand in allen schlimmen Händeln. Endlich aber, nachdem er's viele Jahre getrieben, kam ein neuer Amtmann, der war sehr scharf und wollte dem Gräuel ein Ende machen. Da hatte er`s denn vor allem auf den Staudersjörg abgesehen und tat den Befehl, ihn einzubringen. Wie der`s hörte, wusste er wohl, dass es ihm an's Leben gehen würde, machte aber nicht Reu und Leid, sondern wurde so falsch, dass er gern die ganze Welt umgebracht hätte, wenn`s nur in seiner Gewalt gestanden wäre.

In seinem Zorn geht er in den Stall und sticht die beste Kuh tot, die er besaß. Dann geht er hinaus an das Hexenbrünnlein, wo er eine Wiese hatte und findet dort das Lisbethchen, die als Magd bei ihm diente, mit dem Grasstumpf Futter machen. Sie war auch aus Mönchberg und rechtschaffener Leute Kind. Wie er sie sieht, schreit er sie an: sie habe ihm seine beste Kuh verfüttert, daheim liege sie maustot im Stall, und sie müsse sie nun bezahlen – wenn nicht, so wolle er sie in den Turm setzen und krumm schließen lassen und Vater und Mutter dazu, und wolle ihr ein solches Geschrei im ganzen Land anrichten, dass sie keinem Menschen mehr unter die Augen treten dürfe. Darüber entsetzte sich das Mädchen so sehr, dass sie laut jammerte und die Hände wand, und als er wieder fortgegangen war, jammerte sie immer noch und wusste sich nicht zu helfen.

Da steht mit einem Mal Einer neben ihr und fragt warum sie so tue? Ja, sagt sie, sie habe ihrem Herrn die beste Kuh verfüttert und könne doch nichts dazu, nun solle sie die Kuh bezahlen und hätte kein Geld, und ihre Eltern auch nicht. Wenn's Einem so gehen könne, so müsse doch kein Gott im Himmel sein. Ei, sagte der Andere, das glaube er auch nicht; er sei ein besserer Freund und wenn sie ihm ihre Seele verschreiben wolle, solle das Geld gleich zu Handen sein. Weil sie nun vor Angst nicht mehr wusste, was sie tat, versprach sie's – der Fremde aber war der Teufel. Sie wollte mit ihm heimgehen und unterschreiben, er sagte aber, das sei nicht nötig: Feder und Papier habe er bei sich, und vom Finger laufe ihr ja Blut, damit könne sie auch unterschreiben. Sie betrachtet ihre Hand und wirklich! Sie hatte sich mit dem Grasstumpf geschnitten – das war sie aber vorher nicht weis geworden.
Sie unterschreibt also, und der Teufel gibt ihr einen Beutel mit Geld und geht davon, sie aber hebt das Tuch mit dem Gras auf den Kopf und geht heim.

Im Vorbeigehen an ihrem väterlichen Haus hört sie drinnen ihre Mutter wimmern, als ob sie krank wäre. Wie sie nun eilends in die Scheuer tritt und das Gras in's Tenne geworfen hat, sieht sie ihren Herrn vor sich: er hatte sich an einem Balken aufgehängt, weil er sich nicht wollte brennen lassen. Dann geht sie in den Stall, um nach der Kuh zu sehen und wird gewahr, dass die Kuh nicht verfüttert, sondern tot gestochen war mit Fleiß und Absicht. Da fällt's ihr Zentnerschwer auf's Herz, dass sie umsonst ihre Seele dem Teufel verschrieben habe, jammert noch mehr, als zuvor und läuft zu dem Pfarrer, erzählt ihm Alles und bittet ihn auf den Knien, ihr einen Rat zu geben, wie sie ihre arme Seele retten und von dem Bösen loskommen könne, denn ihre Verzweiflung sei groß. Der sagt, sie solle das Geld gleich wegwerfen und in die Kirche gehen und beten und nicht mehr die Kirche verlassen, bis er's ihr sage. So wirft sie denn das Geld in die Scheuer, nimmt das Gebetbuch und will in die Kirche.
Unter der Zeit wars Abend geworden. Wie sie nun aus dem Hause tritt, steht der Teufel da, bietet ihr einen guten Abend und sagt: „Ich hab' mein Geld klingen hören, wo willst du hin – doch nicht in die Kirche?" „Zu meiner Mutter," sagt das Lisbethchen, „die am Brunnen wohnt, lass mich gehen, ich fürchte mich vor dir" – und will vorbei. „Warum hast du denn so Eile?", fragt der Teufel, indem er neben ihr hergeht und sie am Rock hält, nimm mich nur auch mit!" Das Lisbethchen sagt: „Ach, mir ist Angst, sie stirbt und ich seh sie nimmer in alle Ewigkeit." „Ha!", antwortet der Teufel, „sie wird nicht gleich sterben!" – und packt sie bei der Hand. „Lass mich gehen!" bittet das Lisbethchen und hebt an zu weinen und zu schluchzen, „die Hand tut mir wehe, ich habe mich ja heute mit dem Grasstumpf hinein geschnitten," und ringt mit ihm, aber der Teufel will nicht und hält sie fest, wie mit eisernen Zangen.

Indem fängt's vom Kirchturm an zu Abend zu läuten, und die Leute, die noch auf der Gasse waren, ziehen den Hut ab und beten, der Teufel aber muss vor Jedem, der betet, stehen bleiben und kann nicht vorbei, als bis er ausgebetet. Wie dies das Mädchen merkt, fängt sie an zu laufen, geht aber nicht in ihr Haus, sondern will nur so schnell wie möglich die Kirche erreichen und der Teufel bleibt immer weiter zurück, und wie das Mädchen den Berg hinaufgekommen ist und auf die Kirchenstaffel tritt, schaut sie sich um und sieht den Teufel noch wie gebannt unten am Brunnen stehen – dort stand ihr Vater und betete noch, und sie erkannte ihn an seinem weißen Kittel. Da hört das Läuten auf – und in dem Augenblick kommt der Teufel, wie ein Sturmwind ihr nachgefahren, packt sie am Haare, wie sie gerade die Kirchtüre in die Hand nehmen will und sagt: „Es hilft dir nichts, Lisbeth! Hättest du das Geschrei nicht gemacht bei dem Pfaffen, so hättest du immer noch eine Weile gute Tage haben können – jetzt aber ist's aus. Vor einer Stunde habe ich den Herrn geholt, jetzt hole ich die Magd. Aber die Kirche sollst du dir noch einmal ansehen!“ Wie er das sagt, fährt er mit ihr in die Höhe und schwenkt sie bei den Haaren dreimal um den Kirchturm herum. Das Lisbethchen aber fängt an zu beten: „Herr Jesu, dir leb' ich, Herr Jesu dir sterb' ich .“ Da muss der Teufel sie auf die Erde niedersetzen; wie er's aber getan, fällt das Mädchen um und ist tot.

Den Stauderjörg haben die Henkersknechte abgeschnitten und auf dem Schinderskarren hinausgeführt auf den Hexenbrand und dort eingescharrt. Für das Lisbethchen aber hat der Pfarrer gebeten, und so haben sie's ehrlich begraben. Seine Mutter ist bald nach ihm auch gestorben, und sein Vater ist weggezogen. Man soll an unserm Herrgott nicht irre werden – am allerwenigsten, wenn Einem ein Bösewicht bange machen will.

Anmerkung:
Wie lange und wie genau sich Tatsachen im Munde des Volkes erhalten, zeigt ein Teil der erzählten Sage. Denn über den Staudersjörg findet sich in einem alten Kirchenbuch folgende Notiz: „1672 Sambstags den 20. April hat sich der Mönchberger Schultheiß, Georg Stauder genannt, so 34 Jahr Schultheiß gewesen und manche schlimme Händel angestellt, in seiner Scheuer selbst erhengt und über 8 Tage hernacher, den 27. ejusdem durch 3 Henkersknecht auf dem Schinderskarren hinausgeschleppt und durch dieselben an dem Orth, da man hiebevor Hexen verbrannt, begraben worden. Ist von vielen Leuthen als ein Hexenmeister gehalten worden. Nota dessen Vorfahr vor ihm ist als ein Hexenmeister öffentlich verbrannt worden und haben also die Mönchberger schlecht Glück zu ihren Schultheißen.“

Der Teufel packt Lisbeth und führt sie dreimal um den Kirchturm herum (Abbildung im Mönchberger Museum).

Der Inhalt

Die Sage führt den Leser hinein in die Zeit und die Atmosphäre des Hexen-Unwesens.
Der Staudersjörg, Schultheiß in Mönchberg, böser Mensch und „Hexenmeister“, der viele Jahre sein Unwesen getrieben hatte, wird vom neuen Amtmann angeklagt; ihm drohen Gefängnis und Hexenbrand. In seiner Wut treibt er mit willkürlichen Methoden und angstmachenden Vorwürfen seine Magd Lisbeth dem Teufel in die Arme. In ihrer Zwangslage zweifelt sie an Gott und schließt den Pakt mit dem Bösen. Da jedoch ihr Herr Selbstmord begeht, „weil er sich nicht wollte brennen lassen“, und sich dessen Vorwürfe gegen sie als haltlos erweisen, erkennt sie, dass sie den Teufelsbund umsonst eingegangen ist; sie wendet sich hilfesuchend an den Pfarrer, der ihr Gebet und Kirchenbesuch empfiehlt.
In einer gespenstisch-dramatischen Schluss-Szene packt der Teufel die Magd an den Haaren und fährt mit ihr in die Höhe und dreimal um den Kirchturm herum.

Der Staudersjörg wird auf dem Hexenplatz verscharrt. Lisbeth, die zwar nicht ihr Leben, wohl aber ihre Seele retten konnte, wird „ehrlich begraben".

Der Sagentext ist in den von Valentin Pfeifer herausgegebenen Spessartsagen und – mit einem Vorspann und einem kurzen Schluss versehen – erstmals von Adalbert Herrlein in seinen „Sagen des Spessarts" 1851 publiziert worden. Dieser Text ist hier abgedruckt.

Der Schultheiß Georg Stauder

Der Staudersjörg hat wirklich gelebt. Historische Nachweise ergeben die Skizze einer Biografie, deren Einzelteile großenteils belegbar sind.[1]

Georg Stauder wurde am 12. November 1609 in Mönchberg geboren.[2] Seine Eltern waren der gleichnamige Vater und Anna, eine geborene Hagel. Ein Vorgänger im Amt des Schultheißen „ist als ein Hexenmeister öffentlich verbrannt worden", verrät der Eintrag in einem alten Kirchenbuch. Pfarrer Weber hat diesen „Vorfahr" als Hans Hagel identifiziert. Von der mütterlichen Seite her war Georg also mit dem Hexen-Odium vorbelastet.

Taufpate war *der Edle und Veste Herr Volmar von Aulenbach*, der letzte seines Stammes und Namens, der von der Pest dahingerafft worden ist. Daraus und aus dem Beruf von Georg Stauder senior, der „*venator*", d. h. herrschaftlicher Jäger, war, lässt sich schließen, dass Jörg in eine sozial und wirtschaftlich höher gestellte Familie hineingeboren worden ist.

1633, am 11. September, heiratete er Katharina Grimm aus Schmachtenberg. Seine Mitgift, die er mit in die Ehe brachte, entsprach jedoch dem üblichen Umfang und deutet nicht auf besonderen Reichtum hin. Die Pfarrmatrikel von Klingenberg vermerken „*50 Gulden Bargeld, ein halb Bett, 2 Leilach* (Leinentücher) *und ein dischduch*". Seine Frau steuerte die andere Bett-Hälfte, ebenfalls zwei Leinentücher, 1 „*pfülff* „(Kopfkissen), einen „*weibermantell*" und ein halb Viertel-Gut in Röllbach bei. In der Zeit mitten in der schlimmsten Phase des Dreißigjährigen Krieges, während der schwedischen Besatzung, war es kaum möglich, mehr als das Lebensnotwendige beizubringen.

Als der Staudersjörg 1635 oder 1638 Schultheiß von Mönchberg, Streit, Ober- und Unterschippach wurde, herrschten im gesamten Untermaingebiet Hunger und Not. Der Krieg hat den Menschen alles genommen, viele ums Leben gebracht und die Übriggebliebenen arg geschwächt.

Vertreter der Herrschaft

Gegenüber seinen Mitbürgern soll sich der neue Schultheiß rücksichtslos und böse verhalten haben, wird überliefert. Gegen derartige Vorwürfe hat er sich anscheinlich gewehrt und sie als nichtig zurückgewiesen und gekontert, er wisse davon „*das mindeste nit*".

Ein Schultheiß war primär der Vertreter der Herrschaft vor Ort und wurde auch von dieser eingesetzt – und der Staudersjörg erlebte mehrere Dorfherren. Der Erzbischof von Mainz verlieh – in der Regel gegen Geldleistungen – „Pfandschaften" wie Mönchberg. Die Pfandsherren, die meist nicht in der Gemeinde wohnten, wollten aus den ihnen verliehenen Gütern möglichst viel „rausholen". Da wurde an der Abgabeschraube gedreht, in überkommene Rechte eingegriffen und rabiat Widersprechende wurden verprügelt oder eingesperrt.

Graf Kraft Adolf Otto von Kronberg war so ein grausamer Dorftyrann, der nach dem Großen Krieg selbst in großen Schwierigkeiten war. Ihm wurde schließlich 1660 die Pfandschaft Mönchberg entzogen.
Die Herren von Hoheneck waren keinen Deut besser, im Gegenteil. Franz Adolph Philipp und sein Vet-

Dieses stolze Doppelwappen Hoheneck (links) – Dalberg zierte ursprünglich den Rittersaal im Wörther Schloss; 1862 wurde es in die Markthalle des (alten) Rathauses gebracht.

ter Johann Reinhard hatten dem Mainzer Erzbischof eine große Summe Geld vorgestreckt. Da eine Rückzahlung in absehbarer Zeit nicht möglich schien, erhielten die Gläubiger 1669 die Stadt Wörth und die Gemeinden Mönchberg, Streit, Ober- und Unterschippach als Pfand verliehen.[5]

Die Freiherren aus Heppenheim an der Bergstraße, die sich durch einen Amtmann im Wörther Schloss vertreten ließen, entpuppten sich sehr bald als Musterbeispiele von hart durchgreifenden, rücksichtslosen und nur auf eigenen Vorteil bedachten Willensmenschen, die ihre Untertanen am Untermain und im Spessart dirigierten, provozierten und schikanierten.

So verlangten sie von den Mönchbergern, die die Folgen des Krieges noch nicht überwunden hatten, mehr an Diensten und Abgaben, als ihnen von Rechts wegen zustanden. Der Schultheiß als verlängerter Arm des Dorfherrn musste dabei einen schweren Stand gehabt haben. Bekam er, der ja ständig vor Ort war, die Vorwürfe und Anschuldigungen ab, die eigentlich dem Amtmann in Wörth und der Herrschaft in Heppenheim galten?

Stauders Selbstmord

Waren die Überlieferungen zu Herkommen, Eheschließung und Amtszeit Stauders gut dokumentiert, so werden die Aussagen und Bewertungen zu seinem Ende in auffälliger Weise unsicher. Die verfügbaren Quellen sind spärlich und großenteils widersprüchlich.

- Die seit der Gegenreformation um 1600 von den Pfarrern pflichtgemäß zu führenden Matrikel, in denen Taufen, Hochzeiten und Todesfälle festgehalten wurden, sind häufig der einzige sichere Nachweis der Familienforschung. Nicht so im Falle des Staudersjörg! Auf Anfrage teilte das Diözesanarchiv in Würzburg mit: *„Für die Jahre 1670-1675 weist die Sterbematrikel für die Pfarrei Mönchberg leider eine Lücke auf“*.[4] Ist es ein Zufall, dass ausgerechnet die Nachweise für diesen Zeitraum, in den der Tod Stauders fällt, nicht mehr vorhanden ist? Hatte jemand ein Interesse daran, die Unterlagen dieser Jahre beiseite zu schaffen?

- Pfarrer Weber hat in den Fünfziger Jahren des 20. Jahrhunderts ein sehr verdienstvolles umfangreiches Familienbuch für Mönchberg angelegt. Bei *„Stauder, Georg“* steht der Vermerk: *„Suicid durch Erhängen“*, aber kein Todesdatum. Warum fehlt dies hier, wo doch bei allen anderen Personen peinlich genau alle Daten angegeben sind? Der Pfarrer gibt in seiner Chronik selbst die Antwort: *„Von keinem einzigen der wegen Zauberei Verurteilten ist in den Matrikeln ein Todeseintrag gemacht worden, es ist zweifellos absichtlich unterblieben“*. Er liefert also die Erklärung gleich mit: Stauder war ein Zauberer, also ein Hexenmeister.

- Dass der Staudersjörg Selbstmord begangen hat, ist nicht zu bestreiten, obwohl auch hier die Quellenlage nicht sicher ist. Pfarrer Weber schreibt in seiner Chronik (S. 177): *„Am Samstag, dem 30. April 1672 ... nachmittags um vier uhren hat sich Jörg Stauder wolbezecht in seiner eigenthümlichen sche-*

wern (Scheuer) ahn die gebälkleidern mit einem strick erhängt".
Im Anhang an die Sage wird als Todesdatum Samstag, 20. 4. 1672 angegeben. Der 20., nicht der 30. April war ein Samstag! Woher hat Weber sein Datum? Die von ihm angegebene Quelle (Gem. Repositur Mönchberg Prot. B), bzw. die von ihm zitierte Stelle ließ sich nicht finden. Wählte Pfarrer Weber den 30. April, weil die Walpurgisnacht vor dem 1. Mai besser zum Hexen-Motiv passt? Wollte er die Lisbeth-Sage „urkundlich bekräftigen"?

Acht Tage hing der tote Schultheiß am Strick, bevor ihn der Scharfrichter abschneiden konnte – der Grund war ein Zuständigkeitsgerangel der Behörden, wird berichtet. Dann sei die Leiche *„durch ein eingeschmissenes Fach der Scheunenwand"* herausgezogen und *„mit umgewendtem Gesicht uff die Erden"*, also mit dem Gesicht nach unten, auf dem Galgenplatz verscharrt worden.

Schade, dass *„die Originalquellen aus dem Staatsarchiv Würzburg, bzw. aus dem Mönchberger Gemeindearchiv mittlerweile unauffindbar sind"*.[5]

Jörg Stauder – ein Zauberer?

Der – bislang – unbekannte Verfasser sieht in seinem Sagentext einen Beleg dafür, *„wie lange und wie genau sich Thatsachen im Munde des Volkes erhalten"*. Danach gibt die mündlich in Mönchberg weitergegebene Überlieferung das wieder, was *„in einem alten Kirchenbuche"* steht. Da ist vom Selbstmord Stauders die Rede, der *„von den leuthen vor ein Hexenmeister gehalten worden"*.

Pfarrer Weber teilt ganz offensichtlich diese Bewertung Stauders. Allerdings fragt er, *„ob er wirklich jener böse Mensch und Hexenmeister wie keiner"* gewesen ist (S. 176). Tatsächlich lassen sich Bedenken gegen die Behauptung finden, Stauder sei ein Zauberer und Hexer gewesen.

- 1672 war der Höhepunkt der Hexenverfolgung längst vorbei. Die irrsinnigen Denunziationen und Prozesse hatten ihren dramatischen Höhepunkt vor dem Einmarsch der Schweden 1631. Auch in Mönchberg war dies so (1627, 1629).

- In der – leider nicht mehr nachprüfbaren – Überlieferung vom Centgericht nach Stauders Tod ist kein Hinweis auf Hexerei zu finden. Auch der in der Sage genannte Vorwurf des Schultheißen an Lisbeth, *„sie habe ihm seine Kuh verfüttert"*, ist kein typischer Hexen-Vorwurf.

- Wichtigste Quelle ist das „alte Kirchenbuch". Ein solches war im Pfarrarchiv Mönchberg nicht zu finden. Es hat wohl auch nie existiert!

- Unstrittig ist nur der Selbstmord Stauders. Suizid galt – schon seit dem Kirchenvater Augustinus – als Todsünde, die ein Begräbnis in geweihter Erde unmöglich machte. Früher war man der Ansicht, dass ein Selbstmord nur begangen werden konnte, wenn man mit dem Teufel im Bunde stehe.[6] Auch Selbstmörder, nicht nur Zauberer oder Hexenmeister, wurden nicht in geweihter Erde begraben und wohl auch nicht in den Sterbematrikeln vermerkt. Ein Selbstmörder hat, statistisch betrachtet, gar nicht gelebt.

Ergebnis: Der Staudersjörg blieb den Mönchbergern in erster Linie als Selbstmörder in Erinnerung, dessen Todesumstände besonders fragwürdig blieben. Die Zauberei ist ihm offensichtlich noch zusätzlich angehängt worden.

Warum hat sich der Staudersjörg erhängt?

Wenn der Teufel den Suizid des Mönchberger Schultheißen anno 1672 verursacht hat, dann erübrigt sich die Frage nach Ursachen. Stellt man aber – trotzdem – die Warum-Frage, ergeben sich andere Perspektiven, die bisher nicht berücksichtigt wurden, und es ergeben sich weitere Fragen. Der „Fall Stauder“ scheint nicht so einfach aufzulösen zu sein.

Dem „trunck“ sei der Staudersjörg verfallen, wird berichtet, und schließlich habe er sich „wolbezecht“ in seiner Scheune erhängt. Waren seine häuslichen Verhältnisse daran schuld, dass er dem Alkohol verfiel? Offenbar hat ihm seine Frau keine Nachkommen geboren. Oder wurde er in die Verzweiflung getrieben? Hat man ihm Trunksucht und damit Unzurechnungsfähigkeit angedichtet?

Haben ihn seine Schulden in eine aussichtslose Lage gebracht? Die Sage beschreibt ihn zunächst als „sehr reich“; Pfarrer Weber nennt ihn zuletzt hoch verschuldet. Hat Stauder sein Vermögen (und sein Ansehen) durch einen liederlichen Lebenswandel verspielt oder gibt es andere Ursachen? Auch bei diesem Argument kann man den Eindruck bekommen, es könnte nach einem Motiv gesucht worden sein, um Stauder schlecht zu reden.

Das einzige sicher verwertbare Dokument zum Schicksal des Staudersjörg fand ich im „Protokollbuch 1665–1745“ im Mönchberger Gemeinde-Archiv. Ein solches, von Pfarrer Weber erwähntes Buch existiert also tatsächlich, enthält aber nicht die von Weber angegebenen Stellen.
Am 13. Januar 1672 setzt *„Jörg Stauder, der Zeit Schultheiß“* noch seine Unterschrift unter die des Hoheneckischen Amtmanns Johann Heinrich Heimbach.

Der nächste Eintrag datiert vom 3. Mai 1672. Da ist die Rede von der Situation *„nach befundenem Abgang so wohl Schultheißen alß auch etlicher gerichtspersoh-*

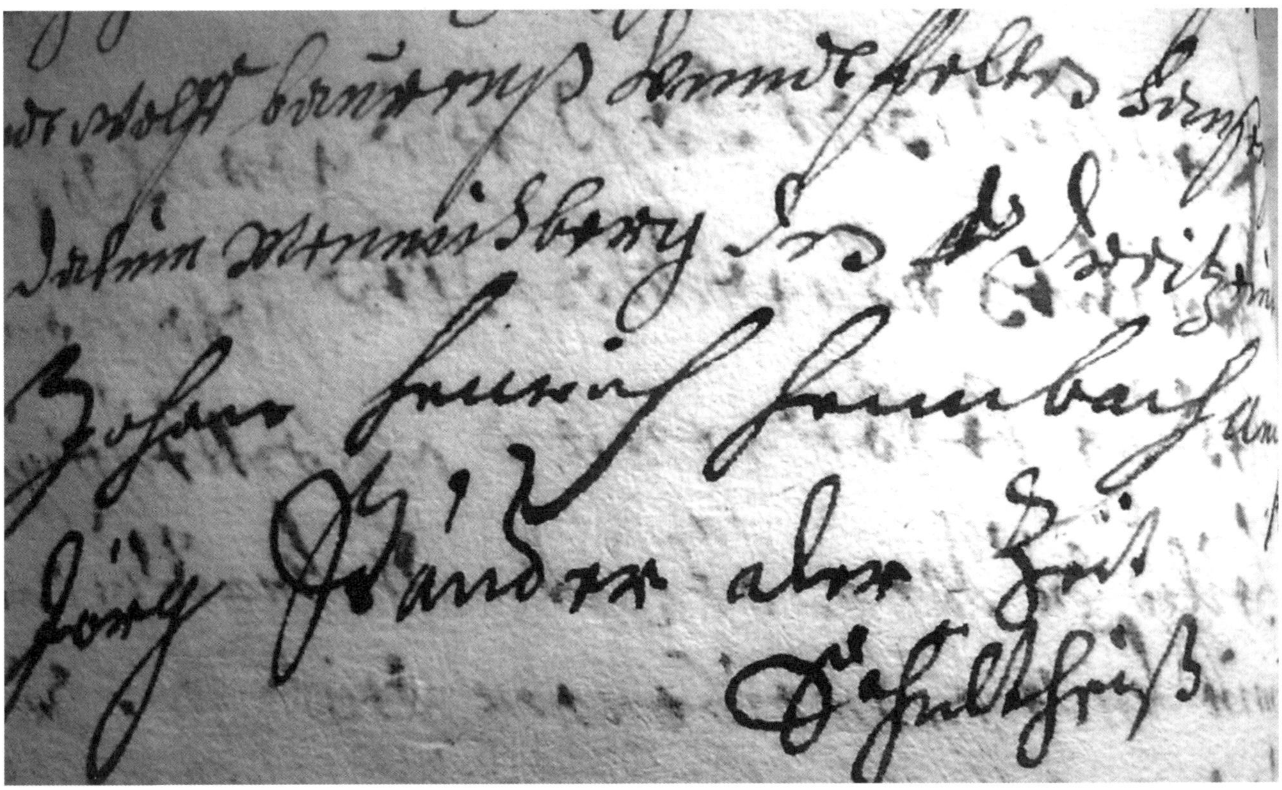

Jörg Stauders Unterschrift unter der des Hoheneck-Amtmanns Heimbach im Mönchberger Protokollbuch am 13. Januar 1672

nen"; dann folgt die Wahl eines neuen Schultheißen (Wolf Bauer).
„Abgang" ist wohl eine diplomatische Umschreibung des Selbstmordes von Stauder. Es sind aber auch etliche Gerichtspersonen „abgegangen". Gab es etwa mehrere Selbstmorde? Ist von Opfern einer Seuche die Rede?

Eine andere Schlussfolgerung liegt nahe: Der „Abgang" des bisherigen Schultheißen und mehrerer „Gemeinderäte" lässt sich aus dem historischen Hintergrund erklären.

Die Auseinandersetzung Hoheneck – Mönchberg eskalierte damals. Wenn der Pfandsherr 1671 durch Eilboten „ungemessene Fron" und Geldzahlungen forderte und „scharpfe Execution" und hohe Strafen androhte, wenn seine Forderungen nicht schleunigst erfüllt werden: Ist es da nicht vorstellbar, dass Jörg Stauder, der mehr als 35 Jahre lang Vertreter der Herrschaft war, sich unter diesen immer schlimmer werdenden Bedingungen vor seine Mönchberger gestellt hat und zu deren Sprecher wurde und dass er und einige Mitstreiter die altüberlieferten Rechte der Gemeinde gegen die Willkür der neuen Herrschaft verteidigten?
Der Hoheneck ließ sich offenbar diese Widersetzlichkeit nicht gefallen, setzte die unliebsamen Protestierer unter Druck und jagte sie kurzerhand aus ihren Ämtern. Auch im Streit um die Waldrechte ein paar Jahre später ließ er Schultheiß und Gerichtspersonen ins Gefängnis werfen, um sie gefügig zu machen. Braucht es da noch weitere Begründungen für Stauders Trunksucht, seine plötzliche Schuldenlast, seine beiden Selbstmordversuche und schließlich sein bitteres Ende?

Die Geschichte wird von den Siegern geschrieben. Jörg Stauder wurde entmündigt („wolbezecht" erhängte er sich) und – im wahrsten Sinne des Wortes – „verteufelt". Seine Leiche hat man auf dem Schindanger verscharrt. Das Protokollbuch der Gemeinde nennt lediglich den „Abgang" des Schultheißen, ohne dessen Namen zu erwähnen. Nicht einmal im Sterbebuch des Pfarrers durfte sein Tod aufgezeichnet werden.

Der Erzähler

Der Verfasser der Sagenerzählung ist weder in der Ausgabe von Herrlein (1852), noch in der von Pfeifer genannt. Er darf aber als bekannt vorausgesetzt werden, wenn man Absicht und Methode des Erzählens berücksichtigt: Die Sage von der „Lisbeth von Mönchberg" hat der aus Eschau stammende Pastor und Volksschriftsteller Carl Heinrich Caspari (1815–61) geschrieben.

- Typisch für Caspari ist die Berufung auf (angeblich) alte Originaldokumente. Auf die Idee zu seinem Roman „Der Schulmeister und sein Sohn" haben ihn ebenso knappe wie eindrucksvolle Kommentare des Schulmeisters Udalricus Gast im Kirchenbuch von Sommerhausen gebracht, wo Caspari als Pastor tätig war. In seiner Sage vom „Bauernkönig" berief sich Caspari auf angebliche Erinnerungen (*liber memoralis*) des Mönchberger Wundarztes Bonifatius Scholl, der die Erstürmung des Sommerauer Schlosses im Bauernkrieg miterlebt haben wollte: Eine anschauliche, gut nachempfundene und in einem altertümlichen Stil geschriebene „Originalquelle", die er selbst erdacht hat, um seiner Erzählung ein Plus an dokumentarischer Glaubwürdigkeit zu verleihen. Als Vorbild könnte Caspari die „Bernsteinhexe" gedient haben, die der Pastor Wilhelm Meinhold 1843 als angebliche Originalquelle aus dem Dreißigjährigen Krieg herausgegeben hat (und die lange Zeit auch als solche angesehen worden ist, bis man entdeckte, dass der angebliche Manuskript-Fund eine Roman-Erfindung Meinholds war).

  In der Sage von der Lisbeth und dem Staudersjörg beruft er sich auf eine Notiz *„in einem alten Kirchenbuche"*. Darin bringt er einige Details, wie das

Todesdatum, die er aus anderen Quellen bezogen haben musste. Andere Einzelheiten, insbesondere die Hexen-Hinweise, scheinen dazu gedichtet worden zu sein. Auch dieses Kirchenbuch ist sicherlich eine poetische Erfindung.

- Gerne bezieht sich Caspari auf Begebenheiten und Sachverhalte, die seinen Zuhörern und Lesern gut bekannt waren. Wenn er das „Hexenbrünnlein" und den „Hexenbrand" oberhalb der Waldmühle auf der Mönchberger Seite erwähnt, sorgt er für Lokalkolorit und verstärkt erneut die „Echtheit" seiner Geschichte.

- Die von Caspari geschriebenen Sagen haben in aller Regel eine pädagogische, oft sogar eine seelsorgerliche Absicht, die auch in der Lisbeth-Sage unverkennbar ist. Darin wird der Staudersjörg als Exempel für einen gottlosen Lebenswandel dargestellt, und dieser Absicht werden alle Einzelheiten untergeordnet: Stauder ist böse, dass sich jeder vor ihm fürchtet; er schikaniert seine Mitbürger. Seine Trunksucht, seine Schulden (die er, wie der „Bauernkönig", trotz anfänglichen Reichtums anhäuft) und schließlich sein schlimmes Ende sind die gerechte Strafe für seinen Lebenswandel.
  Lisbeth, „rechtschaffener Leute Kind", ist die eigentliche Hauptperson der Sage; schon die Überschrift deutet ja darauf hin. Durch den teuflischen Trick Stauders wird sie in den Zweifel an Gott und in den Pakt mit dem Bösen getrieben. Weil sie sich in ihrer Not an den Pfarrer wendet, vermag sie zwar nicht mehr ihr Leben zu retten, wohl aber ihre Seele. So konnte sie „ehrlich begraben" werden.

Die Sage will geistreich unterhalten: Der Schluss des Ersten Teils von Goethes „Faust" im Vorspann will einen Bogen zur hohen Literatur und geistesgeschichtlichen Tradition schlagen. In erster Linie aber will der evangelische Pastor Caspari aus Eschau mit seiner Beispielgeschichte belehren und religiös erzieherisch wirken. Am Schluss folgt die Moral: „Man soll an unserm Herrgott nicht irre werden – am allerwenigsten, wenn Einem ein Bösewicht bange machen will". Der katholische Mönchberger Pfarrer Weber hat diese Absicht einige Jahrzehnte später aufgegriffen und offenbar weiter verfolgt.

Der Teufel als eleganter junger Mann – mit Bocksfüßen und Schwanz – buhlt um eine Frau.

Die Sage will gar keine historisch nachprüfbaren Fakten liefern. Mehr noch: Der geschichtliche Hintergrund des Geschehens von 1672 wird überhaupt nicht nachgefragt oder einbezogen; er wird sogar verdreht. So wird der Amtmann als Vertreter der gerechten Obrigkeit eingeführt, der den rabiaten „Bösewicht" Stauder endlich zur Räson bringen soll.
Die historische Wirklichkeit war völlig anders.

Der Staudersjörg wäre deshalb zu rehabilitieren – als einer, der für die altüberkommenen Rechte seiner Gemeinde gekämpft und deshalb sein Amt und sein Leben verloren hat. Er war der erste und berühmteste der „Gesetzbücher", auf die sich die Mönchberger heute noch berufen.

Die Hellebarde im Mönchberger Gemeindewappen erinnert an die im Weistum von 1396 niedergeschriebenen Rechte. Gerade im Streit mit dem Dorfherren von Hoheneck beriefen sich die Mönchberger auf dieses Dokument. Wen wundert's, dass sie den Spottnamen „Gesetzbücher" erhielten?[7]

Anmerkungen

1. Herrlein, Adalbert von, Die Sagen des Spessarts, Aschaffenburg 1851, S. 221
   Pfeifer, Valentin, Spessartsagen, Aschaffenburg, Anmerkung 48
   Weber, Hermann, Mönchberg im Spessart 1967, S. 51ff, 174ff
2. Weber, Hermann, Familienbuch der Pfarrei Mönchberg (im Pfarrarchiv)
3. Trost, Werner, Wörth am Main, Bd. 3, 1996, S. 79ff
4. Mitteilung des Diözesanarchivs am 12. 05. 09
5. Grimm, Barbara und Kuhn, Rüdiger, Von Aufhockern, schönen Frauen und anderen Dämonen, Spessartsagen auf der Spur, Würzburg 1995, S. 34ff
6. Kramer, Karl-Sigismund, Bauern und Bürger im nachmittelalterlichen Unterfranken, Würzburg 1957, S. 131
7. Trost, Werner, Stampes, Worzelköpp und Staffelbrunzer, Ortsnecknamen im Landkreis Miltenberg, 2003

Der Schäfer von Elsenfeld

Die Spessartsage mit den wohl grausamsten Akteuren und der beklemmendsten Atmosphäre ist unter dem Titel „Der Hirtenjörg" in der weithin bekannten Sagensammlung von Valentin Pfeifer aus dem Jahre 1948 abgedruckt.

Gemälde von Jean-Francois Millet

Erstausgabe bei Herrlein (1851)

Der Text geht zurück auf die hundert Jahre vorher (1851) von Adalbert von Herrlein herausgegebenen „Sagen des Spessarts". Dort ist die Sage mit dem Titel „Der Schäfer von Elsenfeld" erstmals publiziert worden.[1]

Der Schäfer von Elsenfeld

Vor hundert und mehr Jahren lebte zu Elsenfeld ein Schäfer, der Hirtenjörg genannt, und seine Frau, die Ev, und galten beide weit und breit für gottselige und rechtschaffne Leute. Besonders der Mann wusste viel fromme Sprüche und heilige Geschichten, und wenn er die Schafe hütete auf dem Dammesfeld, pflegte er lauter geistliche Lieder dazu zu blasen, so schön, dass den Leuten, die ihn hörten, das Herz davon bewegt wurde.

Es geschahen aber selbiger Zeit in der Gegend viele erschreckliche Untaten und wie man's auch anstellte, man konnte den Tätern nicht auf die Spur kommen: die Kirchen wurden ausgeraubt und die Leute auf der Straße angefallen und totgeschlagen, und besonders das Dammesfeld kam so ins Geschrei, dass sich Niemand mehr des Abends durchs Tal getraute. Denn nicht nur Einzelne, sondern auch zwei und drei, die sich verspätet hatten, wurden am Morgen tot im Wald gefunden, und man meinte nicht anders, als es müsste eine große Bande im Wald ihr Wesen haben.

Wer hätte gedacht, dass der Schäfer und sein Weib so gottlose Heuchler seien und dass sie allein alle Raub- und Mordtaten verübten? Es war aber doch so, und sie brachten's fertig durch die schwarze Kunst und stellten es also an: wenn ihnen ein Kind geboren wurde, brachten sie`s um, schnitten ihm den kleinen Finger ab und dörrten ihn im Backofen. Wenn sie dann einen Einbruch oder Mord begehen wollten, brannten sie den Finger an, wie eine Kerze, und solange der Finger brannte, waren sie unsichtbar. So gewahrten denn die Leute, wenn sie nachts unter Schippach durch den Tannenwald gingen, Nichts, als ein Licht neben dem Weg, wenn sie aber hinzukamen und an nichts Böses dachten, schlug sie der Schäfer mit dem Holzbeil tot, ehe sie noch wussten, wo die Schläge herkamen.

Ehe nun der Schäfer sich verheiratet hatte und ein Mörder geworden war, gingen einmal im Frühjahre auf den zweiten Ostertag drei Burschen aus Elsenfeld in die Fremde: der eine war ein Schneider, der andere ein Schmied, der dritte, mit Namen Kasper, war der einzige Sohn aus der Mühle und war ein Müller. Daheim waren sie still und traurig fortgegangen, wie's aber das junge Blut zu machen pflegt, in Rück kehrten sie ein im Wirtshaus, um noch eins miteinander zu trinken, weil sie immer so gute Kameraden gewesen. Da wurden sie wieder munter, führten allerlei Reden, und zuletzt machten sie miteinander aus, sie wollten sieben Jahre in der Fremde bleiben, nach sieben Jahren aber, wenn sie am Leben blieben, auf den zweiten Ostertag wieder hier zusammenkommen und, wie ihren Auszug, so auch ihren Einzug wieder in Elsenfeld halten – alle drei miteinander. Darauf zogen sie durchs Dorf, singend das Handwerksburschenlied:

„Ich will mein Glück probieren
Marschieren!“,

gingen den Bach hinauf, am Kloster vorbei und bei der Aubrücke trennten sie sich – zwei gingen rechts und der Dritte ging links. In der Fremde hatten sie alle drei viel Glück, lernten ihr Handwerk ohne Tadel und ersparten sich auch noch ein jeder ein schönes Stück Geld, und als die sieben Jahre zu Ende gingen, dachten sie aufs Heimgehen, und auf den zweiten Ostertag kamen sie wieder in der Krone zu Rück zusammen, wie sie's verabredet hatten. Der Müller war zuerst auf dem Platz, dann kam der Schmied und hernach der Schneider. Wie nun einer nach dem andern gesund zur Türe hereintrat, hatten sie eine große Freude, erzählten und ließen eine Kanne nach der andern bringen, auf baldige Meisterschaft anzustoßen, bis es endlich anfing zu dunkeln – da brachen sie miteinander auf und wollten heimwärts. Draußen aber blies seit etlichen Tagen der Tauwind und die Elsava war ausgetreten und hatte das ganze Tal unter Wasser gesetzt, und es brauste, wie wenn der Rhein das Tal entlangginge.

Wie sie nun unter die Kreuzmühle kommen, dorthin wo der große Nussbaum steht und der Bildstock, hören sie den Schäfer blasen: „Nun sich der Tag geendet hat“, und sagen: „Das ist der Hirtenjörg, jetzt werden wir bald daheim sein“. Mit einem Male aber hört das Blasen auf und es wird ein Licht angesteckt, und sie sehen das Licht, aber keinen, der es trägt, sondern das Licht fackelt vor ihnen kerzengrad in der Luft herum – der Hirtenjörg hatte sie kommen hören und hielt sich hinter dem Baum und lauerte auf sie, der ausgetretene Bach aber ging bis gerad unter den Nussbaum. Wie sie nun stutzten und nicht wussten, sollten sie voran oder zurück, schreit er ihnen zu: „Legt die Felleisen ab, hernach will ich jedem von euch seinen Treff geben!“, und zugleich schlug er dem Schneider, der voranging, vor den Kopf, dass er taumelte. Da wussten die drei nicht, wie ihnen geschah, und fingen an zu bitten, er solle die Felleisen nehmen, nur das Leben solle er ihnen lassen. Endlich sagte der Hirtenjörg: „Meinetwegen, ob ich's schon nicht gern tue, aber die Felleisen legt ihr hierher und all euere Kleider darauf, und wenn ihr euch ausgezogen habt, steigt ihr auf den Nussbaum und muckst euch nicht – sonst ist's euer Letztes“. Sie taten so und stiegen auf den Nussbaum und der Schäfer, wie sie droben waren, wollte mit den Felleisen und Kleidern davon gehen, ließ aber dabei das Licht, das er angesteckt hatte, von ungefähr fallen: das ging aus und in demselben Augenblick war der Schäfer sichtbar, und weil der Mond grad hinter einer Wolke hervorkam, kannten ihn die drei und schrien: „Hirtenjörg, Hirtenjörg!“ Da warf er die Felleisen und die Kleider wieder hin, nahm sein Doppelflinte von der Schulter, trat unter den Baum und sagte: „Habt ihr mich erkannt, ihr drei, nun so betet jetzt euer letztes Vaterunser!“. Wie sie das hörten, fingen sie aufs Neue an, um ihr Leben zu bitten, versprachen auch, ihn nie zu verraten, und er sollte an den großen Jammer denken, den er anrichten würde, wenn er sie umbrächte. Der Hirtenjörg aber lachte und meinte: Wem's denn so arg zuleid geschehen würde, wenn er sie jetzt alle umbrächte?

Da sagte der Schneider: „Mein Meister hat mich immer gar zu lieb gehabt, denn es hat ihm keiner so die Arbeit zu Dank gemacht wie ich. Ich hab ihm geschrieben, dass ich komm und wieder zu ihm will, und heute wartet er auf mich und wird sich gar keinen Rat wissen, wenn ich nicht eintreffe“.

„'s ist nicht wahr“, sagte der Schäfer, „heute Morgen erst hat er sich einen neuen Gesellen eingestellt“, und schoss ihn vom Baum. Der Schneider aber war nicht gleich tot, sondern fiel hell aufschreiend herab ins Wasser und plätscherte und gurgelte drin herum und schlägelte mit Händen und Füßen, dass der Schäfer laut auflachte – dann ward er das Tal hinabgeschwemmt.

Der Schmied sagte: „Das Evchen und ich kennen uns seit zehn Jahren und jetzt wollen wir Hochzeit halten. Sieh, in meinem Felleisen steckt das Kränzchen – das soll sie tragen an ihrem Hochzeitstag! Heute wartet sie auf mich und hat keine frohe Stunde mehr, wenn ich nicht heimkomme“.

„'s ist nicht wahr“, lachte der Schäfer, „das Evchen denkt nicht mehr an dich – es ist schon seit sechs Jahren meine Frau – schau hinüber, dort steht sie bei den Schafen!“, und damit drückte er los. So fällt der Schmied maustot vom Baum und schwimmt auch das Tal hinunter.

Der Kasper sagte: „Hirtenjörg, Hirtenjörg! Wir stehen in einem Taufbuch und haben als Kinder miteinander gespielt und sind zusammen zum heiligen Nachtmahl gegangen. Wenn du mir auch tust wie den zwei andern, will ich dich verklagen vor Gottes Gericht, und sollst keine ruhige Stunde mehr haben dein Leben lang. Seit sieben Jahren hat meine Mutter jeden Morgen und Abend gebetet, dass ich noch einmal heimkomme und ihr die Augen zudrücke, heute ist sie fünfundsiebenzig Jahre alt geworden und wartet auf mich“.

*„'s ist nicht wahr“, sagt der Schäfer, „deine Mutter ist alt und täppelig geworden die letzten Jahre her und weiß gar nicht mehr, dass sie noch einen Sohn hat, und liegt jetzt schon lang in ihrem Bette“. Damit schoss er ihn vom Baum. Er hatte ihn aber nicht recht getroffen und der Kasper, wie er fortgeflößt wurde, schrie immer noch: „Hirtenjörg, Hirtenjörg!“ Dieser aber meinte, er könne sich noch einmal ans Land herausarbeiten und schlich zum Wasser hinunter, um ihm den Garaus zu machen. So kommt er auch an die Mühle, und weil er noch Licht drin sieht, schaut er durchs Fenster – da sitzt wirklich des Kaspers Mutter, die alte Müllersfrau, noch in ihrem Sessel und betet, und der Tisch war mit weißem Linnen gedeckt und standen zwei Teller darauf und eine Flasche Wein mit zwei Gläsern. Da schreit's noch einmal weit unten vom Wasser her: „Hirtenjörg, Hirtenjörg!“, dass die alte Frau den Kopf aufhob und horchte, den Schäfer aber schüttelte es am ganzen Leibe – denn grade jetzt musste der Kasper in den Main getrieben sein. *)*

Wie aber dieser gesagt, so geschah's. Der Schäfer hatte von nun an keine ruhige Stunde mehr. Wo er gehen und stehen mochte, hörte er das Wasser brausen und zwischendrein rufen: „Hirtenjörg, Hirtenjörg“, bald riefen's die drei Handwerksburschen miteinander, bald der Kasper allein, wie er grade untergehen wollte, und bald die alte Frau, und weil er's nicht mehr länger aushalten konnte, ging er hin vor Gericht und gab sich an und seine Frau und bekannte alles, was er getan hatte. Dort ward ihnen das Urteil gesprochen, dass sie auf dem Dammesfeld lebendig von vier Pferden sollten zerrissen werden.

Sein Weib starb reumütig. Der Schäfer aber sollte keine Gnade bei Gott mehr finden, sondern, nachdem er bekannt hatte, ward er wieder so hart und verstockt, wie vorher. Als er schon auf dem Richtplatz stand, fing er an zu lachen, und als sie ihn fragten, warum? sagte er: drüben sähe er den Nussbaum stehen, von dem er die drei Handwerksbursche herabgeschossen habe, und da falle ihm gerade ein, wie der Schneider im Wasser so geplätschert und gegurgelt habe: das sei so lustig anzusehen gewesen, dass er jetzt noch darüber lachen müsse.

Als die Hinrichtung vollzogen war, wurden ihre Körper verbrannt, und die Asche in den Main gestreut.

*) Unterhalb der Elsenfelder Mühle mündet die Elsava in den Main.

Verschiedene Motive sind in dieser Sagenerzählung verwoben:

- Das heuchlerische Doppelleben des Schäfers und seiner Frau, die tiefe Frömmigkeit vortäuschten, um hinter dieser Fassade ihr verbrecherisches Unwesen zu treiben.

- Die drei Wanderburschen aus Elsenfeld – ein Schneider, ein Schmied und ein Müller – die in die Fremde zogen und sich nach sieben Jahren wieder getroffen haben, dann vom Hirtenjörg getötet wurden.

- Die Vergeblichkeit aller menschlichen Lebenspläne. Alle drei Handwerksburschen hatten genaue Vorstellungen über ihre Zukunft; alle drei wurden zunichte gemacht.

- Gefährliche und verrufene Orte: „Besonders am Dammsfeld häuften sich die Verbrechen", wo dem Volksglauben nach Hexen und Dämonen sich getroffen haben und Götz von Berlichingen nachweislich Kaufleute überfallen hat.
  In oder bei Mühlen – hier bei der Kreuzmühle zwischen Elsenfeld und Rück, spielte sich der Überlieferung nach oft Geheimnisvolles und Unheimliches ab, lebten doch die Müller außerhalb des Dorfes und der Dorfgemeinschaft.

- Auch die Hirten lebten weitgehend einsam und isoliert von den Menschen und führen ein unbeobachtetes Leben in und mit der Natur. So wurde ihnen oft eine große – und verdächtige! – Verbundenheit mit dem Wald, dem Feld, der Nacht und den unheimlichen Mächten nachgesagt.

- Archaisch und makaber wirkt für heutige Leser besonders die Beschreibung der schwarzen Kunst. Der Hirtenjörg und seine Frau schnitten ihren neugeborenen Kindern den kleinen Finger ab, dörrten ihn, verwendeten ihn als Kerze „und solange der Finger brannte, waren sie unsichtbar". Tatsächlich war man früher der Meinung, die Seelen ungetaufter Kinder gingen als Irrlichter in der Nacht um.

Die Caspari-Version

Neben den Sagentexten von Herrlein und Pfeifer, die praktisch identisch sind, gibt es noch eine dritte Version, die der aus Eschau gebürtige evangelische Pfarrer und Volksschriftsteller Karl Heinrich Caspari (1815–61) in seinen „Dorfsagen" publiziert hat.[2] Diese Caspari-Version ist weitgehend identisch mit dem Text der Herrlein-Ausgabe, weicht aber an zwei Stellen von dieser ab.

1. Auf die Dämonie der schwarzen Kunst wird verzichtet. Caspari erzählt stattdessen kurz und schlicht: *„denn sie hatten ein Licht, wenn das brannte, waren sie unsichtbar"*.
2. Nachdem der Schäfer und seine Frau ihr Verbrechen gestanden hatten und die Frau reumütig in den Tod ging, wurde Jörg vor seiner Hinrichtung rückfällig und *„so hart und verstockt wie ehedem"* und erinnert sich mit einem teuflischen Lachen an den dreifachen Mord. Diese Schlussvariante fehlt bei Caspari. Bei ihm bereut auch er wie ein guter Christ seine Missetat.

Aus dieser Feststellung ergeben sich einige Schlussfolgerungen für die Redaktionsgeschichte vieler Spessart-Sagen.

- Die *„Erzählungen und Sagen ... sind unter Casparis Mitwirkung gesammelt und herausgegeben worden von Adelbert v. Herrlein"*, erinnert sich Casparis Sohn Walter.[3] Schade, dass wir von der Redaktionsarbeit Herrleins, der Bürgermeister und Vorsitzender des Geschichtsvereins in Aschaffenburg war, und seiner Zusammenarbeit mit Caspari nichts Genaueres wissen. Vermutlich gab es Mitarbeiter, die sich auf bestimmte Spessart-Regionen konzentriert haben. Caspari hat dabei den gesamten mittleren und südlichen Spessart zwischen Elsenfeld und der Kollenburg bearbeitet.

- Offenbar hatte dieses Arbeitsteam die Texte sortiert, vorgefundene Texte sprachlich überarbeitet und entweder in Teilen oder vollständig neu formuliert. Die Arbeitsweise der Gebrüder Grimm oder anderer Sagen- und Märchen-Herausgeber muss ganz ähnlich gewesen sein. Es hat den Anschein, dass Caspari die von ihm redigierten Texte jeweils mit einem Zitat versehen hat. Die Losungsworte aus dem Nibelungenlied, von Schiller, Goethe, Uhland oder weniger bekannten Autoren sollten in das Thema einführen und es an die „große Literatur“ anbinden.

- Während es wohl in der Regel einvernehmliche Festlegungen in der Übernahme der Motive und der Formulierung gegeben hat, konnte es offensichtlich auch Streitpunkte und Ausnahmen geben. Eine solche Ausnahme ist die Textfassung des „Schäfers von Elsenfeld“. Während Herrlein ganz bewusst die dämonisch-grausigen Einzelheiten des brennenden Fingers beibehalten wollte, um die mythische Atmosphäre zu betonen, legte Caspari Wert auf seine pädagogisch-seelsorgerliche Absicht, die auf abergläubische Details verzichtete und dafür die Gewissensnot und die daraus folgende Reue der Täter besonders herausstellte.

- In der Sagensammlung Herrleins sind – leider – keine Quellen und Autoren genannt. Auch die nachweislich von Caspari stammenden Erzählungen sind nicht unter seinem Namen publiziert. Es ist davon auszugehen, dass auch andere Spessart-Sagen aus seiner Feder stammen oder von ihm überarbeitet worden sind. „Der Scharstein“, „Die Maßkanne“, „Die Liesbeth von Mönchberg“, die Sage über die Gründung des Klosters Himmelthal („Das eiserne Pferd“) und über die Nonne Agnes („Himmelthal“), vielleicht auch die Erlenbacher Barbarossa-Sage enthalten Stilformen und moralische Fingerzeige, die auch in anderen Werken Casparis vorkommen.

Eine vierte Version

Es gibt von der Elsenfelder Schäfer-Sage noch eine weitere Version, die deutlich macht: Sagentexte werden meistens mit einer bestimmten Absicht bearbeitet und publiziert.
Johann Schober hat die Spessartsagen von Herrlein 1885 neu herausgegeben. Dabei hat er den Text über den Schäfer von Elsenfeld wesentlich gekürzt, auf die Passage mit der schwarzen Kunst vollständig verzichtet und einen neuen Aussage-Schwerpunkt gewählt.[4]
Unter der Überschrift „Der Galgenberg“ erzählt Schober nicht mehr von geheimnisvoll-grausigem Geschehen oder interpretiert aus der Sicht des Pfarrers, sondern berichtet vor dem historischen Hintergrund des zu Ende gehenden 19. Jahrhunderts von Tatsachen, die nachweisbar sind.
So berichtet Schober, dass sein Urgroßvater dem Hirtenjörg persönlich begegnet sei. Dieser war „ein ganz gefährlicher Räuber“, der es auf die „Schiffer und Händler“ abgesehen hatte.
Die Leinreiter (und Flößer) zogen häufig hier vorbei. So konnte ein Leinreiter, der ein Schiff von Aschaffenburg bis Freudenberg „bergauf“ getreidelt hatte, durch das Aubach- und Elsavatal wieder mit seinen Pferden und einem kleinen Wagen, in dem er Futter und Gerätschaften verstaute, wieder zum Ausgangspunkt zurückkehren. Er konnte dabei einem Flößer begegnen, der flussabwärts bis Aschaffenburg ein Floß dirigiert und das Holz verkauft hat und nun zu Fuß auf dem Rückweg Richtung Obermain war.

Ein Freudenberger Schiffmann hat den Räuber schließlich erkannt und angezeigt; dieser wurde am Klingenberger Galgen hingerichtet.

Bei der Kreuzmühle

Historische Grundlage?

Hat die Sage vom dreifachen Mord bei der Elsenfelder Kreuzmühle einen konkreten historischen Hintergrund? Es gibt drei Ansatzpunkte:

- 1744 wurden in der Nähe des Dammshofes Grenzsteine heimlich versetzt. Man verdächtigte zunächst die Bäuerin auf dem Dammshof und deren Sohn. Schließlich wurde der Schäfer verdächtigt, der zunächst leugnete und abstritt, dann aber doch die Tat gestand. Sagen von Grenzfrevlern, die keine Ruhe finden und nach ihrem Tod noch nachts umgehen müssen, gibt es viele![5]

- Als der Gastwirt Michael Bildstein von Mönchberg in der Mitte des 18. Jahrhunderts das Dammsfeld kultivierte und oberhalb der Kreuzmühle Bewässerungsgräben anlegte und Wasserschöpfwerke baute, gab es von verschiedenen Seiten Kritik. Die Müller klagten, ihnen werde das Wasser abgegraben, die Bauern von Elsenfeld und Mainhausen befürchteten Überschwemmungen. Überhaupt, wurde argumentiert, sei das alles ganz neu und noch nie da gewesen und deshalb müsse man dagegen sein. 1759 wurde das Schöpfwerk von aufgebrachten Bauern gewaltsam zerstört.[6]

- Valentin Pfeifer gibt im Anmerkungsteil seines Sagenbuches einen Hinweis, der sehr gut als Grundlage mehrerer Motive der Elsenfelder Sage gedient haben kann.[7]
  In Großwallstadt lebte ein Mann namens Suffel; er soll ein Urenkel des Hirtenjörgs gewesen sein. Dieser spielte – wie auch vom Schäfer und seiner Frau erzählt wird – den frommen Bürger und Beter, führte aber ebenfalls ein Doppelleben. Er versprach einem jungen Burschen zu helfen, der sich vor dem Soldatenleben drücken wollte. Dieser sollte heimlich zu einer festgesetzten Stunde mit einem Goldstück und einem Messer in eine abseits gelegene Feldscheune kommen. Dort überredete Suffel den arglosen Bauernsohn dazu, sich fesseln zu lassen, weil er an ihm eine kleine Verstümmelung vornehmen wollte, die ihn kriegsuntauglich mache. Dann aber tötete er den Burschen, nahm ihm sein Geld ab und legte ihm dessen eigenes Messer in die Hand, um einen Selbstmord vorzutäuschen.
  Zwei andere Großwallstadter hatten Suffel in Verdacht, stellten ihm eine Falle, indem sich einer zum Schein wieder kriegsuntauglich machen lassen wollte und überführten ihn so als Mörder. Vor einer großen Volksmenge soll er hingerichtet worden sein.

Diese Überlieferung wird bestätigt durch eine in Großwallstadt überlieferte Sage, in der das Motiv des *„scheinheiligen Raubmörders“* und dessen Name „Dammschäfer“ vorkommen.[8] Der Schäfer entwendet einer Frau einen Korb mit Eiern und versteckt diesen auf einem Baum. *“Als die Frau wieder fortgehen wollte, suchte sie ihre Eier und stieg auf den Baum. Da schoss er die Frau herunter und verzehrte die Eier“.* Diese Vorgehensweise erinnert an den Hirtenjörg, der mit satanischer Grausamkeit die drei Handwerksburschen vom Nuss-Baum herunter geschossen hat.

Anmerkungen

1. Herrlein, Adalbert von, Die Sagen des Spessarts, Aschaffenburg 1851, S. 242
2. Neuere Ausgabe, Caspari, Karl Heinrich, Aus dem Spessart, Erzählungen und Sagen, Obernburg 2010, S. 89
3. Caspari, Walter, Karl Heinrich Caspari ... in: Anton Chroust (Hrsg), Lebensläufe in Franken, Bd. 1, München, Leipzig 1919, S. 47
4. Schober, Johann, Die Sagen des Spessarts von Adalbert von Herrlein, Aschaffenburg 1885
5. Hefner, Leo, 1900 Jahre Obernburg am Main, 1984, S. 88
6. Schlicht, Eva-Marie, Die Marktgemeinde Elsenfeld, 1990 S. 165
7. Pfeifer, Valentin, Spessartsagen, Aschaffenburg 1948, Anm. 33
8. Schuck, Josef, Großwallstadt, Geschichts- und Heimatbuch der Gemeinde Großwallstadt 1982, S. 171

St. Wendelin in Breitenbach

Ein Bauer aus Breitenbach hatte eines Tages im Wald gearbeitet und seinen Wagen mit Holz voll geladen. Als er den steilen Berg hinunter fuhr, riss plötzlich die Kette des Wagens, die Ochsen wurden scheu und rannten weiter bergab. Da gelobte der Mann in seiner Todesangst die Errichtung einer Kapelle zu Ehren des heiligen Wendelin an der Stelle, wo er das Fuhrwerk zum Halten bringen konnte. Er überstand den Unfall ohne Schaden und erfüllte sein Gelübde.

Es „riss plötzlich die Kette des Wagens"

Die Entstehung der Heimatkirche mit einer Geschichte oder einem Wunder zu erklären und das Gotteshaus dadurch mit einer höheren Weihe zu versehen – diese Methode ist weit verbreitet. Die frommen Überlieferungen zur Entstehung der Kirchen auf dem Engelsberg, in Watterbach oder der Kapellen in Obernburg oder Röllbach belegen dies anschaulich.

Breitenbach liegt am Zusammenfluss des Breiten- und Dörnbaches im hinteren Odenwald. Die tief in das Waldgebirge eingeschnittenen Täler bieten nur sehr spärliche Möglichkeiten, Landwirtschaft zu betreiben. Schafhaltung, etwas Waldweide mit Rindern und Bienenzucht (die Abtei Amorbach benötigt viel Wachs) ermöglichten einen kargen Lebensunterhalt. Da bot die Arbeit im klostereigenen Wald die Möglichkeit eines Zubrotes.

St. Wendelin in Breitenbach

Fuhr nun ein Bauer mit einem voll beladenen Wagen vom Geiersberg (mit über 500 Höhenmetern) hinunter ins Breitenbachtal (auf einer Höhe von 260 Metern), musste er höllisch aufpassen, dass die schweren Lasten nicht außer Kontrolle gerieten. Dabei musste er mit dem sogenannten „Anhang“ bremsen. Das war ein fest zusammengebundenes Paket starker Äste, die am Wagen angebunden waren und auf dem Boden schleiften. Weitere Äste wurden zwischen die Speichen der Räder geschoben (sogenannte Remscheite). Die wirksamste Methode, bei Gefällstrecken die Geschwindigkeit zu drosseln, war die Verwendung von eisernen Rem-Schuhen, die unter die Räder geschoben wurden. *„Diese Radschuhe, die ursprünglich aus Holz waren, wurden meist mittels einer Kette fest mit den Rädern verbunden, so dass sie diese blockierten“.*[1]
Man kann sich gut vorstellen, wie der Bauer in der Sage Todesangst ausstehen musste, als diese Kette riss und das Ochsenfuhrwerk mit den scheu gewordenen Tieren unkontrolliert bergab raste.

Remschuhe, ausgestellt im Waldmuseum im Watterbacher Haus am Ortsrand von Preunschen

Die Einwohner von Breitenbach und im Höhenort Breitenbuch tragen heute noch den Necknamen „Die Remschüh“.[2]

„Da gelobte der Mann die Errichtung einer Kapelle“

Die Sage erzählt von einem Vorgang, der bei vielen Flurdenkmälern, Kirchen oder Kapellen deren Entstehung „erklärt“. Die Menschen fühlten und wussten sich eingebunden in eine Welt, die vom Ablauf der Natur und vom Wirken guter und böser Geister beherrscht wird. Es gab vielfältige Möglichkeiten, mit dieser Anderswelt in Kontakt zu treten und sie – so gut es ging – zu beeinflussen: Durch Gebete das Böse in Form von Unwettern und Krankheiten zu bannen; durch Versprechungen die Zukunft in die gewünschte Richtung zu lenken und mit der Stiftung von Votivtafeln oder der Errichtung von Bildstöcken und Kapellen seiner Dankbarkeit für erfahrene Hilfe Ausdruck zu verleihen.

Die Kapelle wurde 1741 gebaut und dem heiligen Wendelin, dem Patron der Bauern und Hirten, geweiht. Wahrscheinlich hat dieser Heilige den hl. Nikolaus abgelöst, der heute noch Nebenpatron ist und dem der Vorgängerbau (seit dem 17. Jahrhundert) gewidmet war, der an der Stelle der heutigen Kirche gestanden hat. Die zuständige Pfarrkirche stand in Kirchzell; dorthin mussten die Einwohner von Breitenbach zu den Gottesdiensten, zur Taufe und Hochzeit; dorthin trugen sie ihre Toten und begruben sie im Friedhof, der sich ursprünglich bei der Kirchzeller Kirche befand.

Das schlichte Barockgebäude besitzt einen sechsseitigen Dachreiter über einem polygonal geschlossenen Chor. Nur vom Baumeister der Sakristei, die 1784 angefügt worden ist, kennen wir den Namen: Es war Johann Adam Becker aus Miltenberg, der den Konventsbau des Amorbacher Klosters (1783–86), das Pfarrhaus in Kirchzell (1787) und die Kirche in

Weilbach (1789) gebaut hat. Die Existenz einer Sakristei deutet darauf hin, dass in der Zeit um 1800 des öfteren ein Kaplan in Breitenbach die Messe gelesen hat. In dieser Zeit gab es auch für einige Jahre einen Lehrer im Ort und die schulpflichtigen Kinder hatten nicht tagtäglich den Weg nach Kirchzell (später nach Ottorfszell) auf sich zu nehmen. Der körperbehinderte, fleißige Lehrer Adam Traut war so arm, „dass er sich nicht einmal seine notwendigen Kleidungsstücke, viel weniger noch ein Bett anschaffen kann", stellte 1813 der Breitenbacher Schultheiß fest[3]: Ein bettelarmer Lehrer in einem bettelarmen Dorf!

Die Altarbilder von Matthäus Günther, der die Deckengemälde der Abteikirche geschaffen hat, stellen den Hl. Wendelin und – im Rundbild darüber – den Hl. Nikolaus dar. Beide Heilige erscheinen noch einmal als Assistenzfiguren des mit reichem Rokokoschmuck gestalteten Altars. Kanzel, Tabernakel und Votivtafeln stammen aus der Werkstatt des Mudauer Künstlers Nikolaus Hoof (1722-1785).[4]

Das Brunnenhaus

Vor dem Haupteingang der Kapelle entspringt eine Quelle, über die ein steinernes Brunnenhaus gebaut ist, dessen mit einem Kreuz geschmückter Giebel die Jahreszahl 1752 trägt. Diese Quelle – und nicht das in der Sage beschriebene Motiv – hat wohl den Standort der Kapelle festgelegt.

Dieser Brunnen, zu dem fünf Stufen in das gemauerte Bassin hinunter führen, war – mit dem Gotteshaus – der Mittelpunkt des Dorfes. Hier wurde das Wasser für den Hausgebrauch geschöpft; hierher wurden die Tiere zur Tränke geführt. Ob die Quelle auch das Ziel von Wallfahrten war, weil das Wasser gegen Augenleiden helfen sollte, ist nicht gesichert.

Der Breitenbacher Dorfbrunnen von 1752 ähnelt in Aufbau und Funktion den Parallelbeispielen in Breitenbuch, Boxbrunn oder Röllbach.

Das Dorf bei der Kapelle

Breitenbach ist eine vom Kloster Amorbach, bzw. vom Klosterhof in Kirchzell initiierte Rodungsgründung aus dem hohen Mittelalter. In zwölf Hubenstellen lebten um 1400 etwa 120 Menschen; nach dem Dreißigjährigen Krieg waren es noch 8 „Herdstätten" mit 36 Einwohnern, 1830 waren es 126 .

In der Folgezeit wurde der Ort aufgelöst. Das Fürstenhaus Leiningen, das 1803 in den Main-Neckarraum gekommen war, rief die Bewohner der Odenwalddörfer Breitenbach, Dörnbach, Otterbach, Wiestal und Ohrnbach auf, ihre Bauernhöfe zu verkaufen und fand weitgehend offene Ohren. Wegen der abseitigen Lage und wegen der schlechten Voraussetzungen für Landwirtschaft im Waldgebirge waren die Menschen gerne bereit zum Verkauf, zumal viele junge Menschen bereits in die Städte oder in die Neue Welt abgewandert waren. In Breitenbach verließ 1836 der letzte Bauer das Dorf, das 1842 offiziell aufgelöst worden ist.

Der Bildstock in der Nähe der Kapelle weist zwei Jahreszahlen auf: 1483 wurde er erstellt, 1836 verließ der letzte Bauer das Dorf.

Anmerkungen

1. Wackerfuß, Winfried, Ein ungewöhnliches „Verkehrsschild“ in Holzkirchen, in: Zeitschrift Der Odenwald, 3/06, S. 127
2. Trost, Werner, Stampes, Worzelköpp und Staffelbrunzer, Necknamen im Landkreis Miltenberg, 2003, S. 43
3. Benz, Georg, Breitenbuch, Das Höhendorf im Odenwald, 1972, S. 43f
4. Güterbock, Gotthilde, Nikolaus Hooff, pictor et statuarius ex Mudaw (1722-1785), in Erforschung des Odenwaldes und seiner Randlandschaften, Bd. IV, S. 525ff

Das sprechende Kreuz

Vom alten Hoheneckschen Schloss erzählt man sich, dass der letzte Spross der Familie, an die Kurmainz die Stadt Wörth verpfändet hatte, ein strenger, jähzorniger und gottloser Mensch gewesen sei. Im Alter kam zu diesen wenig erfreulichen Eigenschaften noch der Trunk. Einmal, nach einem maßlosen Gelage, bei dem der Wein in Strömen floss, torkelte er nach Mitternacht durch die hohen, stillen Räume seines Besitztums und kam dabei auch in die von ihm seit Jahren nicht mehr besuchte Schlosskapelle. Dort stand damals die Kreuzigungsgruppe, die heute den Chorbogen der Pfarrkirche St. Nikolaus ziert. Im Weinrausch bestieg er den Altar, kletterte an dem übermannshohen Kruzifix empor und wollte dem Gekreuzigten die jetzt nicht mehr vorhandene goldene Krone vom Haupt nehmen, wobei er trunken lallte: „Judenkönig, zu was brauchst du denn eine goldene Krone!" Da legten sich die Arme Christi fest im Rücken des Frevlers zusammen, pressten ihn mit unwiderstehlicher Gewalt an sich, und aus dem Mund der Figur sprach eine eindringliche Stimme: „Sünder, ehe die Sonne wieder am Himmel steht, wirst du sterben!" Am frühen Morgen fand ein entsetzter Diener auf der Suche nach seinem Herrn den Entseelten mit schneeweißem Haar verkrümmt auf den Altarstufen liegen. Während die Arme Jesu wieder am Querbalken des Kreuzes anlagen wie vorher, waren aber seine Lippen von nun an leicht geöffnet, genau so, als sagten sie gerade das Wort „sterben". Und so sieht man es bei genauem Hinschauen noch jetzt.[1]

Die anschaulich erzählte Sage verbindet die – schlechte – Erinnerung an den letzten Herren von Hoheneck, der 1719 in Wörth gestorben ist, mit der Kreuzigungsgruppe, die sich heute im Chorbogen der Nikolauskirche befindet.

„Hauptperson" der Sage ist der letzte Hoheneck, der wegen seiner Strenge, seines Jähzorns und seiner Gottlosigkeit seine gerechte Strafe erhält und stirbt. Diese Gestalt personifiziert die Verhaltensweise der verschiedenen Wörther Stadtherren, von denen die von Hoheneck die letzten waren – und zu den übelsten zählten.

Die Kreuzigungsgruppe in der Wörther St. Nikolauskirche stammt aus der Werkstatt von Hans Backoffen aus dem frühen 16. Jahrhundert.

Der Mainzer Erzbischof Johann Philipp von Schönborn hatte 1669 seine Schulden in Höhe von 20.000 Talern dem Reichsfreiherrn Franz Philipp Adolf von Hoheneck nicht bar bezahlen können und deshalb in Form von verschiedenen Rechten in Wörth, Mönchberg, Streit sowie in Ober- und Unterschippach ersetzt. Der von Hoheneck konnte und wollte sich also seine 20 000 Taler (und noch mehr) in den ihm verliehenen Orten wieder holen. Dass die Bürgerschaft mit ihm und seinem Nachfolger ständig Reibereien und Streitigkeiten hatte, war unvermeidlich.

- Der Herr von Hoheneck hatte Anteil an den Gerichtsbußen – also erhöhte er drastisch diese Gebühren.

- Der Herr von Hoheneck hatte verschiedene Wald- und Jagdrechte – diese waren ihm aber nicht genug, so forderte er von der Stadt noch mehr.

- Der Herr von Hoheneck übernahm ein baufälliges Schloss – er forderte von Untertanen in Wörth und

Mönchberg Frondienste.[2] Die Bürger wehrten sich, so gut sie konnten: Sie präsentierten alte Rechtsaufzeichnungen, verfassten Supplicationen (Bittschriften), strengten einen langwierigen Prozess an (1690–1715) – und mussten oft mit knirschenden Zähnen und ohnmächtiger Wut klein beigeben.

Es verwundert deshalb nicht, wenn die Hoheneck keine guten Erinnerungen hinterließen und man den Rückfall der Stadt an das Erzbistum Mainz 1719/20 wie eine Befreiung von einem Alpdruck empfand.

Auch die Mönchberger haben schlechte Erinnerungen an die Ortsherrschaft der Hoheneck (1669–1719), die auch hier ungemessene Frondienste verlangten, ständig mit schweren Strafen drohten, wenn ihr Wille nicht erfüllt wurde und 1680 die Gerichtskiste auf dem Rathaus mit Gewalt aufbrachen, um Dokumente in ihre Hand zu bekommen, auf die sich die Mönchberger ständig beriefen. Als sie in Wörth das im Krieg zerstörte Schloss 1682/83 wieder herstellen ließen, mussten nicht nur die Wörther, sondern auch die Mönchberger mit Hand- und Spanndiensten mithelfen. Als diese sich mit Händen und Füßen wehrten, ließ er *„die beyde Bürgermeister sambt noch dreyen“* kurzerhand ins Gefängnis werfen[3] (siehe auch die Sage vom „Lisbethchen von Mönchberg“).

Das Wappen von Röllbach zeigt neben dem Mainzer Rad das Hoheneckische Wappen. Die Hoheneck waren Dorfherren in Röllbach und Schmachtenberg in der Zeit von 1718 bis 1810. „Es wirkt fast wie ein Hohn, dass ausgerechnet jene Herren des Dorfes, die am rücksichtslosesten waren, im Wappen der Gemeinde verewigt wurden“.[4]

Sagenmotiv von der schlimmen Herrschaft

Schikanen und ungerechte Behandlung der Untertanen durch die jeweilige Herrschaft werden freilich häufig überliefert.
Die Münzenberger, die vor den Rieneckern in Eschau gelebt haben sollen (was historisch nicht richtig ist) hatten mit den armen Untertanen „kein Einsehen und Erbarmen“.[5]

Auch die Sage vom Geisterhund aus Sommerau geht auf das schändliche Treiben eines geizigen und sehr gestrengen Schlossherren zurück, der kein anderes Lebensziel kannte, als seine Untertanen zu schinden und durch ihren Fleiß und Schweiß immer mehr Gut und Gold zu gewinnen. Bettler ließ er mit der Peitsche verjagen und Frauen, die auf den abgeernteten Feldern Ähren sammeln wollten, vertrieb er.

„Als er nun zum Sterben kam, wollte er seine Schätze keinem andern überlassen; und als ihn schon das Fieber schüttelte, öffnete er seine Truhe, schleppte sie zum Fenster, griff mit zittrigen Fingern hinein und warf eine Handvoll Münzen nach der andern hinaus in das aufspritzende Wasser. Vergebens wollte der Diener ihm wehren; er ruhte nicht, bis die Truhe leer war. Das Volk mochte nicht glauben, dass dieser unbarmherzige Geizhals nach seinem Tode die ewige Ruhe finden sollte; und so entstand die Sage, dass er in den Nachtstunden als zähnefletschender Hund von der Schlosspforte bis zum Wachthäuschen herumgeistere“.[6]

Das Backoffen-Kruzifix

Vordergründiger Anlass zur Entstehung der Sage vom sprechenden Kreuz ist die realistisch-ausdrucksvolle künstlerische Gestaltung der Kreuzigungsgruppe, die ein Werk Backoffens (bzw. seiner Schule) aus dem frühen 16. Jahrhundert ist. Die Gruppe – Jesus am Kreuz, Maria und Johannes – stand bis etwa 1870 in der Kreuzkapelle in Wörth (Platz der heutigen Stadtwaage) und dann in der Martinskapelle, bevor

So fromm, wie sie dargestellt wurden, waren sie meist gar nicht, die Ritter und Schlossherren. In vielen Orten haben sich ungute Erinnerungen an die Ortsherrschaft erhalten. Das Bild zeigt das Grabmal Philipp Georgs von Fechenbach, der 1572 verstorben ist.

sie in die 1898 eingeweihte Nikolauskirche gebracht wurde. Jesus, der in Überlebensgröße geschnitzt ist, hat seinen Mund leicht geöffnet, so, als spreche er gerade. Die Gläubigen, die vor diesem lebensnah gearbeiteten Kruzifixus gebetet haben, werden dem sterbenden Heiland verschiedene Worte in den Mund gelegt haben, je nachdem, mit welchen Sorgen und Gedanken sie selbst in die Kapelle gekommen waren.

Aus diesem Grund gibt es mehrere Antworten auf die Frage, was Christus am Kreuz gerade gesprochen haben könnte. (Ein religiöses Kunstwerk kann und soll ja offen sein für verschiedene Antworten, die der jeweiligen Situation des Bittenden angemessen sind). Nach Volkheimer hat Backoffen gerade die Szene festgehalten, als Christus seine Mutter Maria dem Lieblingsjünger Johannes empfiehlt: *„Siehe da, deine Mutter, siehe da, dein Sohn“ (Joh. 19, 26–27).*
Die Deutung, die sicher auch der Absicht des Künstlers entsprochen hat, ist diese Stelle im Johannesevangelium (19, 30): *„Als Jesus von dem Essigwein genommen hatte, sprach er: 'Es ist vollbracht'. Dann neigte er das Haupt und starb“.* Das lateinische „*Consummatum est*“ ist auf dem Balken eingeschnitzt, der in der Nikolauskirche die Kreuzigungsgruppe trägt und war am ursprünglichen Standort in der Kreuzkapelle in Stein gemeißelt.

Trotz diesem eindeutigen Hinweis – aber wer verstand damals schon Latein? – wurden dem Christus der Wörther Kreuzigungsgruppe auch andere Worte in den Mund gelegt, so zum Beispiel auch in unserer Sage.

Danach hat der Gekreuzigte sein Urteil über den gottlosen Hoheneck gesprochen: *„Sünder, ehe die Sonne wieder am Himmel steht, wirst du sterben“.* Diese (gar nicht so christliche!) Todesdrohung ist als gleichsam kollektiver Stoßseufzer der Wörther Bürgerschaft zu verstehen, die sich mit dem Tod des letzten Hoheneck vieler Sorgen und Belastungen ledig sah.
Auch wenn die Kreuzigungsgruppe des Meisters Backoffen nie im Schloss gestanden hat, wie es die Sage glauben macht – in der Vorstellung der Wörther um das Jahr 1720 gab es eine Verbindung zwischen dem lebensnah geschaffenen, „sprechenden“ Christus am Kreuz und dem hartherzigen Herrn von Hoheneck.

Die Deutung der Sage brachte die Geschichte wieder ins Lot; der gottlose Stadtherr hatte seine gerechte Strafe; der Herrscher der Welt hat das Urteil gesprochen – *„und so sieht man es bei genauerem Hinschauen noch jetzt.“*

Anmerkungen:

1. Zeitschrift „Spessart" 1954, Heft 9; vgl. Schober, Sagen des Spessarts, Bd. 2, S. 168
2. Trost, Werner, Wörth am Main, Bd.1 (1989) darin: Das Stadtschloss
3. Weber, Hermann, Chronik Mönchberg 1967, S. 53ff
4. Berninger, Gudrun, in :800 Jahre Röllbach 1982, S. 36
5. Pfeifer, Valentin, Spessartsagen, Aschaffenburg 1961, 3. Auflage, S. 130 („Die Nachtmahlskannen")
6. Appel, Karl, Eschauer Heimatbuch 1985, S. 358

Rappenkreuz und Warzenstein

An der Landstraße von Kleinheubach nach Miltenberg steht neben der Abzweigung nach Rüdenau das sogenannte Rappenkreuz. Auf diesem Steinkreuz (200 cm hoch, 150 cm breit, 15 cm stark) mit seinen kleeblattförmigen Enden ist der Gekreuzigte mit geneigtem Kopf und deutlich hervortretenden Rippen dargestellt. Die beiden Beine sind abgeschlagen. Über dem Kruzifixus zeigt ein geschwungenes Band die Buchstaben INRI in gotischen Buchstaben. *"Das Kreuz erhebt sich auf einem rohen späteren Steinsockel"* und wird in den „Kunstdenkmälern von Bayern" auf die Mitte des 15. Jahrhunderts datiert.[1]
Das Original wurde in den Eingangsbereich des Miltenberger Museums gebracht, während am Straßenrand heute eine Kopie zu sehen ist.

Eine Kopie des Rappenkreuzes steht an der Abzweigung der Straße nach Rüdenau von der Landstraße Miltenberg – Kleinheubach.

Sagen „erklären"

Was wissen wir von diesem Steinkreuz? Warum fehlen der Figur des Gekreuzigten die Beine? Woher kommt die Bezeichnung „Rappenkreuz"?
Diese Fragen haben die Vorübergehenden auch schon früher gestellt. Da das Rappenkreuz aber keinerlei Hinweise auf seine Entstehung gibt und weder den Anlass seiner Aufstellung noch den Namen des Stifters nennt, wurden Sagen erfunden, um „Erklärungen" zu geben.

Das vergrabene Kreuz

Diese Sagenerzählungen wollen den überlieferten Namen oder auch die markante Form des jeweiligen Denkmals „erklären". Das Rappenkreuz ist im ganzen unteren Teil beschädigt, die Figur des Gekreuzigten deshalb unvollständig, weil die Beine fehlen. Dafür gibt es eine sagenhafte Erklärung, die Pfarrer Wagner überlieferte[2]:

Ein Bauersmann richtete mit seinem Rappen vor seinem Pflug an jener Stelle seinen Acker, der im Wallhauser Gewann der Altenstadt lag, zur Saat. Mitteninne blieb der Rappen stehen und hörte nicht eher auf mit seinem Huf zu scharren, bis der Bauer, aufmerksam darauf gemacht, Nachschau hielt und das Kreuz im Boden versunken auffand.

Diese Erzählung nimmt das Motiv vom Rappen auf und führt die Beschädigung des Kreuzes darauf zurück, dass man, wie Wagner folgert *„einmal an jener Stelle ein altes Kreuz im Boden fand und es dann erneuern ließ"*.

Grabkreuz für einen französischen Offizier?

Entstehung und Bezeichnung des Rappenkreuzes versucht eine andere Sage zu erklären, die in der Miltenberger Chronik von Joseph Wirth zu lesen ist:

Es ist eine Sage, in ehemaligen Kriegszeiten habe ein französischer Offizier zu Aschaffenburg all sein Geld verspielt. Ärgerlich über den Verlust, vielleicht auch durch Wein aufgeregt, soll er sich auf seinen Rappen geworfen haben, um sich in sein Standquartier nach Miltenberg zu begeben. Als er zwischen Klingenberg und Röllfeld an der hohen Kreuzkapelle vorbeiritt, rief er dem Kruzifix zu: "Du bist an allem schuld!" und schoss dem Bilde des Gekreuzigten mit seinem Pistol ins Gesicht. Als er nach Kleinheubach kam, rannte das Pferd wütend davon und da, wo der Weg nach Rüdenau beginnt, warf er den Frevler ab, dass er sich zu tot fiel. Zum Andenken wurde daselbst ein steinernes Kreuz aufgestellt, welches noch heut zu Tag unter dem Namen Rappen-Kreuz bekannt ist.[3]

Ist die Sagenerzählung historisch glaubwürdig? Unter der Überschrift *„Die Kapelle zum hohen Kreuz bei Röllfeld"* hat Adalbert von Herrlein 1851 dieselbe Sage abgedruckt und das Geschehen in den österreichischen Erbfolgekrieg verlegt. Tatsächlich hat damals das Maintal Truppendurchzüge und Einquartierungen erlebt und erlitten. Am 27. Juni 1743 sind die Franzosen in der berühmt gewordenen Schlacht von Dettingen von Engländern und Österreichern besiegt worden. Die Verzweiflung des französischen Offiziers in der Sage ist also durchaus nachvollziehbar. In der Röllfelder Hohkreuz-Kapelle befindet sich ein Kreuz mit dem *„geschossenen Heiland"*, das an Lippe und Wange beschädigt war (diese Beschädigungen sind mittlerweile beseitigt worden).[4]

Die Verbindung zwischen dem Koalitionskrieg von 1743 und dem religiösen Denkmal wird in der Sage über den Rappen hergestellt, der den Frevler, der das Kruzifix von Röllfeld beschädigt hat, abwirft und ihm dadurch die gerechte Strafe zukommen lässt. Es handelt sich offenbar um eine aitiologische Sage, das heißt, die Erzählung greift die überlieferte Bezeichnung „Rappenkreuz" auf und „erklärt" diese mit einer frei erfundenen Geschichte.
Das Rappenkreuz kann nämlich nicht zum Andenken an den Tod dieses französischen Offiziers errichtet worden sein; es ist eindeutig wesentlich älter.

Mord an einem Miltenberger Kaufmann?

Welcher konkrete Anlass zur Stiftung des Kreuzes geführt hat, lässt sich wohl nicht mehr feststellen. Die Sage vom französischen Offizier mag sogar einen historischen Kern haben, als Begründung für die Aufstellung des Rappenkreuzes ist sie jedoch ebenso wenig brauchbar wie die folgende – offenbar jüngere – Sagenversion:

Vor dem Krieg der Bauern wars, da noch Wohlstand im Land herrschte. Ein reicher Miltenberger Kaufmann war zur Frankfurter Messe gefahren und ritt mit gefüllter Geldkatze heimwärts. Zu seinem Schutz nahm er einen gewappneten Knecht mit, trug auch selbst scharfe Waffen, denn Strauchdiebe und Räuber gab es zu allen Zeiten. Als der Kaufherr nach Wörth kam, hatte sein Pferd ein Eisen verloren und des Knechts Tier ging lahm. Da ließ der Miltenberger seinen Rappen beschlagen und hieß den Knecht sein Pferd zu schonen und langsam nachzugehen.

In scharfem Trab ritt der Kaufmann seinem Heimatstädtchen zu, Weib und Kind zu begrüßen, die seinetwegen immer in großer Sorge waren. Schon klapperten des Rosses Hufe zwischen Kleinheubach und Miltenberg, da krachte plötzlich ein Schuss und mit durchschossenem Haupt sank der Reiter vom Pferd, dem die Strauchdiebe einen zweiten Schuss nachschickten. Das Eisen ging fehl und wie Blitz und Wetter sauste der Rappe stadtwärts. Im Saus donnerte er durchs Tor am Spitzenturm bis an seines Herrn Haus. Erschreckt lief des Kaufmanns Frau aus der Tür und Knechte und Mägde sprangen herzu. Da wandte sich das edle Tier und ging gesenkten Hauptes den Weg zurück zum Mordplatz. Viel Volk folgte mit dem Tier. Das führte die Leute zu einer frisch gegrabenen Stelle im Feld, wo die Mörder den Leichnam verscharrt hatten. Der Ermordete ward zurückgebracht und ehrlich in geweihter Erde beigesetzt. Zur Erinnerung an die Untat aber ließ die Witwe ein Kreuz aus Stein am Ort der Tat aufrichten. Von der Stunde an nannten es alle das Rappenkreuz und nennen es so bis heute. Wer jetzt noch das Pferd se-

hen will, der gehe zur Geisterstunde zum Rappenkreuz. Dann sieht er donnernd das Ross feldeinwärts jagen, dem Städtlein zu.[5]

Bezug zu Wallhausen?

Das Rappenkreuz steht in der Nähe der Flurabteilung „Altstadt". Dort befand sich im Mittelalter Wallhausen, die Vorgängersiedlung Miltenbergs, die auf den Grundmauern des römischen Kastells errichtet worden war.

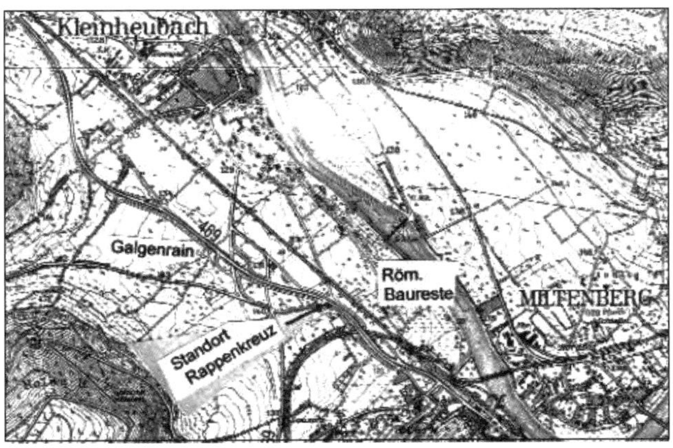

Der heutige Standort des Rappenkreuzes zwischen den „Römischen Bauresten", auf denen im Mittelalter die Stadt Wallhausen errichtet (und im 13. Jahrhundert wieder zerstört) worden ist und dem „Galgenrain".

- Der Pfarrer und Verfasser der Kleinheubacher Chronik, Gottlieb Wagner, stellte eine Verbindung zwischen dem 1395 so genannten „*Wallhuser Crutz*" und der untergegangenen Siedlung her: *„Wir aber können noch weiter vermuten, dass dies Kreuz, das so nahe am alten Wallhausen steht, dass es noch lange nach ihm benannt wurde, irgendeine Erinnerung an das traurige Ende des Ortes bewahren wollte, vielleicht auch zum Gedächtnis der dabei Gefallenen errichtet wurde".*[6]

- Rudolf Vierengel vermutete, das Kreuz sei am Weg zum Hochgericht Wallhausens gestanden: *„Darum darf mit Sicherheit angenommen werden, dass das „Rappenkreuz" ... ein religiöses Bildnis war, vor dem der zum Galgen geführte Verbrecher ein letztes Gebet sprechen oder eine letzte Beichte ablegen konnte".*[7]
War es früher kein „Rappen" – sondern – weil Raben Galgen-Vögel sind – ein „Raben-Kreuz"?

War also das Kreuz an der Straße nach Rüdenau ein Erinnerungsmal für die zerstörte mittelalterliche Stadt und ihre Bewohner? Diese Schlussfolgerung ist unwahrscheinlich. Wallhausen ging in der Mitte des 13. Jahrhunderts unter; das Kreuz wurde aber mehr als 200 Jahre später errichtet.

- Vor den Toren Miltenbergs stand im Mittelalter eine christliche Kirche, die der heiligen Walburgis geweiht war. Stammt das Rappenkreuz aus dem Friedhof, der um diese Kirche lag und bis zur Mitte des 18. Jahrhunderts den Breitendielern als Grablege diente?

Gedenkstein für eine arme Seele?

Oder war das Rappenkreuz ein Denkmal, das an einen Unglücksfall oder den plötzlichen, möglicherweise gewaltsamen Tod eines Menschen erinnerte? Vielleicht geht die Bezeichnung auf einen Personennamen Raban oder Raboto zurück.

Mit der Aufstellung eines Kreuzes sollte aber nicht nur des Verstorbenen gedacht, sondern seiner „armen Seele" geholfen werden. Nach der Überzeugung früherer Generationen war die Seele eines „unversehens", das heißt eines nicht mit den Sterbesakramenten versehenen, Verstorbenen ruhelos und musste umherirren. Es war deshalb die Aufgabe der Hinterbliebenen, diesen armen Seelen zu helfen. Deshalb wurden Kreuze an möglichst vielbegangenen Stellen errichtet, die an die Vorübergehenden appellieren sollten, für den Verunglückten oder Erschlagenen zu beten.[8]

Auf der vom Geometer Joseph Mantel gezeichneten Mitmarkskarte (um 1800) erkennt man den früheren Standort des Rappenkreuzes. Es stand direkt im spitzen Winkel der Abzweigung der Rüdenauer Straße von der von Obstbäumen gesäumten Landstraße (nicht, wie heute, auf der anderen Seite).[9]

Das heilige und heilsame Kreuz?

Solche Unglücks- und Sühne-Male (um einen Totschlag zu sühnen), die aus der Zeit zwischen 1350 und 1520 stammen, sind in der Regel von robuster Form und wenig kunstvoll gearbeitet. Es sind nur wenige Denkmal-Kreuze bekannt, die so aufwendig gestaltet sind wie das Rappenkreuz mit seinen Kleeblatt-Enden und dem plastisch herausgebildeten und eindrucksvollen Korpus des Gekreuzigten.

Bietet sich eine andere Motivation für die Aufstellung des Kreuzes an?
Die Sage vom französischen Offizier, der hier nahe Miltenberg ums Leben gekommen sein soll, stellt, wie bereits gesagt, die Verbindung zur Hohkreuz-Kapelle in Röllfeld her, Dort wurde ein heiliges Kreuz hoch verehrt, dem man wundertätige Wirkung zuschrieb.

Ist auch das Rappenkreuz ein solches „heiliges Kreuz"? Kreuzkirchen, Kreuzkapellen und Kreuze aus Holz oder Stein wurden das ganze Spätmittelalter hindurch gestiftet.[10] Die Kreuzkapelle in Großostheim (1513), die Röllfelder Hohkreuzkapelle (1530) oder die Kreuzigungsgruppen aus der Werkstatt Hans Backoffens in Hessenthal, Wörth oder in der Miltenberger Pfarrkirche sind Beispiele dafür.

Die Überlieferung von der Röllfelder Hohkreuz-Kapelle legt aber noch eine andere Erklärung nahe: Dort entnahmen Gläubige und vorbeiziehende Wallfahrer von den Holzbalken der Kapellen-Vorderseite kleine Splitter, denen sie heilsame Wirkung zuschrieben. Die Holzstückchen aus der Kapelle des wundertätigen Kreuzes sollten besonders gegen Zahnschmerzen helfen.[10] (Bereits der römische Schriftsteller Plinius hatte in seiner Naturgeschichte behauptet, dass Holzsplitter eines vom Blitz getroffenen Baumes gegen Zahnweh helfen).

Die bekannteste Sagenversion von der Entstehung des Rappenkreuzes stellt eine Verbindung zur altehrwürdigen Hohkreuzkapelle in Röllfeld her. Diese Kapelle, die direkt an der Straße zwischen Klingenberg und Röllfeld stand und von vielen Pilgern aufgesucht worden ist, störte schließlich den Verkehr. Zunächst wurde die Treppe nach innen verlegt, schließlich wurde der ganze Bau 2003 an einen neuen autofreien Standort an der Himmelthaler Straße in Röllfeld verlegt. Die Aufnahme aus dem Jahre 1954 zeigt eine Wallfahrergruppe aus Köln, die auf ihrem Weg nach Walldürn Station an der Kreuzkapelle macht.

In der Maria-Schnee-Kapelle in Röllbach wurde ein eichener Balken aufbewahrt, in dem der Überlieferung nach ursprünglich das Gnadenbild gestanden hatte. *„Der Balken ist, da sich die Andächtigen Stücke davon abmachten, klein und unförmig geworden ..."* (Herrlein). Er wird heute noch an der Rückseite des Altars hinter einer kleinen Holztüre aufbewahrt.

Ist die „Zerstörung“ des Rappenkreuzes auf ähnliche fromm-magische Praktiken zurückzuführen? Ist also der untere Teil des Kruzifixes nicht im Boden vergraben und dadurch morsch geworden, sondern mit gläubiger Absicht im Laufe der Zeit demoliert worden?

Der Warzenstein

An der Neudorfer Steige, oberhalb der Verbindungsstraße Amorbach – Neudorf, steht auf Schneeberger Gemarkung ein Bildstock, der einer Überlieferung zufolge an eine Mordtat erinnert. Er ist unter der Bezeichnung „Warzenstein“ bekannt. *„Noch heute wissen ältere Leute, dass man früher in den Neumondnächten zum Warzenstein ging, dort Steinstückchen abrieb, mit denen man die Warzen vertreiben wollte, wobei der Spruch „Warzensteinle, ich reib dich, Warz, ich vertreib dich, im Namen des Vaters, des Sohnes und des heiligen Geistes“ zum Besprechen der Warzen gebraucht wurde“* (H. Bormuth, 1995).

Der Bildstock ist offensichtlich häufig für die Warzentherapie verwendet worden. An beinahe allen Stellen sind Steinteile abgeschlagen worden, so dass die ursprüngliche Form kaum mehr erkennbar und die Inschrift, welche die gesamte Vorderseite bedeckt haben musste, nur noch bruchstückhaft zu lesen ist.

Solche Heil-Steine gab es auch anderswo: Im Jahre 1608 ließ Graf Magnus von Erbach einen Bildstock bei (Bad) König zerschlagen, weil er in Erfahrung gebracht hat, was die Untertanen *„vor hochsträfliche Abgötterei und schändlichen Missbrauch des allerheiligsten Namens Gottes mit und bey dem steinern Bildstock ... treiben, indem sie in der Opinion und Permasion stehen, wann ihre Pferde oder Vieh krank werden und dieselbe um berürten Bildstock im Namen der heiligen Dreifaltigkeit herumführen und dann ein Stücklein von demselben herabschlagen, klein verstoßen und es dem kranken Vieh eingeben, dass es denselben wieder zur Gesundheit helfe“*.[11]

Der Warzenstein an der Neudorfer Steige im Schneeberger Wald

In einer Zeit, in der man glaubte, Krankheiten würden durch Dämonen, Hexen und böse Geister oder durch Verwünschungen übelmeinender Mitmenschen entstehen, versuchte man mit allen Mitteln, das Böse zu verhindern und die Zwischenwelt der Planeten und Geister zu beeinflussen.

Ergebnis

Die Frage, warum das Rappenkreuz aufgestellt worden ist, ob als Friedhofskreuz oder zum Gedenken an einen Unglücksfall, lässt sich heute nicht mehr beantworten.
Die schlüssigste Erklärung für den auf uns gekommenen Zustand, den Standort und vielleicht auch

für den Namen des Rappenkreuzes scheint mir die Deutung als ein Heil-Kreuz zu sein, dem man wundersame Wirkung zugesprochen hat. So könnte man früher empfohlen haben: *„Wenn du selbst oder dein Vieh krank ist, dann geh' hinaus zu dem wundertätigen Kruzifix an der Straßengabelung vor dem Ort, bete zum gekreuzigten Heiland und schlage ein Stückchen vom Steinkreuz herab, zerreibe es und nimm es ein, dann wird es dir oder deinem Tier bald besser gehen"*. Tatsächlich sind auf dem aus festem Miltenberger Sandstein gefertigten Kreuz deutlich Schlagspuren erkennbar. Das umgangssprachliche „`rab-schlagen" könnte sogar zur Bezeichnung Rappenkreuz geführt haben. Nächstliegende, aus dem Kontext früherer Zeiten stammende Erklärungen sind oft überzeugender als weit hergeholte.

Als Luthers Vertrauter Johannes Drach 1522 in Miltenberg die Reformation predigte und die Welt aufgeklärter geworden ist, ist dieser Brauch untergegangen, vielleicht sogar verboten worden. Das im unteren Teil beschädigte Steinkreuz hat man teilweise eingegraben.
Spätere Generationen haben versucht, den Namen und die Beschädigungen an der unteren Hälfte des Kreuzes zu „erklären" . So sind die Sagen vom Rappenkreuz entstanden.

Auch der alte Bildstock an der Mönchberger Hauptstraße zeigt Spuren vom Abschaben des Steinsandes für magisch-heilsame Zwecke. Wenn die Bauern zu ihren Feldern fuhren, sollen sie den Bildstock immer wieder angefasst haben.

Der Miltenberger Wasserstein

Es gibt in Miltenberg eine weitere Sage, die von diesem Brauch des Heilsand-Sammelns erzählt.[12]

Auf der mainseitigen Stadtmauer bei der Pfarrkirche St. Jakobus stand eine Marienkapelle („Maria uff den Staffeln"), die 1825 abgerissen worden ist. Diese Kapelle soll dort gebaut worden sein, wo vorher ein Wirtshaus gestanden hatte, in dem eine geizige Wirtin das Sagen hatte. Eine fromme Magd hatte aber Mitleid mit den Armen und ließ diesen über den Abfluss des Wassersteins in der Küche übrig gebliebene Speisen zu kommen.

An der Stelle dieses Wassersteins soll eines Tages der Magd die Gottesmutter erschienen sein. Und eben dort wurde später die Marienkapelle errichtet. *„Noch im 19. Jahrhundert war dieser Wasserstein hinter dem Altar zu sehen"*, und es ist von dem gläubigen Vertrauen vieler Menschen, besonders der Kölner Wallfahrer (auf ihrem Weg nach Walldürn) überliefert, *„welche selbst dem Sandstaub dieses Wassersteines die Kraft zuschrieben, dass er Fieber heile. Daher mag es auch gekommen sein, dass zuletzt gar keine Spur von diesem Wasserstein mehr zu sehen war"*. Die Menschen haben den durch Abrieb gewonnenen Sandstaub mit

Am Fuß des Sandsteinkreuzes aus der Backoffenschule von 1527, das früher in der Marienkapelle in Miltenberg stand (heute in der Pfarrkirche St. Jakobus), sind deutliche Wetzkerben zu sehen. Diese sind so gleichförmig auf beiden Seiten der Standfußverstärkung ausgeschabt, dass man zunächst meinen könnte, es handle sich um Schmuckformen. Die Gläubigen und die Pilger hatten sich vor dem hohen Kruzifix niedergekniet und mit einem Messer oder einem Kiesel ein paar Sandkörner ausgeschabt, um dies als „Heilmittel zu verwenden.

Wasser vermischt und getrunken oder, mit Fett vermischt, eingerieben und sich dadurch Heilung ihrer Beschwerden erhofft.

Der in der Legende erwähnte Wasserstein war durch diesen jahrelangen Brauch unkenntlich geworden. Vielleicht ist er schließlich absichtlich beseitigt worden, weil man das unchristliche magische Steinwetzen nicht weiter dulden wollte.

Das Backoffen-Kreuz

Jedenfalls hörte das Ausschaben von Heilsand nicht auf. An der südlichen Außenwand der Marienkapelle stand das Sandsteinkreuz aus der Backofenschule, das die Jahreszahl 1527 trägt und heute in der Pfarrkirche einen neuen Standort gefunden hat. Am Standfuß des Kreuzes sind an der Vorderseite und an beiden Seiten tiefe Wetzkerben erkennbar. Die Gläubigen und die Pilger hatten sich vor dem hohen Kruzifix niedergekniet und mit einem Messer oder einem Kiesel ein paar Sandkörner ausgeschabt.

Am Wasserbassin neben der Kapelle in Amorsbrunn erkennt man deutlich ausgeschabte „Näpfchen", die an diesem Beispiel kreuzförmig angeordnet sind. Glaube und Aberglaube, Christliches und Vorchristliches gingen dabei eine unlösbare Verbindung ein.

Anmerkungen

1. Die Kunstdenkmäler des Königreichs Bayern, Bez. Amt Miltenberg, München 1917, S. 290f
2. Wagner, Gottlieb, Wallhausen bei Miltenberg in seiner Bedeutung für Kleinheubach und Miltenberg, 1938, S. 34
3. Wirth, Joseph, Miltenberg 1890, S. 414
4. Berninger, Gudrun, Die Hohkreuzkapelle in Röllfeld, in Zeitschrift „Spessart", 3/2006
5. „Ph. Von Prozelten"
6. Wagner (wie Anm. 2)
7. Vierengel, Rudolf, Rappenkreuz und Beichtenmarter, in: Zeitschrift „Spessart" 10/76
8. Azzola, Friedrich Karl, Das Scheibenkreuz als Christussymbol ..., in: Zeitschrift „Odenwald" 3/2005
9. Dieterle, Alf, Verschollene Straßen zwischen Miltenberg und Kleinheubach (Ufr. Kulturtage 2008)
10. Herrlein, Adalbert von, Sagen des Spessarts, Aschaffenburg 1851, S. 254
11. Müller, Karl Theodor, Heilige Steine und Viehkrankheit, in: Volk und Scholle 1926, S. 380
12. Wirth (Anm. 3), S. 324

Der Heine-Bildstock in Eichelsbach

Nahe der Kirche von Eichelsbach steht ein Bildstock an der Ecke Kreuzgasse (Höhenstraße) – Barbarastraße. Im Dorf erzählte man sich, wie es zur Aufstellung des Heine-Bildes gekommen sein soll:

Zu Eichelsbach lebte vor etwa 200 Jahren ein Bauer, der den dort häufig vorkommenden Namen Johann Adam Hain trug. Der hatte ein Straßbessenbacher Mädchen gefreit und war an einem Dreifaltigkeitssonntag nach Straßbessenbach gefahren, um die Mitgift seiner jungen Frau zu holen. Die Frau muss schwer reich gewesen sein; wenigstens erzählen Eichelsbacher Einwohner, der Bauer sei mit mehreren Scheffeln Geld von Straßbessenbach weggefahren. Hatten andere Leute davon Kunde erhalten, dass der Festtagsfuhrmann die Menge Goldmünzen in seinem grünen Leiterwägelchen barg? Nach einer alten Überlieferung jedenfalls wurde er auf dem Heimweg zwischen Rossbach und Eichelsbach in der sogenannten „Rumpelhohle" von Räubern überfallen. Es war gerade dunkel geworden, als zwei Männer den Pferden in die Zügel fielen. Ein paar andere Strolche versuchten auf den Wagen zu steigen und ans Geld zu kommen. Da trieb der Eichelsbacher Bauer rasch die jungen, feurigen Gäule an, so dass sie sich hoch aufbäumten und die beiden Raubgesellen zu Boden warfen. Dann rasten sie in eiligem Galopp weiter. Der Fuhrmann bog, um die Straßenräuber irrezuführen, vom Weg nach Eichelsbach ab und lenkte sein Gespann gegen Hausen zu. In diesem Dorf blieb er dann über Nacht. Sämtliche „Kapseln" am Wagen waren bei der schnellen Fahrt heruntergefallen und trotzdem war keines der vier Räder herausgesprungen. Solches Glück schrieb der Fuhrmann einem Gelübde zu, das er in der Angst gemacht hatte. Er hatte nämlich versprochen, zu Ehren der heiligen Dreifaltigkeit einen Bildstock errichten zu lassen, wenn er wieder unversehrt heimkäme und was er gelobte, hielt er nach seiner Heimkehr auch.[1]

Viele Bildstöcke in unserem an religiösen Denkmälern reichen Landkreis „erzählen" von frommen Stiftern, von Unglück und Tod als Ursache ihrer Aufstellung, vom gläubigen Vertrauen auf Gott und die Heiligen. Die Bildstöcke sind großenteils genau vermessen, beschrieben und erklärt. So existiert auch in Elsenfeld ein gründliches Bildstockverzeichnis.

Das sogenannte „Heine-Bild" in Eichelsbach sperrt sich aber offenbar einer eindeutigen Beschreibung und Interpretation. Sämtliche Informationen über diesen Bildstock sind mit Fragezeichen zu versehen.

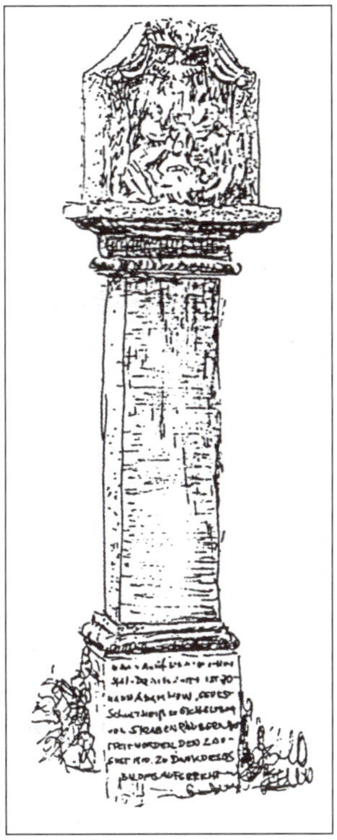

Der Dreifaltigkeitsbildstock, auch „Heinebild" genannt, Zeichnung Winfried Müller.

Missverständliche Bezeichnung

Schon die Bezeichnung „Heinebild" ist missverständlich. Auf der offiziellen topografischen Karte ist ein „Heinebild" eingezeichnet, allerdings nicht nahe der Kirche, sondern etwa 500 Meter südlich davon. Dieses „unner Bild" (also der untere Bildstock) ist ebenfalls von einem Adam Heun gestiftet worden, allerdings bereits im Jahre 1616.

Dieses ältere Heinebild zeigt im kubischen Bildhäuschen, das typisch ist für die Zeit vor dem Dreißigjährigen Krieg, auf der Vorderseite eine Pieta, auf der Rückseite eine offenbar unvollständige Inschrift mit dem Namen des Stifters: ADAM HEUN HAT DAS BIL(D) LASSEN MAGEN. GOT DIEER.

Die andere geläufige Bezeichnung „Dreifaltigkeitsbildstock" für das „obere Heine-Bild" ist ebenfalls nicht korrekt. Auf der – mittlerweile stark verwaschenen – Tafel erkennt man eine Szene wie auf einer

Theaterbühne, die von einem Vorhang gerahmt wird: Die Krönung Mariens durch Gottvater und den Sohn, darüber schwebt der Heilige Geist in Gestalt einer Taube. Nicht die Dreifaltigkeit, sondern Maria ist also das zentrale Motiv.

Die Krönung Mariens ist das zentrale Motiv des „Dreifaltigkeitsbildstocks".

Die rechteckige Säule, die die Bildtafel trägt, ist – deutlich erkennbar – jüngeren Datums. Im Elsenfelder Bildstockverzeichnis erfährt man die Ursachen: 1978 fuhr ein Autofahrer den Bildstock um und beging Fahrerflucht. Die zerstörte Säule wurde durch eine neue ersetzt.

Inschrift nachgebessert

Wenn man Glück hat, gibt ein Denkmal der Frömmigkeit aus vergangenen Zeiten Hinweise auf die Zeit der Entstehung und über den Stifter oder Auftraggeber. Diesen glücklichen Umstand findet man auch bei dem Eichelsbacher Exemplar vor.

Aber auch mit der ausführlichen Inschrift stimmt etwas nicht!

Als die Höhenstraße in den 60er Jahren ausgebaut wurde, hatte man den Sockel des Bildstockes verschüttet und eingegraben; nach der oben beschriebenen Renovierung von 1978 mussten die Eichelsbacher feststellen, dass die Inschrift völlig verschwunden war. Was tun? Die ursprüngliche Beschriftung war anderswo aufgezeichnet worden. Auf Anregung von Kreisheimatpfleger Winfried Müller wurde schließlich die heutige Schrift neu angebracht, welche die ursprüngliche Fassung leicht verändert.
Die ursprüngliche Inschrift lautete:

DURCH ANRUFUNG DER HÖCH/ STEN DREIFALTIGKEIT IST/ JOH ADAM HAIN GEWEST/ SCHULDEIS ZU EICHELS/ BACH VON STRASENREI/ BERN BEFREID WORDEN DEN II/ AUG 1810 ZUR DANKS./ DIESES BILDNUS AUFGERICHT

Die rekonstruierte Inschrift des Heine-Bildes

Datierung unsicher

Ob diese Text-Rekonstruktion in allen Einzelheiten authentisch ist, mag ebenfalls bezweifelt werden. So war auch die Jahreszahl nicht mehr leserlich. Valentin Pfeifer, der Herausgeber der weithin bekannten Spessartsagen, vermutet, der Bildstock sei nicht 1810, sondern bereits in der Mitte des 18. Jahrhunderts aufgestellt worden.

In der von ihm festgehaltenen Sagenüberlieferung wird eine Erklärung für das Dreifaltigkeitsmotiv gegeben. Der Überfall wird als Strafe dafür gewertet, dass Johann Adam Hein den Dreifaltigkeits-Sonntag durch seine Mitgift-Fahrt entweiht habe. Der Sonntag Trinitatis galt früher als ein ganz besonderer Tag, an dem jegliches „weltliches Tun" verboten war. Selbst Kinder sollten nicht baden gehen oder laut spielen. Offenbar stimmt aber auch mit der Datierung etwas nicht. Zwischen 1810, dem Datum der Inschrift, und 1750, der Zeit der Sagenerzählung, klafft eine Lücke von 60 Jahren!

Dokumente aus dem Pfarrarchiv

Wie soll man in diese unterschiedlichen und widersprüchlichen Überlieferungen wenigstens etwas Ordnung bringen? Die Matrikelbücher der Pfarrei Sommerau, zu der Eichelsbach gehörte – diese Bücher befinden sich neuerdings im Würzburger Diözesan-Archiv – helfen ein Stück weiter.[2]

- Es hat einen Johann Adam Heun (also nicht mit „ai" wie auf der Inschrift, sondern mit „eu") gegeben, der im Haus Nr. 20 in Eichelsbach am 29. Dezember 1825 *„frühe, halb sieben"* im Alter von 73 Jahren *„an Auszehrung"* gestorben ist. Mitglieder der Familie Heun wurden immer wieder in den Pfarrei-Aufzeichnungen erwähnt, aber kein anderer mit diesen beiden Vornamen. Es ist also davon auszugehen, dass es sich um den Stifter des Bildstocks handelt. Heun wurde am 9. 2. 1752 in Niedernberg geboren; sein Vater Johann Stefan, der aus Eichelsbach stammt (1729 geboren), hatte die Niedernbergerin Anna Maria Reinhard geheiratet. Eva-Marie Schlicht führt in ihrer Elsenfelder Chronik Johann Adam für die Zeit „um 1790/94" als Schultheiß an.[3]

- 1810 wird in den Pfarrei-Matrikeln keine Hochzeit des ehemaligen Schultheißen beschrieben, der damals 58 Jahre alt war.
  Aber in diesem Jahr wird dennoch Hochzeit in der Familie Heun gefeiert! Am 15. Mai 1810 führte der aus Eichelsbach stammende Laurentius, der Sohn des Johannes Wolf und seiner Ehefrau Elisabeth (geborene Zöller), die Jungfrau Maria Josepha zum Traualtar. Die Braut ist die Tochter des oben erwähnten Johann Adam Heun und seiner Frau Catharina, geb. Scherf. Einer der Trauzeugen war der damalige Bürgermeister Johann Ziemlich („praetor") von Eichelsbach.

- Einen Schritt weiter führt eine weitere Eintragung in den Trau-Matrikeln der Pfarrei. Danach heiratete am 2. August 1774 Adam Hayn, Sohn des Stephan Hayn aus Niedernberg, die Jungfrau Catharina, die Tochter des Laurentius Scherff, mit Genehmigung des Sommerauer Pfarrers in der St. Georgskirche in Keilberg, einer Filiale von Bessenbach. In einem anderen Matrikeleintrag (bei der Geburt eines Kindes im Jahre 1788) wird *„Joannes Adam Heun"* als „scabinus et ruricola", d. h. Ratsmitglied und Bauer, genannt und als *„ehrenvoll oder verdienstvoll"* (perhonestus) bezeichnet und seine Frau als geborene Scherf aus Straßbessenbach erwähnt.

Jetzt ergeben die einzelnen Puzzle-Steine ein Bild, und die Inschrift auf dem Sockel des Bildstockes wird verständlich.

- Der Stifter des frommen Denkmals war Ratsmitglied und einige Zeit Schultheiß oder Bürgermeister in Eichelsbach, also eine verdiente Person in der Dorfgemeinschaft.

- Seine Frau stammt tatsächlich aus Straßbessenbach, wo sie am 30. 4. 1751 geboren worden war; vermutlich hat sie eine respektable Mitgift nach Eichelsbach mitgebracht. Um einen schönen Bildstock aufzustellen, bedarf es nicht nur der frommen Gesinnung; es sind auch einige Mittel nötig. In der noch erhaltenen Familienchronik wird Johann Adam als *„reicher, wohlhabender Bauer"* beschrieben.

- Als Zeitpunkt der Aufstellung des Bildstockes ist sicherlich 1810 anzunehmen und nicht 1750 oder der eigene Hochzeitstag im Jahre 1774 (damals war Heun erst 21/22 Jahre alt und gewiss noch ohne Amt und Würden). 1810 heiratete die Tochter des Ehepaares Heun. Die klassizistischen Umriss-Formen deuten ebenfalls eher auf das spätere Datum hin, das exakt zum Kontext des Räuberunwesens in der Napoleonzeit passt, das damals seinen Höhepunkt hatte.

- In den Erzählungen der Dorfbevölkerung sind die Motive der reichen Hochzeit und des Überfalls miteinander kombiniert worden.

Höhepunkt des Räuberunwesens

Jedenfalls sind gerade für das Jahr 1810 in der Umgebung von Eichelsbach mehrere Raubüberfälle belegt:

- Am 15. Juli wurden zwischen Laudenbach und dem Bremhof fünf Juden überfallen und ausgeraubt, als sie nach Beerfelden auf den Markt ziehen wollten.

- Im November wurde „zwischen Wörth und Leider" ein reitender Bote morgens um 3 Uhr *„angehalten und durch Vorhalten einer aufgezogenen Flinte abzusteigen genötigt. Obschon er dies sogleich tat, wurde er doch geschlagen und dann ihm der Pack mit Kleidern und sein Geld, in 36 kr bestehend, abgenommen"*.

- Am 3. 4. 1811 überfielen Räuber einen Gerber bei Heubach. Einer der Räuber, der Manne-Friedrich[4], packte diesen am Halskragen und rief *„Halt! Gebe her, was du hast, das andere behalte!"* Obwohl er dies sofort tat, wurde er *„jämmerlich misshandelt"* und bewusstlos auf der Straße liegen gelassen.[5]

Manne-Friedrich, der eigentlich Philipp Friedrich Schütz hieß, war einer der Räuber, der in der Zeit politischer Unsicherheit und sozialer Not auch unsere Gegend unsicher machte. Das Bild zeigt ihn als Gefangenen in Ketten. Am 31. 7. 1812 wurde er in Heidelberg hingerichtet.[4]

Diese und andere Überfälle waren den Menschen damals bekannt. Es ist nachvollziehbar, dass Johann Adam Heun aus Eichelsbach ein Gelübde tat, als er von Räubern überfallen worden ist. Sein Gelübde hat der *„gewest Schultheiß"* gehalten und den Bildstock am 2. August 1810, an seinem 35. Hochzeitstag, aufstellen lassen.

Anmerkungen

1. Pfeifer, Valentin, Main Echo Obernburg 11. 6. 52 und 23. 5. 64
2. Die Pfarrmatrikel befinden sich heute im Diözesanmuseum in Würzburg.
3. Schlicht, Eva-Maria, Chronik Elsenfeld, S. 496
4. Krausnick, Michail, Beruf: Räuber, Vom schrecklichen Mannefriedrich und den Untaten der Hölzerlips-Bande, Weinheim 1990
5. Pfister, Ludwig, Aktenmäßige Berichte über die Räuberbanden ..., Heidelberg 1812

Der Maßkannenstein

„Auf der Höhe oben zwischen Wildensee und Prozelten liegt links am Weg ein Stein, auf dem eine Maßkanne eingehauen ist“.
So steht es am Schluss der Spessartsage über „Die Maßkanne“.[1]

Der Maßkannenstein: Neben der schwungvoll geformten Kanne wurde – nachträglich? – ein gefüllter Bierkrug ausgehauen und später ausgemalt.

Neben dem Stein, zu dem einige Treppenstufen hochführen, befindet sich ein kleiner Rastplatz. Eine Informationstafel gibt Erläuterungen:

„Einst geriet zwischen Wildensee und Prozelten ein Müller mit seinem Vater in Streit. Dabei fasste der Alte den Sohn an der Brust. Da wollte sich der Müller mit der Kanne wehren und zerschmetterte dem Vater den Schädel. An diesem Platz errichtete man einen Stein, auf dem eine Maßkanne eingehauen ist“.

Die Informationstafel neben dem Stein nimmt deutlich Bezug zum Text der Sage, die bei Herrlein und bei Valentin Pfeifer abgedruckt ist:[1]

Die Maßkanne

Zwischen Eschau und dem Kloster Himmelthal in der Wiese nahe am Ufer der Elsava liegt der Weibersbrunnen. Er ist so tief, dass man mit dem längsten Wiesbaum nicht auf seinen Grund langen kann, und auf der Oberfläche mit Meerlinsen bedeckt. Drinnen wohnen die Nunnen oder Wasserweibchen. Seit die Holzfuhren durch's Tal gehen, haben sie sich unsichtbar gemacht; in den alten Zeiten aber, als noch keine Straße gebaut war, und das Holz noch in der Elsava geflößt wurde, als die Hirsche und Rehe noch herunter an den Bach kamen, und nur manchmal ein Leinreiter durch das Tal zog oder ein Müller mit seinem Esel, kamen die Nunnen oft aus dem Brunnen und gingen mit den Menschen um. Sie gaben den Kindern, die beim Heumachen an ihren Brunnen kamen, schöne Blumen, und im Winter kamen sie unversehens in die Spinnstuben und sangen mit den Burschen und Mägden, bis die Glocke zwölf schlug. Dann gingen sie eben so schnell wieder fort, als sie gekommen waren. Niemand aber durfte sie fragen: woher oder wohin? Sonst kamen sie lange Zeit nicht wieder in's Dorf. Manchmal gaben sie auch einem Sonntagskind einen Ring; wenn das den Ring drehte, mussten sie kommen und nach seinem Begehr fragen – wenn man aber zwischen 12 Uhr nachts und dem Hahnenschrei dies versuchte, so war die Nunne verloren ...

Selbiger Zeit wohnte auch eine Müllersfrau im Kloster, die hatte ein kleines Töchterchen, Kathrinchen genannt, und wenn sie das Kind einschläferte, so sang sie, wie heut zu Tage noch die Frauen tun:„Heio popeio die Nunne/Die bringe mei'm Kathrinche Blume“.

Das hören die Nunnen gern, und sie hatten das Kind lieb, brachten ihm Blumen und spielten mit ihm – und als es groß wurde, ward es auch sehr schön und sitt-

sam. Als es in die Jahre gekommen war, da die Mädchen heiraten, bekam es einen Burschen zum Mann, der aus dem Maingrund gebürtig war. Sein Vater war ein Schiffmann, er aber übernahm die Klostermühle und ward ein Müller.

Die Himmelthaler Mühle, die bereits vor der Klostergründung existierte und nach dem Untergang des Klosters im Wirtschaftsbetrieb der Jesuiten (ab 1626) fortbestand. Das Bild zeigt den heutigen Zustand.

Wie sie nun an ihrem Hochzeitstage ganz allein des Abends spät noch an dem Bache sitzen, kommt die Nunne und schenkt ihnen eine große schöne Maßkanne von Silber und sagt: „Da bring ich euch auch ein Hochzeitsgeschenk. Mit dieser Kanne schöpft jeden Tag euern Abendtrunk aus dem Brunnen und trinkt daraus, und es soll euch wohl bekommen. Zweimal aber an einem Tag dürft ihr die Kanne nicht füllen, sonst wär's euch zu großem Unglück!" – Als sie nun anderen Tags die Kanne füllten und tranken, siehe! Da war's eitel Wein, so gut, wie sie noch keinen getrunken, und so war's jeden Tag und sie waren sehr froh darüber und taten genau, wie die Nunne ihnen befohlen.

Da geschah es aber, dass am Abend vor Fastnacht ein Musikant zu ihnen kam, den man nur den lustigen Eckart hieß, und bei ihnen über Nacht blieb. Er hatte früher einmal das Kathrinchen sehr lieb gehabt, und das Kathrinchen hätte ihn auch genommen, aber der alte Müller wollte es nicht leiden. Gegen den waren sie freundlich und brachten's ihm zu aus ihrer Kanne, und weil ihm der Wein so lieblich vorkam, wie noch nie einer, und weil die Musikanten in aller Welt eine trockene Leber haben, ruhte er nicht eher, als bis die Kanne noch einmal gefüllt wurde. Weil's die Müllersleute nicht tun wollten, ging er selber mit der Kanne zum Brunnen und schöpfte und stellte den Wein auf den Tisch in der Stube, und sie plauderten und tranken und der Wein schmeckte wie immer. Da schaut das Kathrinchen einmal von Ungefähr in die Kanne und erschrickt – denn der Wein war blutrot – und der Müller erschrak auch. Der Musikant aber sagte: das sei ihm eben recht, der Klingenberger sei ihm lieber, als der Rücker, und trank fort und nötigte sie auch zu trinken. Wie aber der letzte Tropfen getrunken war und der Musikant die leere Kanne auf den Tisch setzte, tat's einen Schlag, als ob das Haus einstürzte: und die Weidenbäume am Bach fingen an zu ächzen, als wenn sie eine menschliche Stimme bekommen hätten; das Wasser hörte auf zu fließen, die Mühlräder hörten auf zu rauschen und die Uhr hörte auf zu picken – und die drei saßen da und schauten sich einander an und waren verblasst, wie wenn sie tot wären. Da sagte das Kathrinchen: „Mir ist's, als sollte ich sterben" – und in demselben Augenblicke fing der Grasstumpf an der Wand an, sich zu bewegen, und der Musikant sagte: „mir ist's, als scharrten sie mich ein, aber nicht auf dem Gottesacker" – und bei den Worten hing ihm der Arm am Leib, wie abgeschlagen und ein roter Streif lief ihm quer über die Stirne – und der Müller sagte: „Mir ist's, als säh ich meinen Vater sterben und er schaute mich grimmig an und machte mir eine Faust!" und als er das sagte, klang die Kanne und bekam einen großen blutroten Flecken.

Folgenden Tages wollte der Müller in den Maingrund gehen, damit ihm sein Vater sein mütterliches Erbe herausbezahle. Als er weg war, wollte das Kathrinchen auf dem Felde nachsehen, wo die Magd graste. Mit der bekam es einen Wortwechsel, so dass die Magd nach ihm hackte mit dem Grasstumpf; der Grasstumpf fuhr ihm in den rechten Schlaf und es fiel um und war augenblicklich des Todes. Der Musikant spielte an dem

Tag im Eschauer Wirthshaus und als die Bursche mit einander rauften, mischte er sich auch in den Streit: da schlug ihm einer mit einem Stuhlbein erst den Arm ab und dann den Schädel entzwei, dass er nicht mehr aufstand – und ward auf der Wiese begraben.

Der Müller war in aller Frühe von daheim weggegangen und kam an dem Brunnen vorbei. Dort saß die Nunne auf einem Weidenstumpf, ganz blass und traurig, rang die Hände und weinte. Wie er umsah nach ihr, däuchte es ihm nur wie ein Nebel, aber im selben Augenblicke hatte er die Kanne in seiner Hand und wusste nicht, wie er dazu gekommen war. Als er nun durch Eschau und den Wildenseer Grund gegangen war und auf die Höhe kam zwischen Wildensee und Prozelten, kam ihm sein Vater entgegen. Als der sein Begehr hörte, sagt er ihm, er solle umkehren, er sei jetzt dazu nicht im Stand, und will ihn mit Gewalt aufhalten; ein Wort gibt das andere und es fallen böse Worte, bis der Alte endlich den Sohn an der Brust fasste. Da wollte der Müller ihm mit der Kanne wehren und hob sie in die Höhe, aber siehe! Die Kanne wurde so schwer, als wenn sie mit Blei gefüllt wäre, und bekam einen Zug, wie ein Schmiedehammer und fuhr zu und zerschmetterte dem Alten den Kopf, dass er starb, obwohl der Müller sich die Haare zerraufte über dem, was er getan.

Wenn man vom Kloster nach Eschau geht, so steht eine kleine Strecke über dem Kloster, just wo der Weg links abgeht nach Sommerau, ein Kreuz: dort ward das Kathrinchen mit dem Grasstumpf erschlagen. Auf der Wiese gegenüber dem Löwenwirtshaus in Eschau steht auch ein Kreuz, aber nur mit einem Arm – dort liegt der Musikant begraben und die Wiese heißt bis auf den heutigen Tag die Eckartswiese. Auf der Höhe aber zwischen Wildensee und Prozelten liegt links am Weg ein Stein, auf dem eine Maßkanne eingehauen ist – das ist die Nunnenkanne, mit der der Müller seinen Vater totgeschlagen. Was aus dem Müller geworden ist, hat man nicht mehr erfahren, der Platz aber, wo er die Tat getan, heißt heute noch zum ewigen Gedächtnis – "die Maßkanne".

Leinreiter, Flößer und Spinnstube

Der Sagenerzähler nimmt uns mit ins Elsavatal zwischen Eschau und dem Kloster Himmelthal und auf eine Reise zurück in die *„alten Zeiten ..., als noch keine Straße gebaut war"*. Mit wenigen Bildern beschwört er die Vergangenheit.

Das Holz wurde noch in der Elsava geflößt. Der Erzähler wusste offenbar noch, dass Elsava und Aubach Floßbäche waren. Im Frühjahr wurden die mit Dämmen versehenen Täler zu Seen aufgestaut, in die man Scheithölzer und Baumstämme auf Schnee- oder Schmierbahnen zog oder rutschte, um sie dann auf dem Wasser Richtung Main zu bugsieren.

Die Leinreiter (und Flößer) zogen durch das Tal. Die Leinreiter, die mit ihren Pferden Schiffe „bergauf" gezogen haben, kehrten nach getaner Arbeit wieder zurück zum Ausgangspunkt und verkürzten so den Umweg, den das Schiff auf dem Fluss machen musste. So konnte ein Aschaffenburger Leinreiter, der ein Schiff bis Stadtprozelten getreidelt hatte, durch das Aubach- und Elsavatal wieder mit seinen Pferden und einem kleinen Wagen, in dem er Futter und Gerätschaften verstaut hatte, nach Hause fahren.

Er konnte dabei einem Flößer am Maßkannenstein begegnen, der flussabwärts bis Aschaffenburg ein Floß dirigiert und das Holz verkauft hat und nun zu Fuß auf dem Rückweg Richtung Obermain war.
In unserer Sage heiratete Kathrin einen *„Mann, der aus der Maingegend gebürtig war. Sein Vater war ein Schiffmann"*, vielleicht aus Dorf- oder Stadtprozelten.

Der Weibersbrunnen

In dieser Zeit *„kamen die Nunnen oft aus dem Brunnen und gingen mit den Menschen um"*.
Der Brunnen ist ein uraltes Märchenmotiv und symbolisiert den Zugang zu einer geheimnisvollen Unterwelt (oder zum Un- und Unterbewusstsein).

Die Nunnen oder Wasserweibchen muss man sich als Elementargeister vorstellen, die die Verbindung zwischen der Unterwelt und den Menschen herstellten, mit denen sie freundlich umgingen – sofern sie die von den Nunnen festgelegten Regeln einhielten. *„Niemand aber durfte sie fragen: woher oder wohin?"*. *„Zwischen 12 Uhr nachts und dem Hahnenschrei"* durfte man sie nicht anrufen.
Der Hahn warnt nämlich alle Geister und Kobolde, die in der Nacht ausschwärmen und das Sonnenlicht scheuen, vor dem Anbruch des neuen Tages. Waren dann alle Nachtgeister verschwunden, krähte der Hahn zum zweiten Mal. Wie weit diese uralte Vorstellung verbreitet war, belegt das Neue Testament. *„Ehe der Hahn kräht, wirst du mich dreimal verleugnen"*, kündigte Jesus seinem Jünger Petrus an.

Dass die Geister oder Nunnen einesteils über geheimnisvolle Kräfte und übermenschliche Möglichkeiten verfügen, andererseits aber an feste Regeln und Begrenzungen gebunden waren, gehört zu den Besonderheiten dieser Zwischen-Welt. Die wilde Jagd, die vom Odenwald herbraust, muss zwischen den beiden Säulen des Wörther Galgens oder die geöffneten Scheunentore des Sommerauer Schafhofes hindurch, die Nunnen waren an feste Zeiten gebunden.

Spiegeln die Nunnen nicht das Element Wasser wider, aus dem sie kommen? Das Wasser, das Mensch und Tier als Nahrung dient und vielfältig von Nutzen ist, aber auch als Sturzregen und Hochwasser den Menschen schaden kann? Sind sie nicht ein Bild des Lebens selbst mit seinen Unwägbarkeiten, unerklärlichen Zufällen und Schicksalsschlägen? Die Nunnen können sehr zugänglich sein, sie spielen mit den Kindern, sie machen Geschenke, aber sie können auch streng, strafend und unbarmherzig sein.

Nach der Vorstellung der Menschen früherer Zeiten gab es Stellen, an denen Nunnen erfahrbar waren: an Brunnen oder an Quellen, wo Wasser aus dem Berg austritt und etwas von dem Unerforschlichen im Inneren der Erde zum Vorschein kommt. Der Weibersbrunnen zwischen Himmelthal und Eschau war so eine Stelle, an dem sich Geheimnisvolles und Gefährliches konzentrierte. Hauptlehrer Schwarz aus Rück wusste noch zu Beginn des 20. Jahrhunderts zu berichten:

Hier in der sumpfigen Elsava-Aue zwischen Eschau und dem Kloster Himmelthal wohnten, wie man erzählte, die Wasserweibchen.

Bei dem Grafen Rieneck waren zwei Ritter zu Besuch. Die Herrschaft machte einen Ausflug in die „Geishecke". Als sie über den Weibersbrunnen ritten – jetzt noch ein Sumpf – sprach der erste Reiter: „In Gottes Namen, hü!" Der zweite tat's ebenso. Diese kamen glücklich über den Sumpf. Der dritte jedoch rief: „In Teufels Namen hü!" dieser versank im Sumpfe mit Mann und Ross.

Solche „Weibersbrunnen" gab es an mehreren Stellen bei Eschau, da die Überzeugung weit verbreitet war, das Leben der Menschen werde auf hintergründig-geheimnisvolle Weise von Mächten und Kräften der „Anderswelt" beeinflusst.

Die Sagenerzählung von der Maßkanne spielt in einer düsteren, unheilschwangeren Atmosphäre. Der idyllische und harmonische Anfang hat die Funktion, die Düsterkeit des offenbar unabwendbaren Schicksals umso deutlicher werden zu lassen.
Auch in diesem Hauptteil der Erzählung sind traditionelle Motive mit Symbolcharakter verwendet.

Die Mühle

Haupt-Schauplatz ist die Klostermühle bei Himmelthal. Gerade um Mühlen ranken sich in ganz besonderem Maße Aberglaube, Märchenphantasie und Sagenromantik. Im Märchen von Rumpelstilzchen, in der Hesselsmühle oberhalb Sommeraus oder in der Klostermühle: Überall spielt sich Unheimliches, Dämonisches ab, das in das Leben der Menschen eingreift. Warum haben gerade Mühlen solche Motive an sich gezogen?

Die Mühlenpächter waren oft Fremde, „Zugereiste", also ein „mobiles Volk", das überall und nirgends zu Hause war. Gerade Fremden traute man alles Mögliche – nur nichts Gutes – zu.
Die Außenseiterstellung der Müller ist bereits durch den Standort der Mühlen außerhalb der dörflichen Gemeinschaft zu erklären. Auch im Zisterzienserinnen-Kloster zu Himmelthal hatte der Müller zwar eine wichtige Funktion, wohnte aber außerhalb der Klausur. Mühlen wurden deshalb immer wieder von lichtscheuem Gesindel heimgesucht. So war es kein Wunder, dass die abseitig gelegenen Mühlen als ein Ort bezichtigt wurden, wo der Einbruch des Bösen, Sündhaften und Unheimlichen am ehesten erfolgen konnte – wie in der Sage von der Maßkanne.

Der Spielmann

Das Leben in der Klostermühle verläuft zunächst harmonisch. Die Müllerin hatte von der Nunne *„eine große schöne Maßkanne von Silber"* als Hochzeitsgeschenk bekommen – mit der Bedingung: *„Zweimal ... an einem Tag dürft ihr die Kanne nicht füllen, sonst wär's euch zu großem Unglück"*.

Ankunft des Spielmanns auf der Mühle (Abbildung aus dem „Schlitzohr" von J. Ulrich)

Als der lustige Eckart, ein Musikant, die Müllersleute *„am Abend vor Fastnacht"* besuchte, *„ruhte er nicht eher, als bis die Kanne noch einmal gefüllt wurde"*. Damit begann die Unglücksserie. Auch Spielleute waren – aus der Sicht der besitzenden und ortsfesten Bauern – unstete Gesellen, die Unruhe und Verführung bewirkten. Der Rattenfänger von Hameln ist ein bekanntes literarisches Beispiel. Gaukler und Musikanten galten als „unehrliche Leute", die auch nicht im Friedhof, sondern auf freiem Feld begraben worden sind – wie der lustige Eckart. Der Musikant bringt also die Menschen auf andere Gedanken, fröhliche, aber auch teuflisch-böse.

Mord und Totschlag

Nach der Verletzung des Nunnengebots blieb die Zeit dornröschenhaft stehen: *„Das Wasser hörte auf zu* *fließen, die Mühlräder hörten auf zu rauschen und die Uhr hörte auf zu ticken“* – und unheimliche Vorzeichen kündigten Mord und Totschlag an.

- Die Magd erschlug die Müllerin mit einer Sichel, mit der sie Gras geschnitten hatte. Wenn man den Überlieferungen glaubt, war die Sichel des öfteren ein Totschlaginstrument. Die Sage von den „Drei Kreuzen“ bei Haibach[2] erinnert ebenso an einen Doppelmord wie der Bilderstein am Ortsausgang von Kleinwallstadt. Die Sichel war ursprünglich ein Symbol für den Mond (und die Mond-Sichel!) und damit für das ewige „Stirb und Werde“.

- Der Musikant wurde an Fastnacht in einem Eschauer Wirtshaus bei einer Schlägerei getötet und auf einer nahen Wiese verscharrt.

Tatsächlich gibt es in Eschau die Erinnerung an einen gemeinen und ungesühnten Mord, wenn auch nicht an einem Musikanten:

„In Eschau ist einmal vor vielen Jahren auf Fastnacht beim Tanz ein Mord geschehen, und der Erschlagene auf der Wiese, wo man ihn tot gefunden, begraben worden. Da die Tat im Dunkeln geschah und außerhalb des Wirtshauses, konnte man nicht sagen, wer der Täter gewesen ...“.[3]

In der Erzählung „Das Gewissen“ nimmt sich der Mörder, von einer Predigt des Pfarrers aufgewühlt und von seinem schlechten Gewissen geplagt, schließlich das Leben.

Der Mord in Eschau in der Fastnachtszeit des Jahres 1557 ist sogar urkundlich belegt. Ein Hans Bolender aus Unteraulenbach war das Opfer, wie Akten im Staatsarchiv Wertheim ausweisen. Im Verdacht, diesen Mann ohne *„alle Nothwehr und gegebenen ursachen verwuntt und entleibt“* zu haben, stand kein Geringerer als der Schultheiß von Eschau.[4] Nachgewiesen werden konnte das freilich nicht. Ein Steinkreuz soll die Gemeinde als Sühne aufgestellt haben, wird erzählt.

- Der Müller wollte, dass ihm *„sein Vater sein mütterliches Erbe herausbezahle“*. Auf der Höhe zwischen Wildensee und Prozelten kam ihm sein Vater entgegen. Es entstand ein handfester Streit, in dem der Müller dem Alten mit der Kanne den Kopf zerschmetterte.

Die Nachfahren des 1557 in Eschau ermordeten Hans Bolender haben im Frühjahr 2007 ein neues Steinkreuz setzen lassen, da das alte, das ohne Inschrift war, nicht mehr aufzufinden war. Das Gedenk-Kreuz steht an der ehemaligen Eisenbahntrasse auf der Höhe der Hesselsmühle, die gegenüber am anderen Elsavaufer liegt.

Vorzeigbare Beweise

Wer die Geschichte etwa nicht glauben will, für den folgen am Ende der Geschichte untrügliche, sichtbare steinerne Beweise:

- Ein Kreuz in der Nähe des Klosters, wo die Müllerin erschlagen wurde.
- Ein Kreuz in Eschau, wo der Spielmann erschlagen wurde. *„Die Wiese heißt bis auf den heutigen Tag die Eckertswiese“.* Diese Flurbezeichnung findet sich tatsächlich zwischen Elsava und dem Mühlbach.
- Auf der Höhe, wo der Mord passierte, *„liegt links am Weg ein Stein, auf dem eine Maßkanne eingehauen ist“.*

„Eine große schöne Maßkanne“ machte die Wassernunne der Müllerstochter zum Hochzeitsgeschenk. Dieser Holzschnitt aus einem Frühdruck zeigt einen Mann bei der Mahlzeit; auf dem Tisch steht eine Maßkanne.

Maßkanne und Müsshöhe

In der kunstvoll aufgebauten Sagenerzählung hat die Maßkanne die Funktion eines Dingsymbols; das heißt: Das Motiv der Kanne taucht an allen wichtigen Stellen der Handlung auf – als Geschenk der Nunne, das mit einer Bedingung verknüpft war, die der Musikant brach, als er die Kanne ein zweites Mal füllte; schließlich wird die Maßkanne zum Mordinstrument und ein Stein mit ihrem Bild erinnert an die Bluttat. Das Dingsymbol wirkt so wie eine Klammer, die eine innere Geschlossenheit des Textes bewirkt.

Was aber ist das – eine Maßkanne? Eine *„Kanne von dem Inhalte einer Maß“* (Grimmsches Wörterbuch) oder ein Gefäß zum Messen und Eichen von Hohlmaßen? Aber passt dazu der abgelegene Ort, an dem der Stein steht?

Handelt es sich um einen Kelch? Die „Nachtmahlskannen“ in der gleichnamigen Sage[5] sind von dem trotzigen und geizigen Herrn auf der Burg Wildenstein *„aus der Kirch geraubt“* worden; *„sie waren von purem Gold und gar sauber gearbeitet“* und dienten zu liturgischen Zwecken. Die Maßkanne aber war das Geschenk eines ganz und gar nicht christlichen Wasserweibchens!

Ist der Stein zur Sühne einer Mordtat aufgerichtet worden? – Wohl kaum. In solchen Fällen wurden Steinkreuze aufgestellt, nicht aber Steine von der Art und mit dem Bildmotiv des Maßkannensteins.

Die Waldabteilung, in welcher der Stein steht, heißt „Die Maßkanne“. Hat der Wald dem Stein oder der Stein dem Wald den Namen gegeben? (Ich vermute Ersteres). Die unmittelbar daneben liegende Waldabteilung heißt „Hölzern Bild“. Gab es vielleicht einen Vorläufer des Maßkannensteins in Holz? Wir wissen es nicht.

Ein anderer Flur- oder Waldabschnittsname kann aber weiter führen: Die „Müßhöh“. Das Bestimmungswort „Müß“ taucht in unmittelbarer Nähe des Maßkannensteins gleich mehrfach auf: Als *Müßrain, Müßkopf, Müßquelle, Müßbach, Müßloch, Müßstutz und Müßruh.* Die Schlussfolgerung liegt nahe, dass die „Maßkanne“ eigentlich eine Müß-kanne ist.

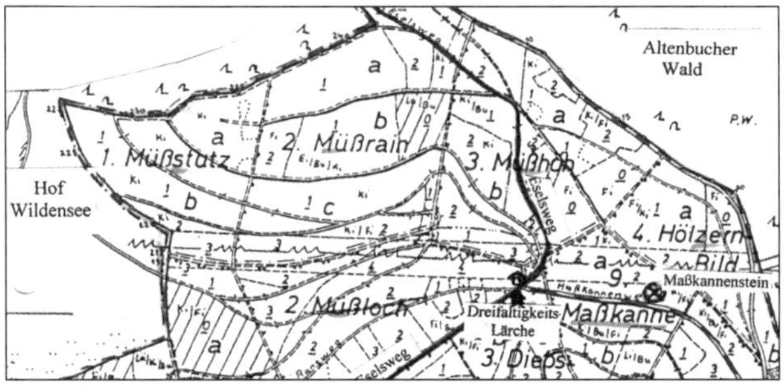

Ausschnitt der Waldkarte von Stadtprozelten. Den Maßkannenstein erreicht der Wanderer von der Wegespinne aus, die sich auf der Müßhöhe befindet. Hier, wo man von einer Schutzhütte aus die eindrucksvolle Dreifaltigkeitslärche sieht, kommen von beiden Talseiten Wege herauf zum Eselsweg, der auf weiten Strecken Wasserscheide und auch Grenzlinie ist. Von der Hütte aus führt leicht abfallend die Waldstraße Richtung Neuenbuch und Stadtprozelten. Nach etwa 200 Meter steht der Stein links des Weges.

Musebrunnen, Mäusebrunnen

In einer Urkunde vom 15. Juni 1241 ist bereits der „Musebrunne" erwähnt. Konrad von Bickenbach übereignete damals Eichelsbach und (Hof-)Wildensee an das 1232 gegründete Kloster Himmelthal.[6]
Was aber bedeutet diese Silbe „Müß", die in vielen Variationen auf der Höhe zwischen Wildensee und Prozelten zu finden ist?

- Ist die Müsshöhe einfach ein Ruheplatz, der nach dem beschwerlichen Aufstieg vom Maintal oder von Wildensee her die Möglichkeit der Rast, der Muse (mittelhochdeutsch: muoze) bietet? Handelt es sich einfach um einen Pausenplatz, zu dem die Kanne (oder auch der Maßkrug) auf dem Stein gut passen würde?

- Oder war die Müsshöhe nicht ein Ort der Muse, sondern des „Müssens"? In Niedernberg führte der „Müsspfad" angeblich zu einem Übungsplatz der Landwehr. Das Wort „Muß" soll sich von Muskete, einer Handfeuerwaffe herleiten.[7] Auch in Großostheim gab es eine Muspforte (die 1870 abgerissen worden ist). Befand sich also hier auf der Höhe beim Eselsweg ein Treffpunkt von bewaffneten Bauern der Umgebung, die in Notzeiten sich zur Landesverteidigung an einer Stelle trafen, wo man in einer Zeit ohne Funk und Telefon Feuerzeichen geben und so die wehrfähigen Männer alarmieren konnte? Solche Lärmfeuerplätze wären auch anderswo nachzuweisen.

- „Muß- oder Mäuse-Brunnen". Hat der Name nicht mit Mäusen, sondern mit „Maut", d. h. Zoll zu tun, wie beim Mäuseturm im Rhein bei Bingen, der ein Maut-Turm gewesen ist? In der genannten Urkunde von 1241 verlief die Abgrenzung von (Hof-)Wildensee entlang der Eselsweglinie über die Quelle, die „Musebrunne" bezeichnet wird.

- Der Eselsweg war nicht nur auf weite Strecken Wasserscheide zwischen Tälern, sondern auch naturgegebene Grenzlinie. So durften die Prozeltener ihr Weidevieh bis hinauf zu dieser Linie treiben. War der Maßkannenstein ein paar hundert Meter unterhalb der Höhe ein Signal für die Hirten, mit ihrem Weidevieh nicht weiter zu gehen und nach einer Pause wieder den Rückweg anzutreten?

  Möglicherweise gibt es noch einen deutlichen Hinweis auf die Viehweide, wie sie früher im Wald üblich gewesen ist: Mittelhochdeutsch „maz" kann „Stall" bedeuten. Ist die „Maßkanne" ursprünglich ein Kan(d)el, ein Abfluss aus einem Viehstall im Wald, der dann zum Namen einer Waldabteilung führte?

Eine schlüssige Erklärung der „Maßkanne" gibt es zwar nicht, alle Deutungsversuche gehen aber in dieselbe Richtung: Die Müßhöhe" gehört zu einer Höhenlinie, wo Verkehrswege von beiden Seiten zusammentreffen. Hier gibt es Begegnungen, Abgrenzungen und Konfrontationen.

Als man die ursprüngliche Bedeutung von „Müß" (oder „Maß") nicht mehr verstanden hat, wurde da-

Der Maßkannenstein wurde zum Anlass für die Erzählung, die märchenhaft-schaurige Motive mit Lokalitäten zwischen Elsavatal und Stadtprozelten kombiniert.

raus anderswo der Mäuse-turm und am Ende des Prozeltener Waldes die „Maß-kanne". Diese wiederum gab die Anregung, einen Stein entsprechend mit einem Kannenbild zu bearbeiten und in einer Sagenerzählung hüben und drüben, Elsava- und Maintal miteinander zu verknüpfen.

Nicht genannt, aber bekannt: Der Verfasser der Sage

Wer die kunstvoll aufgebaute und im Märchenform formulierte Erzählung von der Maßkanne verfasst hat, ist nicht überliefert. Der Text ist erstmals in der 1851 von Adalbert von Herrlein herausgegebenen Sammlung „Die Sagen des Spessarts" erschienen. Der Verfasser der „Maßkanne" ist dort zwar nicht genannt – in dieser Ausgabe fehlen leider die Quellen und die Namen der Bearbeiter – darf aber mit guten Gründen als bekannt gelten: Karl Heinrich Caspari, der eng mit Herrlein zusammengearbeitet hat. Caspari, 1815 in Eschau geboren, wurde 1848 Nachfolger seines Vaters als Pastor in seinem Heimatort und schrieb eine ganze Reihe von Spessart-Erzählungen.[8]
Gerade die engere Heimat zwischen Himmelthal und Wildensee war ihm ans Herz gewachsen. Er registrierte die Veränderungen in den Spessarttälern: er spürte, wie die Zeit der Leinreiter, der Flößer, und der Spinnstuben allmählich zu Ende ging und führte den Leser gerne zurück in die „alten Zeiten". Er griff Sagenmotive auf, die ihm erzählt worden sind (wie die vom Weiberbrunnen), brachte Steindenkmäler, aber auch Flurnamen (wie den der Eckertwiese) zum Sprechen und baute sie in seine Erzählungen ein. Diese Vorgehensweise lässt sich in beinahe all seiner Spessartgeschichten nachweisen.

So ist die Sage wohl entstanden

Da man nach Quellen oder Überlieferungen zur Maßkanne in Stadtprozelten oder anderswo vergeblich sucht, kann davon ausgegangen werden, dass die Sage (wie der Stein) nicht steinalt ist, sondern der Lust Casparis entsprang, über seine Heimat romantisch zu fabulieren. Auf den Punkt gebracht: Der Stein mit der Maßkanne wurde nicht aufgestellt, um an einen Mord zu erinnern, sondern die Mordgeschichte wurde erfunden, um den Namen des Maßkannensteins zu „erklären", der eigentlich gar keine Geschichte „hergab". Es ist wohl vielmehr so gewesen:

In der Mitte des 19. Jahrhunderts wurde – wie in vielen anderen Gemeinden – der Waldweg bis hinauf zum Eselsweg mit Steinen befestigt.

Als diese schweißtreibende und langwierige Baumaßnahme beendet war, hat man wie zu einem Richtfest einen Erinnerungsstein aufgestellt. In Wörth hat aus demselben Anlass ein Steinhauer namens Kunrad ein schön behauenes Exemplar – wohl ohne Auftrag und Bezahlung – errichtet, seitdem heißt diese Stelle am Ende des vom Tal heraufkommenden Weges „Kunradslust“.

Steinhauer, die in der Mitte des 19. Jahrhunderts die Straße von der Stadt Wörth durch den Wald ausgebaut haben, haben an der steilsten Stelle, am „Kunradsbuckel“, einen Gedenkstein und oben am höchsten Punkt der Straße beim Abschluss der Bauarbeiten einen weiteren Stein gesetzt: „Zur Kunradslust“. Kunrad war kein Feldherr oder verdienter Bürgermeister, sondern der Name eines Steinhauers oder Vorarbeiters, der – wahrscheinlich ohne Auftrag und Bezahlung – diese Steine gefertigt und aufgestellt und sicherlich mit einem zünftigen Fest eingeweiht hat. Ist der Maßkannenstein ein Parallelbeispiel?

Der Maßkannenstein ist viel weniger sorgfältig gearbeitet; dafür ist auf ihm zur Erinnerung an das „Richtfest“ auf der Müsshöhe eine Kanne (und später noch ein Maßkrug) eingehauen.

Caspari nahm diesen Stein zum Anlass, eine Erzählung über den Müß- oder Maßkannenstein zu verfassen. Das Zusammenführen der märchenhaften und der geografisch vorgegebenen Einzelteile war offenbar nicht so leicht. Deshalb erscheint die Motivation der Handlungsweisen – besonders auch die des Mordes am Eselsweg (warum schleppt der junge Müller die Maßkanne mit zur Unterredung mit seinem Vater?) – bisweilen doch arg konstruiert.

Caspari geht es um die Poetisierung der Wirklichkeit und des Alltags. Historische Details verwendet er nur, um seine Absichten zu realisieren, als Poet die Welt mit der Aura des Romantischen versehen und – als Pastor – die Menschen zu mahnen und zu erreichen: In der „Maßkanne“ will er uns sagen: Lasst euch nicht zum Übermut und zur Sünde verführen; der Teufel ist überall am Werk, sonst folgt unweigerlich die Strafe auf dem Fuß.

Schlitzohr und Nixen statt Nunnen

Ein anderer Autor hat ein halbes Jahrhundert später den Sagenstoff der geheimnisvollen Wasserweibchen bearbeitet: Wilhelm Müller-Amorbach schrieb 1902 *„Schlitzohr, Eine Geschichte aus dem Spessart“.*[9] Allerdings stellt er in seiner Verserzählung keine Verbindung zum Maßkannenstein her.

Wilhelm Müller (1843–1905) war Rechtsanwalt und Justizrat und 25 Jahre lang Vorsitzender der „Liedertafel“ in Aschaffenburg. In Abgrenzung zum gleichnamigen Dichter (1794–1905) des von Schubert vertonten Volksliedes „Am Brunnen vor dem Tore“ oder „Das Wandern ist des Müllers Lust“ nannte er sich nach seiner Geburtsstadt „Müller-Amorbach“.

Der einleitende Rahmen des „Schlitzohr“ macht bereits den Unterschied zu Casparis Version deutlich. Bei einer Reise durch den winterlichen Spessart *„erreichten wir endlich das Wirtshaus“.* Ein uralter Förster saß qualmend und Wacholderschnaps trinkend bei der Wirtin. Unvermutet erweist sich der Alte als gebildeter Homer-Kenner, der die Geschichte von der Heimfahrt des Odysseus vorträgt, dann aber *„lieber was Freundlicheres“* erzählen will, und zwar in homerischen Hexametern (Verse mit sechs Hebungen):

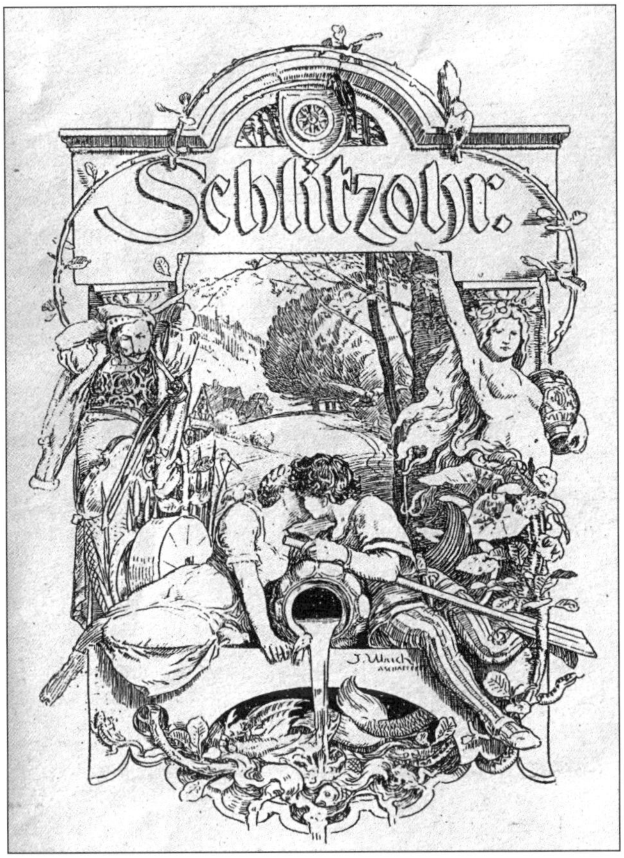

Titelblatt der Verserzählung „Schlitzohr", die der Autor „dem edelsten Waidmann des Spessarts, Seiner Königlichen Hoheit dem Prinzregenten Luitpold von Bayern ehrfurchtsvollst zugeeignet" hat.

„Hilfreiche Feien beherbergt der Spessart,
freundliche Nixen,
welche kristallene Quellen bewohnen und
rieselnde Bäche ...
Wollten sie mich begaben und ließen sie freundlich
die Wahl mir
Unter Gerät und Geschmeid, ich wär
um den Wunsch nicht verlegen,
Bät um den silbernen Krug,
den nimmerversiegenden, welchen
– Lang ist's her, ein Mägdlein empfing,
das ein Liebling der Feien."

Auch hier geht es um das Geschenk der Feien oder Nixen an ein Mädchen. Was aber bei Caspari ernst, geheimnisvoll und unheimlich bleibt, wird bei Müller-Amorbach mehr unterhaltsam-spaßig dargeboten. Der nimmerversiegende Krug und das Mägdlein sind ihm bei der mit Augenzwinkern erzählten Geschichte wichtiger als die blutige Strafaktion in der „Maßkanne".

In der Handlungsführung gibt es aber zunächst viele Übereinstimmungen. Else, bzw. Elsbeth – so heißt die Müllerin hier – heiratet einen Schiffmann, *„ein redlich Gemüt, doch mit Grobheit reichlich gesegnet"*. Am Hochzeitsmorgen macht die Elsavanixe der jungen Frau ein verziertes Gefäß zum Geschenk, das die Zwerge *„aus Silber getrieben"*. Auch die Bedingung ist dieselbe: Es darf nur einmal am Tag damit aus dem Brunnen geschöpft werden. Nur dann *„floss ihr der köstlichste Wein"* aus dem gefüllten Krug.
Auf diesem Krug ist *„Schlitzohr, mein fröhlicher Nachbar, der Wassermann"*, abgebildet, ein Schalk, der Unfug und Schwänke mit den Menschen treibt. *„Manchmal entrauscht er als Spielmann dem Strudel des Bachs mit der Geige"*. Das Schlitzohr-Motiv hat der Autor sicherlich aus der Mellrichstadter Umgebung übernommen.[10]

Nach drei Jahren *„da kam ein Spielmann ins Land, beritten und stattlich war der Gesell"*. Er beschenkte die Müllersleute und machte Else schöne Augen. Der Müller beobachtete die beiden *„wie ein versprochenes Paar, es kamen ihm schlimme Gedanken"*.

Nach einem Streit füllt er den Krug ein zweites Mal, er ersticht den Spielmann, entsetzt schrie er auf und floh aus der Mühle, kehrte aber „ergraut" wieder zurück.

Der Schluss ist rasch erzählt. Der Spielmann „genas, von dem Zwerge gepflegt", und nahm schließlich Abschied. Er fordert Else noch auf: "Geh mit mir! Was taugt zu der Distel die Rose?" ... „Doch die Müllerin schlug ihm ins Antlitz" und „mit Lachen warf sich

Abbildung aus dem „Schlitzohr" von J. Ulrich

Schlitzohr, der Schalk, ins strudelnde Wasser", nachdem er Else einen Krug und einen Becher verehrt hatte.

Eine „Moral von der Geschicht'" gibt es auch hier: *„Es verehren die Frauen das Fremde; Nachbarliches verschmäh'n sie"*. Was bei Caspari romantisch und pädagogisch war, klingt bei Müller-Amorbach mehr psychologisch-erotisch und eignet sich eher zum akademisch-jovialen Vortrag im Männergesangsverein der haute volée.

Anmerkungen

1. Herrlein, Adalbert von, Sagen des Spessarts, Aschaffenburg 1851 S. 226, Pfeifer, Valentin, Spessartsagen, Aschaffenburg, 3. Auflage, 1961, S. 107 (Text leicht gekürzt)
2. Herrlein (Anm. 1), S. 49
3. Herrlein (Anm. 1), S. 213
4. Staatsarchiv Wertheim, SIM 3 (22. 3. 1557)
5. Herrlein (Anm. 1), S. 191
6. Kittel, Josef, Das Cistercienserinnenkloster Himmelthal, in AU 47, Würzburg 1905, Urk 173 (1241)
7. Wagner, Albert, Niedernberger Heimatbuch, S. 392
8. Karl-Heinrich Caspari, Aus dem Spessart (ausgewählte Erzählungen und ein Essay von Werner Trost), Obernburg 2010
9. Müller-Amorbach, Wilhelm, Schlitzohr, Eine Geschichte aus dem Spessart, Aschaffenburg 1902
10. Vergleiche: Sagen der Gebrüder Grimm, Nr. 63

„Die Noth im Spessart“

Der kranke Taglöhner

Zu Altenbuch lag ein armer Taglöhner schwer krank darnieder. Der Arzt sagte: „Mann, dir kann ein Tränklein vom Apotheker nicht helfen, du musst kräftig essen; Kartoffeln und Heidekornkuchen taugen in deinem Falle nichts“. Der Rat des Doktors war gut gemeint; allein, woher sollte der Arme die bessere Kost nehmen? Die letzten Ersparnisse waren durch die lange Krankheit dahingeschwunden, und nun jammerte seine Frau, ob es denn gar niemand gäbe, der ihnen in ihrer Not beistünde. Da glüht plötzlich der ganze Fensterladen auf, und die Kammer, die ein Kienspan nur schwach erleuchtet, wird so hell wie der Tag. Auf dem Sims dort sitzt ein feuriger Mann und ist im Nu wieder weg.
Am Morgen geht die Frau ans Fenster, und was sieht sie? Die Fensterbank ist verkohlt, aber es liegt ein Häufchen Dukaten darauf. Da ist die Frau glückselig; sie versorgt ihren Mann mit guter Kost, und der wird bald wieder gesund.[1]

Kartoffeln und Heidekorn

„Im Spessart sind die Leute sehr arm, sie mengen Haidekornmehl und Mehl von Kartoffeln untereinander, backen's und das nennen sie Brod“, notierte Karl Immermann am 20. September 1837 in seinem Tagebuch, als er über den Spessart nach Würzburg fuhr. Den Juristen und Autor des Romans „Münchhausen“ interessierte mehr der Eindruck des „urgermanischen Forstes“[2], von dem er schon viel gehört hatte und den er endlich einmal auf der Durchreise kennen lernen konnte. Aber er registrierte zumindest die Armut der Bevölkerung.

Mehrere Ernten waren wegen der kalten und nassen Witterung fast völlig ausgefallen. Die Kartoffelkrankheit zerstörte das Hauptnahrungsmittel der Menschen. Dr. Ludwig Döring, der um 1860 im Landgerichtsbezirk Stadtprozelten als Arzt tätig war, beschrieb eindrucksvoll, wie die Mahlzeit in der Familie eines armen Taglöhners ausgesehen hat:

„Versetzen wir uns nur einmal ... zu einer Mittagsmahlzeit nach Ober- und Unteraltenbuch oder nach Neuenbuch.
In einer kleinen niedrigen, vom Rauche geschwärzten, mit kleinen zum Teil zerbrochenen Fenstern versehenen Stube, durch deren mangelhafte aus Lehm bestehende Wände der Luftströmung Tür und Tor geöffnet sind, steht ein ärmliches, schmutziges, unüberzogenes Bette und hinter dem zerfallenden Ofen ein noch ärmlicheres; neben der Wand, einer Bank entlang, steht ein alter Tisch mit wurmstichigen Füßen und in der Stube sehe ich noch zwei alte Stühle und ein Fußschemelchen. Eine alte Truhe am Eingange in die Stube linker Hand stehend, vollendet die Möblierung.
Auf dem schmutzigen Tische steht ein großer Hafen voll Kaffees – Ziegenmilch mit einer braunen aus deutschem Kaffee bereiteten Brühe – und in einem alten Brodnapfe erblicke ich eine Partie dampfende Kartoffel. Salz ist für diesmal nicht vorhanden, denn es hat „an Kreuzern“ gemangelt, solches zu kaufen. Um den Tisch herum sitzen 4 schmutzige, schwächliche, kränk-

Van Gogh malte 1885 „Die Kartoffelesser“. Es ist das bekannteste Bild aus der frühesten Schaffensphase des Künstlers, in der vorwiegend der harte Alltag der Bauern und Arbeiter dargestellt wird. Den dunklen Farbton dieser vor-impressionistischen Bilder, bei denen Graubraun überwiegt, verglich van Gogh selbst mit einer ungeschälten, staubigen Kartoffel.
Wie eine Beschreibung zu diesem Bild liest sich der Bericht des Dr. Ludwig Döring, der um 1860 im Landgerichtsbezirk Stadtprozelten als Arzt tätig war.

lich aussehende Kinder und zwei alte Individuen – der Vater und die Mutter der Kleinen. Jedes der Kinder hat nun eine große braune Tasse des Kaffees erhalten und nimmt sich dazu eine Partie Kartoffel, welche es mit den Nägeln schält, das kleine, ein 3-jähriges Töchterchen kann damit nicht fertig werden, da hilft der Vater noch nach und gibt dem kleinen, hübschen Liebling aus der Wammstasche ein Stück erdschwarzen Heidkornbrotes ziehend, ein Stückchen davon, was die anderen drei Sprösslinge mit Neid erfüllt, so dass sie darnach greifen und es beinahe, ob dieses Leckerbissens, so bitter und so schwarz, zu Tätlichkeiten kommt ...".[3]

Die Altenbucher waren in den Augen der Nachbargemeinden – besonders derer im Maintal, die bessere Bedingungen hatten – „*die Wildsäu*", die dem kargen Boden am Waldrand nur mühsam etwas Essbares abgewinnen konnten. „*Die leinenen Hosen und Kittel, so wie nicht minder die Hemden der Bewohner sah ich stets vor Schmutz starren, indem auch die Nasensekretionen daran geschmiert werden*".

Lehrer Josef Friedl, der ab 1859 in Altenbuch lebte, bestätigt diese Aussagen: „*Die meisten Kinder hatten nur ein Gewand, gewöhnlich ein erbetteltes. Das wurde an Werktagen auf der innern, an Sonntagen auf der äußern Seite getragen. Vom Waschen war selten die Rede, sie konnten ja nicht wechseln. Die Folge davon war Kleiderungeziefer in Menge ...".*[4]

Kienspan und Späbrenner

So trist wie der Alltag, so dunkel war es in den kleinen verrauchten Kammern der armseligen Häuser. Als es noch kein elektrisches Licht gab, verwendete man Öllampen oder – weil man sich Öl nicht leisten konnte – Kienspäne. In einer feuersicheren, meist mit Wasser gefüllten Schale stand ein gezähntes Flacheisen, in das ein dünner, harzhaltiger Kienspan aus Kiefernholz geklemmt war, der etwas Licht spendete und viel rußigen Qualm von sich gab. „*Späbrenner*" wurde zum Necknamen für arme Menschen und nach der Einführung des elektrischen Lichts – in Altenbuch war dies im Jahre 1922 – zur abfälligen Bezeichnung für sparsame oder geizige Zeitgenossen.

Der feurige Mann und die Dukaten

In dieser drückend-dunklen und trostlosen Atmosphäre im Haus des Tagelöhners bei den „Wildsäuen" kommt plötzlich und unverhofft die Lösung: Auf einmal wird es „*hell wie der Tag*"; ein „*Häufchen Dukaten*" ermöglicht gute Kost und führt zur Gesundung des kranken Mannes. „*Da war die Frau glückselig*". Eine solche wundersame Wendung, Helligkeit im Dunkeln, Geld in der Armut, Hoffnung und neues Leben mitten in der Verzweiflung: Es ist ein Traum vom Glück, vom Ende aller Not und Plackerei, der hier formuliert wird. In vielen Märchen sind solche Tagträume von geheimnisvollen Helfern und paradiesischen Zuständen überliefert. Ein „Tischlein-deckdich" oder ein Schlaraffenland – wenigstens davon träumen wird man ja wohl dürfen!

Allerdings: „*Die Fensterbank ist verkohlt*". Das unverhoffte Wunder ging nicht mit rechten Dingen vonstatten. Der feurige Mann war der Versucher, war der Teufel, der die Menschen durcheinander bringt.
Die Lösung der Altenbucher Sagenerzählung ist deshalb nur eingebildet – mehr noch: Sie ist verboten, eine Sünde. Es gibt in Wirklichkeit niemanden, der dem kranken Taglöhner und seiner Frau in ihrer Not beistehen könnte.

Solche teuflischen Versuche, den armen Menschen eine Rettung aus der Not vorzugaukeln, wurden sehr oft erzählt. Im Odenwalddorf Breitenbuch wird die folgende Teufelssage überliefert:
„*Einem Bauern, auf dessen Hof die Not bedrohlich wurde, gelang es, den Teufel herbeizurufen. Er kam mit einem Sack voll Geld und sagte: "So, da bin ich nun, und ich werde drei Tage hier bleiben, und wenn es dir nicht gelingt, mich bis zur Mitternacht des dritten Tages fortzutreiben, wird es dir böse ergehen!" – Der*

Bauer erschrak darüber sehr und wollte den Teufel doch wieder fort haben. Aber er brachte ihn nicht zum Weichen. In seiner Not ging er ins Kloster und holte einen Mönch. Diesem gelang es dann, den Bösen zu vertreiben, indem er das Christophorus-Gebet ... lateinisch rückwärts sprach. Aus Dankbarkeit und zum Gedenken, wie schwer man den Teufel wieder los wird, wurde dann dieses Kreuz errichtet".[5]

Das Kreuz steht heute noch am unteren Ortsausgang. Mit dem „Kloster" ist wohl der Engelsberg gemeint, dessen Kapuzinermönche im Ruf standen, den Teufel austreiben zu können. Unter dem „Christophorus-Gebet" verstand man den Prolog des Johannesevangeliums.

Auch im Märchen von Hänsel und Gretel – hier eine Illustration von Ludwig Richter – werden sowohl die bittere Armut als auch der Traum von Leckereien, Reichtum und Überfluss thematisiert.

„Man soll den Armen keine Schätze zeigen"

Während in Breitenbuch der Teufel noch rechtzeitig vertrieben werden kann und in der Altenbucher Sage die Wunschphantasie von einem gesunden Leben ohne Hunger als gefährliche Verlockung des Teufels gebrandmarkt wird, findet man in Alexander Kaufmanns Gedicht „*Aus dem Spessart*" (1853)[6] neben der „Warnung vor einem besseren Leben" noch dazu eine gehörige Portion Zynismus. Ein „stolzer Ritter" möchte gerne seine geliebte Tochter mit Gold- und Perlenschmuck verwöhnen.

„Sie aber sprach: O schau' das Volk umher,
wie elend ist's, wie ganz der Not zu eigen!
Sieht es den Glanz, fühlt es die Qual nur mehr;
Man soll den Armen keine Schätze zeigen!"

Kaufmann (1817–1893), der als Prinzenerzieher und später als Archivar den Fürsten von Löwenstein in Wertheim über vierzig Jahre diente und 1853 „Die Mainsagen" herausgab, hielt es also für sinnvoller, den Armen keine Alternativen aufzuzeigen. Das würde nur Veränderung, Unordnung, Umsturz bewirken. Es ist offensichtlich besser, keine schlafenden Hunde zu wecken.

Sagen, nicht nur die aus der Feder Kaufmanns, sind oft mit pädagogischen, moralischen (oder moralisierenden) und auch politischen Absichten geschrieben worden. Sie helfen häufig mit, die bestehende Ordnung als unveränderlich hinzustellen und damit zu stabilisieren.

Dies ist auch bei dem Volksschriftsteller und Pastor Karl Heinrich Caspari so.

Das Christkindlein

Die Themen Armut, Gegensätze zwischen arm und reich und Gerechtigkeit spielen in vielen Erzählungen Casparis eine wichtige Rolle.

Die Erzählung vom „Christkindlein" spielt im Jahre 1737 im Eschauer Pfarrhaus, wo Pastor Gerner mit seiner Familie lebt.[7]

Der kleine Andres nämlich war voriges Jahr um diese Zeit auf einer Bettelfahrt mit seiner Mutter ins Dorf gekommen, und seine Mutter war krank geworden und im Hirtenhause gestorben gerade am heiligen Abend, und als ein paar Stunden hernach im Pfarrhause die Christbescherung anging, wartete die Pfarrerin voller Neugierde auf ihr „Christkindlein", denn der (selige) Pfarrer hatte ihr was ganz Besonderes versprochen. Und als nun der Pfarrer und die Pfarrerin und der alte Präzeptor und die Kinder und der Knecht und die Magd gesungen hatten: „Vom Himmel hoch da komm ich her!" und zur Türe der Weihnachtsbaum mit den Honigkuchen und Äpfeln und vergoldeten Nüssen hereingebracht wurde, kam hinter dem Weihnachtsbaum der kleine Andres daher, und der Pfarrer nahm ihn bei der Hand und führte ihn zu seiner Ehehälfte und sagte: „Das ist dein Christkindlein!", und als die Pfarrerin einen Schrecken bekommen und große Augen machen wollte, sagte er: „Wir haben zu lang schon gebetet: „Komm, Herr Jesu, sei unser Gast!", um, wenn er kommen wollte, ihm die Türe zu weisen, und heute würden wir es wohl am allerwenigsten tun; hier aber kommt er, denn er spricht: „Wer ein Kind aufnimmt in meinem Namen, der nimmt mich auf!" – Darauf gab sich die Pfarrerin zufrieden, wusch, säuberte und kleidete den kleinen Andres, und am Tische, wo die acht kleinen Kinder saßen, war gerade noch ein Platz für das neunte übrig, das Christkindlein, und manch frommes, gutes Wort fiel auch noch ab für das verwahrloste, hergelaufene Bettelbüblein, und so war das Kind im Hause geblieben, und war ihm wohl gewesen.

Weihnachten in einer Handwerkerfamilie (Holzstich aus der Mitte des 19. Jahrhunderts)

Nach dem Tode des Pfarrers, wurde das „fremde Kind" aber wieder fortgeschickt. „Die Bissen sind schmal geworden im Pfarrhaus, die Frau hat selber Kinder genug und kann mich nicht mehr behalten", erklärt Andres einem Mann aus dem Odenwald. Er war des verstorbenen Pfarrers Vetter, der sich schließlich bereit erklärte, für das Bettelkind zu sorgen.

Im Nachtrag zu dieser Erzählung wendet sich Caspari direkt an den Leser.
„Wie hast du bisher dein Weihnachtsfest gefeiert, lieber Leser? Hat die Liebe des Herrn dir das Herz auch zur Liebe gestimmt, und hast du deine Weihnachtsfreude erwiesen im Geben und Vergeben, wie der alte Pfarrer, so ist's gut. Bist du damit noch im Rückstand, ist's schlimm – eines aber wäre noch schlimmer: im Rückstand damit zu bleiben! – In diesem Fall ließe von dem Vetter aus dem Odenwald sich auch etwas lernen!"

Die soziale Frage ist nach Meinung des Pastors nur so zu lösen oder zu lindern: Nicht mit politischen Forderungen, schon gar nicht mir Umsturz der gottgewollten Ordnung und Revolution, sondern mit individueller Fürsorge und christlicher Nächstenliebe.

Der Rat des Doktors

Dass ein Arzt an das Krankenbett des Altenbucher Taglöhners gerufen worden ist, war bei der Armut der Spessartbevölkerung bis hinein ins 20. Jahrhundert nicht allgemein üblich. In Leidersbach war in einem ähnlichen Fall *„kein Arzt zu Hülfe geholt worden; nur hatte der Mann, als es gar zu schlimm ging, sein letztes Geld hingegeben, um dafür einige Messen lesen zu lassen"*.[8]
Der Doktor macht in der Altenbucher Sage einen etwas hilflosen Eindruck. Sein Rat, *„du musst kräftig essen ..."* war „gut gemeint", übersieht aber offenbar völlig die miserable Notsituation des Kranken.

Das Bild der schmerzhaften Muttergottes ist in einer großen Zahl in den Kirchen oder auf Bildstöcken durch mehrere Jahrhunderte hinweg gestaltet worden. Der zu Tode gemarterte Jesus und die schmerzende Trauer seiner Mutter gaben den Menschen in ihrer Not und Verzweiflung Trost und Hoffnung und ihrem Leben trotz aller Mühsal, Armut und Krankheit noch einen Sinn.
Freilich hat die Botschaft „Seht meinen Schmerz“ und „tragt euer Kreuz“ auch bedeutet: „Eure Not ist gottgegeben“ und hat dadurch die Apathie der Spessartbevölkerung vergrößert und die bestehende Sozialordnung stabilisiert.

Im Februar 1852, also in der Zeit, in der Caspari noch als Pastor in Eschau wirkte und Kaufmann in Wertheim seine „Mainsagen“ zusammenstellte, unternahm der Arzt Dr. Rudolf Virchow im Auftrag der bayerischen Regierung eine Reise durch den Spessart, um die Auswirkungen der Hungersnot zu untersuchen. Seine *„medicinisch-geographisch-historische Skizze Die Noth im Spessart“* trug er im März 1852 in Würzburg vor.

Virchow besuchte den Spessart nicht, um „Waldeinsamkeit“ zu genießen oder um Märchen und Sagen aufzuspüren, sondern er beobachtete und beschrieb die „Noth“ mit den Augen eines Arztes, der die Symptome deutlich beim Namen nennt.

So schildert er die Wohnsituation und die Krankheiten der Familie Hermann in Leidersbach:
„Es war ein kleines, altes, baufälliges Haus, das unten einen Stall mit einem schon verpfändeten, mageren „Stierchen“ enthielt und dessen hintere Wand ganz in den Berg hineinging. Über eine ziemlich hohe Stiege kletterte man zu dem sonst einstöckigen Hause hinauf, das einen ganz kleinen Vorplatz mit Küche, ein einziges enges und niedriges Zimmerchen und ein dunkles, feuchtes und kaltes Kämmerlein umschloss. Die Wände des letzteren waren fast ganz nass und auch die des Zimmers von Rauch und schwärzlichen Schimmellagen überdeckt. Enge, niedrige Fenster mit verschiebbaren und demnach zu öffnenden Flügeln und ein großer tönerner Ofen mit Ofenbänken bildeten die weitere Ausstattung, des Zimmers, das zum großen Teil von einem nicht ganz sauberen, aber mit dicker Federdecke versehenen Bett, einem alten Tisch und einer Fensterbank ausgefüllt wurde. Ein zweites, aber sehr schmutziges und ekles Bett nahm einen nicht unbedeutenden Raum des Kämmerleins weg. In diesem Raum haben die sechs Menschen gehaust, in den beiden Betten geschlafen …“

Die Menschen hatten sich gegenseitig angesteckt. So starb die Mutter, dann deren Schwester; dann erkrankte der 13-jährige Johann.
„Er fühlte sich matt, sah elend aus, klagte über den Bauch, fröstelte, hatte große Hitze und Schmerzen im Kopf, wurde schwerhörig, unbesinnlich, bekam in der letzten Zeit viel, zum Teil unbewusstes Abweichen, sowie fuliginösen Beleg des Zahnfleisches und der Lippen. Lichtscheu und Ausschlag wurden nicht beobachtet. Tod am 26. Januar, nachdem er etwa einen Monat krank gewesen ist“.

Dr. Virchow sah sich als „natürlichen Anwalt der Armen“ und suchte in seiner Diagnose auch die Ursachen der Misere: Die einseitige Ernährung, die Zerstückelung der Grundstücke, die Überbelegung der kleinen Häuser, das Fehlen *„productiver Beschäftigung“* (d. h. von Nebenerwerbsmöglichkeiten) und mangelnde Aufklärung.

„Politik ist Medizin im Großen“, argumentierte er. Es dauerte noch Jahrzehnte, bis diverse Maßnahmen eine Linderung der „Noth im Spessart“ bewirkten.

Das „Säuhirtenhäuschen“ in Leidersbach

Anmerkungen

1. Pfeifer, Valentin, Spessartsagen, Aschaffenburg 1961, 3. Auflage, S. 167
2. Immermann, Karl, Die Wunder im Spessart, Waldmärchen, Obernburg 2004, S. 109
3. Reder, Klaus u. a., Der Landkreis Miltenberg um 1860 (Amtsärztliche Berichte), Würzburg 1999, S. 81
4. zit. nach Weiß, Josef, Die Armen Schulschwestern in Altenbuch, in: Spessart 10/2001, S. 11ff
5. Benz, Georg, Breitenbuch, Das Höhendorf im Odenwald, 1972, S. 111; Bormuth, Heinz/Glieschke, Gerhard/Schäfer, Fritz, Steinkreuze im bayerischen Odenwald, in: Beiträge zur Erforschung des Odenwaldes und seiner Randlandschaften VI, Breuberg 1997, S. 484
6. Kaufmann, Alexander, Aus dem Spessart, in: Mainsagen, Aschaffenburg 1853, S. 207
7. Caspari, Karl Heinrich, Aus dem Spessart, Erzählungen und Sagen, Obernburg 2010, S. 49
8. Virchow, Rudolf, Die Noth im Spessart, Würzburg 1852, S. 40ff

Ortsregister

Gedanken zum Schluss

Der Landkreis Miltenberg wurde vor 40 Jahren gebildet. Aus diesem Anlass habe ich eine kleine Befragung durchgeführt die eindrucksvoll gezeigt hat: Die Menschen fühlen sich in unserem Landkreis wohl. Hier eine kleine Auswahl aus den Antworten:

Zur Frage:
„Was ist Heimat?"

- „Heimat bedeutet Vertrautheit, Selbstsicherheit, Geborgenheit, kurz etwas, auf das der Mensch sich emotional zurückziehen kann. Wohl dem, der eine Heimat hat!" (Schubert, Wörth)

- „Zum Heimisch-Fühlen gehört das Wissen, dass die Familie seit Generationen hier gelebt hat". (Stauder, Mönchberg)

Zur Frage:
„Was trägt zum Heimatgefühl bei?"

- „In erster Linie die herrliche Landschaft: Die Berge (weder zu flach noch zu hoch) mit dem charakteristischen Buntsandstein, die Mischung von Wäldern, Feldern und Weinbergen, und nicht zu vergessen: Der Main.
  Dazu kommen die traulichen Dörfer mit den Fachwerk- und Sandsteinbauten, die Bildstöcke und Wegkreuze, überhaupt die vielen Zeugnisse für die reiche Geschichte unseres Landkreises und das Bewusstsein dafür, das auf so vielfältige Weise gepflegt wird". (Markus Schmitt, Bürgstadt – München)

- „Ich lebe gerne in einem geschichtsträchtigen Raum". (Neuber, Miltenberg)

So ist es mein Wunsch, das vorliegende Buch, das im Verlaufe von 30 Jahren entstanden ist, möge dazu beitragen, das Heimatbewusstsein in unserem landschaftlich schönen und kulturgeschichtlich reichen Landkreis zu erhalten und weiter zu stärken.

Werner Trost